汽车维修与服务高技能人才培养丛书

汽车自动变速器原理与检修

徐家顺　郑志中　主编

机 械 工 业 出 版 社

本书涉及到目前轿车搭载的绝大多数型式自动变速器，内容包括自动变速器基础，辛普森式、辛普森改进型、平行轴式、拉维娜式、复合式、CVT式和DSG式自动变速器的原理，以及油路、电路检测与故障判断等。本书特色是采用项目式一体化先进职业教育模式，有清晰具体的拆装检修操作步骤、操作说明和对应图示，突出解决动手能力不足问题。

本书是中高职汽车专业高技能人才培养的特色教材，也可作为汽修技师培训教材及供汽修人员学习参考。

图书在版编目（CIP）数据

汽车自动变速器原理与检修/徐家顺，郑志中主编. —北京：机械工业出版社，2012.1

（汽车维修与服务高技能人才培养丛书）

ISBN 978-7-111-36984-4

Ⅰ.①汽… Ⅱ.①徐…②郑… Ⅲ.①汽车-自动变速装置-理论-教材②汽车-自动变速装置-车辆修理-教材 Ⅳ.①U463.212 ②U472.41

中国版本图书馆CIP数据核字（2011）第280120号

机械工业出版社（北京市百万庄大街22号 邮政编码100037）

策划编辑：齐福江 责任编辑：齐福江

版式设计：常天培 责任校对：陈延翔

封面设计：路恩中 责任印制：杨 曦

保定市中画美凯印刷有限公司印刷

2012年4月第1版第1次印刷

184mm×260mm · 17.5印张 · 4插页 · 434千字

0001—3000册

标准书号：ISBN 978-7-111-36984-4

定价：39.80元

凡购本书，如有缺页、倒页、脱页，由本社发行部调换

电话服务

社服务中心：(010) 88361066

销售一部：(010) 68326294

销售二部：(010) 88379649

读者购书热线：(010) 88379203

网络服务

门户网：http://www.cmpbook.com

教材网：http://www.cmpedu.com

封面无防伪标均为盗版

前　言

随着我国的汽车保有量急剧增加，装备自动变速器的车型也越来越多，自动变速器的类型在增加，如CVT、DSG等，档位数已经增加到7、8档，这对汽车维修业提出了更高要求。为了培养更多能够适应新型汽车维修的人员，结合多年维修、教学培训经验，以及对国外先进职业教育模式的探讨与实践，特编写本教材，以期全面推广一体化教学。

本书特点：

1. 自动变速器类型新、全，包括辛普森式、辛普森改进型、平行轴式、拉维娜式、复合式和CVT、DSG式自动变速器。

2. 以职业工作任务为目标，采用项目式一体化先进职业教育模式，有清晰具体的拆装检修操作步骤、操作说明和对应图示，突出解决动手能力不足问题。

针对具体车型将汽车自动变速器的理论与操作有机结合，特别是将多年工厂维修实际和教学过程中的重点、难点拍成实物照片，详细展示其结构、工作原理、拆装检修及故障排除步骤，图文并茂、可操作性强；结合实际维修案例，强调职业导向与动手能力培养，在学中做、做中学。

本书是中高职汽车专业高技能人才培养的特色教材，也可作为汽修技师培训教材及供汽修人员学习参考。

本书由广州市白云工商技师学院徐家顺、郑志中主编，参编人员有朱德乾、周麟、黎柱鸿、袁灿权、江毅、冯开齐、李孔棣、陈淑纪、杨英、杨青云等，还有很多同志对本书编写提供方便和大力支持，在此表示衷心的感谢！

由于编者水平有限，难免有遗漏、错误和不妥之处，还望读者批评指正！

编　者

目　录

1

项目一

汽车自动变速器基础

学习目标

☆ 自动变速器实物的认识

☆ 能够分辨自动变速器的分类

☆ 能够理解自动变速器的优点

☆ 能够正确使用变速杆

案例链接

装有自动变速器的汽车，在车辆未停稳时从 D 位换入 R 位，只听到一声异响，汽车无法行驶。经过检测，原来是在车未停稳时，汽车换入 R 位，造成齿轮机构卡滞，变速器损坏。

任务一　汽车自动变速器组成

一、自动变速器的基本组成

自动变速器的厂牌型号很多，外部形状和内部结构也有所不同，但它们的组成基本相同，都是由液力变矩器和齿轮式变速机构组合起来的。前驱动自动变速器结构如图 1-1-1 所示。自动变速器与发动机的连接如图 1-1-2 所示。常见的组成有液力变矩器、行星齿轮机构、离合器、制动器、油泵、滤清器、控制阀体、转速传感器等。按照这些部件的功能，可将它们分成液力变矩器、变速齿轮机构、供油系统、自动换档控制系统和换档操纵机构等五大部分。

1. 液力变矩器

液力变矩器位于自动变速器的最前端，安装在发动机的挠性板上，其作用与采用手动变速器的汽车中的离合器相似。液力变矩器实物剖视图与组成如图 1-1-3 所示。液体流动过程中动能的变化将发动机的动力传递给自动变速器的输入轴，并能根据汽车行驶阻力的变化，在一定范围内自动地、无级地改变传动比和转矩比，具有一定的减速增矩功能。

2. 变速齿轮机构

自动变速器中的变速齿轮机构所采用的型式有普通齿轮式和行星齿轮式两种。采用普通

图 1-1-1 前驱动自动变速器结构

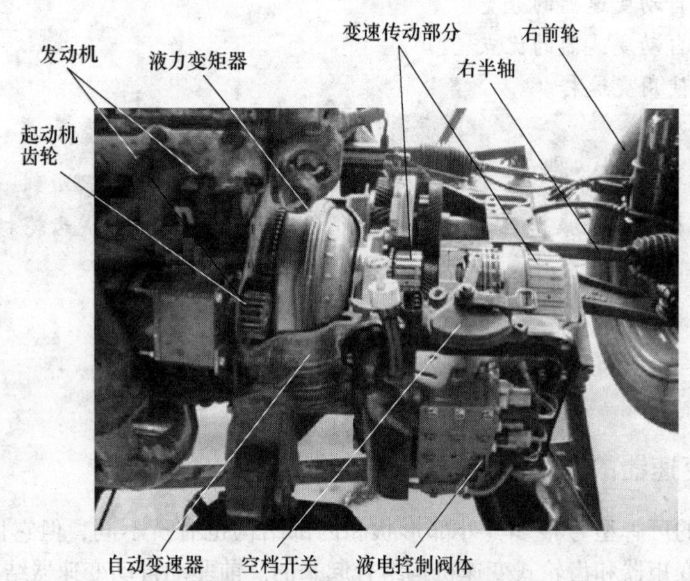

图 1-1-2 自动变速器与发动机连接

齿轮式的变速器由于尺寸较大，最大传动比较小，只有少数车型采用。目前，绝大多数轿车自动变速器中的齿轮变速器采用的是行星齿轮式。

行星齿轮式变速机构主要包括行星齿轮机构和换档执行机构两部分。

（1）行星齿轮机构 行星齿轮机构是自动变速器的重要组成部分之一，主要由太阳轮（也称中心轮）、内齿圈、行星架和行星齿轮等元件组成。行星齿轮机构是实现变速的机构，速比的改变是通过以不同的元件作主动件和限制不同元件的运动而实现的。在速比改变的过程中，整个行星齿轮组还存在运动，动力传递没有中断，因而实现了动力换档。

（2）换档执行机构 换档执行机构主要是用来改变行星齿轮中的主动元件或限制某个

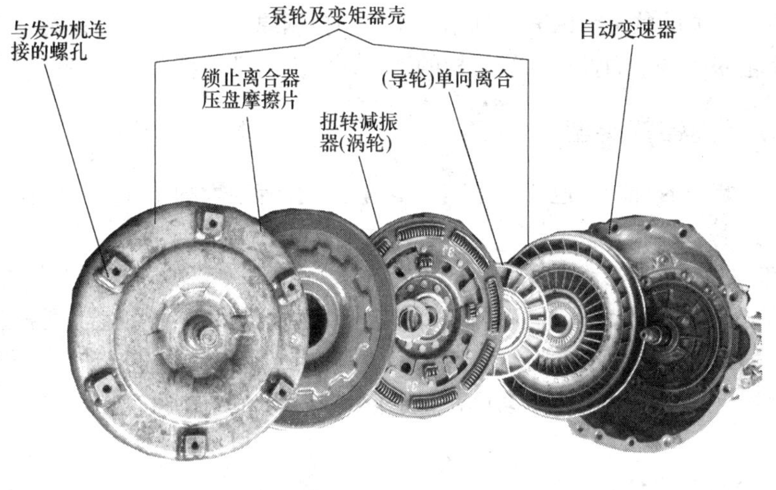

a) 液力变矩器实物剖视图

b) 液力变矩器的组成

图 1-1-3　液力变矩器实物剖视图与组成

1—前盖　2—锁止离合器片　3—减振器　4—涡轮　5—导轮　6—推力轴承　7—泵轮

元件的运动，改变动力传递的方向和速比。它主要由多片式离合器、制动器和单向超越离合器等组成。

3. 供油系统

自动变速器的供油系统主要由油泵、油箱、滤清器、调压阀及管道所组成。

4. 自动换档控制系统

自动换档控制系统能根据发动机的负荷（节气门开度）和汽车的行驶速度，按照设定的换档规律，自动地接通或切断某些换档离合器和制动器的供油油路，使离合器结合或分开，制动器制动或释放，以改变齿轮变速器的传动比，从而实现自动换档。

自动变速器的自动换档控制系统有液压控制和电液压（电子）控制两种。

5. 换档操纵机构

自动变速器的换档操纵机构包括手动阀的操纵机构和节气门阀的操纵机构等。驾驶人通过自动变速器的变速杆改变阀板内的手动阀位置，控制系统根据手动阀的位置及节气门开度、车速、控制开关的状态等因素，利用液压自动控制原理或电子自动控制原理，按照一定的规律控制齿轮变速器中的换档执行机构的工作，实现自动换档。

二、自动变速器的类型

不同车型所装用的自动变速器在型式、结构上往往有很大的差异。自动变速器常见的分类方法和类型如下：

1. 按变速方式分类

汽车自动变速器按变速方式的不同，可分为有级变速器和无级变速器两种。

有级变速器是具有有限几个定值传动比（一般有4~6个前进档和一个倒档）的变速器。无级变速器（CVT）是能使传动比在一定范围内连续变化的变速器。无级变速器目前在汽车上应用较少。

2. 按汽车驱动方式分类

自动变速器按照汽车驱动方式的不同，可分为后驱动自动变速器和前驱动自动变速器两种。这两种自动变速器在结构和布置上有很大的不同。

3. 按自动变速器前进档的档位数不同分类

自动变速器按前进档的档位数不同，可分为4个前进档、5个前进档、6个前进档、7个前进档、8个前进档等多种。

4. 按齿轮变速器的类型分类

自动变速器按齿轮变速器的类型不同，可分为普通外啮合齿轮式和行星齿轮式两种。

5. 按变矩器的类型分类

轿车自动变速器基本上都是采用结构简单的三轮两器综合式液力变矩器。这种变矩器都有锁止离合器。

三、自动变速器变速杆位置

自动变速器的换档方式有按钮式、拉杆式和智能开关式三种。驾驶人通过操纵按钮或拉杆、或转向盘两边的智能开关进行档位选择，使车辆前进、停止或倒退。按钮式一般布置在仪表板上；拉杆式即换档手柄，可布置在转向柱上或驾驶室地板上，驾驶人在选择档位时，通过按钮或变速杆，使连杆机构、钢索、电子信号与液压系统控制元件的手控阀连接，为液压系统和电子控制系统提供操纵信号。变速杆一般设有P（停车档）、N（空档）、D（前进档）、R（倒档）、S和L（前进低档）档位和O/D（超速档开关）；有的自动变速器变速杆设有P、R、N、自然力、3、2、1档。其中自然力档为超速档开关，3、2、1档为低速档，自动变速器变速杆的位置与自动变速器本身所处的档位是不同的。变速杆只能改变自动变速器阀体总成中手动阀的位置，而自动变速器本身的档位则由换档执行机构的动作决定。换档执行机构又由电子控制单元ECU根据车速、节气门开度等信号进行控制工作（智能开关有P、R、N、D、等位置）。变速杆在不同位置的功能如下：

1. P（停车档）

自动变速器停车档位于变速杆的前方，当变速杆处在P档位置时，自动变速器的停车锁定机构将变速器的输出轴锁住，使驱动轮不能转动，可防止车辆移动，这时换档执行机构使变速器处在空档状态。当变速杆置入其他档位时，停车锁定机构被解除锁定。

2. R（倒档）

以拉杆式为例，自动变速器变速杆在 R 位时，自动变速器处在倒档，这时液压系统倒档油路被接通，驱动轮反转，实现倒档行驶。

3. N（空档）

变速杆处于 N 位时，换档执行机构的动作和停车档相同，自动变速器行星齿轮系统空转，处于空档状态。这时，发动机的动力经输入轴传入自动变速器只能使各齿轮空转，输出轴没有动力输出。

只有使变速杆处在 P 位或 N 位时，汽车才能起动，以保证安全，该功能依靠空档起动开关来实现。

4. D（前进档）

当变速杆处于 D 位时，液压系统根据节气门位置信号和车速信号等自动接通相应的前进档油路，行星齿轮系统在换档执行机构的控制下得到相应的传动比。车辆在行驶过程中，随着阻力的变化，在前进档中自动升降档，实现自动变速。变速杆在该档位置时，可以实现所有前进档不同传动比的档位，即 1、2、3、4 档和 N 个超速档。其中 1 档传动比最大；2 档次之；3 档再次之；4 档为直接档，传动比为 1；超速档传动比小于 1。

5. 2 位

2 位为高速时发动机制动档。自动变速器变速杆处在 2 位时，液压系统只能接通前进档中的 1、2 档油路，自动变速器只能在这两个档位间自动换档，无法引入更高的档位，使汽车获得发动机的制动效果。

6. 1 位

1 位为低速时发动机制动档。变速杆处在 1 档位置时，发动机被锁定在前进档的 1 档，只能在该档位行驶而无法升入高档。这时发动机的制动作用更强。该档一般多用在山区行驶，爬陡坡或下坡时，有效地利用发动机制动作用，稳定车速，以确保行驶安全，避免频繁换档，可提高变速器的使用寿命。

7. S 和 L（前进低档）**位**

有些自动变速器换档位置设有 S 和 L 位。变速杆在 S 位时，自动变速器只在 1、2、3 档之间自动变换；当变速杆在 L 位时，自动变速器只能在 1 档或只能在 1、2 档之间变换。

2 位和 1 位又叫作闭锁档，其他一些不同型号的自动变速器标有 3、2、1 位或 S、L 位，也叫做闭锁档。现在又有了手自一体变速杆。

四、自动变速器控制开关的使用

自动变速器除了操纵变速杆，选择不同的档位对它进行控制以外，还可以操纵安装在变速杆上或仪表板上的一些控制开关来对它进行其他控制，不同厂家生产的自动变速器的控制开关名称和作用不完全一样，现介绍常见的几种变速杆和控制开关，见图 1-1-4。

1. OD 超速档开关

OD 英文全称为 Over Drive。OD 超速档开关（图 1-1-5）用来控制自动变速器的超速档，它一般安装在换档手柄或仪表板上。对于具有 4 个前进档的自动变速器，其 4 档通常是传动比小于 1 的超速档。当把 OD 开关打开后，如果变速杆在 D 位，自动变速器随车速的提高而升档时，最高可升到 4 档，即超速档；当 OD 开关处在 OFF 位置时，自动变速器最高只能升

a) 一汽奔腾变速杆

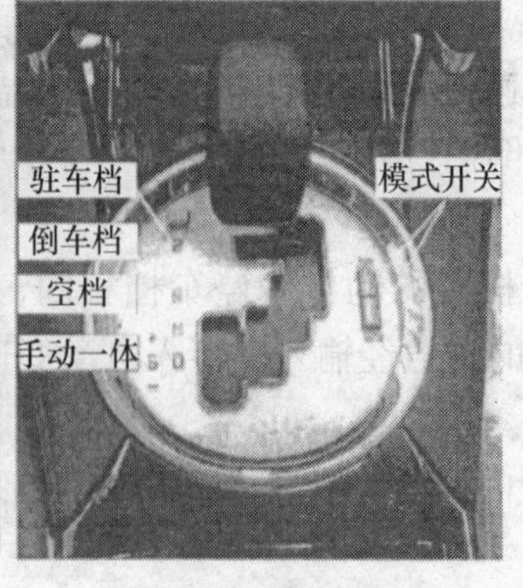

b) 一汽丰田锐志变速杆

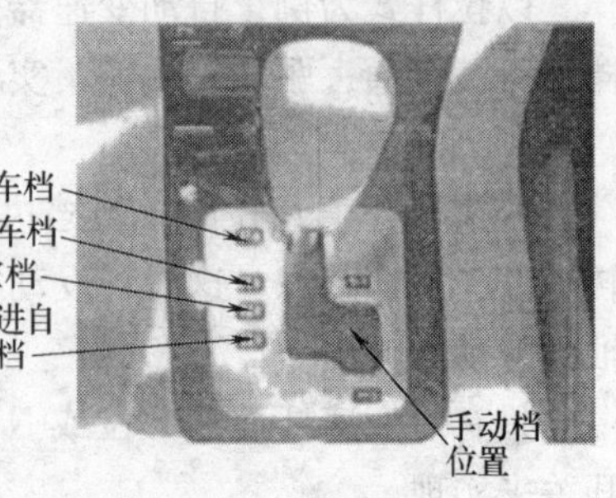

c) 丰田雷克萨斯变速杆

图 1-1-4　自动变速器变速杆和控制开关

到 3 档。OD 开关处在 OFF 位置，表示 OD 开关关闭，超速档控制开关被断开，仪表板上的“OD OFF”指示灯随之亮起，表示已经限制超速档的使用。当变速杆在 D 位置时，自动变速器能否升入 4 档除了与超速控制开关有关外，还与发动机冷却液温度、节气门开度、车速等因素有关。在坡道上行驶时，应注意根据情况切断 OD 超速档开关。

图 1-1-5　OD 超速档开关

2. 换档模式选择开关

为了适应不同的行驶道路条件，发挥车辆本身的动力性、经济性，电控自动变速器都装有换档模式选择开关。这些开关安装在变速杆上或地板上。自动变速器换档模式选择开关一般有以下几种。

（1）ECONOMY 经济模式。车辆在城市道路行驶，接通经济模式时，自动变速器的换档规律能使发动机经常在经济转速范围内运转，因此燃油经济性好。在使用经济模式时，若具有相同的节气门开度，升档车速较高，液力变矩器锁定离合器工作范围宽，也可在较低档位上实现直接传动。由于液力变矩器锁定离合器的接合，使液力变矩器的涡轮和泵轮接合起来直接传动，减少了液力损失，提高了传动效率，发动机的燃油经济性也得到了提高。

（2）POWER 动力模式。当车辆在上坡时或在山路上行驶时或希望发动机在高转速下工作时，可选择动力模式。这时，根据自动变速器的换档规律，能使发动机在车辆运行过程中经常在大功率范围运转，可大大发挥它的动力性和爬坡能力。汽车在动力模式下行驶，它的加速能力很强。

（3）NORMAL 标准模式。标准模式的换档规律介于经济模式和动力模式之间。当选择 NORMAL 标准模式时，可兼顾车辆的动力性和经济性，在保证一定的动力性的同时，又有较好的燃油经济性。图 1-1-6 所示为换档模式选择开关。

（4）MANUAL 手动换档模式。有些车辆的自动变速器换档模式选择开关有 ECONOMY、

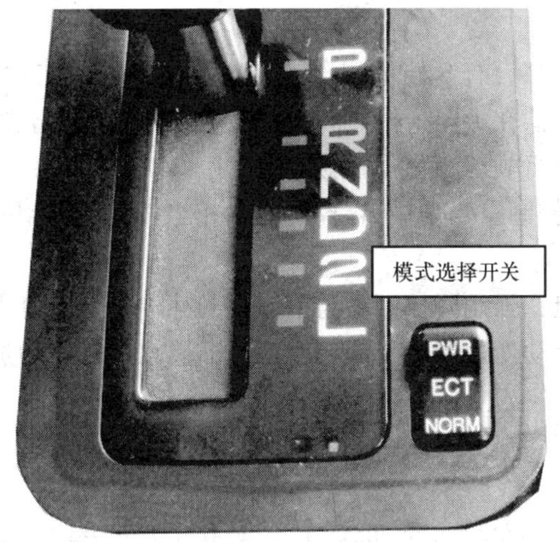

图 1-1-6　换档模式选择开关

POWER、MANUAL 或 POWER、COMFORT、AUTO。其中 MANUAL 开关为手动换档模式开关，当它接通时，自动变速器不再自动换档。当汽车起步时，驾驶人应先把变速杆放在 L 位，根据车速高低换入 2 位，最后手动换入 D 位。由于使用手动换档模式，自动变速器不能自动换档，在低档位要防止节气门过大，引起发动机转速过高而使发动机过热。

COMFORT 为舒适换档模式开关。当使用 COMFORT 模式时，可以使发动机获得较好的燃油经济性，这个模式开关相当于 ECONOMY 经济模式。

AUTO 为自动模式开关，自动模式是介于 COMFORT 舒适模式和 POWER 动力模式之间的一种方式。一般情况下，自动变速器换档模式采用 COMFORT 舒适模式，控制装置以 COMFORT 舒适模式控制换档，但当节气门迅速打开时，换档模式会自动转换到 POWER 动力模式，以适应突然加大节气门对动力的需要。

3. CC 巡航控制开关

CC 英文全称为 Cruise Control。CC 巡航控制开关安装在转向柱上或仪表板上。在车辆行驶过程中，当加速到规定车速以上时接通此开关，汽车会以稳定车速持续行驶，使驾驶操作方便、节省燃油。但当再次按下巡航控制开关或踩制动等操作时取消巡航控制，可使巡航控制自动解除。

4. HOLD 保持开关

HOLD 保持开关安装在变速杆锁定按钮的下方。HOLD 保持开关实际上是一个定档行驶控制开关，自动变速器变速杆标注有 P、R、N、D、S、L、OD 档位或 P、R、N、OD、3、2、1 档位。当使 HOLD 断开时，各档位执行自动变速器的作用。当使 HOLD 开关接通时，D 档位高速时自动变速器固定在 3 档行驶；低速时固定在 3 档行驶，S 档位时固定在 2 档。L 档位固定在 1 档，当车辆在冰雪路面行驶、起步或在山区行驶就很便利。例如，D 档位 4 档下坡时，如果需要发动机制动，可接通 HOLD 保持开关，则变速器由 4 档自动降到 3 档；如果再把换档手柄从 D 档位换至 S 档位，可使自动变速器在 2 档行驶，可得到强有力的发动机制动效果。当车速降到预定车速后，解除 HOLD 保持开关，汽车又能换至 3 档正常行驶。

5. S4 控制开关

在许多运动型跑车上都设有 S 档位。自动变速器在 S 档位工作时加速性能比 D 档位还好，但它只能使自动变速器在 1 至 3 档之间自动变换。设置 S4 控制开关的自动变速器，当它接通时，汽车在 S 档位行驶时就能自动换到 4 档。S4 控制开关只在 S 档位起作用，在其他位置时均自动解除 S4 控制。当采用 S4 控制时，相当于其他车型的动力换档模式。

6. 强制降档开关

对电子节气门发动机，强制降档开关与节气门拉索一体，位于加速踏板位置传感器内。若驾驶人触发此开关，自动变速器会降低一个档位，以增加汽车的加速性能。

五、自动变速器的正确使用

1. 起动

装有自动变速器的轿车在起动发动时，应拉紧驻车制动器或踩下制动踏板，把变速杆置于 P 位或 N 位，再把点火开关转至起动位置，才能使起动机运转。变速杆如果置于 P 位或 N 位以外其他任何位置把点火开关转至起动位置，起动机不会运转。

2. 起步

发动机起动后应进行预热，使温度达到预热温度再挂档起步。起步时应先踩下制动踏板，然后再挂档，松开驻车制动，抬起制动踏板，汽车会缓慢起步，起步后再缓慢加油。

3. 临时停车

汽车在交叉路口等交通信号或因堵车需要临时停车时，停车时间不长，可将变速杆保持在 D 位，用脚制动停车；需要起步时，只要松开制动踏板，车就前进。如果停车时间稍长，也可不动变速杆，让它保持在 D 位，同时用脚制动和驻车制动，避免松开脚制动时车向前闯。如果停车时间较长，应把变速杆置于 N 位，并拉紧驻车制动停车，避免自动变速器油温升高。

4. 倒车

在汽车停稳后，按下变速杆上的锁定按钮，把变速杆置于 R 位，松开脚制动，车就可以倒退。在平坦路面倒车时，不踩加速踏板，发动机怠速就可倒车。

六、自动变速器型号的含义

自动变速器型号代表的主要内容如下。

1. 变速器的性质

字母“A”表示自动变速器，字母“M”表示手动变速器。

2. 自动变速器的生产厂家

例如，德国 ZF 公司生产的自动变速器，其型号前面大多为“ZF”字样。

3. 驱动方式

一般用字母“F”表示前驱动，用字母“R”表示后驱动。

4. 前进变速档位数

表示自动变速器前进档位个数，用数字表示。

5. 控制类型

主要说明变速器是电控或是电液控制，电控一般用字母“E”表示，电液控制用“EH”

表示。

6. 改进序号

自动变速器在原变速器基础上改进的顺序号。

7. 额定驱动转矩

在宝马、通用、丰田、奔驰、大众等公司的自动变速器型号中有此参数。

下面将几个主要公司的自动变速器具体型号含义举例说明。

（1）宝马 ZF5HP19—EH。德国 ZF 公司生产，前进档位数为 5，控制类型“H”代表液压控制，齿轮类型“P”代表行星齿轮，额定转矩 19N · m，末尾的“EH”表示电液控制类型。

（2）通用公司自动变速器型号。该公司自动变速器的型号主要有 4T60E、4L60E 等。第一位阿拉伯数字表示前进档的个数，“4”表示有 4 个前进档。第二位字母表示驱动方式，“T”表示自动变速器横置（横向的）；“L”表示后置后驱动。第三、四位数字表示自动变速器的额定驱动转矩。第五位字母表示控制类型，“E”表示电子控制。

（3）丰田公司自动变速器型号。丰田自动变速器大部分为日本爱信公司（AISIN）生产的，型号分为 A 系列和 U 系列。

A 系列如 A340E、A340H、A341E、A340F、A341F、A140E、A141E、A240E、A241E、A540E、A540H 等：左起第一个字母“A”表示自动变速器，左起第一位阿拉伯数字 1、2、5 为前驱，3、4、6、7、9 为后驱。左起第二位阿拉伯数字代表该自动变速器前进档的个数。左起第三位阿拉伯数字代表生产序号。

还需说明的是，上述各型自动变速器中，A340H、A340F、A540H 型自动变速器后面均省略了“E”。丰田公司近年来升级版本的自动变速器型号有 A750E、A760、761E 和 AA80E 等。U 系列有 U151、U241、U250、U540、U660 等型号。

（4）德国奔驰公司自动变速器型号为 722. 4，（4 个前进档）、722. 5、722. 6（5 个前进档）、722. 7（5 档平行轴式）、722. 9（7 个前进档 2 个倒档）等。

（5）德国大众公司自动变速器型号分为两大系列即 09 系列和 01 系列。

09 系列有 096、097、098、099、09G、09E、09L、09D 等。

01 系列有 01M、01N、001、01V（是大众服务号，实为 ZF 公司生产的 ZF-5HP-19）、01J（无级变速器系列）。

（6）德国宝马车自动变速器型号有 5HP—18、5HP—19、5HP—22/24、5HP—30、6HP—19、6HP—26、A4S310R（GM 4L30-E）、A5S360R（GM 5L40-E 和 GM 4LA0-E）等。

七、自动变速器的优点

尽管自动变速器存在结构复杂、价格昂贵、低速行驶时传动效率低及维修难等缺点，但它的优点则远大于它的不足。而且随着科学技术的发展，自动变速器电控系统的技术水平日益提高，在一定程度上弥补了它的不足，使自动变速器的优势更加突出地表现出来。汽车自动变速器具备手动变速器不可替代的优点。

（1）摆脱了驾驶员操作离合器和频繁的手动换档，减轻了驾驶员的负担，提高了汽车行驶的安全性。

（2）由于适时升降档，延长了发动机及传动系统的使用寿命，减少了传动过程的冲击，既改善了乘坐的舒适性，又可延长传动零部件寿命两倍以上。

(3) 能根据道路状况和发动机的负荷状况，在一定的范围内恰到好处地升降档，从而提高了汽车的动力性和经济性。当汽车在公路上行驶时，装备自动变速器的汽车一般可比手动变速器车型节油5% ~20%。

(4) 汽车起步加速平稳，通过液力变矩器又可吸收和衰减升降档过程中的振抖和冲击，提高了汽车行驶的平稳性。

(5) 通过电脑控制，可与发动机的工况恰当配合，降低排气污染。

(6) 能够适应汽车智能化的需要。

综合练习

一、填空题

1. 装有自动变速器的汽车，上下陡坡时应用______档。
2. 装有自动变速器的汽车，上下较长缓坡时应用______档。
3. 在P、R、N、D、2、L档位中，可以起动发动机的是______。

二、问答题

1. 自动变速器有什么优点?
2. 自动变速器由哪些部分组成?
3. 自动变速器的组成部分各起什么作用?
4. 变速杆各位置提供的功能有什么不同?
5. ZF4HP22—EH、A341E的含义是什么?
6. 自动变速器与手动变速器比较哪一种更有发展前景?
7. 接待客户时，怎样以最快的速度掌握自动变速器的相关信息并与客户交流?

任务二　辛普森式行星齿轮机构传动基础

学习目标

☆ 能够分析单排行星齿轮机构的工作原理

☆ 能够识别行星齿轮机构中各元件名称

☆ 掌握行星齿轮机构8种传动方案

应会技能

☆ 能够进行行星齿轮机构检修

一、行星齿轮机构变速原理概述

行星齿轮机构是由太阳轮及均布在太阳轮周围的几个行星轮，及与行星轮相啮合的齿圈组成，几个行星轮都同时装在一个公用的行星架上。图1-2-1为一个单行星排的结构示意图。

(1) 行星齿轮机构中，要形成档位必须有输入、输出和约束。其中约束包含制动、连接、减速三种类型。

(2) 行星架固定，无论其他两元件中哪个输入或输出，都为反向传动。

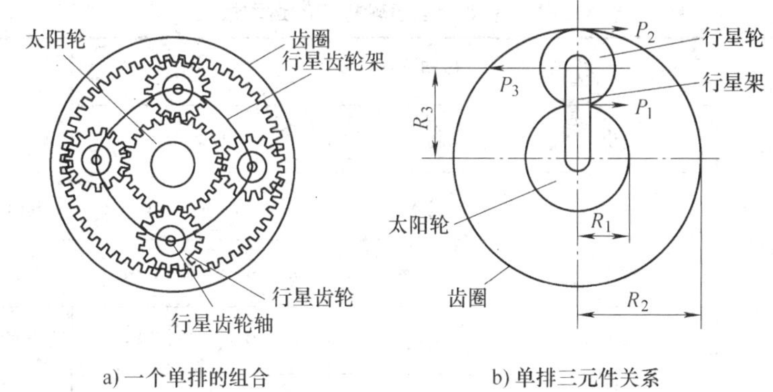

a) 一个单排的组合　　b) 单排三元件关系

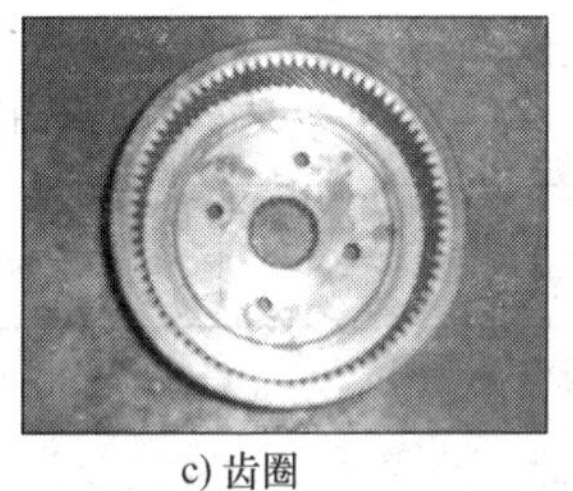

c) 齿圈

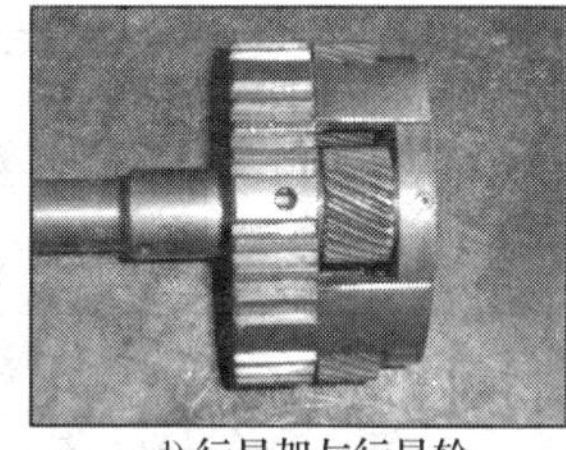

d) 行星架与行星轮

e) 太阳轮

图 1-2-1　单行星排的结构示意图

（3）行星架输入，无论其他两元件中哪个输出或固定，都为升速传动。

（4）行星架输出，无论其他两元件中哪个输入或固定，都为降速传动。

（5）三个元件中，任意两元件连为一体，只要存在运动，输出的转速与方向相同。

上述的几个结论是对单一行星排而言的，虽然一个单排行星齿轮系可以演变出 8 个不同的传动比（其中包括空档），但实际上却很少全部用到。其原因是在变速时，要经常交叉变换地使用离合器和制动器，给设计制造带来麻烦；另一个原因是单排行星齿轮受力平衡性较差。

在一个自动变速器内，行星排的多少取决于自动变速器设计档位的多少。自动变速器就靠这些行星排中元件的不同组合来实现不同档位的输出。

① 一个单排行星齿轮系，完成一个 1∶1 输出和一个超速档。

② 两个行星齿轮排，并联 + 串联完成三个前进档和一个倒档，这种形式称为辛普森式。

③ 两个行星齿轮排，并联 + 串联 + 换联完成四个前进档和一个倒档，这种形式称为改进型辛普森式。

④ 一个半行星齿轮排（就是两排公用一个齿圈，一个行星架），完成四个前进档和一个倒档，这种形式称为拉维娜式。

⑤ 三个以上行星齿轮排，并联 + 串联 + 换联完成五至八个前进档和一至两个倒档，这种形式称为复合式。

复合式分两种：辛普森复合式、拉维娜复合式自动变速器。只有一个行星排满足不了自动变速的要求，最少要有两个或三个行星排的联合，才能满足换档要求。

综合上述情况，将单排辛普森行星齿轮机构的运动情况归纳见表 1-2-1。

表 1-2-1　单排行星齿轮机构的运动情况

序号	太阳轮 Z_1	行星架 Z_3	齿圈 Z_2	传动比 i	档 位 说 明
1	输入	输出	制动	$n_2=0 \quad i=1+\alpha$	减速传动，前进低档
2	制动	输出	输入	$n_1=0 \quad i=(1+\alpha)/\alpha$	减速传动,前进高档
3	制动	输入	输出	$n_1=0 \quad i=\alpha/(1+\alpha)$	前进超速传动
4	输出	输入	制动	$n_2=0 \quad i=1/(1+\alpha)$	前进超速传动
5	输入	制动	输出	$n_3=0 \quad i=-\alpha$	倒档
6	输出	制动	输入	$n_3=0 \quad i=-1/\alpha$	倒档升速
7	三元件任何两个连成一体，第三元件与前两个转速相等			$i=1$	直接档传动
8	所有元件都不受约束			自由转动	机构失去传动作用

注：$\alpha=\dfrac{\text{齿圈齿数}}{\text{太阳轮齿数}}$。

二、行星齿轮机构的检修

（1）检查太阳轮、行星齿轮、齿圈的齿面，如有磨损或疲劳剥落，应更换整个行星排。

（2）检查行星齿轮与行星架之间的间隙，为 0.2～0.6mm，最大不得超过 1.0mm。否则，应更换止推垫片或行星架和行星齿轮组件，如图 1-2-2 和图 1-2-3 所示。

图 1-2-2　行星齿轮机构三元件实物

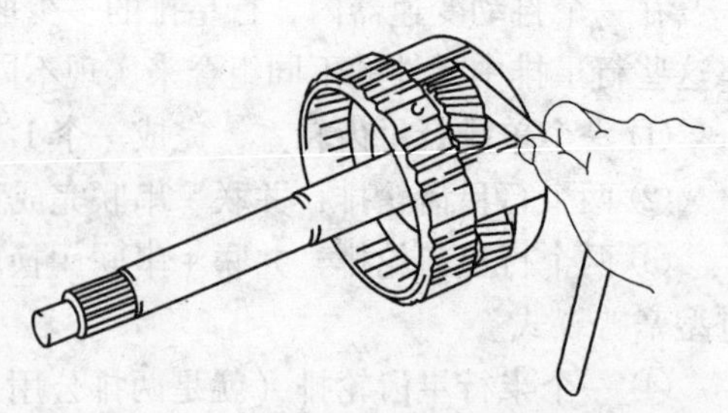

图 1-2-3　行星齿轮与行星架之间间隙的检查

（3）如图 1-2-4 所示。检查太阳轮、行星架、齿圈等零件的轴颈或滑动轴承处有无磨损，如有异常，应更换新件。

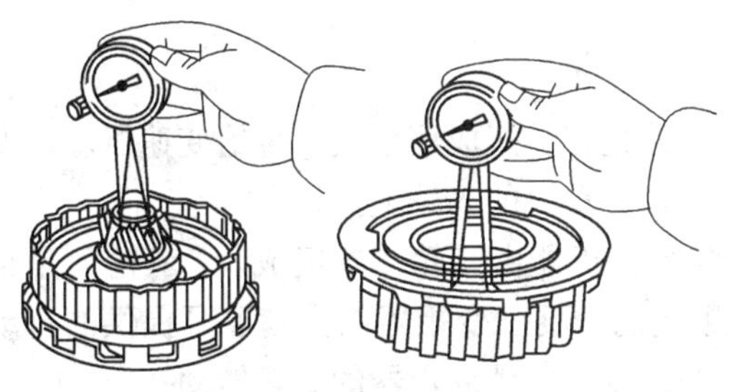

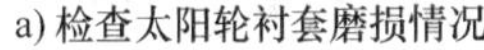

a) 检查太阳轮衬套磨损情况

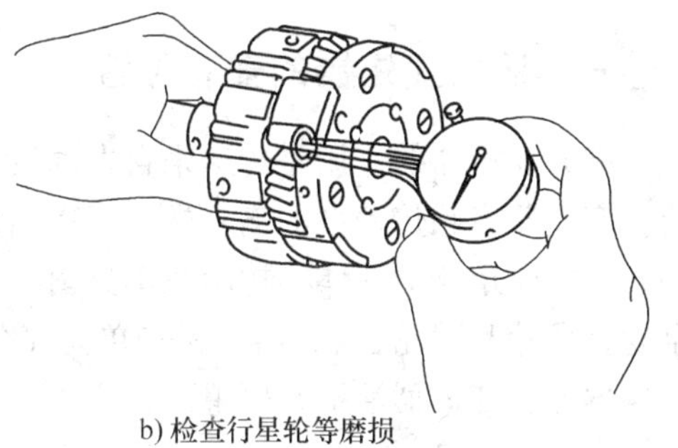

b) 检查行星轮等磨损

图 1-2-4　检查太阳轮、行星架、齿圈的磨损情况

综合练习

一、填空题

1. 单排行星齿轮机构，只要行星架输入，无论哪个输出必为______；只要行星架输出，无论哪个输入必为________；只要行星架固定，输入与输出转向必______。

2. 行星齿轮机构由__________、____________、__________组成。

3. 行星齿轮机构中，太阳轮的齿数______、齿圈的齿数居中，行星架齿数______。

二、简答题

1. 简述单排行星齿轮机构的运动规律。

2. 简述单排行星齿轮机构中，行星架输入必为超速档。

三、实物演示

用行星齿轮三元件实物演示它们的运动规律（做记录、评分）。

1. 旋转方向。

2. 传动比。

四、实物练习

1. 检查离合器间隙。

2. 检查制动器间隙。

任务三　液压控制基础及液力变矩器检修

学习目标

☆ 能够分析液力变矩器的工作原理

☆ 能够检测液力变矩器

☆ 能够诊断液力变矩器常见故障

案例链接

丰田 LS400 轿车装配 A341E 自动变速器，该车起步无力，但高速时正常。通过失速试验发现，失速转速比标准转速低 700r/min。查找 LS400 轿车维修手册，故障原因为液力变矩器单向离合器打滑。将液力变矩器从车上拆下，检查液力变矩器中单向离合器，发现单向离合器在锁止方向打滑。由于当地没有维修条件，只好更换一个新的液力变矩器，故障排除。

一、液力变矩器的安装位置

液力变矩器的作用是传递来自发动机的转矩，并且将转矩成倍增大后传给变速器。它安装在变速器齿轮传动系的输入端，壳体用螺栓固定在发动机的飞轮上。

液力变矩器的总体结构示意图见图 1-3-1。液力变矩器由三轮二器组成。“三轮”是指泵轮、导轮和涡轮，“二器”是指单向离合器和锁止离合器。变矩器内充满油泵提供的自动变速器油，变速器油被泵轮甩出，成为一股强大的油流，推动变矩器的涡轮转动。

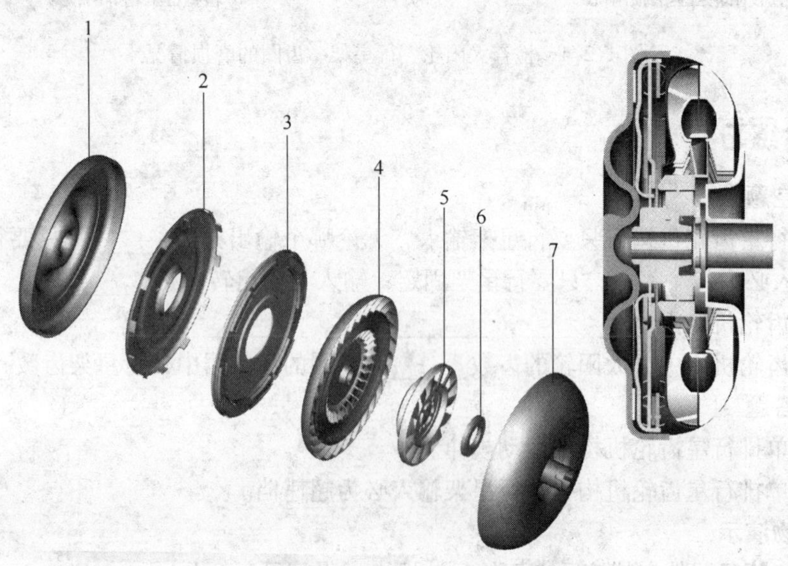

图 1-3-1　液力变矩器总体结构示意图

1—前盖　2—锁止离合器片　3—减振器　4—涡轮　5—导轮　6—推力轴承　7—泵轮

液力变矩器内是由泵轮、导轮、涡轮和锁止离合器组成，工作时内部充满了油液，发动机带动泵轮旋转，液体沿内壁扭曲叶片提供的通道向外圆甩出油冲击涡轮，涡轮与泵轮相对安装，内壁也有反扭曲叶片组成的通道，承受了泵轮传来的液体冲击力，也于相同方向旋转起来，由于涡轮中心与变速器输入轴是花键连接并将动力输出给变速器。从动力转换过程来看：发动机产生了机械力、泵轮又将机械力转换为液体冲击力俗称（软传动）传给涡轮，涡轮再将液动力变成机械力向变速器输出。况且，涡轮的转速永远也不可能达到泵轮的转速，也就是说在某个区间泵轮不能将动力百分之百地传给涡轮。

为什么要在自动变速器前安装液力变矩器？汽车是一个载质量变化大、行驶路况复杂的交通工具，一旦遇上上陡坡、超重、障碍等情况，机械离合器不能给车轮增力，此时的液力变矩器则不同，它可以向车轮提供 2 ~ 3 倍的驱动力。正是因为液力变矩器可以变矩，所以液力变矩器和自动变速器早期是在大型工程机械上使用。液力变矩器与发动机及自动变速器之间的连接关系、安装位置如表 1-3-1 所示。

二、液力变矩器总体结构

液力变矩器实物总体结构参见图 1-1-3。

表 1-3-1　液力变矩器的安装位置

序号	说　明	实 物 图
1	液力变矩器的前端与发动机的曲轴相连，还有用于起动的齿轮，与手动变速器的离合器飞轮安装位置相似	
2	（1）液力变矩器内涡轮中心的内花键与后端变速器的输入轴相连。外套筒上缺口用来驱动安装在变速器上的油泵 （2）在液力变矩器内还有一个单向离合器的内花键与油泵壳体上的固定外花键相连（导轮中心固定不动）	

1. 泵轮的结构

泵轮与变矩器壳体连成一体，变矩器壳体用螺栓固定在飞轮上，因为泵轮与曲轴相连，它总是和曲轴一起转动，其结构如图 1-3-2 所示。泵轮是由许多具有一定曲率的叶片，按一定的方向辐射状安装在泵轮壳体上，泵轮的壳体固定在曲轴大飞轮上。当曲轴旋转时，泵轮便随曲轴同方向同速旋转，而每两个叶片间均充满自动变速器油液，叶片便带动其间的液体介质一同运动。

泵轮的作用是将发动机的机械能转变为液力能，并通过延伸套驱动变速器油泵工作。

2. 涡轮的结构

同泵轮一样，涡轮也装有许多叶片，如图 1-3-3 所示，但涡轮叶片的弯曲方向与泵轮叶片的弯曲方向相反。涡轮转轮装在变速器输入轴上，其叶片与泵轮叶片相对放置，中间留有 3～4mm 的间隙。涡轮转轮与变速器输入轴相连，在变速器变速杆置于 D、2、L 或 R 位，当车辆行驶时，涡轮转轮就与变速器的输入轴一起转动；当车辆停驶时，涡轮转轮不能转动。在变速器变速杆置于 P 或 N 位时，涡轮转轮与泵轮一起自由转动。

涡轮的作用是将液力能转变为机械能输入给变速器。

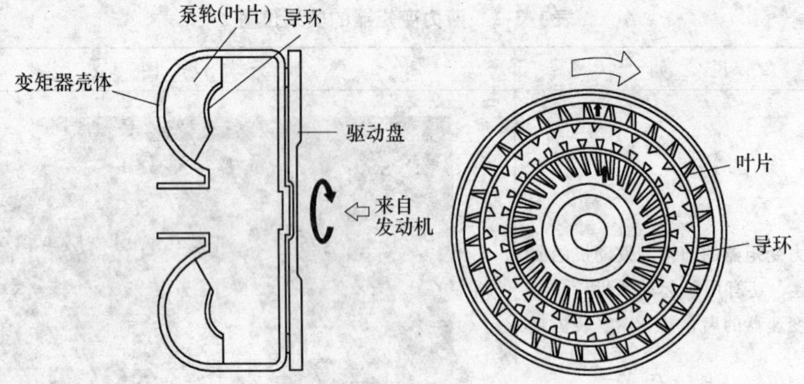

图 1-3-2　液力变矩器泵轮结构示意图

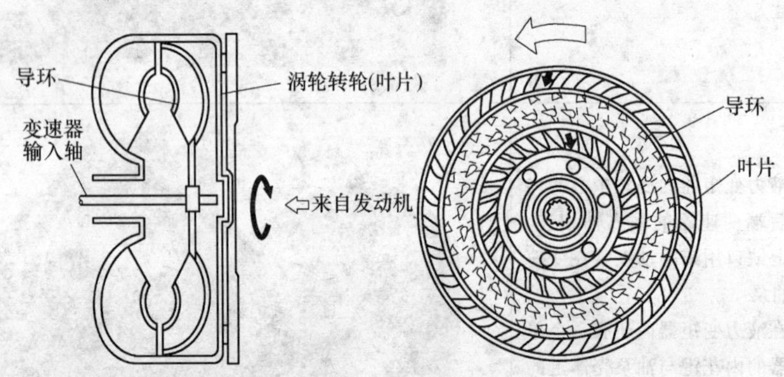

图 1-3-3　涡轮结构示意图

3. 导轮的结构

从图 1-3-4 可知，导轮上也有许多具有一定曲率、一定方向的叶片组装在导轮架上，导轮轴孔内装有单向离合器，单向离合器的外环与导轮孔紧配合，单向离合器内环用花键槽与变速器壳体上的轴配合，因此，导轮只能向一个方向自由转动；而向另一方向转动时，则被单向离合器锁止在壳体上。

导轮的作用是在汽车起步和低速行驶时，增大变速器输入的转矩。

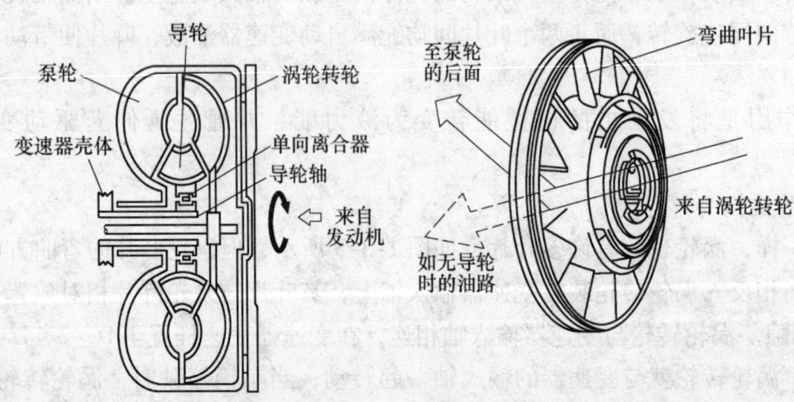

图 1-3-4　导轮结构示意图

三、液力变矩器的液流

液力变矩器内充满具有一定压力的变速器油，当泵轮旋转时，液体的实际流动是由涡流和环流叠加而成的。

涡流就是泵轮泵出的液流通过涡轮和导轮，然后再回到泵轮的液流。车辆起动时，泵轮和涡轮的转速差越大，涡流就越大。

环流就是变矩器内与变矩器转动方向相同的液流。当泵轮与涡轮转速差较小时，环流就大，车辆以恒速行驶时就是如此。环流随泵轮与涡轮转速差增大而成比例地变小。

液力变矩器内部实际的液流方向是涡流与环流合成的螺旋状，如图 1-3-5 所示。

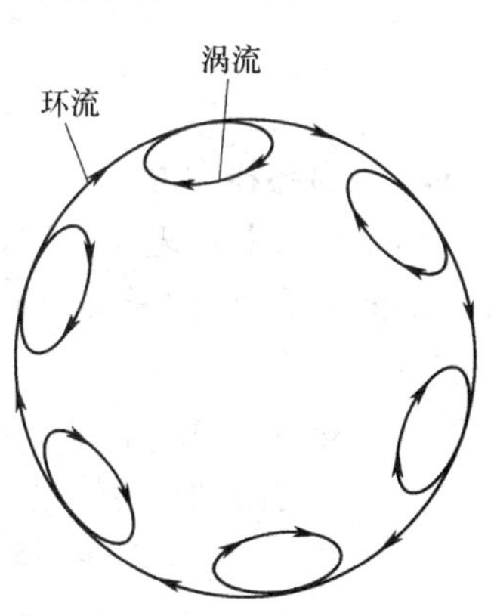

图 1-3-5　液力变矩器的液流

四、锁止离合器

在耦合区（即没有转矩成倍放大的情况），变矩器以接近 1∶1 的比例将来自发动机的输入转矩传递至变速器，但在泵轮与涡轮之间存在着至少 4% ~5% 的转速差。所以，变矩器并不是将发动机的动力 100% 地传递至变速器，而是有一定的能量损失。为了防止这种现象发生，也为了降低油耗，当车速在大于 60km/h 时，锁止离合器会通过机械摩擦将泵轮与涡轮相连接。这样，使发动机产生的动力几乎 100% 地传递至变速器。

锁止离合器装在涡轮转轮毂上，位于涡轮转轮前端。减振弹簧在离合器接合时，吸收扭力，防止产生振动。在变矩器壳体或变矩器锁止活塞上粘有一种摩擦材料，用以防止离合器接合时打滑。

锁止离合器的接合和分离由变矩器中的液压油的流向改变来决定。下面介绍其工作过程。

1. 离合器分离时

当车辆低速行驶时，由继动阀控制的油液流动方向如图 1-3-6 所示。加压油液流至锁止

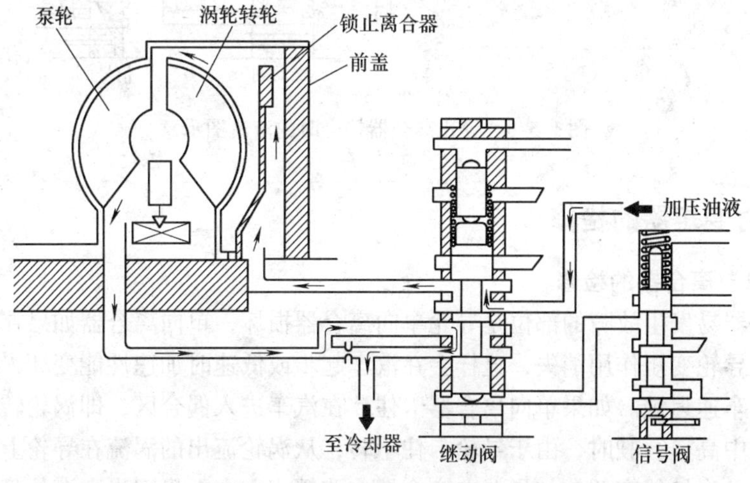

图 1-3-6　锁止离合器脱开时的液流示意

离合器的前端，锁止离合器前端及后端的压力就变得一样，锁止离合器处于脱开状态。这时，由于变矩器内油液因涡流产生大量热量，流出变矩器的油液要经冷却器冷却后再送回变速器。

锁止离合器的工作情况如图 1-3-7 所示。

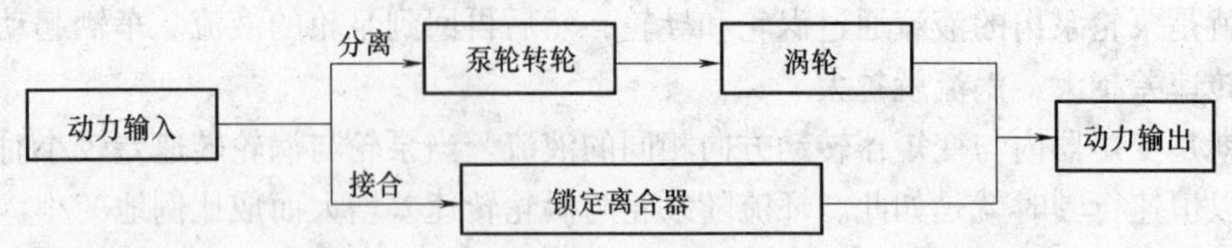

图 1-3-7 锁止离合器的工作情况

2. 离合器接合时

当车辆以中高速（≥50km/h）行驶时，继动阀控制的油液流动方向如图 1-3-8 所示，加压油液流至锁止离合器的后端。这时，变矩器壳体受到锁止活塞挤压，从而使锁止离合器和前盖一起转动，即锁止离合器接合。由于这时泵轮与涡轮转速差为零，没有涡流产生，因而油液在变矩器内产生的热量很小，流出变矩器的油液不需要冷却，直接流回变速器。锁止离合器接合时的动力传输过程如图 1-3-8 所示。

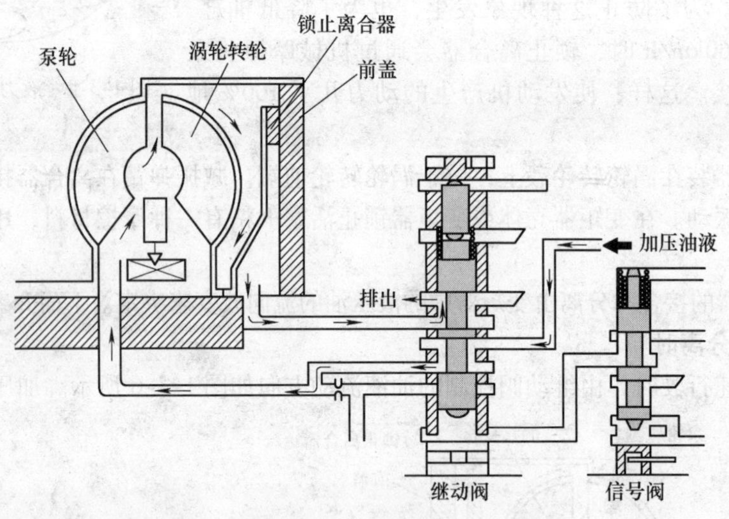

图 1-3-8 锁止离合器接合时的液流图示意

五、液力变矩器的检修

1. 导轮单向离合器的检修

液力变矩器易发生故障的部位是导轮单向离合器损坏，单向离合器如果在锁止方向上出现打滑，则使导轮变矩作用消失，这样会在汽车起步或低速时加速性能变坏，即在低速区域发动机发闷，车速迟钝。如果单向离合器卡住，在汽车进入偶合区，即涡轮转速接近泵轮转速，汽车进入中高速行驶时，由于导轮卡住不转，从涡轮流出的涡流在导轮上受阻，因此使汽车中高速时动力性能变差。如果单向离合器在非锁止方向上出现半卡滞故障，则不仅影响

发动机动力输出，而且会因半卡滞摩擦生热使变矩器油温升高。

判断单向离合器是否卡滞可用以下方法检查：

（1）用手指沿单向离合器旋转方向旋转导轮花键应畅通无阻；反方向旋转应卡住，但本田车的单向离合器与此相反。

（2）使用专用工具检查导轮单向离合器，如图 1-3-9 所示。

使单向离合器内座圈不动，在外座圈上施加可变转矩，在单向离合器旋转方向上的转矩应小于 2.5N · m。如果大于 2.5N · m，说明单向离合器有卡滞现象，应更换变矩器总成。

2. 测量液力变矩器轴套的径向圆跳动

将液力变矩器所在位置作个标记暂时装到飞轮上，以确保安装正确，并安装千分表，如图 1-3-10 所示。如果径向圆跳动超过 0.30mm，则重新调整液力变矩器的安装方位。如果径向圆跳动过大而不能修正，则应更换变矩器。

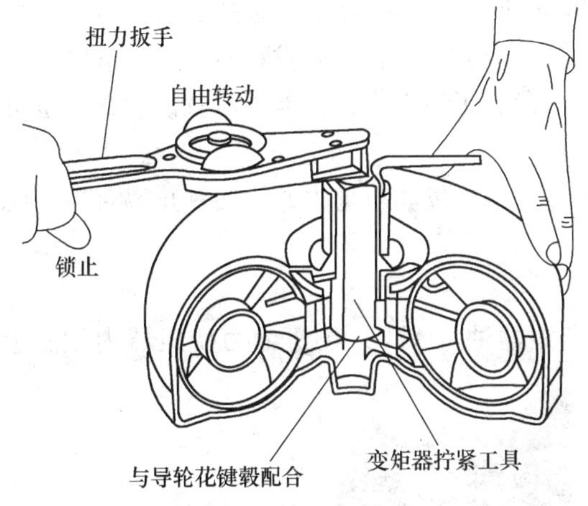

图 1-3-9　用专用工具检查导轮单向离合器

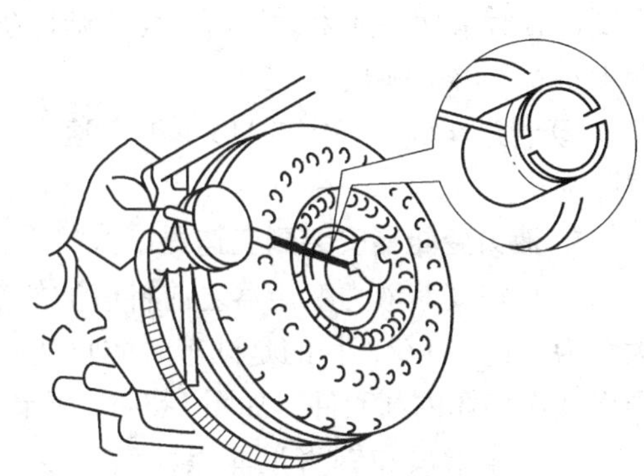

图 1-3-10　装千分表

3. 锁止离合器的检修

锁止离合器发生故障时会引起超速档时车速超速不明显，或锁止离合器振动、有噪声；锁止离合器打滑时，又易造成液力变矩器产生高温。液力变矩器锁止离合器锁止不分离，造成紧急制动时发动机熄火等故障。

（1）紧急制动时发动机熄火故障的诊断

① 汽车高速行驶，紧急制动时，锁止离合器应分离，以使泵轮和涡轮脱离硬性连接，避免紧急制动时熄火。在全液压式自动变速器中，当紧急制动车速降低时，调速器油压的降低会使锁止离合器的继动阀动作，使锁止离合器解锁，若锁止继动阀或其控制油压等出问题，会使锁止离合器不能及时打开。对电控液压式自动变速器，在紧急制动时，与制动踏板连动的制动开关向电控系统提供制动信号，电控系统接到制动信号后便向锁止电磁阀发出指令，电磁阀的动作又驱动锁止阀动作，使锁止离合器解锁。

② 对电控液压自动变速器，检查时可将点火开关接通，当踩下制动踏板时，变速器壳体处应听到电磁阀“咔”的一声动作声；如听不到响声，应检查电路、电控系统及电磁阀是否损坏或卡住。

（2）液力变矩器杂音的诊断

① 液力变矩器杂音可用踏动和放松制动踏板的办法检查。当轻踩制动踏板后，杂音立刻消失，放松踏板后，杂音又立刻出现，反复测试现象依旧，则可断定锁止离合器有故障。造成杂音的原因有：变矩器泄油，锁止压力不足，噪声是由打滑引起；锁止离合器锁止压盘与变矩器壳体因变形接触不良造成打滑，或变矩器壳体端面摆动或失去动平衡造成旋转时共振引起噪声。检查变矩器壳体是否偏摆时，可先将变速器拆下，然后将千分表架固定在发动机上，而表针指在变矩器壳体外端面上，转动变矩器壳体一周，观察千分表的摆动量，摆动量若大于 0.20mm 时，应更换新变矩器总成。

② 对电控锁止电磁阀控制锁止离合器的，若锁止电磁阀回位弹簧因使用时间过长而疲劳时，也会因锁止油压不良而产生噪声。

（3）锁止离合器是否工作的判断

① 锁止离合器出现故障时，不仅会产生噪声，而且会影响锁止离合器的锁止和解锁。判断闭锁离合器是否解锁时，可将车速稳定在 80km/h 左右，在保持车速稳定的同时，轻踩制动踏板，使踏板臂和制动开关刚刚脱离接触，此时应解除锁止，即发动机转速和进气管真空度都有所增加，如果无任何变化，则锁止离合器没有正常工作，可能根本就没锁止，也可能根本就不解除锁止。

② 若汽车保持稳定的 80km/h 车速，突然紧急制动，发动机熄火，说明锁止离合器不能解除锁止。

4. 液力变矩器安装到变速器

（1）在安装液力变矩器之前将清洁的液力变矩器油（ATF）倒进液力变矩器内，油量大约为总量的 1/2，目的是试车时防止油底壳内无油而烧坏内部元件，如图 1-3-11 所示。

图 1-3-11　向液力变矩器内倒油

（2）用卡尺和钢直尺测量从液力变矩器的安装面到变速器前表面的距离。丰田 A340E 自动变速器安装距离如下：

凌志（Lexus）ES300：13.7mm；

凌志（Lexus）GS300：0.1mm；

凌志（Lexus）LS400：17.1mm；

凌志（Lexus）SC300：26.4mm；

凌志（Lexus）SC400：17.1mm。

还有一种安装方法更快捷简单，就是用自动变速器出厂时自带的安装板检查 4 个点有无间隙，如图 1-3-12 所示。拆卸变矩器时，最好打上装配相互位置记号，装复时按原位装回，以免影响动平衡。

更换新液力变矩器时，一定注意其型号要相同。将变速器总成与变矩器组合时，要注意油泵驱动轴与油泵主动轮之间的配合键槽应确实对齐，插靠到位，否则在紧固时必造成变矩器或油泵的损坏。

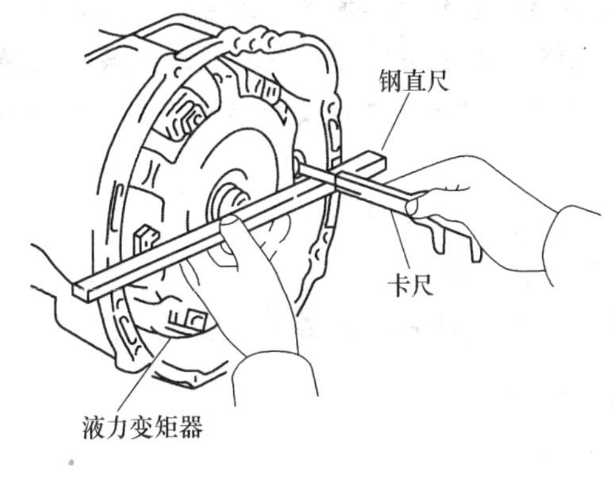

a) 检查安装尺寸

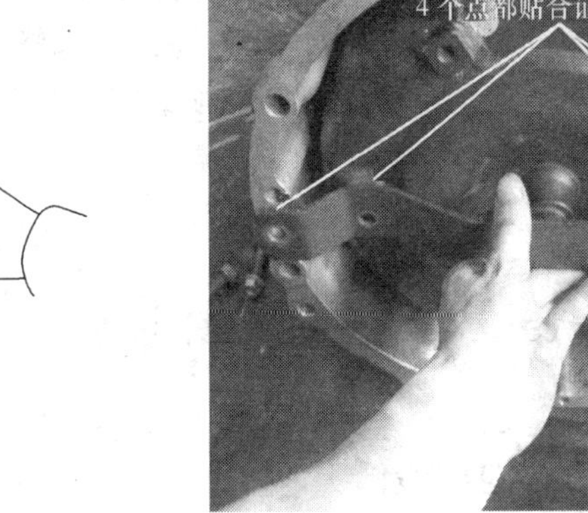

b) 检查4个点贴合

图 1-3-12　液力变矩器的安装检查

案例链接

案例 1：自动变速器前部漏油

车型　日产公爵 Y31 轿车，装用 RE4R01A 型变速器。

故障现象：据驾驶员介绍，这辆车的变速器前部漏油，换过几次油封，但行驶不久又漏油了。顶起车检查，发现漏油比较严重，而且都是变速器油。

诊断与排除：拆下变速器检查，油封无明显损坏。换一个新油封装回，该车出厂两天后，又因变速器漏油回厂返修。

拆下变速器后检查，油封完好，但发现变矩器后端与油封接触的轴颈磨损不均匀（一侧磨痕迹较宽）。于是怀疑是与轴颈偏摆有关，使用千分表接触轴颈部位检查，偏摆量达到 0.55mm，超过了允许最大值（0.30mm）。

于是采取在变矩器与飞轮接合的螺孔间增减垫片（薄铜皮）的方法，调整轴颈的偏摆量，最后达到只有 0.20mm 的偏摆量，然后记好垫片的位置和数量。安装好以后，解决了漏油问题，故障排除。

案例 2：佳美 2.2 轿车更换变速器后发动机不能转动

车型　丰田佳美 2.2 轿车，装用 A140E 型自动变速器。

故障现象：更换自动变速器后，发动机不能转动。

诊断与排除：该车为某修理厂接修车辆，故障是自动变速器损坏。该厂过去没修过自动变速器，解体后零件弄乱，安装不上，于是将变速器单独送来修理。我厂将变速器修好后，将变速器装到车上，几天后这辆车的发动机不能转动，遂将整车拖入来检修。驾驶人反映，先是发动机无力，变速器温度太高，最后因发动机被卡住而不能转动。

先在曲轴前部转动曲轴，根本无法转动，决定拆下变速器，进一步检查发动机和变速器。拆下变速器后，发动机能转动了。再仔细检查变速器，油泵壳体已过热变色。解体变速器，油泵外壳胶圈因过热而与壳体胶合在一起，以至于拆出油泵非常困难。再解体检查油泵，内齿轮与泵壳已烧结到一起无法拆开，变速器壳体也变形。

究其原因，原来是该厂将变速器往车上安装时（应该先将变矩器拆下，将变矩器的轴套上的两缺口与油泵内齿轮的两个凸键对好，将变矩器安装到位后再与变速器一起装上飞轮壳，最后再将变矩器与发动机飞轮紧固到一起），未将变矩器轴套的两个缺口与油泵内齿轮的凸键对好，这样就造成变速器外壳不能与发动机飞轮壳对合，造成变矩器与油泵之间产生巨大压力，而使油泵齿轮与油泵壳烧在一起。

因变速器外壳已变形，只好更换一台新变速器总成。正确安装好，试车，故障排除。

任务四　离合器、制动器、单向离合器检修

一、离合器的结构与检修

1. 离合器的结构

在自动变速器内安装有多片湿式离合器，其结构如图 1-4-1 所示。

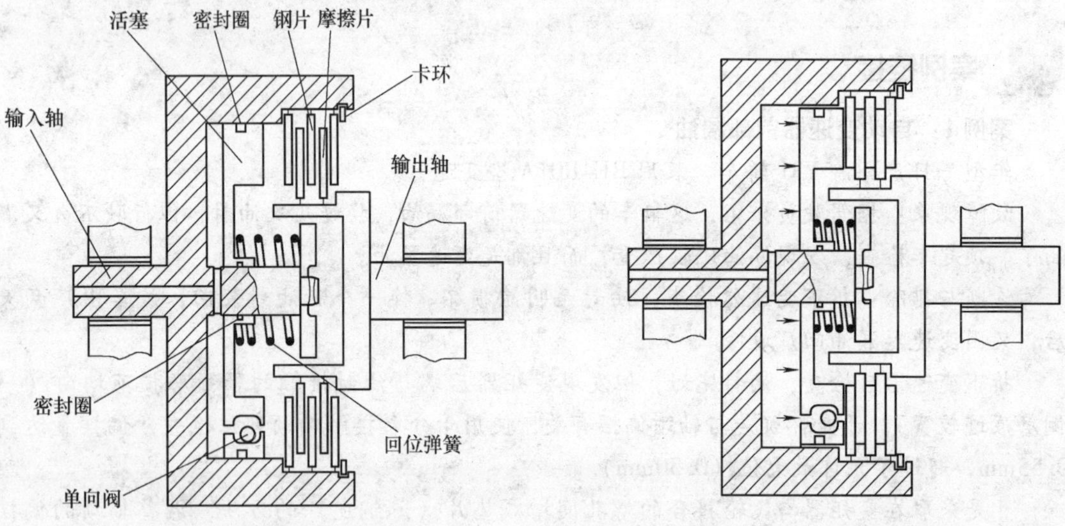

a) 离合器分离，弹簧复位，钢片松开摩擦片(有间隙)　b) 离合器接合，活塞通油，钢片夹紧摩擦片 (无间隙)

图 1-4-1　离合器结构图

多片湿式离合器由离合器鼓、离合器毂及与毂鼓键配合的钢片、摩擦片、离合器液压活塞、液压活塞的回位弹簧等组成。离合器摩擦片两面涂有摩擦材料，摩擦片的内花键与离合器毂的外花键槽键配合，摩擦片可在毂的键槽内轴向移动，但不能相对转动。离合器钢片外圆上的键与离合器鼓上的键槽键配合，钢片在鼓上可轴向移动，但不能相对运动。

离合器的钢片与摩擦片相间排列，钢片与摩擦片的结合或分离，完全受离合器的液压活塞控制。离合器液压活塞装在离合器鼓内，由橡胶密封圈将液压油密封在离合器鼓的腔内。

2. 离合器的工作原理

离合器结合：当控制油液流至活塞缸时推动单向阀钢球，使其关闭单向阀。活塞克服回位弹簧力的作用将摩擦片与钢片压紧，产生摩擦力，动力从输入轴传递到输出轴。

离合器分离：当控制油压减小时，活塞缸内的液压就下降，使单向阀钢球在离心力的作用下离开阀座，活塞缸外缘的油液经单向阀流出。这样由于回位弹簧的作用，活塞返回到原来的位置，离合器分离。离合器分离过程中单向阀的动作如图 1-4-2 所示。

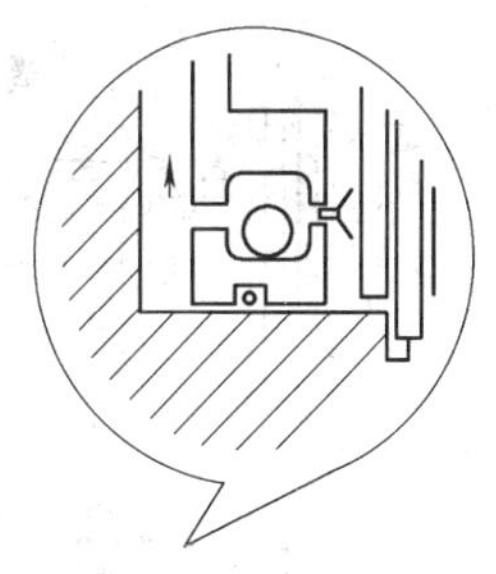

图 1-4-2　离合器分离过程中单向阀的动作图

综上可知，多片湿式离合器的作用是将变速器内的两个元件连接起来，它可以把转矩由一个元件传递给另一个元件；也可以使行星齿轮机构的三元件进行不同的组合，即将行星齿轮机构中的某两个元件连接或脱开连接。

离合器活塞的回位弹簧有几种不同的形式，即圆周均布螺旋弹簧式、活塞上压有中央螺旋弹簧式、波形弹簧式和膜片弹簧，如图 1-4-3 所示，其中螺旋弹簧应用较多。

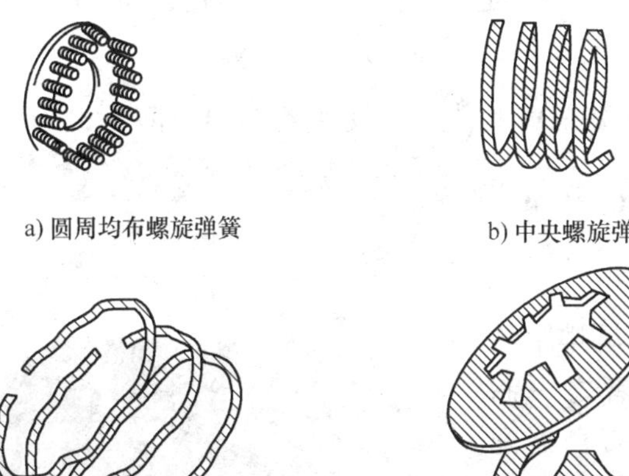

a) 圆周均布螺旋弹簧　　b) 中央螺旋弹簧

c) 波形弹簧　　d) 膜片弹簧

图 1-4-3　离合器回位弹簧示意图

有些离合器或制动器的液压缸内装有内外两个活塞，即内活塞和外活塞。两个活塞可对同一个离合器或制动器加压，但因两个活塞腔互不相通（分别与各自的油道相通）。两活塞可以分别动作，也可以同时动作。带有两个活塞的制动器或离合器工作示意如图 1-4-4 所示。图 1-4-4a 是液压油作用在内活塞，由于内活塞与液压油接触面积较大，因此传递的转矩较大；当液压油作用在外活塞上时（如图 1-4-4b 所示），活塞与液压油接触面积较小，传递的转矩较小。在内活塞工作后，外活塞再工作（如图 1-4-4c 所示），传递的转矩相续增大，这样可减轻离合器或制动器接合时的冲击，使换档柔和。

3. 离合器检修

离合器常易出现的故障有摩擦片烧蚀或磨损严重，液压活塞密封泄漏。离合器片可通过观察方法来检查摩擦片的材料是否有烧焦或剥落，如有应更换。离合器片是否磨损严重，检查时可测量装配后的总自由间隙，各型自动变速器因摩擦片的数量不同，因此总自由间隙也不相同，一般应留有 0.3～0.5mm 的自由间隙。离合器装配卡簧后的总间隙可用塞尺检测，如不符合标准，有的用压盘调换，有的用卡环调整，如图 1-4-5 所示。

检修时，还应细心检查液压活塞及活塞缸壁的表面是否有划伤和拉毛，如有应小心修复

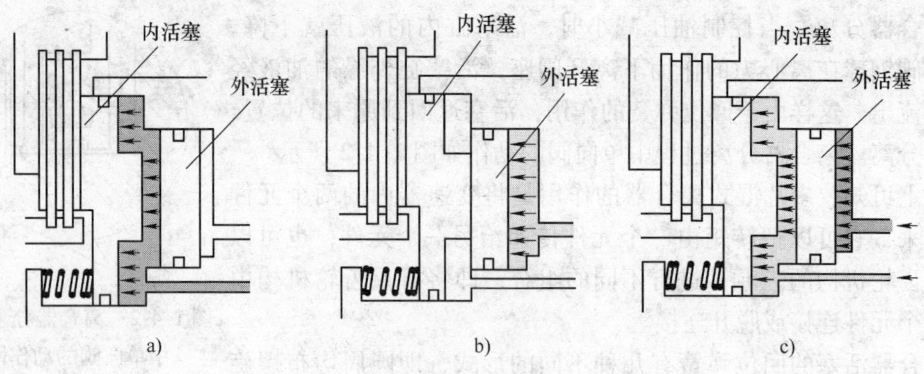

图 1-4-4 双液压活塞工作示意图

或更换；检查液压活塞上的密封胶圈是否老化、变形或拉伤，如有应更换。

检查离合器回位弹簧是否有变形、扭曲、弹力是否减弱。

注意：离合器摩擦片在装配前新片应在变速器油内浸泡至少 2h 以上，旧片应浸泡 30min，使其充分膨胀和含油。

二、制动器的检修

制动器是将变速器中行星排中的太阳轮、行星架或齿圈三者之一制动，以便和离合器或单向离合器配合，完成行星齿轮机构中不同元件的连接、制动组合，实现变速器不同档位的输出，目前常用的制动器有多片湿式制动器和带式制动器。多片湿式制动器的结构与离合器的结构基本相同，但它与离合器不同点是制动器的鼓是变速器的壳体，因此它不是把两个元件连结起来使两个元件一起旋转，而是把某一元件制动在变速器的壳体上。

图 1-4-5 检查离合器总间隙

1. 多片湿式制动器的检修

多片湿式制动器的构造与多片湿式离合器的构造完全相同，如图 1-4-6 所示，只不过制动器的鼓是与变速器的壳体相连。因此其检修与离合器相同，在此不再重述。

制动器制动：当活塞受到控制油压的作用时，活塞在活塞缸内运动，使摩擦片与钢片相互接触，结果，在每个摩擦片与钢片之间产生很大的摩擦力，使行星齿轮机构某一元件或单向离合器锁定在变速器壳体上。

制动器解除：当控制油压降低时，由于回位弹簧的作用，活塞回至原位，使制动解除。

2. 带式制动器

（1）带式制动器的结构。许多自动变速器内除安装湿式多片制动器外，还装有带式制

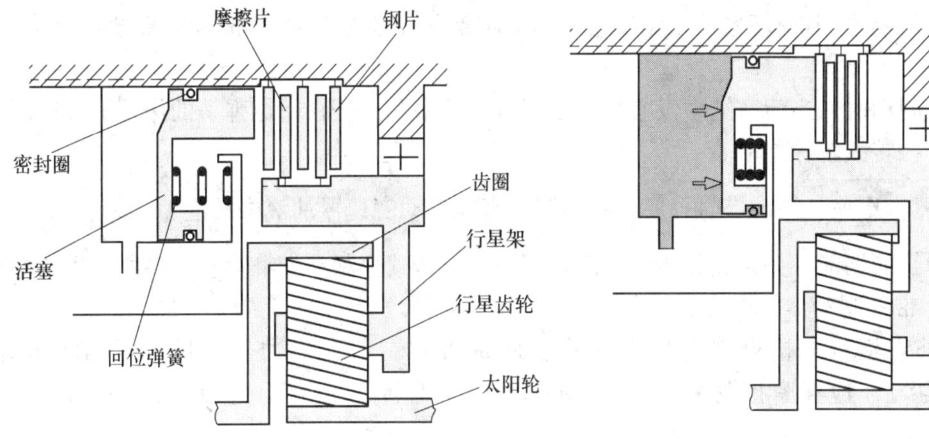

a) 解除制动，弹簧复位，钢片松开摩擦片(有间隙)　　b) 制动器制动，活塞通油，钢片夹紧摩擦片 (无间隙)

图 1-4-6　制动器结构

动器，带式制动器结构示意如图 1-4-7 所示。带式制动器由制动鼓、制动带和伺服缸组成。伺服缸内装有液压活塞，密封圈、回位弹簧和推杆等。

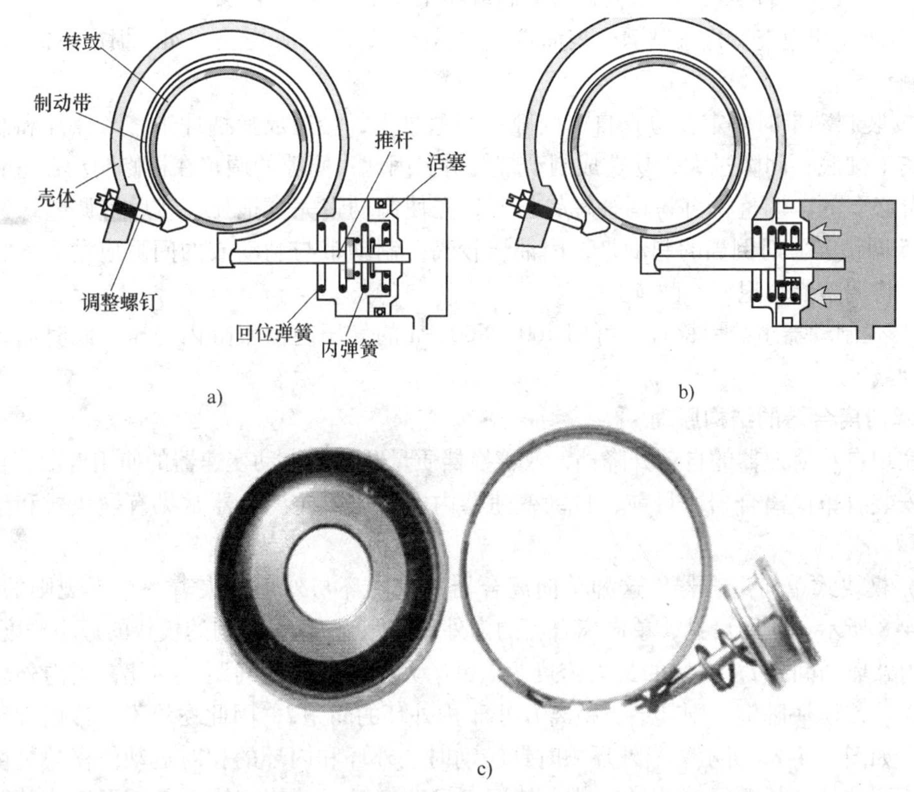

图 1-4-7　带式制动器结构示意图

（2）带式制动器的工作原理。制动时：当控制油压加在活塞上时，活塞向左移，压缩回位弹簧，推杆推动制动带的一端。由于制动带的另一端固定在变速器壳体上，制动带的直径变小，箍紧在转鼓上，在制动带与转鼓之间产生很大的摩擦力，使之无法转动。

解除制动时：当活塞缸中没有控制油压时，活塞和推杆在回位弹簧的作用下被推回，制动带松开，转鼓解除制动。

注意：更换新制动带时，要先将新制动带在自动变速器油液中浸泡1h以上。

内弹簧的功能：一是吸收转鼓的反作用力；二是减少制动带箍紧转鼓时所产生的振动。

（3）带式制动器的检修

① 外观检查。检查制动带摩擦片表面是否有剥落、烧蚀等缺陷，检查制动带磨损是否均匀，检查摩擦材料上印刷的数字是否磨掉。如有上述现象之一，应更换制动带。

② 检查制动带摩擦片表面含油能力。擦净制动带摩擦片上的油，然后用手指轻压制动带摩擦面，应有油汪出。如轻压后无油汪出，说明制动带摩擦表面含油能力下降，应更换，否则易烧蚀和造成制动鼓干磨。拆检修理带式制动器时，不要将制动带随意展平或叠压，以免造成摩擦表而的裂纹剥落等。不要将制动带随意弯曲或扭转，以免造成制动带变形，安装时不能复位，使配合间隙发生变化，造成制动器工作不良。

③ 制动鼓的检查。检查制动鼓表面是否磨损严重，是否有烧蚀。如磨损严重或有烧蚀，应更换制动鼓。

④ 安装制动带时一定要检查自由间隙。间隙过小，会造成换档冲击，摩擦片和制动鼓之间分离不彻底；间隙过大，易造成制动带打滑。因此，间隙的调整在检修制动器重新安装时是十分必要的，调整时可将调整螺钉松开，先使制动带完全抱死，然后将调整螺钉退回1.5～2.5圈锁死。对倒档的制动带，因油压较高，制动带与制动鼓的间隙应稍大些，一般是扭紧后将调整螺钉退回5圈锁死。

⑤ 带式制动器组装后检查。可用400～800kPa的气压向伺服缸内施压，此时制动带应抱紧制动鼓。

3. 单向离合器的结构原理

为实现自动变速器的自动升降档，改善换档质量及延长自动变速器的使用寿命，自动变速器内安装有单向离合器。目前，自动变速器内安装的单向离合器常见有楔块式和滚柱式两种。

（1）楔块式单向离合器。这种单向离合器是在内环与外环间夹着一个不规则的楔块，如图1-4-8所示。从图可见，单向离合器的内外环间距为l，不规则的楔块的最小跨度为l_1，l_1小于内外环的间距l，楔块的最大跨度为l_2，l_2大于内外环的间距。因此，当内外环相对转动时，若使楔块卧倒，则其最小距离l_1小于内外环的间距l，因此楔块不干涉内外环的相对运动，如图1-4-8a所示。当外环顺时针转动时，外环和内环的相对运动使楔块卧倒，因此楔块不干涉外环的顺时针旋转。若内外环之间的相对运动使楔块立起，则楔块的跨度l_2大于内外环之间的间距，因此楔块被挤在内外环间，如图1-4-8b所示。此时因外环逆时针旋转，内外环的相对运动使楔块立起，对内外环的相对运动便产生干涉。可见这种装置只允许内环或外环单方向旋转，否则楔块便把内外环锁成一体。

（2）滚柱式单向离合器。这种单向离合器是在单向离合器的内环外环之间夹有滚柱，

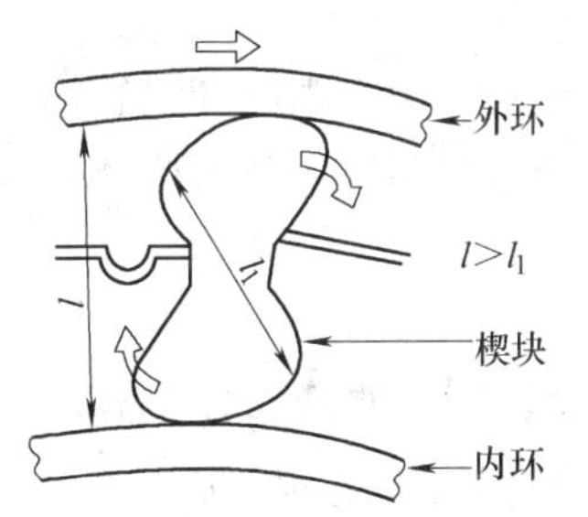

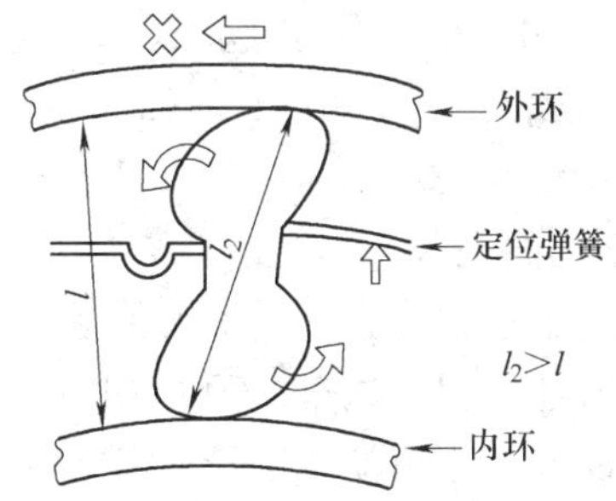

图 1-4-8　楔块式单向离合器结构示意图

但内外环间所形成的安装滚柱的空间是一个楔形，如图 1-4-9 所示。

从图可知，在内外环无相对运动时，滚子被弹簧推至楔形空间的最大处，当内外环产生相对运动时，若内外环相对运动时的摩擦力使滚柱压缩弹簧滚至楔形空间的宽敞处，滚柱不对内外环的相对运动产生干涉，内环或外环可以自由相对运动。但如果内外环相对运动对滚柱产生的摩擦力使滚柱压缩弹簧滚至楔型空间的狭窄处，滚柱便被挤住而对内外环的相对运动产生干涉，可见，这种结构起到了单向离合的作用。

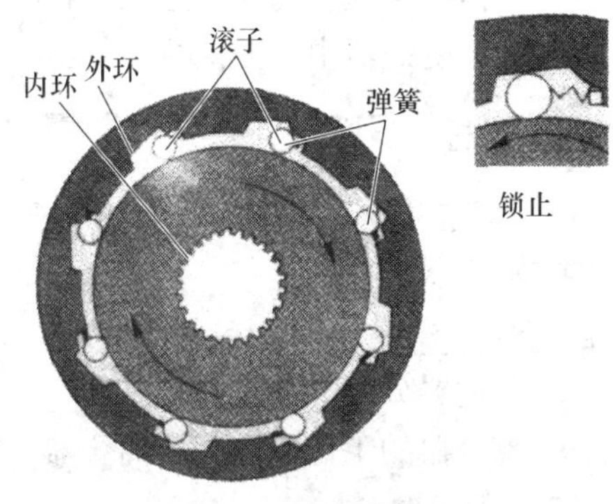

图 1-4-9　滚柱式单向离合器

综合练习一

一、填空题

1. 液力变矩器有三轮二器，“三轮”是______、______和________；“二器”是指__________和__________。

2. 液力变矩器三轮中，主动轮是__________，从动轮是__________。

3. 液力变矩器中单向离合器的作用是单向固定__________轮。

4. 液力变矩器中，液体由泵轮到涡轮再到导轮，然后回到泵轮的循环叫__________；沿液力变矩器旋转方向的液流叫__________。

5. 锁止离合器接合一般在______档以上，车速在____km/h。

6. 紧急制动时，锁止离合器不能解锁，会造成发动机______。

7. 涡轮不动，泵轮的最高转速叫______，此转速低于标准值，可能的原因是________打滑。

8. 变矩器内单向离合器________会造成汽车低速时加速不良，单向离合器________会造成汽车中高速时加速不良。

二、选择题

1. 下列不属于液力变矩器内的是（　　）。

A. 泵轮和导轮　　B. 锁止离合器和单向离合器

C. 涡轮和导轮　　D. 接合套和制动器

2. 锁止离合器是把（　　）连起来。

A. 泵轮和导轮　　B. 涡轮和泵轮

C. 导轮和涡轮　　D. 导轮与壳体

3. 下列说法正确的是（　　）。

A. 锁止离合器磨损与油的质量无关。

B. 锁止离合器磨损，试车，60～80km/h，轻踩加速踏板时，车有窜动感；大重踩加速踏板时，车不窜动；松开加速踏板，再踩时，车窜动明显。

C. 只有锁止离合器锁止，才有发动机制动效果。

D. 锁止离合器就是单向离合器。

三、问答题

1. 如何判断锁止离合器进入锁止状态？

2. 液力变矩器中单向离合器打滑，为什么会造成汽车起步困难和低速加速不良？

综合练习二

一、填空题

1. 离合器的作用是____________，制动器的作用是____________，单向离合器的作用是____________。

2. 制动器分为____________和____________两种。

3. 离合器的工作原理为：离合器____________结合，离合器____________分离。

二、问答题

1. 新摩擦片为什么要浸泡以后才能安装？

2. 离合器摩擦片间隙过小会产生什么问题？

3. 如何检查制动带摩擦片表面含油能力？

4. 离合器中单向阀有什么作用？

三、实物演示

1. 根据各档位对单向离合器的要求，进行内、外圈受力分析。

2. 根据提供的单向离合器实物判断安装方向。

2

项目二 辛普森式自动变速器检修

学习目标

☆ 能够分析 A341E 自动变速器的档位

☆ 能够拆装、检修 A341 自动变速器

☆ 能够诊断 A341 自动变速器机械故障

☆ 能够绘制 A341E 自动变速器传动简图并进行档位分析

案例链接

LS400 轿车自动变速器在 1 档起步时正常，但是升入 2 档的时间过长。经过自动变速器的检测，发现是单向离合器 F1 打滑，造成在 2 档时无法限制公共太阳轮的逆时针旋转。将变速器解体后，更换单向离合器 F1，重新组装变速器，故障排除。

任务一 丰田 A341E 自动变速器概述与档位分析

一、丰田 A341E 自动变速器概述

1. A341E 自动变速器的结构

丰田 A341E 自动变速器的结构如图 2-1-1、图 2-1-2 所示。传动整体结构如图 2-1-3 所示。

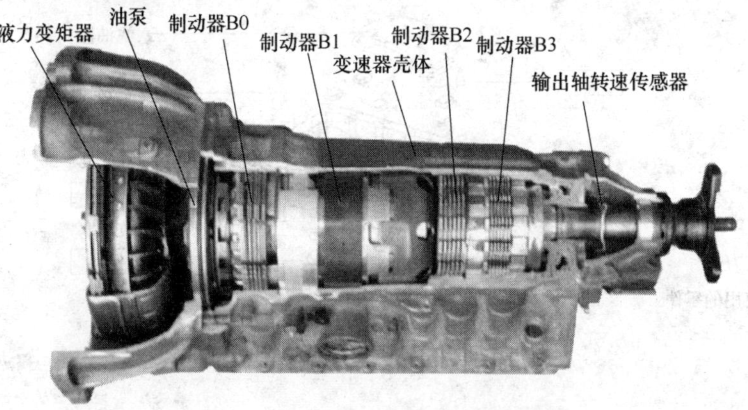

图 2-1-1 丰田 A341E 自动变速器解剖图

执行元件布置如图 2-1-4 所示。变速器执行器位置如图 2-1-5 所示。

图 2-1-6 是典型辛普森传动部分的双排四个构件的一种输入方式。后面两排为辛普森结构，在前面加上一个单行星排可以完成四个前进档和一个倒档。

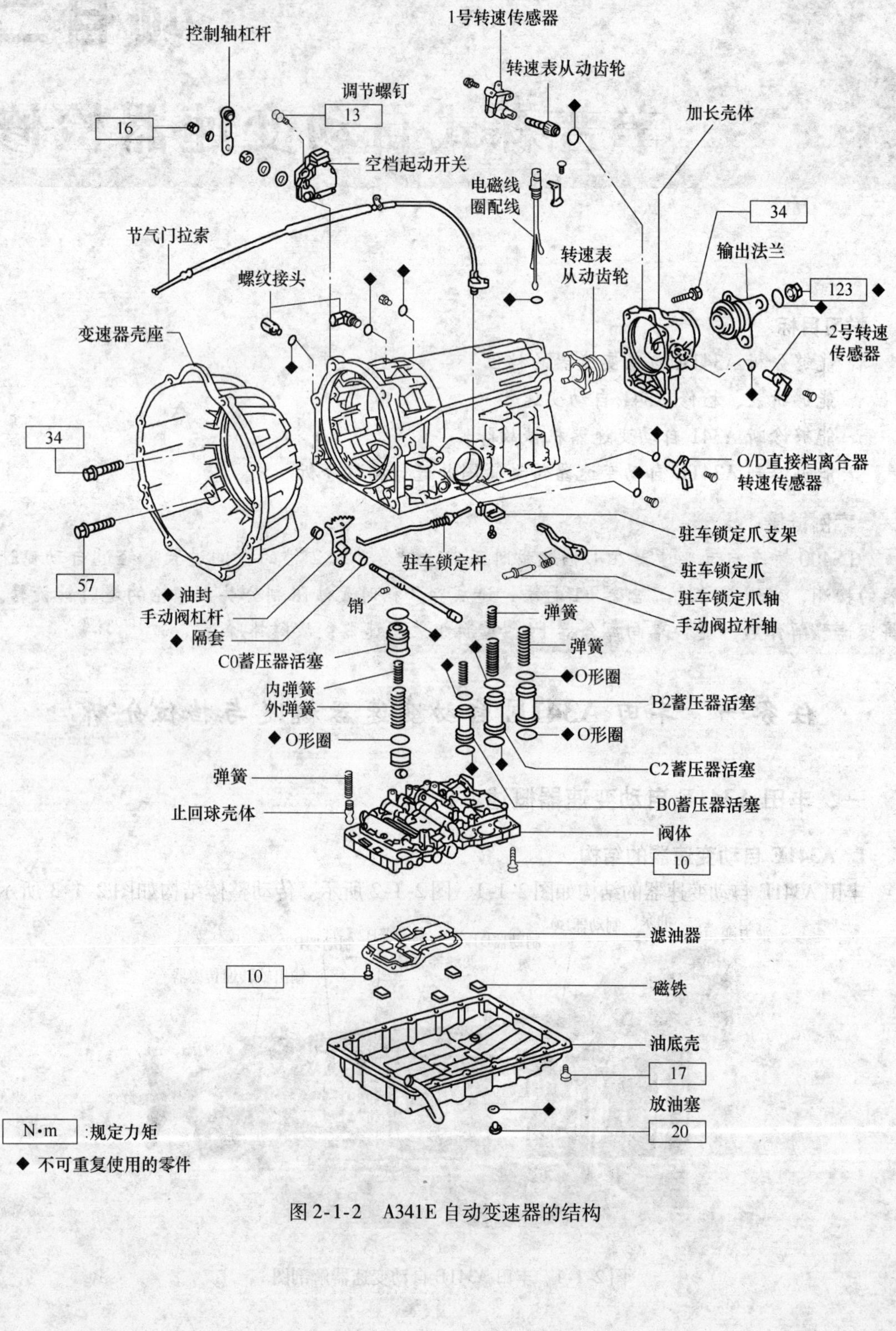

1号转速传感器
控制轴杠杆
转速表从动齿轮
调节螺钉
16
13
加长壳体
空档起动开关
电磁线
圈配线
34
节气门拉索
输出法兰
转速表
从动齿轮
螺纹接头
123
2号转速
传感器
变速器壳座
34
O/D直接档离合器
转速传感器
驻车锁定爪支架
驻车锁定杆
驻车锁定爪
57
◆ 油封
驻车锁定爪轴
销
手动阀杠杆
手动阀拉杆轴
◆ 隔套
弹簧
弹簧
C0蓄压器活塞
◆O形圈
内弹簧
B2蓄压器活塞
外弹簧
◆ O形圈
◆O形圈
C2蓄压器活塞
弹簧
B0蓄压器活塞
止回球壳体
阀体
10
滤油器
10
磁铁
油底壳
17
放油塞
20
N·m :规定力矩
◆ 不可重复使用的零件

图 2-1-2 A341E 自动变速器的结构

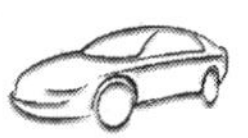

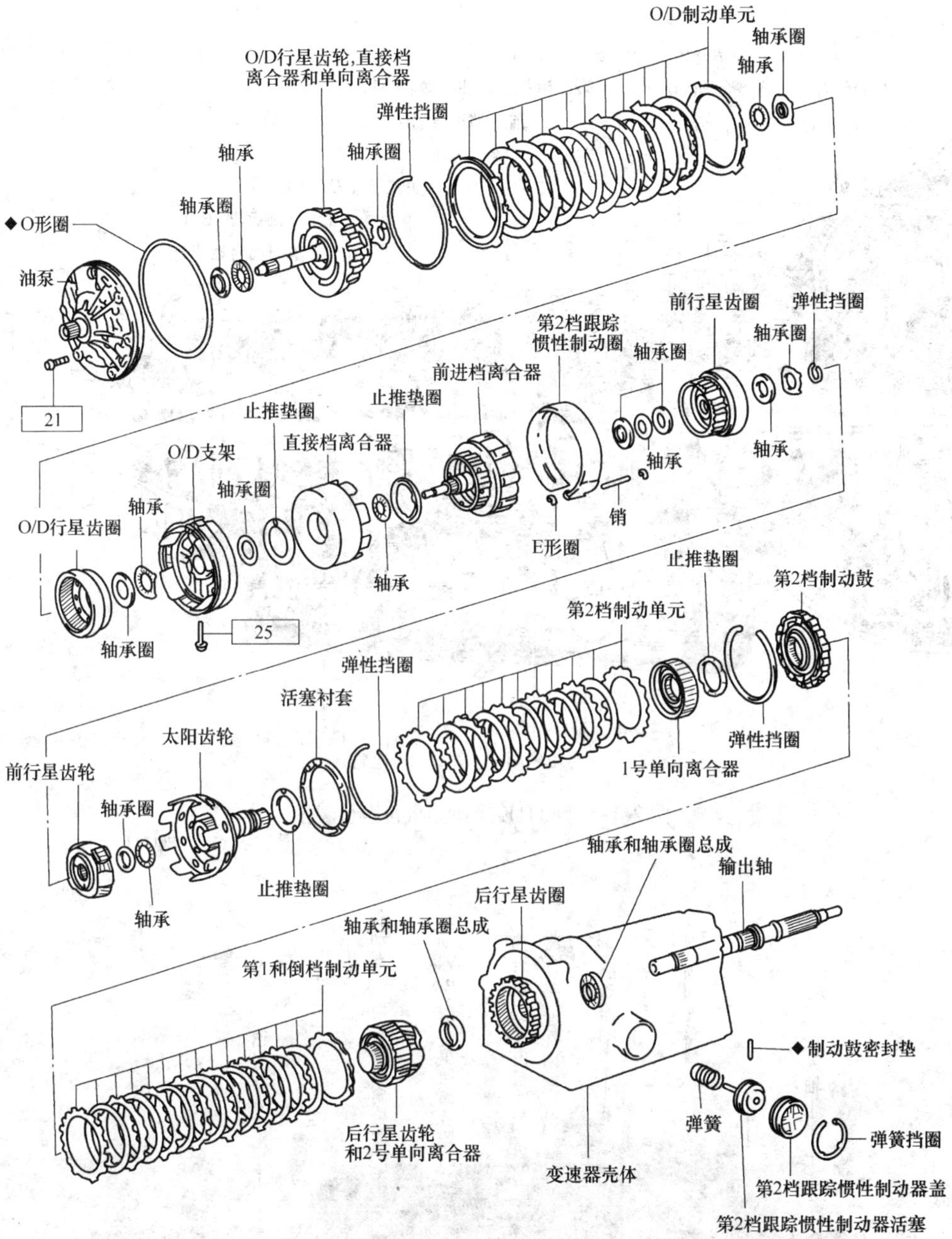

O/D制动单元
轴承圈
轴承
O/D行星齿轮,直接档离合器和单向离合器
弹性挡圈
轴承圈
轴承
轴承圈
◆O形圈
油泵
21
第2档跟踪惯性制动圈
前行星齿圈
弹性挡圈
轴承圈
轴承圈
前进档离合器
止推垫圈
止推垫圈
直接档离合器
O/D支架
轴承圈
轴承
轴承
轴承
O/D行星齿圈
轴承
销
E形圈
轴承圈
25
止推垫圈
第2档制动鼓
第2档制动单元
弹性挡圈
活塞衬套
太阳齿轮
前行星齿轮
轴承圈
弹性挡圈
1号单向离合器
止推垫圈
轴承
轴承和轴承圈总成
输出轴
后行星齿圈
轴承和轴承圈总成
第1和倒档制动单元
◆制动鼓密封垫
弹簧
弹簧挡圈
后行星齿轮和2号单向离合器
变速器壳体
第2档跟踪惯性制动器盖
第2档跟踪惯性制动器活塞

图 2-1-3 A341E 传动整体结构图

B0
B1
B2
B3
C2
C1
C0
F0
F1
F2

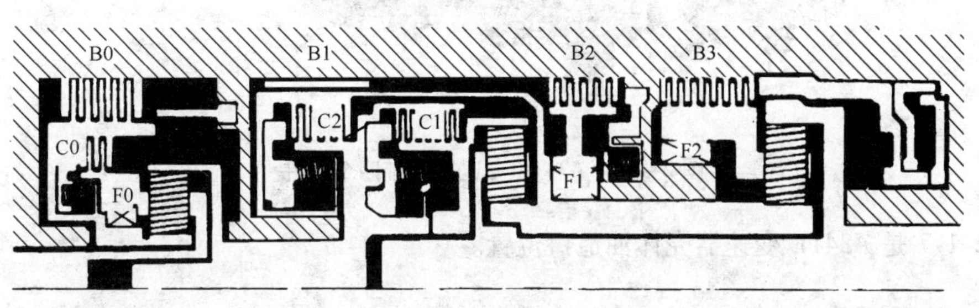

图 2-1-4 A341E 执行元件布置图

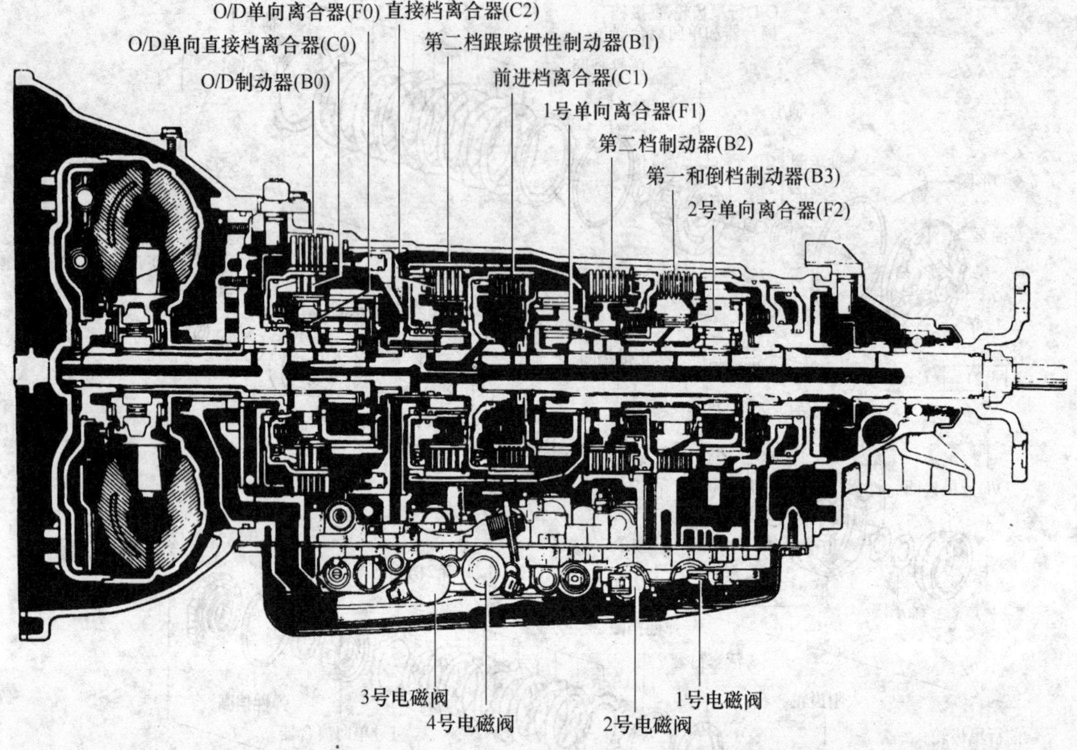

图 2-1-5　A341E 变速器执行器位置图

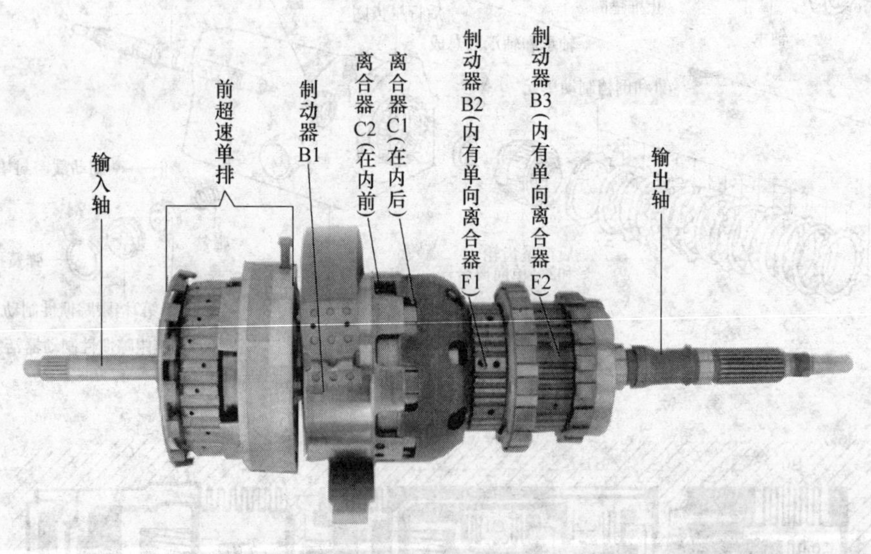

图 2-1-6　A341E 变速器双排四个构件

图 2-1-7 是 A341E 变速器壳体油道口位置。

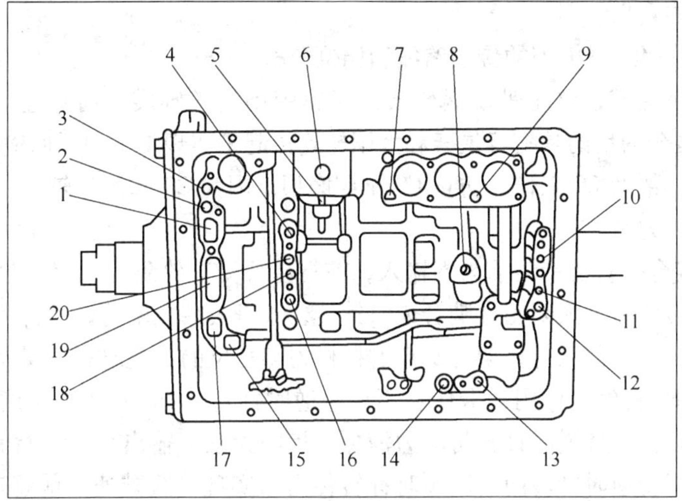

图 2-1-7　A341E 变速器壳体油道口位置

1—油泵出油口油道　2—变矩器（锁止离合器分离腔）油道　3—超速档机构直接离合器油道　4—超速档机构制动器油道　5—2 档滑行制动器活塞通气平衡孔（油道）　6—2 档滑行制动器油道　7—蓄压器 B0 肩压腔油道　8—2 档制动器油道　9—蓄压器 B2 和 C2 肩压腔油道　10—低倒档制动器油道　11—空置油道　12—润滑油道　13—压力测试孔油道　14、15—散热器油道　16—前进档离合器油道　17—变矩器（锁止离合器接合）油道　18—直接档离合器油道　19—油泵进油口油道　20—超速档机构润滑油油道

2. 零部件的功能

变速器各零部件的功能见表 2-1-1。

表 2-1-1　丰田 A341E 自动变速器各零部件功能

零部件名称		功　能
C1	前进档离合器	连接输入轴和前行星齿圈
C2	直接档离合器	连接输入轴和前、后太阳齿轮
C0	O/D 直接档离合器	连接超速档太阳齿轮和超速档行星齿轮支架
B1	第 2 档跟踪惯性制动器	防止前、后太阳齿轮顺时针和逆时针方向转动
B2	第 2 档制动器	防止 F1 的外圈顺时针或逆时针方向转动，以防止前、后太阳齿轮逆时针方向转动
B3	第 1 档和倒档制动器	防止后行星齿轮支架顺时针或逆时针转动
B0	O/D 档制动器	防止超速太阳齿轮顺时针或逆时针转动
F1	1 号单向离合器	当 B2 工作时，此离合器防止前、后太阳齿轮逆时针方向转动
F2	2 号单向离合器	防止后行星齿轮支架逆时针方向转动
F0	O/D 档单向离合器	当变速器开始被发动机驱动时，该离合器连接超速档太阳齿轮和超速档行星齿轮支架
行星齿轮		这些齿轮改变行迹并经其根据每个离合器和制动器的工作情况传递驱动力，以提高或降低输入和输出转速

二、A341E 自动变速器档位分析

由于辛普森式自动变速器 1 档比较复杂，所以只以 1 档为例进行分析，其他档位不再单

独分析，只在表中列出。

1. 变速杆在 D 位、D1 档的传动路线和档位分析

发动机带动泵轮转，泵轮带动涡轮转，涡轮带动输入轴转，前超速单排离合器 C0 接合，离合器 C0 接合的目的是把行星架和太阳轮连接起来实现 1∶1 向后面输出动力（F0 主要是防止换档冲击，帮助 C0 工作，防止 C0 早期磨损。因为 C0 摩擦片较少，平时 1、2、3 档和倒档都要靠它传力）。

离合器 C1 接合，直接带动前齿圈输入，前行星架受车轮阻力、汽车起步时行星轮自转向太阳轮顺时针转传力，太阳轮外啮合逆时针转，于是公共太阳轮、后排太阳轮反转，后行星轮外啮合顺时针转，但以行星架为支点的杠杆力却是反的，此时，行星架想逆时针转，但由于单向离合器 F2 自然起作用，卡住它不让它逆时针转（如果 F2 严重磨损或装反，汽车不能起步，原因是行星架逆时针转将动力消掉、齿圈无动力输出），此时齿圈与行星轮内啮合顺时针转。太阳轮逆时针转向齿圈顺时针转传力，实现一级减速。前超速单排理解关键：三元件连在一起公转。

后排理解关键：太阳轮逆时针转，行星轮自转，行星架不动，单向离合器自然起作用，齿圈顺时针转输出。由于前架后圈输出轴是一个整体，后圈在克服车轮阻力向前滚动的同时，带动前排行星架也顺时针转，前排齿圈本来就在顺时针转输入，现在前行星架由后排带动也在顺时针转，减少了前齿圈的输入速度，实现二级减速。

前排理解关键：齿圈顺时针转，行星轮自转，太阳轮逆时针转，行星架二次减速顺时针转。

2. D1 档的主要执行、控制元件

D1 档的主要执行、控制元件有 C0、F0、C1、F2。

L 档的主要执行、控制元件有：C0、F0、C1、B3。

1 档传动比计算：（按双排双级减速计算）固定元件 = 0

① 前超速行星排 1∶1 向后顺时针转输出。

前超速行星排齿圈 = 79 个齿，太阳轮 = 33 个齿。

令，超速排为

$$\alpha_3 = 79/33 = 2.39$$

② 后排齿圈 = 79 个齿，（后公共太阳轮）= 33 个齿。

因此，令，后排为

$$\alpha_1 = 79/33 = 2.39$$

③ 中排齿圈 = 79 个齿，（前公共太阳轮）= 42 个齿。

因此，令，中排为

$$\alpha_2 = 79/42 = 1.88$$

则
$$i_1 = \frac{1 + \alpha_1 + \alpha_2}{\alpha_2} = \frac{5.27}{1.88} \approx 2.8$$

丰田 A341E 自动变速器传动关系如图 2-1-8 所示，传动简图及执行元件——制动器、离合器、单向离合器的名称、代号⊖如图 2-1-9 所示。

⊖ 执行元件代号用英文字母大写：B——制动器；C——离合器；F——单向离合器。字母后面的阿拉伯数字为第几号执行元件。例如：C1——第 1 号离合器；B2——第 2 号制动器；F1——第 1 号单向离合器。

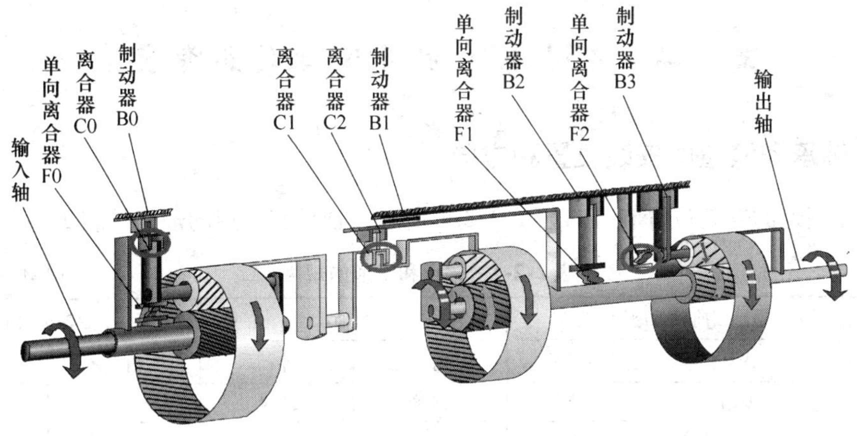

图 2-1-8 丰田 A341E 自动变速器传动关系

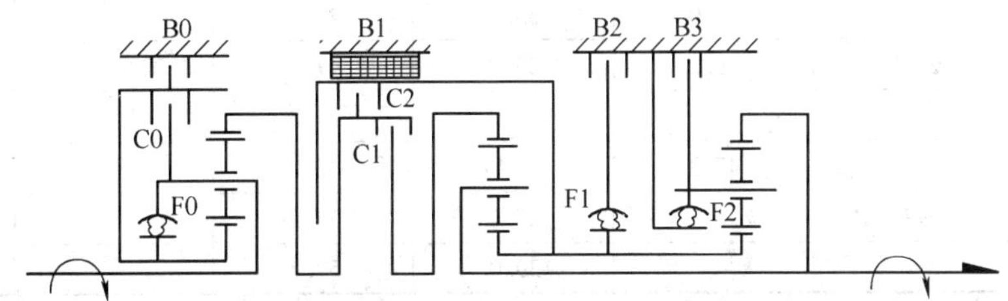

图 2-1-9 A341E 自动变速器传动简图

A341E 自动变速器档位分析如表 2-1-2 所示。

表 2-1-2 A341E 自动变速器档位分析

档位	排档	1 号电磁阀	2 号电磁阀	C1	C2	C0	B1	B2	B3	B0	F1	F2	F0
P	驻车档	接通	关断			O②							
R	倒档	接通	关断		O	O			O				
N	空档	接通	关断			O							
D 位	第 1 档	接通	关断	O		O						O	O
	第 2 档	接通	接通	O		O		O			O		O
	第 3 档	关断	接通	O	O	O		O					O
	O/D 档	关断	关断	O	O			O		O			
2	第 1 档	接通	关断	O		O							O
	第 2 档	接通	接通	O		O	O	O			O		O
	第 3 档①	关断	接通	O	O	O		O			O		O
L	第 1 档	接通	关断	O		O			O				O
	第 2 档①	接通	接通	O		O	O	O			O		O

① 表示仅下行换档到 L 档位的第 2 档，在 2 档位的第 3 档时不上行换档。

② O 表示工作。

任务二 A341E 自动变速器的组装要点

一、轴承和滚道的安装位置和方向

轴承和滚道的安装位置和方向如图 2-2-1 所示，轴承和滚道的规格见表 2-2-1。

表 2-2-1 轴承和滚道的规格 （单位：mm）

规格 位置	前轴承滚道		推力轴承		后轴承滚道	
	内径	外径	内径	外径	内径	外径
A	28.1	47.5	28.8	50.4	—	—
B	27.2	42	25.9	47.0	24.0	48.0
C	37.1	59.0	33.6	50.3	—	—
D	37.0	51.0	33.5	47.8	—	—
E	26.0	48.9	25.9	47.0	26.5	47.0
F	—	—	35.0	53.8	34.0	48.0
G	33.5	47.8	35.43	48.0	—	—
H	—	—	27.6	54.5	—	—
I	—	—	39.0	57.7	—	—

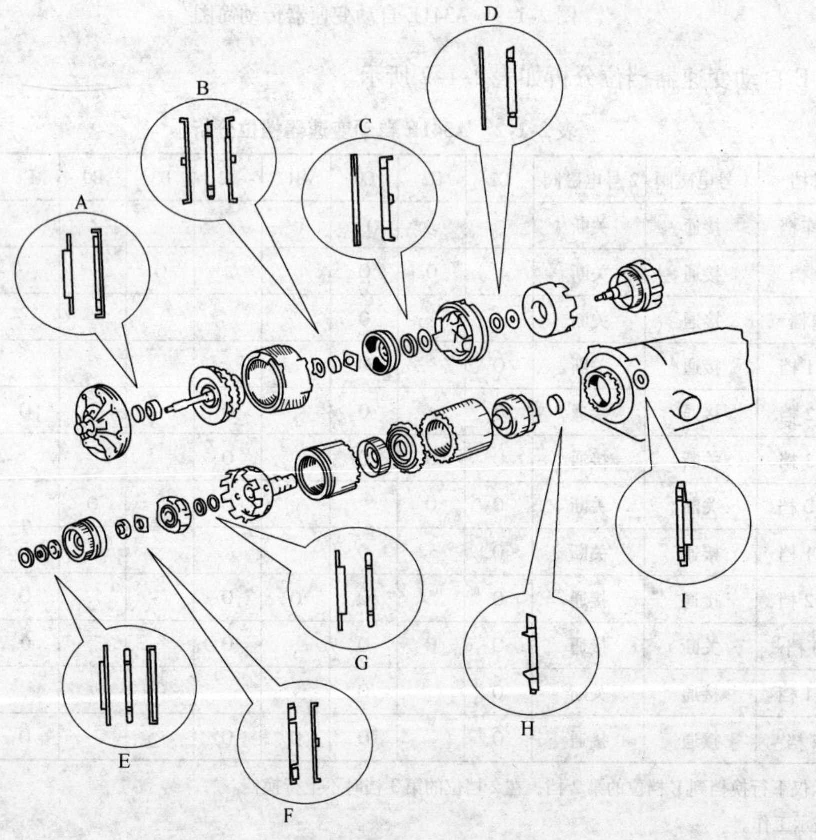

图 2-2-1 轴承和滚道的安装位置和方向

二、止推垫圈的安装位置和方向

止推垫圈的安装位置和方向见表 2-2-2。

表 2-2-2　止推垫圈的安装位置和方向

序号	名　称	安装位置和方向	图　示
1	O/D 行星齿轮上止推垫圈	O/D 行星齿轮上止推垫圈，带槽的端面朝上	槽 止动垫圈
2	O/D 支座上止推垫圈	O/D 支座上止推垫圈突指插入 O/D 支座孔内	
3	直接档离合器与前进档离合器之间的止推垫圈	直接档离合器与前进档离合器之间的止推垫圈，应保证止推垫圈上凸状物嵌套在直接档离合器上	前进档离合器 止推垫圈 直接档离合器
4	公用太阳轮上止推垫圈	公用太阳轮上止推垫圈，应确保突指插进中心轮鼓孔内	

（续）

序号	名　　称	安装位置和方向	图　　示
5	1号单向离合器与第二制动鼓之间的止推垫圈	1号单向离合器与第二制动鼓之间的止推垫圈，应保证止推垫圈上凹槽对准第二制动鼓上弹簧隔圈的突起物	
6	后行星齿轮与No.1单向离合器之间止推垫圈	后行星齿轮与No.1单向离合器之间止推垫圈，应保证止推垫圈的突指插进后行星齿轮的切口部分	
7	后行星齿轮上止推垫圈	后行星齿轮上止推垫圈，应保证止推垫圈的突指插进后行星齿轮的切口部分	

三、丰田A341E型自动变速器的装配

丰田A341E型自动变速器装配操作步骤见表2-2-3。

表2-2-3　丰田A341E型自动变速器装配操作步骤

序号	操作步骤	具体内容	图　　示
1	装变速器壳体	将变速器壳体装入大修固定架内	

（续）

序号	操作步骤	具体内容	图　示
2	安装轴承和滚道	（1）将组合式轴承和滚道涂上凡士林 （2）将其装入壳体内 轴承和滚道直径：内径为 39.0mm，外径为 57.7mm	
3	装板簧	定位 B3、B2 制动器	
4	装带一档/倒档制动器组件后行星齿轮总成和输出轴	（1）重新安装原来的法兰盘，倒圆的端面向下 （2）安装 7 个片和 7 个盘 安装顺序： D-P-D-P-D-P-D-P-D-P-D-P-D-P （P—片，D—盘） （3）将法兰盘和片的齿对准 （4）变速器壳体和组装的后行星齿轮、一档/倒档制动器组件和输出轴的花键对准 （5）安装组装的后行星齿轮、一档/倒档制动器组件和输出轴	

（续）

序号	操作步骤	具体内容	图示
4	装带一档/倒档制动器组件后行星齿轮总成和输出轴	（6）将输出轴放置在木块上	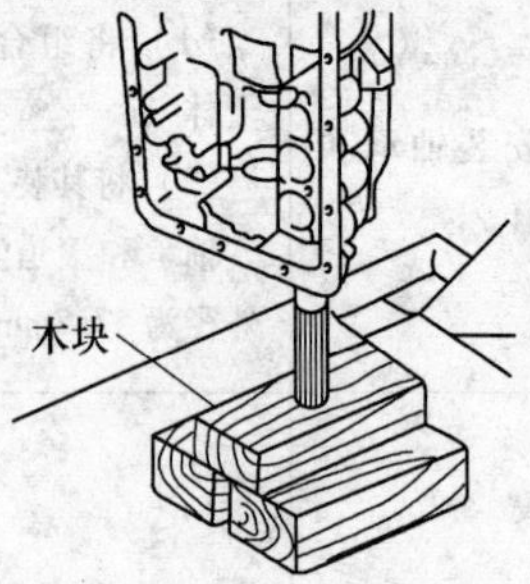
5	安装第二制动器鼓	（1）卡簧正面朝上（前边），并将第二制动器鼓装入行星齿轮 注意：鼓内油孔正面朝向变速器壳体的下面（装阀体的一边） （2）使用专用工具（SST）装卡簧 SST09350-30020（09350-07060）	 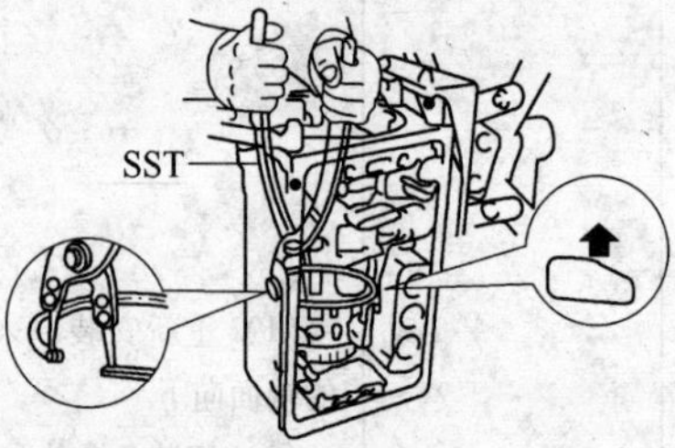
6	检查一档/倒档制动器的组合间隙	用塞尺测量平板与第二制动器鼓之间的间隙 间隙：0.70～1.22mm 如果数值不在规定范围内，选择另一个法兰盘 制动器的法兰盘有8种不同厚度，见表2-2-4	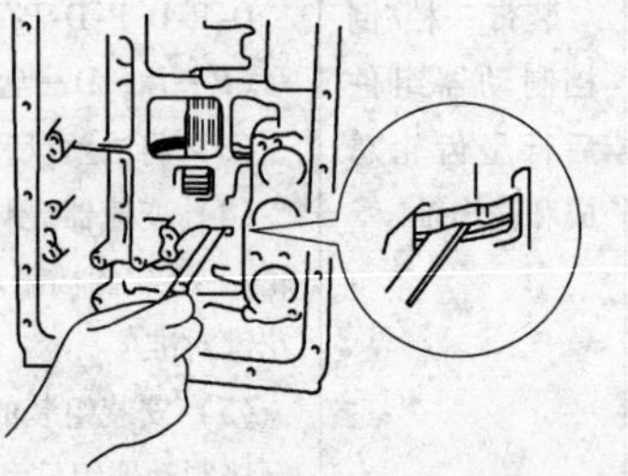
7	安装第二制动器活塞外套	保证安装到位，否则会造成变速器间隙不正常	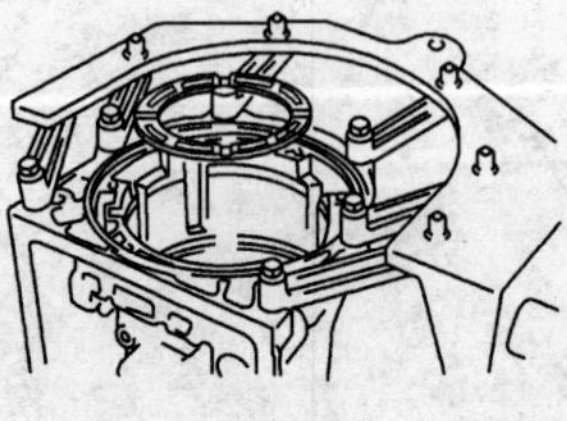

（续）

序号	操作步骤	具体内容	图示
8	安装新的制动鼓密封垫	（1）密封垫涂上 ATF （2）安装新的制动鼓密封垫	
9	安装 No. 1 单向离合器	（1）将 No. 1 止推垫圈装入第二制动器 （2）安装 No. 1 单向离合器	前
10	安装第二制动器法兰盘、片和盘	（1）先装 1.8mm 厚的片，片的圆端对着盘 （2）安装 5 个片和 5 个盘 安装顺序：D-P-D-P-D-P-D-P-D-P（P—片，D—盘） （3）安装法兰盘，法兰盘圆的端面对着盘 （4）用螺钉旋具装卡簧	法兰盘 (1.8mm)
11	检查第二制动器的组合间隙	用塞尺测量卡簧与法兰盘之间的间隙。 间隙：0.62～1.98mm 如果实际数值不在规定范围内，检查装配错误	

（续）

序号	操作步骤	具体内容	图示
12	安装行星中心轮	在顺时针转动行星中心轮时，将其装入 No.1 单向离合器内 注意：确定止推垫圈正确安装	
13	安装前行星轮	（1）将轴承和滚道涂上凡士林并将其装入前行星轮内 注意： 轴承内径为 35.4mm；外径为48.0mm 滚道内径为 33.5mm；外径为47.8mm （2）将前行星齿轮装入中心轮输入鼓 （3）使用专用工具，（SST）装卡簧 SST09350-30020（09350-07070） （4）取出输出轴下面的木块 （5）装滚道，涂上凡士林并将其装入前行星轮内 注意：滚道内径为 34.0mm；外径为48.0mm	轴承 滚道 SST 前
14	安装第二滑行制动带	（1）将第二滑行制动带插进变速器壳体	

（续）

序号	操作步骤	具体内容	图　示
14	安装第二滑行制动带	（2）将E形环装到销子的一端上 （3）将销子穿过制动带 （4）将E形环装到销子的另一端上	
15	将前行星内齿圈装到前进和直接离合器内	（1）将轴承和滚道涂上凡士林并将其装入前进离合器内 注意： 轴承内径为25.9mm；外径为47.0mm 滚道内径为26.0mm；外径为48.9mm （2）将滚道涂上凡士林并将其装入行星内齿圈内 注意：滚道内径为26.5mm；外径为47.0mm （3）使所有盘的槽与前进离合器对准	

（续）

序号	操作步骤	具体内容	图示
15	将前行星内齿圈装到前进和直接离合器内	（4）前行星内齿圈的花键与所有盘的槽对准，将前行星内齿圈装到前进离合器内	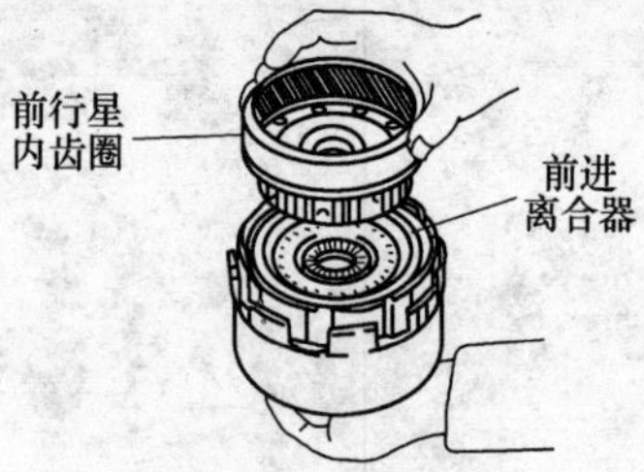
16	将组装的直接离合器、前进离合器和前行星内齿圈装入壳体	（1）将轴承和滚道涂上凡士林，然后将其装入内齿圈 注意：轴承和滚道内径为35.0mm；外径为53.8mm （2）将组装的直接离合器、前进离合器和前行星内齿圈装入变速器壳体内 （3）用游标卡尺测量中心轮输入鼓和直接离合器鼓之间的距离 高度：4.1～6.0mm 如果数值不在规定范围内，检查零件装错 （4）将组装的轴承和滚道涂上凡士林，并将其装入前进离合器 注意：轴承和滚道内径为33.5mm；外径为47.8mm	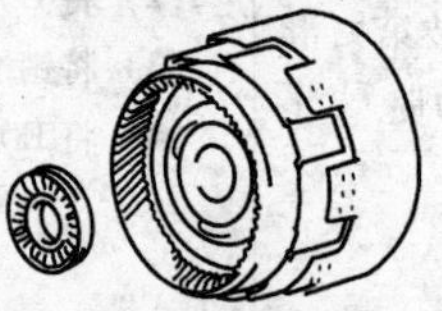 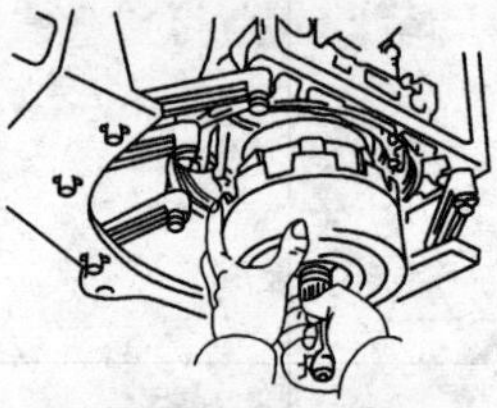 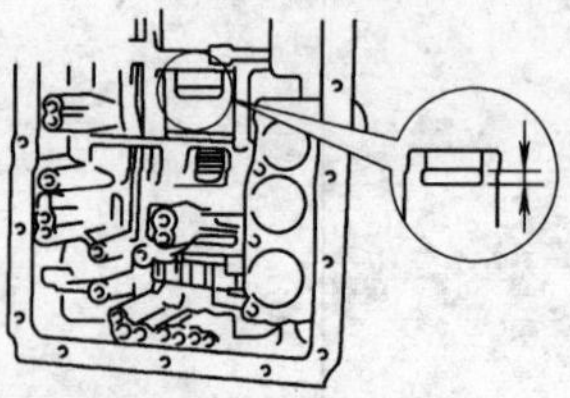 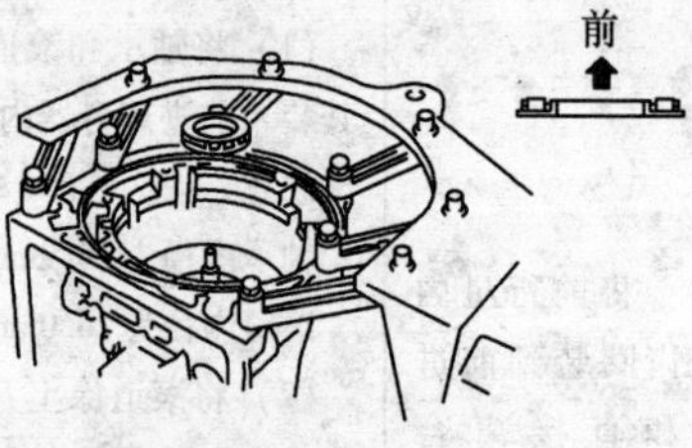
17	安装第二滑行制动器、活塞总成和弹簧	安装第二滑行制动器、活塞总成和弹簧 （1）将两个新的O形圈涂上ATF，并将它们装到盖内 （2）将弹簧、活塞总成和盖装到壳体内 （3）使用专用工具（SST）安装卡簧 SST09350-30020（09350-07060）	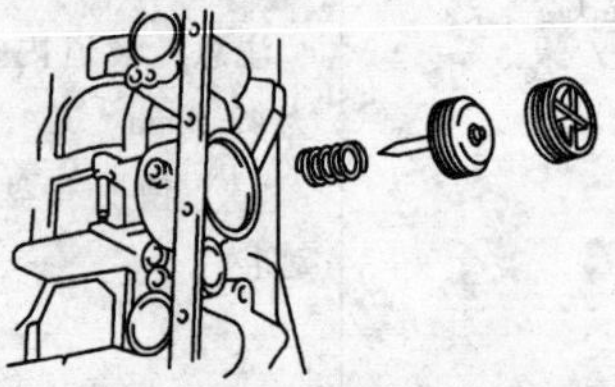 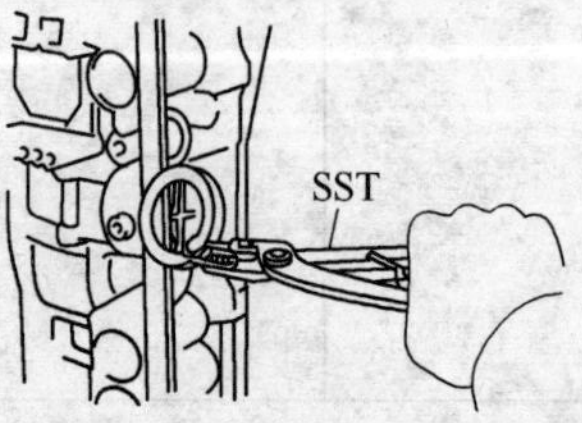

（续）

序号	操作步骤	具体内容	图　示
18	检查第二滑行制动器活塞杆的行程	（1）将标记放在第二滑行制动器活塞杆上 （2）加压缩空气（392～785kPa），用专用工具（SST）测量活塞杆行程 SST09240-00020 活塞杆行程：2.0～3.0mm 如果数值不在规定范围内，换比较长的一个活塞杆，活塞杆长度：70.7、71.4、72.2和72.9mm 如果仍然大于标准数值，则更换一个新的制带	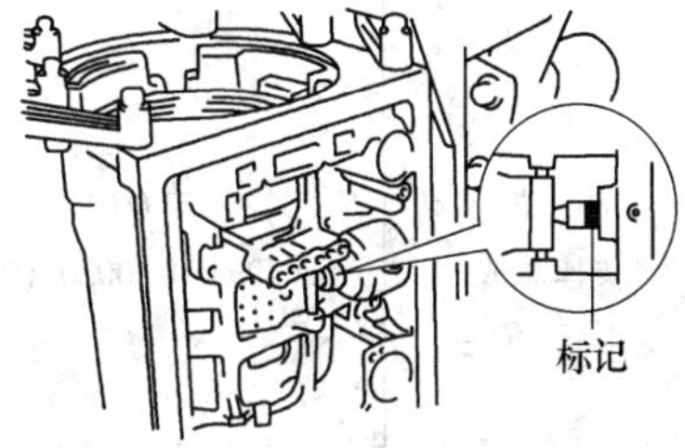 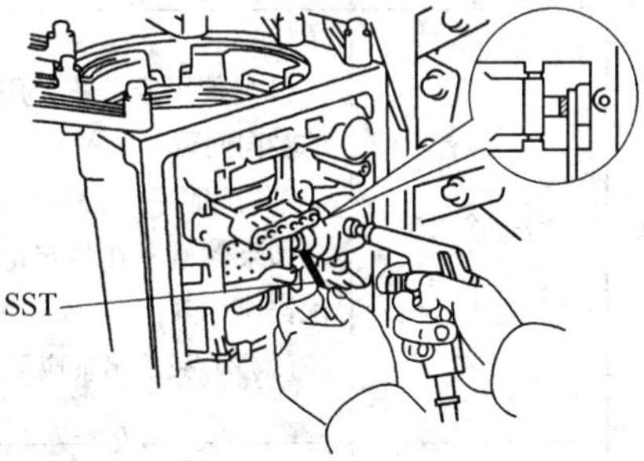 标记 SST
19	安装超速传动支座总成	（1）将组装的轴承和滚道涂上凡士林，并将其装入超速传动支座总成 注意： 轴承内径为33.6mm；外径为50.3mm 滚道内径为37.0mm；外径为51.0mm （2）要确认止推垫圈正确地安装 注意：确保凸缘对准O/D支座上的孔 （3）使用专用工具（SST）的两个螺栓，使该螺栓对准超速传动支座朝向阀体侧的油孔，再将它们与变速器的螺栓孔对准，然后插进去 SST09350-30020（09350-07020） （4）安装并拧紧两个螺钉 力矩：25N·m	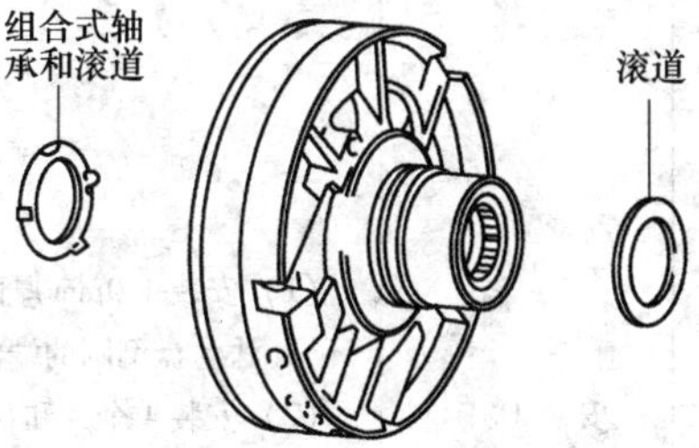 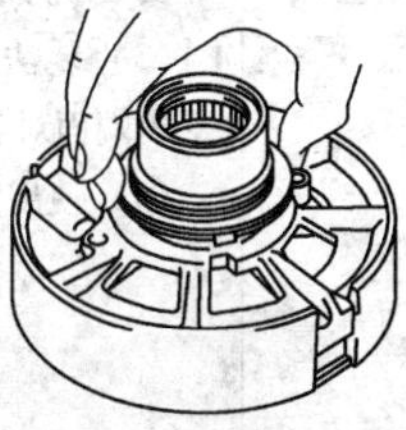 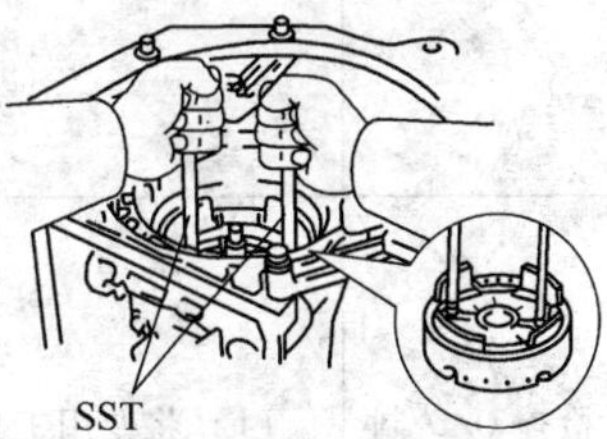  组合式轴承和滚道 滚道 SST

（续）

序号	操作步骤	具体内容	图示
19	安装超速传动支座总成	（5）使用专用工具（SST）装卡簧 SST09350-30020（09350-07060）	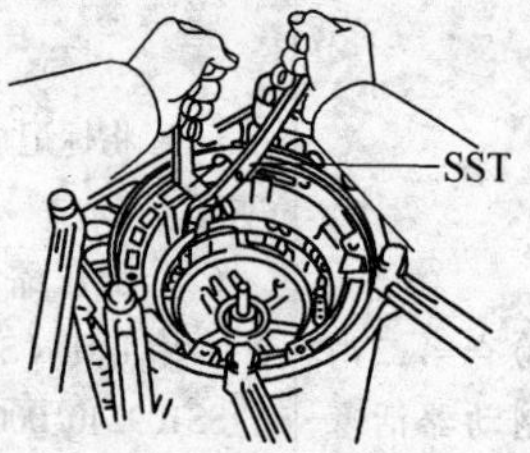
20	检查输出轴	（1）使用千分表，用手测量输出轴的轴向间隙 轴向间隙：1.23～2.49mm 如果数值不在规定范围内，检查装配错误 （2）检视输出轴应平滑地转动	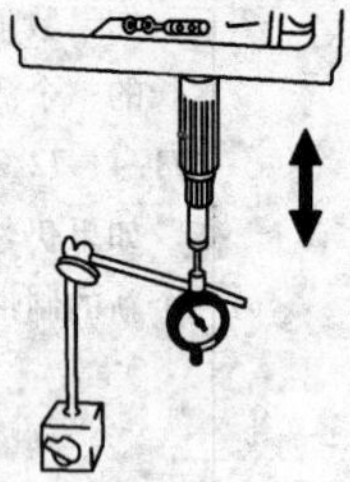
21	安装O/D制动器的法兰盘、片和盘	（1）安装4.0mm厚的法兰盘（平的环），法兰盘倒圆的端面对着盘 （2）安装4个片和5个盘 安装顺序：D-P-D-P-D-P-D-P-D （3）装法兰盘（阶梯环），法兰盘平的端面对着盘 （4）使用螺钉旋具装卡簧	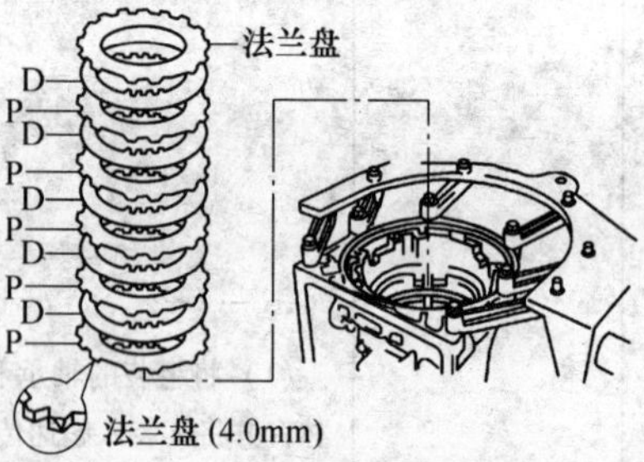 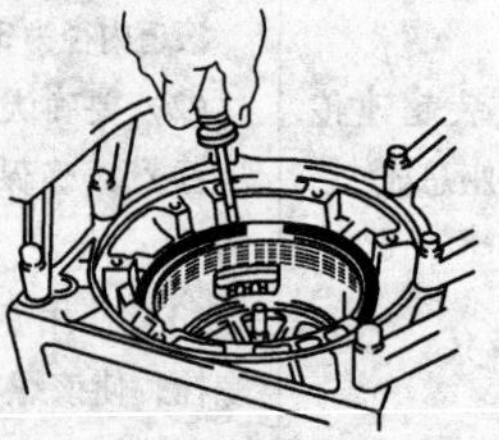
22	检查O/D制动器的活塞行程	（1）将专用工具（SST）和千分表放在O/D制动器活塞上 SST09350-30020（09350-06120）	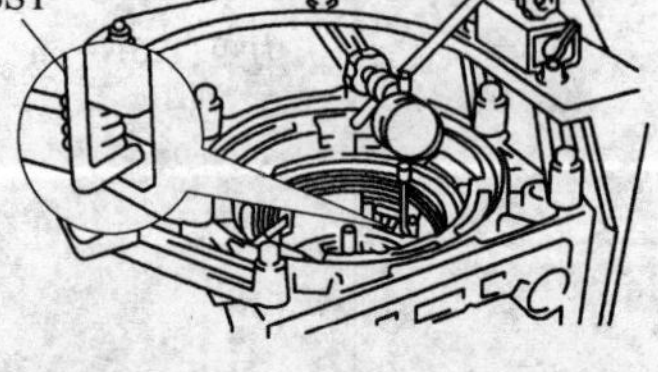

（续）

序号	操作步骤	具体内容	图示
22	检查 O/D 制动器的活塞行程	（2）用加入和放出压缩空气（392～785kPa）的方法，测量活塞行程 活塞行程：1.75～2.05mm 如果活塞行程小于极限值，可能零件装错，所以应检查并重新装合 如果活塞行程不在规定范围内，选择另一个法兰盘 制动器 B0 法兰盘有 7 种不同的厚度，见表2-2-5	
23	安装带超速传动（O/D）直接离合器和单向离合器的超速传动（O/D）行星齿轮总成	（1）将滚道涂上凡士林并将其装入 O/D 行星内齿圈内 注意： 滚道内径为37.1mm；外径为59.0mm （2）装 O/D 行星内齿圈 （3）将轴承和滚道涂上凡士林并将其装入行星内齿圈内 注意： 轴承内径为25.9mm；外径为47.0mm 滚道内径为24.0mm；外径为48.0mm （4）将滚道涂上凡士林并将其装入行星轮上 注意： 滚道内径为27.2mm；外径为42.0mm （5）装带 O/D 直接离合器和单向离合器的 O/D 行星轮	

（续）

序号	操作步骤	具体内容	图　示
23	安装带超速传动（O/D）直接离合器和单向离合器的超速传动（O/D）行星齿轮总成	（6）将组装的轴承和滚道涂上凡士林，并将其装入O/D直接离合器内 注意： 轴承和滚道内径为28.8mm；外径为50.4mm	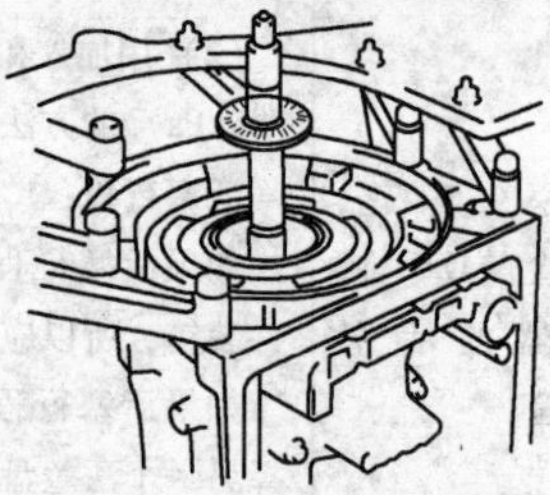
24	将油泵装入壳体内	（1）将滚道涂上凡士林并将其装入油泵内 注意： 滚道内径为28.1mm；外径为47.5mm （2）将新的O形圈涂上ATF并将其装在泵体外围 （3）将油泵穿过输入轴放在变速器上，使泵体的螺钉孔与其上之孔对准 （4）握住输入轴，轻轻地压油泵体使封油环滑进O/D直接离合器鼓。 注意：不能强力地推动油泵，或封油环，以便粘贴在直接离合器鼓上 （5）装上7个螺钉，力矩：21N·m	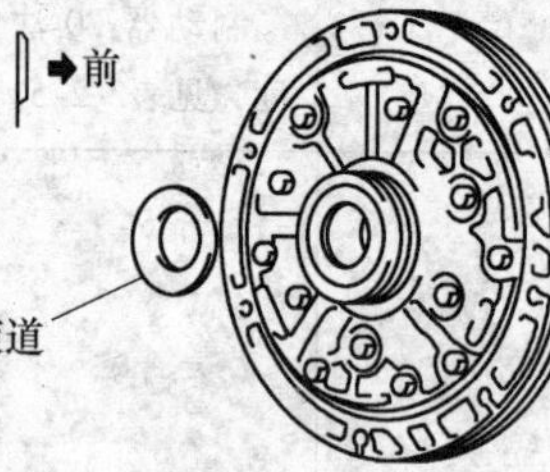 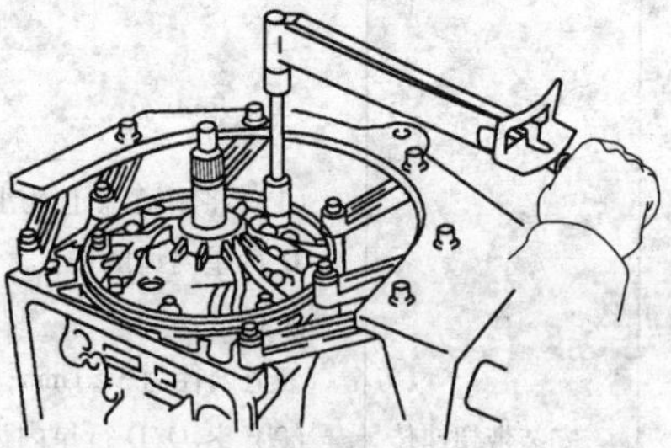
25	检查输入轴转动情况	一定要使输入轴平滑地转动	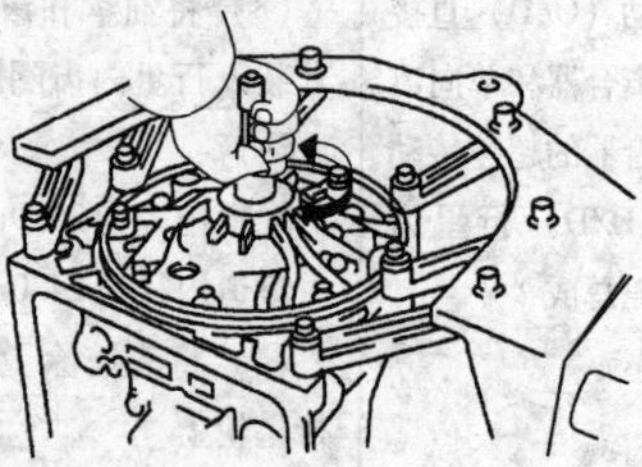
26	单个活塞移动的检查	按图示油孔加压缩空气，检查活塞动作的声音 注意：检查O/D直接离合器时，应检查带有Co储压器活塞孔是关闭的。如果没有声音，分解并检查零件的装配状态	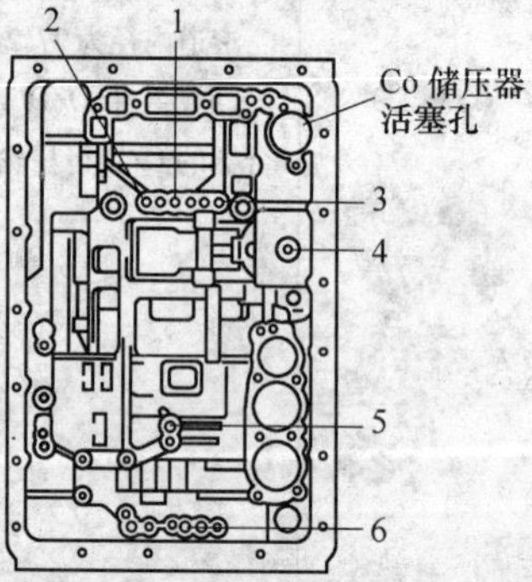 1—直接离合器　2—前进离合器　3—O/D制动器 4—第二滑行制动器　5—第二制动器 6—第一兼倒档制动器

（续）

序号	操作步骤	具体内容	图　示
27	安装手动阀杠杆、轴和油封	（1）使用专用工具（SST）敲进新的油封 SST09350-30020（09350-07110） （2）将油封唇部涂上MP润滑脂 （3）将新的隔套装入手动阀杠杆上 （4）将手动阀杠杆轴穿过手动阀杠杆装到变速器壳体上 （5）用锤子敲进新的弹簧销子 （6）手动阀杠杆凹槽应与隔套孔配合好，并用冲子铆接 （7）确保轴平滑地转动	SST 隔套 手动阀杠杆
28	安装停车锁棘轮和杆	（1）将E形环装到轴上 （2）装停车锁棘轮、轴和弹簧 （3）将停车锁杆连接到手动阀杠杆上	弹簧 销子 E形环 停车锁棘轮

（续）

序号	操作步骤	具体内容	图 示
28	安装停车锁棘轮和杆	（4）将停车锁棘轮支架放在变速器壳体上并拧紧3个螺钉 力矩：7N·m （5）将手动阀杠杆移到P位置，并确认行星内齿圈被锁止棘轮正确地锁死	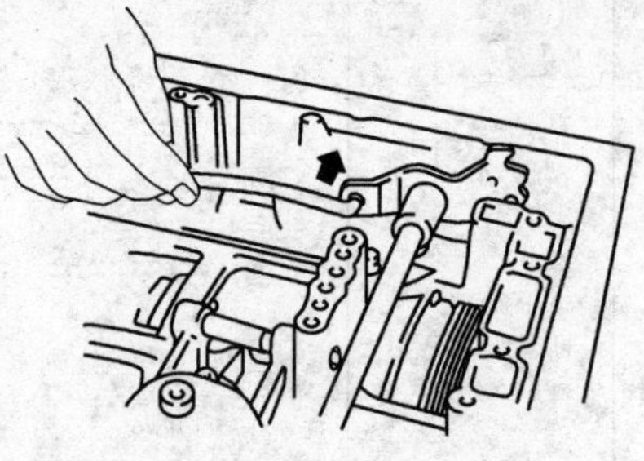 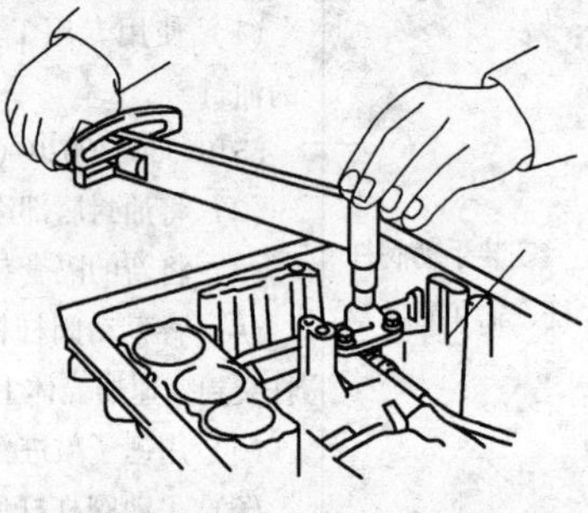 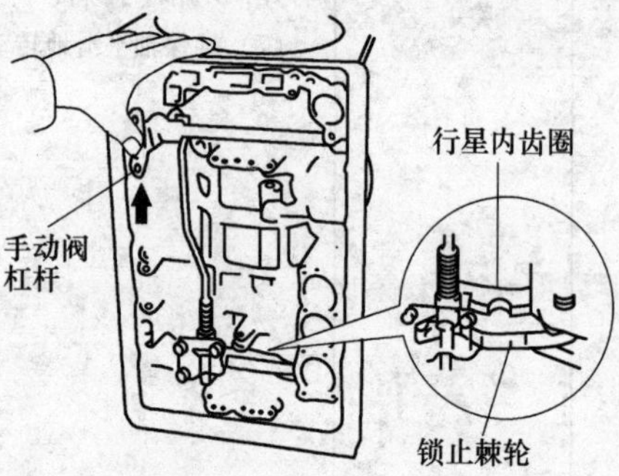
29	装储压器弹簧和活塞	（1）将新的O形圈涂上ATF并将其装到活塞上 （2）将6个弹簧和4个储压器活塞装到座上 注意：这些活塞在背面有标记，以辨别它们之间哪个是C0、B0、C2、B2 弹簧标记如图所示 弹簧规格如表2-2-6所示。	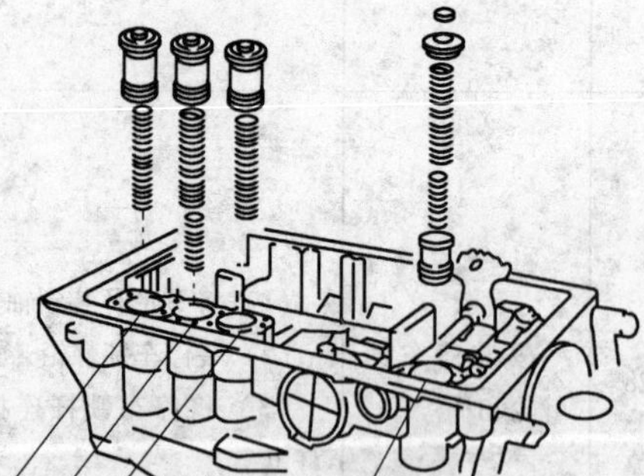

（续）

序号	操作步骤	具体内容	图示
29	装储压器弹簧和活塞		B2 C2 B0 C0 (1) (2) (3) (4) (5) (6)
30	安装单向阀体和弹簧	弹簧安装在下方，注意不要将弹簧变形，否则造成系统油压不正常	单向阀体 弹簧
31	安装阀体	（1）手动阀的槽对准杠杆销子 （2）安装20个螺钉 力矩：10N·m 注意：螺钉长度（mm）如图所示	销子 mm 28.6 33.6 28.6 41.6 33.6 41.6 33.6 41.6 33.6
32	安装带气门阀钢索	（1）将新的O形圈涂上ATF并将其装到壳体 （2）将节气门阀钢索装到壳体上 力矩：5N·m	

（续）

序号	操作步骤	具体内容	图示
32	安装带气门阀钢索	（3）将节气门阀钢索连接到凸轮上	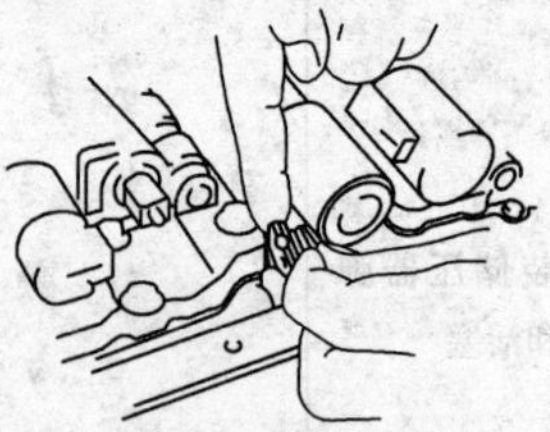
33	安装电磁线圈导线	（1）将新的O形圈涂上ATF并将其装到电磁阀导线上 （2）将电磁阀导线插进壳体并装上止动板 力矩：5N·m （3）接上4个电磁线圈的插头 （4）装上带两个螺钉的固定夹	 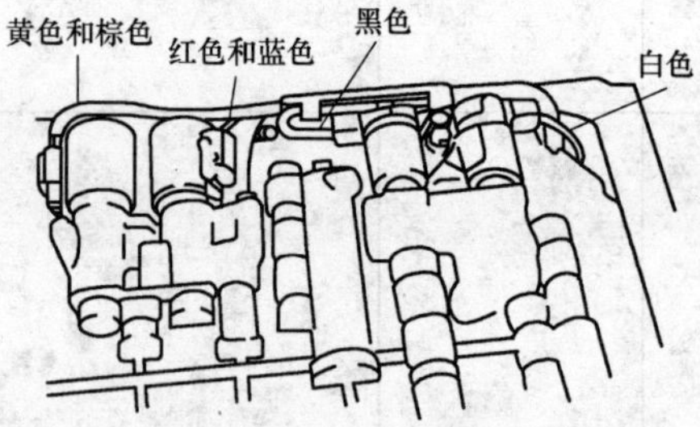 止动板 黄色和棕色 红色和蓝色 黑色 白色
34	安装油滤和密封垫	装上油滤和3个螺钉 力矩：10N·m	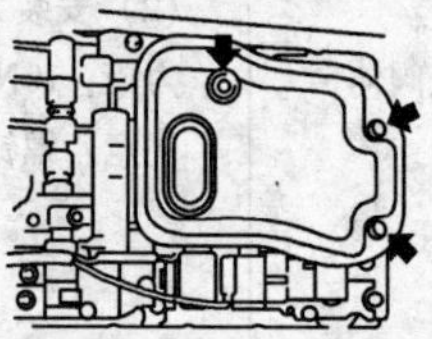
35	安装油底盘	（1）将4块磁铁装在图中所标出的油底盘的凹陷处	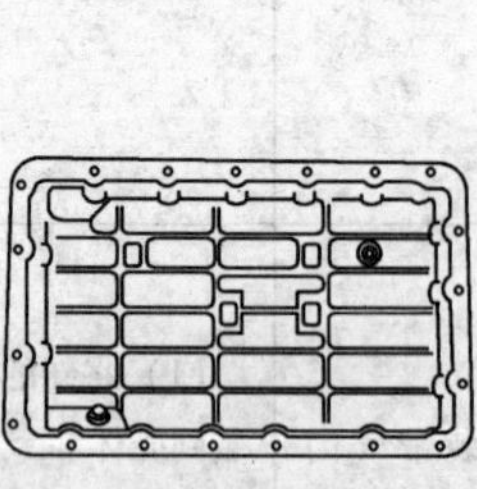

（续）

序号	操作步骤	具体内容	图　示
35	安装油底盘	（2）除去密封材料并要小心不能将油掉在变速器壳体和油底盘的结合面上 （3）将新的密封剂加到油底盘上 密封材料：零件号 No. 08826-00090，THREEBONDl281 或相当的材料 （4）装上并拧紧 19 个螺钉 力矩：17N · m	密封胶宽度 2～3mm
36	安装速度表主动齿轮	注意：将速度表主动齿轮叶片不能变形，如果变形，将影响输出信号的准确	
37	装上延伸外壳	（1）将密封材料加到延伸外壳上 密封材料：零件号 08826-00090，THREBONDl281 或相当的材料 （2）装上并拧紧 6 个螺钉 力矩：34N · m 注意：螺钉长度（mm）已标在图上 A：35mm B：45mm	密封胶宽度 2～3mm B B A

（续）

序号	操作步骤	具体内容	图 示
38	安装变速器输出法兰盘	（1）将新的O形圈装到输出法兰盘上 （2）使用专用工具（SST）装新的螺母 SST09060-20100 力矩：123N·m 注意：将手动阀杠杆移到P位置 （3）用锤子和凿子锁紧螺母	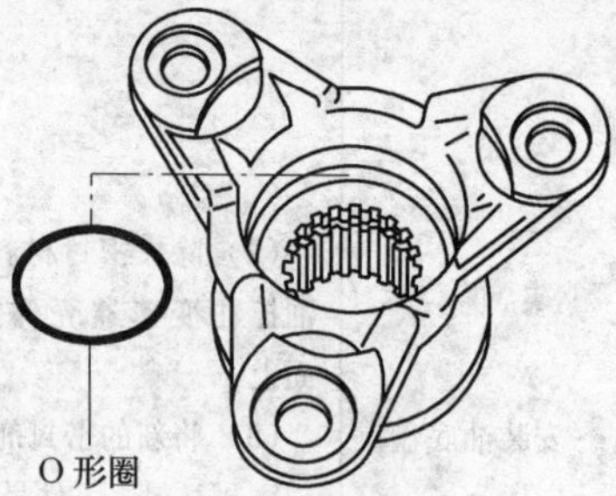 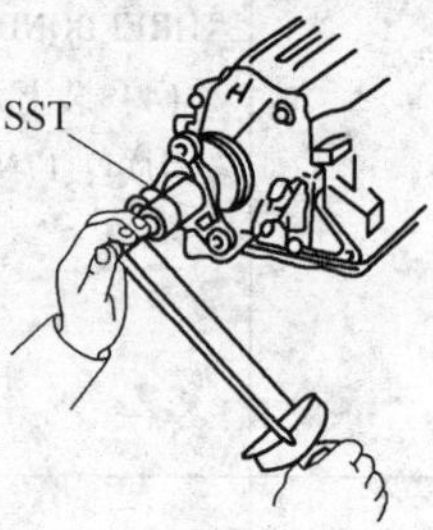 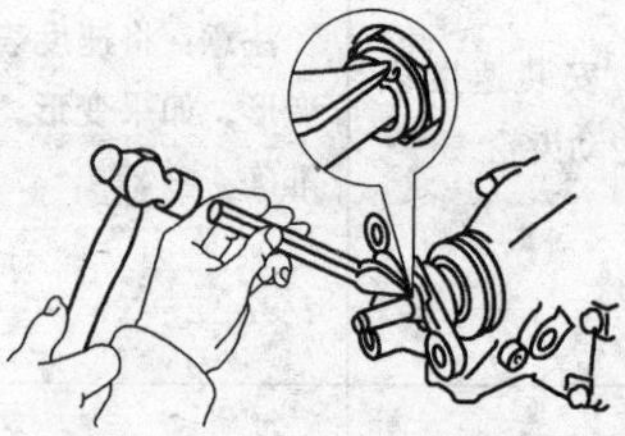
39	安装变速器转接壳体	（1）将变速器壳体从大修工作台上卸下来 （2）装上变速器转接壳体装上并拧紧6个螺钉 A螺钉力矩：34N·m B螺钉力矩：57N·m	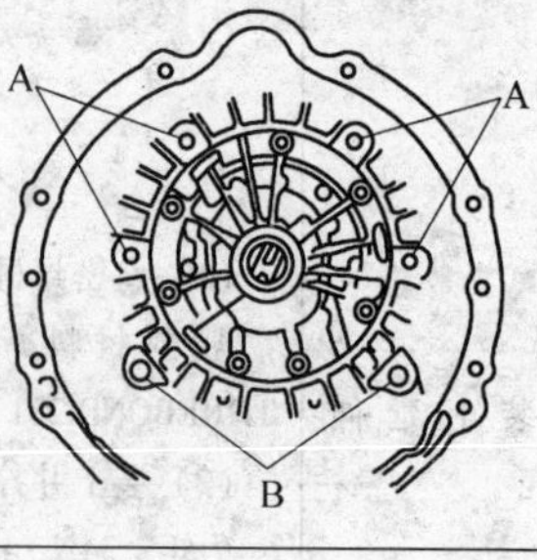
40	装上速度传感器	（1）将新的O形圈涂上ATF并将其装到速度传感器上 （2）装上速度传感器 （3）装上并拧紧螺钉 力矩：5N·m	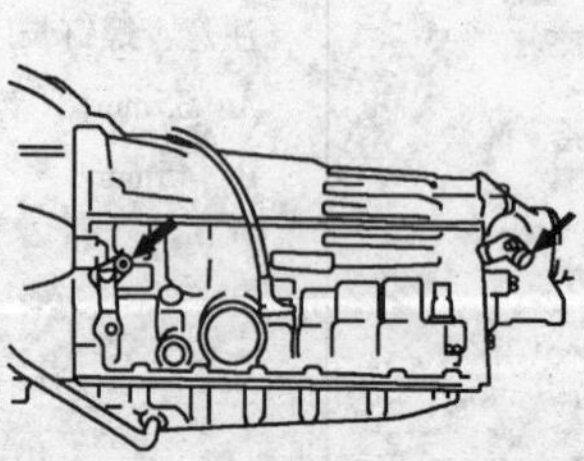

（续）

序号	操作步骤	具体内容	图　示
41	安装 No. 1 速度传感器	（1）将新的 O 形圈涂上 ATF 并将其装到 No. 1 速度传感器上 （2）安装 No. 1 速度传感器 （3）装上并拧紧螺钉 力矩：16N·m	
42	安装接头	（1）将两个新的 O 形圈涂上 ATF 并将其装到每个接头上 （2）装上每个接头 力矩：29N·m （3）按图所示装上后面的接头 力矩：29N·m	7°±20′
43	安装空档起动开关	（1）用控制轴杠杆，使手动杠杆轴全拉回并倒回两档，使其处在空档 （2）将空档起动开关插到手动阀杠杆轴并暂时拧紧调整螺钉 （3）装上橡胶垫和新的锁紧垫圈。装上并拧紧螺母 力矩：7N·m	空档位置 空档基准线 螺钉 槽

（续）

序号	操作步骤	具体内容	图示
43	安装空档起动开关	（4）使空档基准线和开关槽对准，并拧紧调整螺钉 力矩：13N·m （5）用螺纹旋具冲弯锁紧垫圈的凸耳	
44	安装控制轴杠杆	力矩：16N·m	
45	安装节气门阀钢索固定夹	力矩：7N·m	
46	节气门阀钢索调整	（1）轻轻地拉钢索直到感到有轻微的阻力并保持住 （2）将挡块固定在钢索上	0～1 挡块

检查每一片法兰盘厚度，见表2-2-4、表2-2-5。检查每一支弹簧规格，见表2-2-6。

表2-2-4 制动器B3法兰盘厚度 （单位：mm）

号码	68	67	50	51	52	53	54	55
厚度	5.4	5.2	5.0	4.8	4.6	4.4	4.2	4.0

表2-2-5 制动器B0法兰盘厚度 （单位：mm）

号码	26	25	12	24	11	23	无号
厚度	3.3	3.5	3.6	3.7	3.8	3.9	4.0

表 2-2-6 弹簧规格 （单位：mm）

弹簧			自由长度	外径	颜色
(1)	B2		75.25	19.97	白和红
(2)	C2	内	40.00	14.11	白和蓝
(3)		外	70.78	20.10	白和黄
(4)	B0		66.97	16.24	白和蓝
(5)	C0	外	65.35	20.59	白和橙
(6)		内	38.42	14.03	白

案例链接

案例 1：凌志 LS400 轿车自动变速器在 1 档起步时正常，但是升到 2 档的时间过长

车型 丰田凌志 LS400 轿车，自动变速器型号为 A341E。

故障现象：车辆起步时，1 档完全正常，但是升到 2 档的时间过长，发动机转速已接近 3000r/min。

诊断与排除：凌志 LS400 轿车装配的是丰田 A341E 型自动变速器。这种自动变速器有 3 个多片式离合器（C0、C1、C2）、1 个匝带式制动器（B1）、3 个多片式制动器、3 个单向离合器（F0、F1、F2）以及 4 个电磁阀。

根据各执行器的动作组合，1 档时没问题，则证明 2 档时也使用的是 C0、C1、F0，没问题，因此故障可能出在 B2 和 F1 上面。由此进行有针对性的检查，B2 摩擦片正常，但 F1 打滑。更换 F1 后试车，故障消失。

案例 2：凌志 LS400 轿车自动变速器不能自动升档，车速不超过 80km/h

车型 丰田凌志 LS400 轿车，装用 A341E 自动变速器。

故障现象：该轿车在行驶 180 000km 后，自动变速器出现不能自动升档的故障，无论怎样踩加速踏板，车速不超过 80km/h。

诊断与排除：经过实际路试和分析，该轿车故障发生在自动变速器内，其主要原因有以下几种可能：

（1）超速离合器、直接离合器和前离合器片磨损严重；

（2）电磁阀有故障或线路有问题；

（3）自动变速器油液（ATF）量过少；

（4）各换档阀有故障等。

首先，对自动变速器油液的液量进行了检查，未见异常，即符合标准；接着对各电磁阀分别进行通、断电检查，均工作正常。随后拆卸油底壳，把分配阀拆卸下来，仔细地检查和调试，发现节气门阀弹簧已折断，将此弹簧换成新件，组装后进行路试，故障依旧。于是，再次解体自动变速器，重点对超速离合器、直接离合器和前离合器进行检测，首先对直接离合器和超速离合器的活塞行程进行检测，用百分表即可测量，其百分表指示活塞行程为 2.30 ~ 2.56mm（标准值为 1.85 ~ 2.15mm），显然活塞行程高于标准值。

继续检查摩擦片，发现摩擦片已磨损过度（摩擦材料已经很薄），有的基本磨光；接着对前离合器组件的间隙检查，结果百分表指示前离合器组件间隙为 1.50 ~ 1.68mm（标准间隙为 0.50 ~ 0.90mm)，检查离合器片已磨损严重，其他零件均正常。于是，将这 3 组离合器片换成新件，重新组装后进行检测，使之符合标准值为止。最后，装回车上进行路试，一切正常，时速可达到 150km/h 以上，而且升降档也十分正常。

综合练习

一、填空题

1. A341E 自动变速器共有______个轴承，____________个止推垫片。
2. A341E 自动变速器共有______个行星齿轮机构。
3. A341E 自动变速器离合器 C0 只有______片摩擦片。
4. A341E 自动变速器中，单向离合器 F0 装反，自动变速器没有____档。

二、选择题

1. A341E 自动变速器中 C1 离合器严重打滑，会没有（　　）。

A. 倒档　　B. 前进档　　C. 3、4 档

2. A341E 自动变速器中 C2 离合器严重打滑，会没有（　　）。

A. 倒档　　B. 前进档　　C. 3 档、4 档、倒档

3. A341E 自动变速器中 B3 制动器严重打滑，会没有（　　）。

A. 倒档与 L 位 1 档　　B. 前进档　　C. 倒档

4. A341E 自动变速器中 B0 制动器严重打滑，会没有（　　）。

A. 倒档　　B. 前进档　　C. 超速档

5. 有一台 A341E 自动变速器在变速杆处于 2 位置时，没有发动机制动效果，应是（　　）出现问题。

A. B0　　B. B1　　C. B2

三、问答题

1. A341E 自动变速器单向离合器 F2 装反，变速器会有什么故障现象？
2. A341E 自动变速器单向离合器 F1 装反，变速器会有什么故障现象？
3. A341E 自动变速器单向离合器 B2 装反，变速器会有什么故障现象？

3

项目三 辛普森改进型自动变速器检修

学习目标

☆ 能够认识 4T65E 自动变速器各部件

☆ 能够分析 4T65E 自动变速器的档位

☆ 能够拆装 4T65E 自动变速器

☆ 能进行 4T65E 自动变速器的一般检修及常见故障分析

☆ 能够绘制 AL4 和 4F02A 自动变速器传动简图

案例链接

一辆别克君威轿车在高速公路上以 100km/h 的速度行至一小坡路时，突然慢到 30km/h 左右，然后再怎样踩下加速踏板，发动机空转，车速就是不快。驶离高速公路，开到 4S 店检查确认需要拆开变速器将其彻底分解，发现 3 号离合器片和 2 号单向离合器及其他一些部件已损坏。清洗后换件，装复试车，一切正常。

任务一　通用 4T65E 自动变速器结构与检修

一、4T65 E 自动变速器概述

图 3-1-1 是通用别克发动机与 4T65E 自动变速器连接图。4T65E 是一种前驱动式自动变速器，传动部分与 4T60 基本相同，由美国通用汽车公司生产。它适用于凯迪拉克、庞蒂克、奥兹莫比、雪佛兰和上海别克君威等前驱动车系，是一款辛普森改进型、具有两个行星排（前两排）完成四个前进档和一个倒档的自动变速器。

4T65E 自动变速器 1、2、3 档，既有经济模式，又有动力模式，因此它对发动机燃油经济性和换档平顺性来说，均较好，目前，在用车上有较大的市场保有量。

图 3-1-2 是 4T65E 自动变速器两个不同角度示意。

图 3-1-3 是 4T65E 自动变速器实物零件图。

图 3-1-1　横置式 4T65E 自动变速器

图 3-1-2　4T65E 自动变速器两个不同角度示意

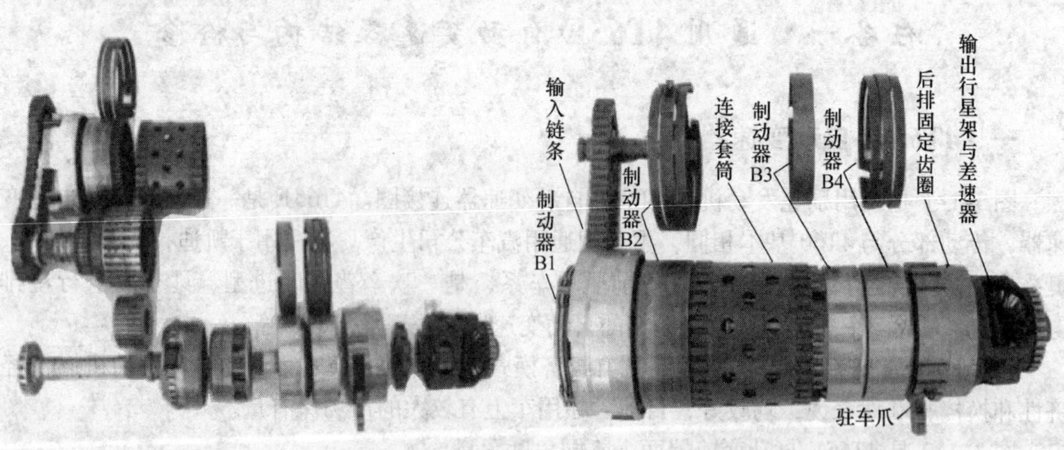

a) 零件图(一)　　b) 零件图(二)

图 3-1-3　4T65E 自动变速器实物零件图

二、4T65E 自动变速器传动路线与档位分析

4T65E 是一种前驱动式自动变速器，它有两个行星排（后排为减速输出行星排不算在内），3 个离合器，4 个制动器（其中 B1 为片式制动器，其他 3 个为带式制动器），3 个单向离合器（楔块式单向离合器），可以实现四个前进档和一个倒档。在前进档中，每个档位都有动力模式和经济模式。

所有的输出动力由后排太阳轮输入，后排齿圈与壳体固定在一起，利用后排行星架减速输出，减少了直径较大的主减速器齿轮，节省了安装空间。发动机带动液力变矩器顺时针转，将动力传给主动链轮，主动链轮再传给从动链轮（也就是变速器输入链轮，有人称牙盘或齿盘），此时，从动链轮的旋转方向变为逆时针转输入，然后再由三个离合器 C1、C2、C3 分别结合输入，实现不同传动比的各个档位（其中 C3/F2 是一个反力离合器/和反力单向离合器，目的是防止车轮反衬时打滑）。4T65E 自动变速器传动立体图如图 3-1-4 所示，传动简图见图 3-1-5。

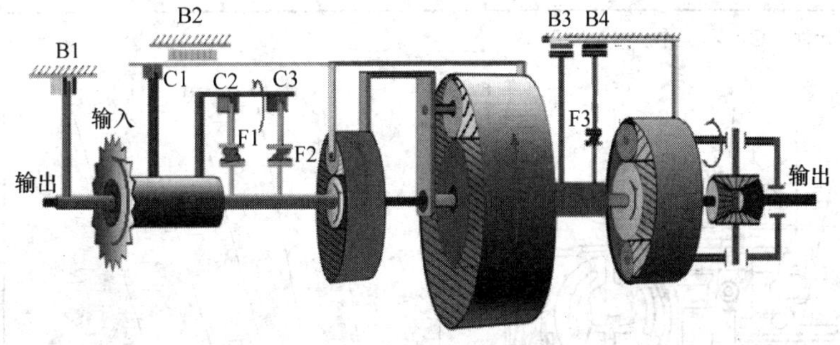

图 3-1-4　4T65E 自动变速器传动立体图

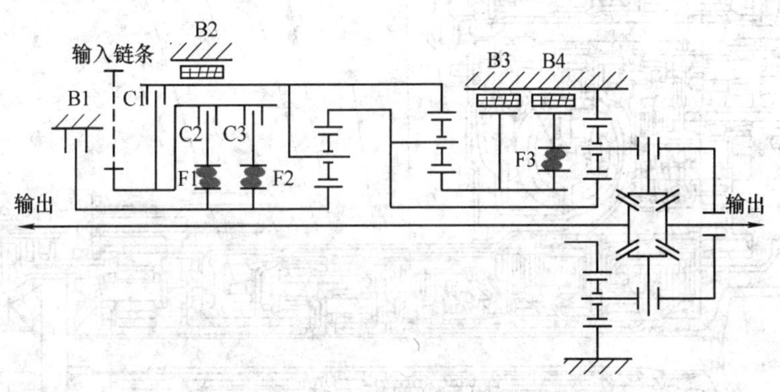

图 3-1-5　4T65E 传动简图

表 3-1-1 是 4T65E 电磁阀 A、B 和各换档执行元件的工作情况表。图 3-1-6 是 4T65E 自动变速器零部件分布。

表 3-1-1　4T65E 电磁阀 A、B 和各换档执行元件的工作情况

档　位	A	B	C1	C2	C3	B1	B2	B3	B4	F1	F2	F3
P	ON	ON			●						●	
R	ON	ON			●		●				●	
N	ON	ON										

（续）

档位		A	B	C1	C2	C3	B1	B2	B3	B4	F1	F2	F3
D4	1	ON	ON			●				●		●	●
	2	OFF	ON	●		○				●			●
	3	OFF	OFF	●	●					○	●		
	4	ON	OFF	●			●			○			
D3	3	OFF	OFF	●	●					○	●		
	2	OFF	ON	●						●			●
	1	ON	ON			●				●		●	●
2	2	OFF	ON	●					●	●			●
	1	ON	ON			●			●	●		●	●
1	1	ON	ON		●	●			●	●	●	●	●

注：●—工作元件；○—不工作。

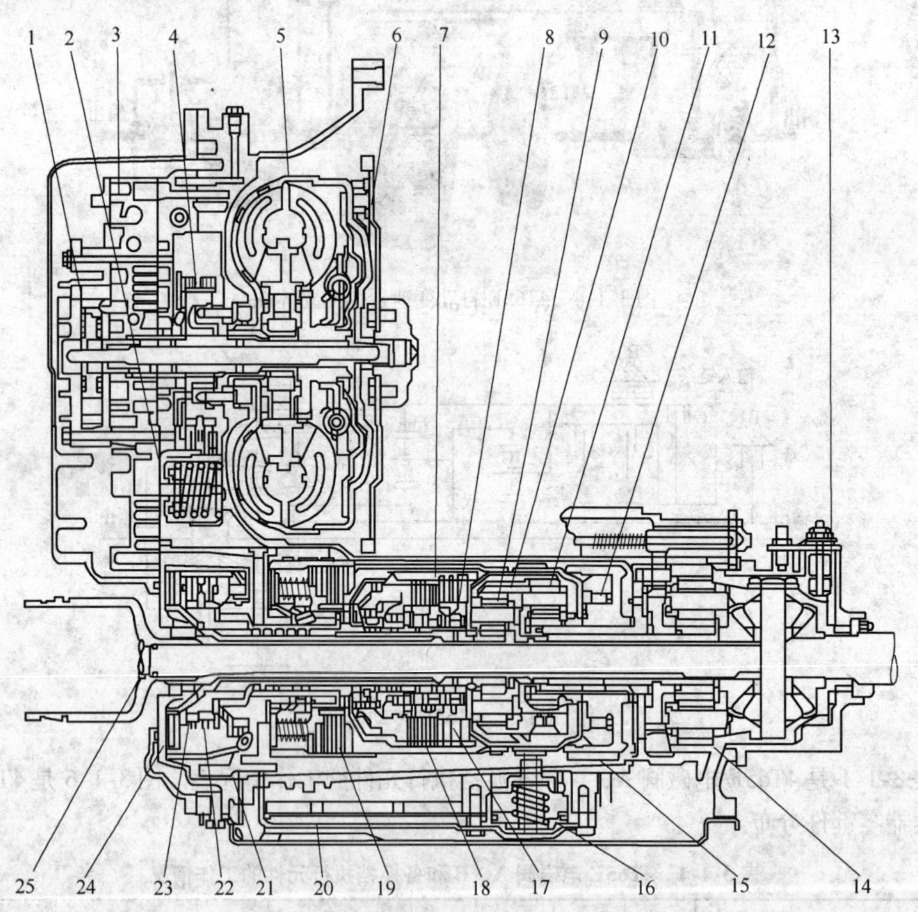

图 3-1-6　4T65E 自动变速器零部件分布

1—油泵总成　2—壳体盖总成　3—控制阀体总成　4—主动链轮　5—变矩器离合器　6—倒档制动带　7、8—单向离合器　9—托架总成　10—2/1 制动带总成　11—反动托架　12—1/2 单向离合器总成　13—车速传感器　14—差速器壳总成　15—前进档制动带　16—2/1 带式伺服机构　17—输入离合器　18—第三离合器　19—第二离合器　20—滤清器　21、22—从动链轮　23—驱动连接装置　24—第四离合器　25—输出轴

三、4T65E 自动变速器构造及拆装

图 3-1-7 是 4T65E 自动变速器开关、各传感器、电磁阀分布（本节以下各图件号是通用公司编号）。

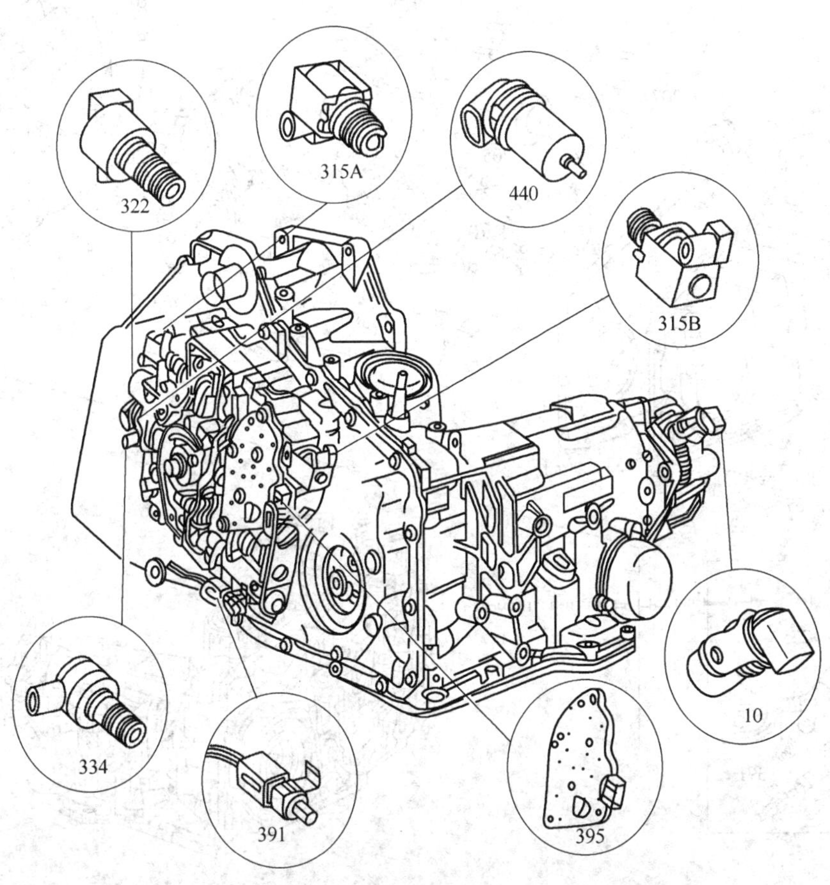

图 3-1-7　开关、各传感器、电磁阀分布

10—车速传感器（VSS）总成　315A—1-2/3-4 换档电磁线圈　315B—2-3 换档电磁阀总成　322—压力控制器（PC）电磁阀　334—（TCC PWM）电磁阀总成　391—变速器油液温度（TFT）传感器　395—（TFP）手动阀位置压力开关总成　440—输入轴速度（A/T ISS）传感器总成

4T65E 自动变速器壳体及其部件如图 3-1-8 ~ 图 3-1-11 所示。

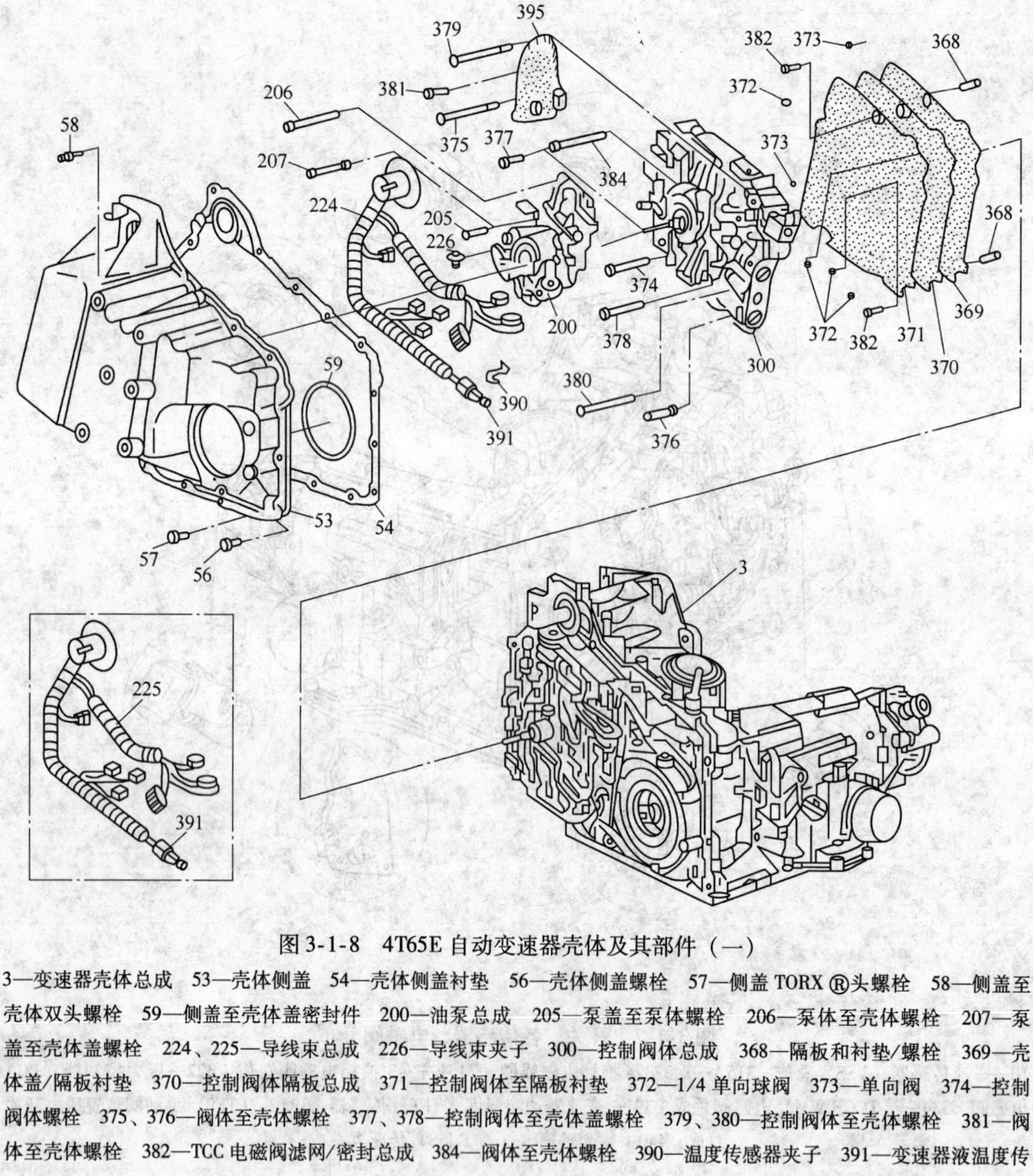

图 3-1-8　4T65E 自动变速器壳体及其部件（一）

3—变速器壳体总成　53—壳体侧盖　54—壳体侧盖衬垫　56—壳体侧盖螺栓　57—侧盖 TORX ®头螺栓　58—侧盖至壳体双头螺栓　59—侧盖至壳体盖密封件　200—油泵总成　205—泵盖至泵体螺栓　206—泵体至壳体螺栓　207—泵盖至壳体盖螺栓　224、225—导线束总成　226—导线束夹子　300—控制阀体总成　368—隔板和衬垫/螺栓　369—壳体盖/隔板衬垫　370—控制阀体隔板总成　371—控制阀体至隔板衬垫　372—1/4 单向球阀　373—单向阀　374—控制阀体螺栓　375、376—阀体至壳体螺栓　377、378—控制阀体至壳体盖螺栓　379、380—控制阀体至壳体螺栓　381—阀体至壳体螺栓　382—TCC 电磁阀滤网/密封总成　384—阀体至壳体螺栓　390—温度传感器夹子　391—变速器液温度传感器　395—（TFP）压力开关

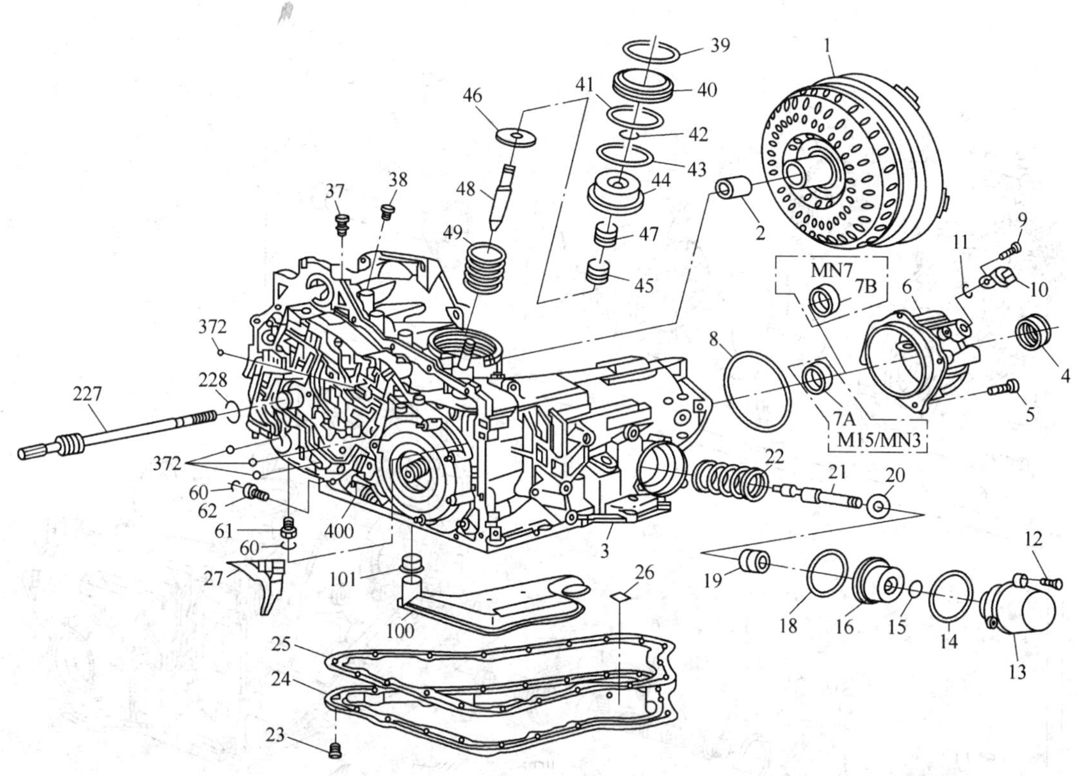

图 3-1-9　4T65E 自动变速器壳体及其部件（二）

1—变矩器总成　2—变矩器轴套　3—变速器壳体　4—右轴油封总成　5—壳体延伸件螺栓　6—壳体延伸件总成　7A—前差速器托架轴套　7B—输出轴轴承总成　8—壳体延伸件密封　9—车辆速度传感器螺栓　10—车辆速度传感器总成　11—车速度传感器 O 形密封圈　12—前进档伺服盖螺栓　13—前进档制动带伺服盖　14—前进档制动带伺服盖密封　15—前进档制动带伺服销固定环　16—前进档制动带伺服活塞　18—前进档制动带伺服活塞油封环　19—前进档制动带伺服活塞垫弹簧　20—前进档制动带伺服垫子弹簧夹持器　21—前进档制动带伺服活塞作用销　22—前进档制动带伺服活塞回位弹簧　23—变速器储油盘螺栓　24—变速器储油盘　25—变速器储油盘衬垫　26—变速器储油盘磁铁　27—机油隔板　37—变速器通风孔总成　38—油压测试孔塞　39—倒档制动带伺服盖固定环　40—倒档制动带伺服盖　41—倒档制动带伺服盖 O 形密封圈　42—倒档制动带伺服销固定环　43—倒档制动带伺服活塞油封环　44—倒档制动带伺服活塞　45—倒档制动带伺服活塞垫块弹簧　46—倒档制动带伺服活塞弹簧夹持器　47—倒档制动带伺服活塞垫块内部弹簧　48—倒档制动带伺服活塞作用销　49—倒档制动带伺服活塞回位弹簧　60—夹子机油冷却器快速连接　61—接头机油冷却器快速（3/8-18NPSF 带定位钢球）　62—接头机油冷却器快速　100—变速器机油滤清器总成　101—变速器机油滤清器密封总成　227—油泵驱动轴总成　228—油泵驱动轴密封　372—壳体盖单向球阀　400—整个壳体盖总成

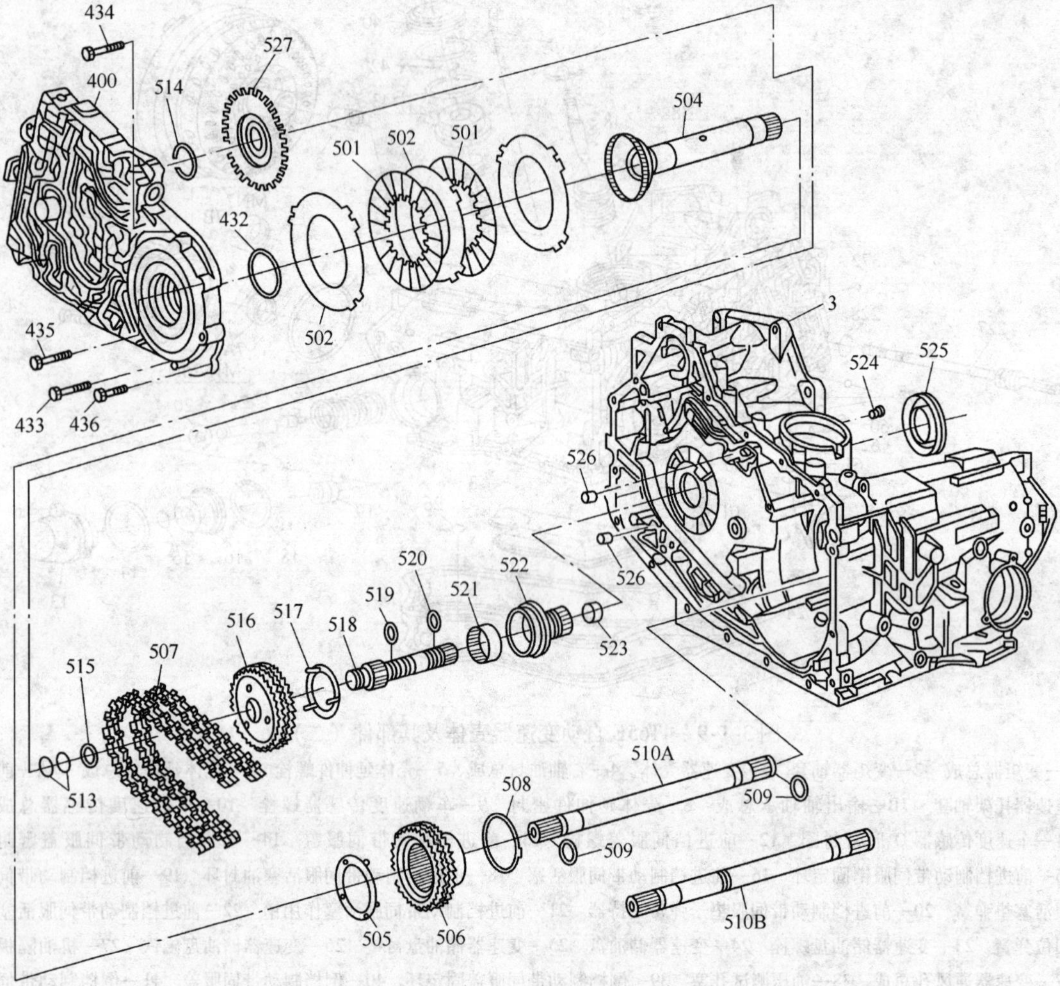

图 3-1-10　4T65E 自动变速器壳体及其部件（三）

3—变速器壳体　400—整个壳体盖总成　432—第 4 档离合器轴止推垫圈　433、434、435、436—壳体盖螺栓　501—第四级离合器纤维片总成　502—第四级离合器钢片　504—第四级离合器轴总成　505—第四级离合器轴止推垫圈　506—从动链轮　507—驱动连杆总成　508—从动链轮止推垫圈　509—驱动轴固定环　510A—输出轴（标准）　510B—输出轴（重型）　513、519—涡轮轴油封环　514、517—驱动链轮止推垫圈　515—驱动链轮固定环　516—驱动链轮　518—涡轮轴　520—涡轮轴 O 形密封圈　521—驱动链轮轴承总成　522—驱动链轮支座　523—驱动链轮支座轴套　524—驱动链轮支座螺栓　525—变矩器油封总成　526—定位销

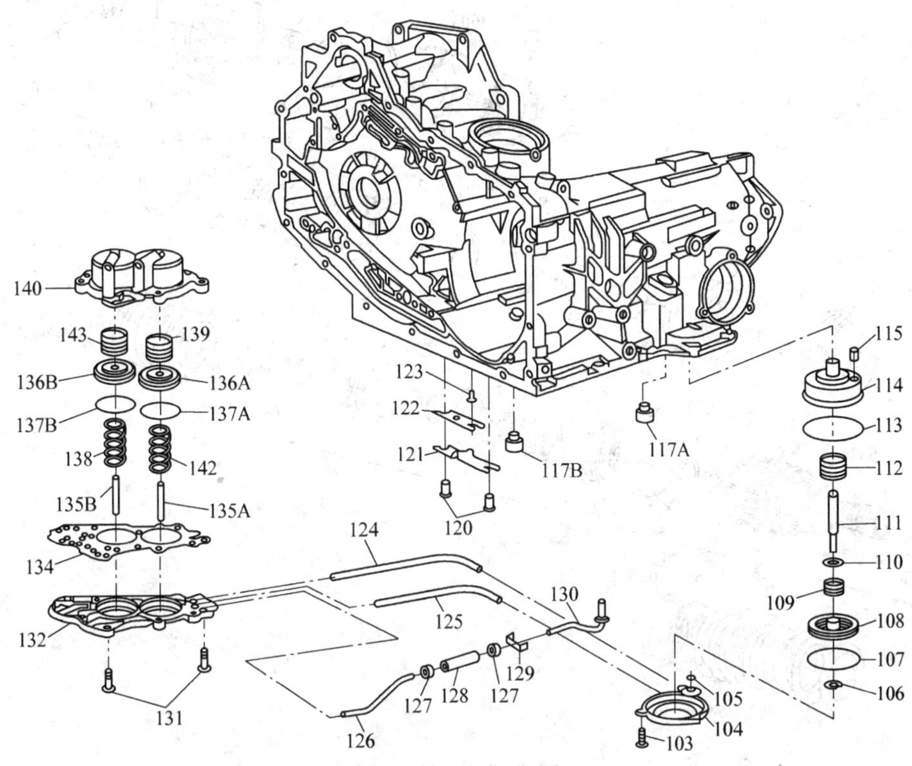

图 3-1-11　4T65E 自动变速器壳体及其部件（四）

103—2-1 手动制动带伺服盖螺栓　104—2-1 手动制动带伺服盖　105—2-1 手动制动带伺服盖密封　106—2-1 手动制动带伺服活塞销固定环　107—2-1 手动制动带伺服活塞密封　108—2-1 手动制动带伺服活塞　109—2-1 手动制动带伺服活塞垫子弹簧　110—2-1 手动制动带伺服活塞弹簧座圈　111—2-1 手动制动带伺服活塞销　112—2-1 手动制动带伺服活塞弹簧　113—2-1 手动制动带伺服活塞气缸密封圈　114—2-1 手动制动带伺服活塞气缸　115—2-1 手动制动带伺服排气滤网总成　117A—前进档制动带固定销　117B—倒档制动带固定销　120—热敏元件板销　121—热敏元件　122—热敏元件板　123—热敏元件板中心销　124—前进档制动带伺服油管　125—2-1 手动制动带伺服油管　126—润滑油管　127—润滑油软管卡箍　128—润滑油软管　129—润滑油管夹持器　130—润滑油管和垫圈总成　131—蓄能器盖螺栓　132—蓄能器盖　134 —蓄能器盖隔板总成　135A—1-2 蓄能器活塞销　135B—2-3 蓄能器活塞销　136A—1-2 蓄能器活塞　136B—2-3 蓄能器活塞　137A—1-2 蓄能器活塞油封圈　137B—2-3 蓄能器活塞油封圈　138—2-3 蓄能器活塞外部弹簧　139—1-2 蓄能器活塞缓冲弹簧　140—1-2 和 2-3 蓄能器壳体　142—1-2 蓄能器活塞外部弹簧　143—2-3 蓄能器活塞缓冲弹簧

4T65E 自动变速器内部各传动件如图 3-1-12 和图 3-1-13 所示。

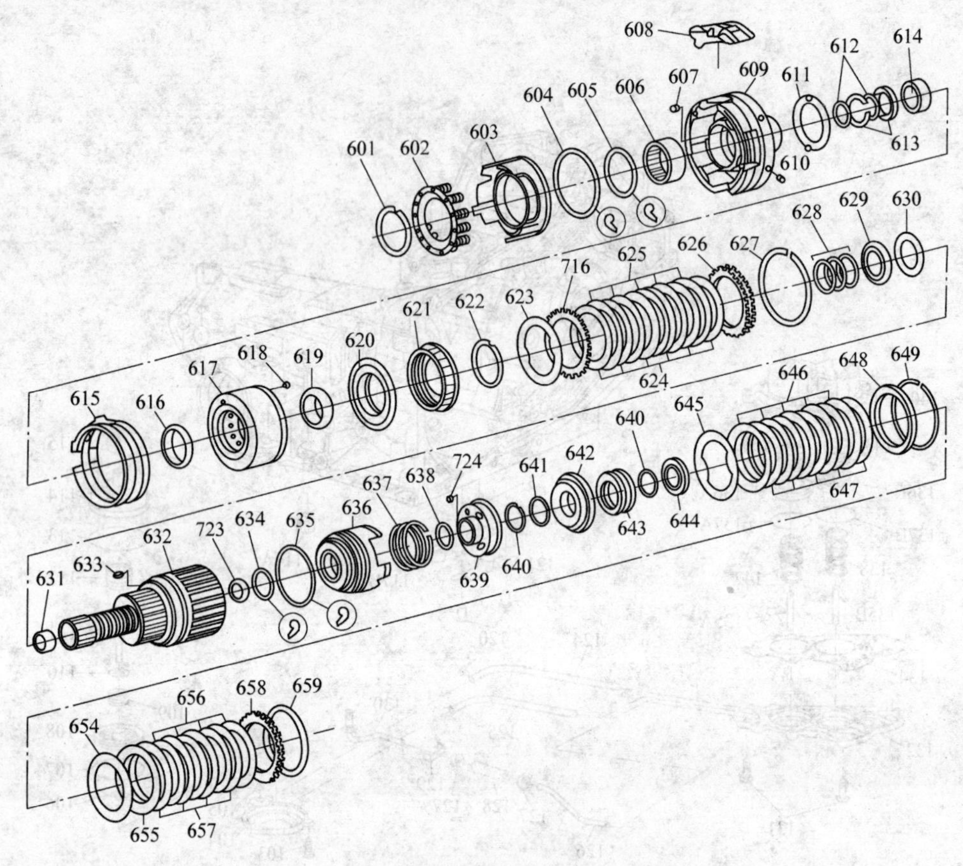

图 3-1-12　4T65E 自动变速器内部各传动件（一）

601—第四级离合器弹簧固定环　602—第四级离合器活塞回位弹簧总成　603—第四级离合器活塞总成　604—第四级离合器活塞密封（外部）　605—第四级离合器密封（内部）　606—延展杯轴承总成　607—孔杯塞　608—驱动器连接件润滑油铲　609—从动链轮支座总成　610—杯塞　611—止推垫圈　612—环形四叶密封圈　613—油封圈　614—从动链轮支座轴套　615—倒档制动带总成　616—75.5（外径）×8.0 轴套　617—第二级离合器壳体　618—单向阀夹持器和钢球总成　619—70.0（外径）×11.0 轴套　620—带模铸密封的第二级离合器活塞　621—第二级离合器作用环和释放弹簧总成　622—固定环　623—第二级离合器片（波状）　624—第二级离合器片总成（纤维）　625—第二级离合器反应片（钢）　626—衬背支座环片（钢）　627—第二级离合器固定环（外部）　628—油封圈（输入轴）　629—止推轴承（支承链轮/止推垫圈）　630—选择止推垫圈（轴承/输入离合器毂）631—输入轴轴套　632—输入壳体套管和轴总成　633—单向阀夹持器和钢球总成　634—输入离合器活塞密封（内部）　635—输入离合器活塞密封（外部）　636—输入离合器活塞　637—轴入离合器弹簧和护圈总成　638—O 形密封圈　639—第三级离合器活塞壳体　640—固定环（第三离合器活塞/输入轴）　641—第三级离合器活塞密封（内部）　642—第三级离合器活塞和密封总成　643—第三级离合器弹簧夹持器和导向总成　644—推力轴承总成　645—第三级离合器片（波状）　646—第三级离合器片总成（外径花键）　647—第三级离合器片总成（内径花键）　648—第三级离合器倒档片　649—第三级离合器倒档片固定环　654—输入离合器结合片　655—输入离合器片（波纹形）　656—输入离合器片总成（纤维）　657—输入离合器片（钢）　658—输入离合器背衬片（钢）　659—输入离合器背衬片固定环　716—第三级离合器作用反应片（锥形）　723—第四级离合器轴输入壳体轴承　724—第三级离合器活塞壳体单向球阀总成

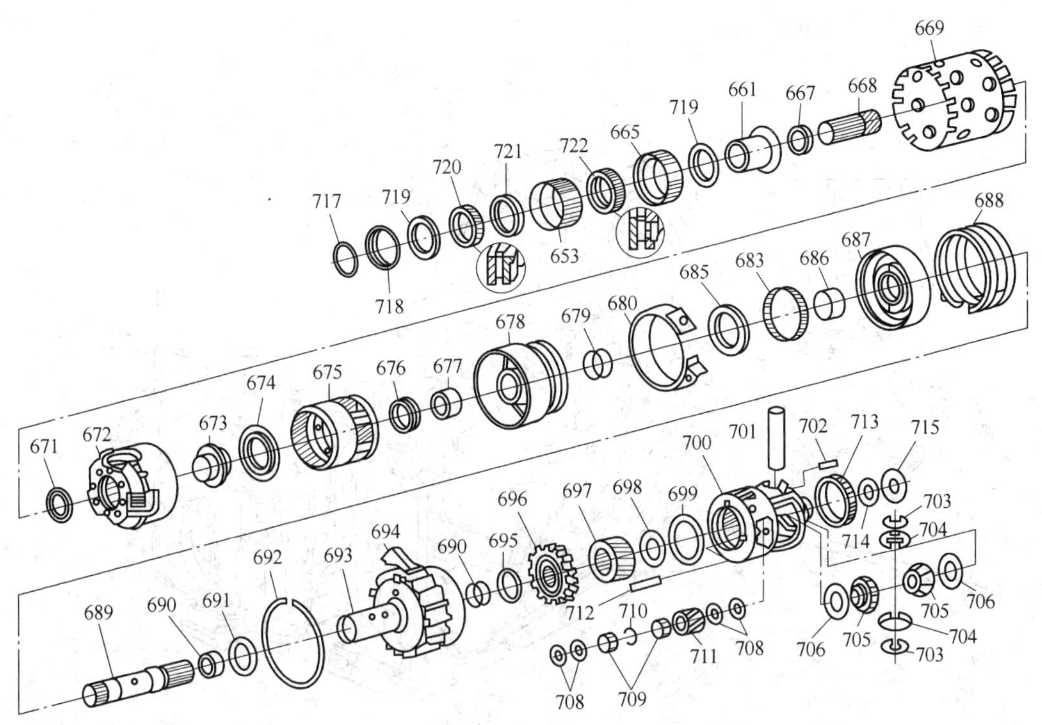

图3-1-13　4T65E 自动变速器内部各传动件（二）

653—第三级离合器楔块外座圈　661—输入和第三级离合器楔块内座圈　665—输入离合器楔块外座圈　667—输入太阳齿轮垫圈　668—输入太阳齿轮　669—倒档反作用鼓　671—输入太阳齿轮止推轴承总成　672—输入整套支座总成　673—输入支座/反作用支座润滑油隔板　674—输入/反作用支座止推轴承总成　675—反作用整套支座总成　676—反作用支座/太阳齿轮止推轴承总成　677—左侧反作用太阳齿轮轴套　678—反作用中心/鼓齿轮总成　679—右侧反作用太阳齿轮轴套　680—2/1 手动制动带总成　683—1/2 支座滚柱离合器总成　685—推力轴承总成　686—1/2 支座轴套　687—1/2 支座和鼓　688—前进档制动带总成　689—最后驱动太阳齿轮轴　690—最后驱动内齿轮轴套　691—推力垫圈（1/2 支座/内齿轮）　692—固定环（最后驱动内齿轮）　693—最后驱动内齿轮　694—驻车棘爪总成　695—推力轴承总成（内齿轮/驻车齿轮）　696—驻车齿轮　697—最后驱动太阳齿轮　698—支座/太阳齿轮止推轴承总成　699—螺旋小齿轮销固定环　700—差速器/最后驱动托架总成　701—差速器小齿轮轴　702—差速器小齿轮轴固定销　703—止推垫圈差速器小齿轮　704—差速器小齿轮传动　705—差速器侧面齿轮 MN7 独有的左/右齿轮　706—铜止推垫圈差速器侧面齿轮　708—小齿轮止推垫圈（钢）　709—滚柱滚针轴承　710—小滚针轴承垫圈　711—最后驱动行星小齿轮　712—行星小齿轮销　713—车速传感器变磁阻转轮　714—差速器托架/壳体垫圈止推　715—推力轴承总成　717—螺旋锁定固定环　718—第三级离合器楔块外部滚道夹持器　719—输入和第三级离合器楔块弹簧端头轴承　720—第三级离合器楔块总成　721—输入和第三级离合器楔块中心轴承　722—轴入离合器模块

4T65E 自动变速器驻车手动轴及空档开关见图 3-1-14，止推垫片见图 3-1-15。

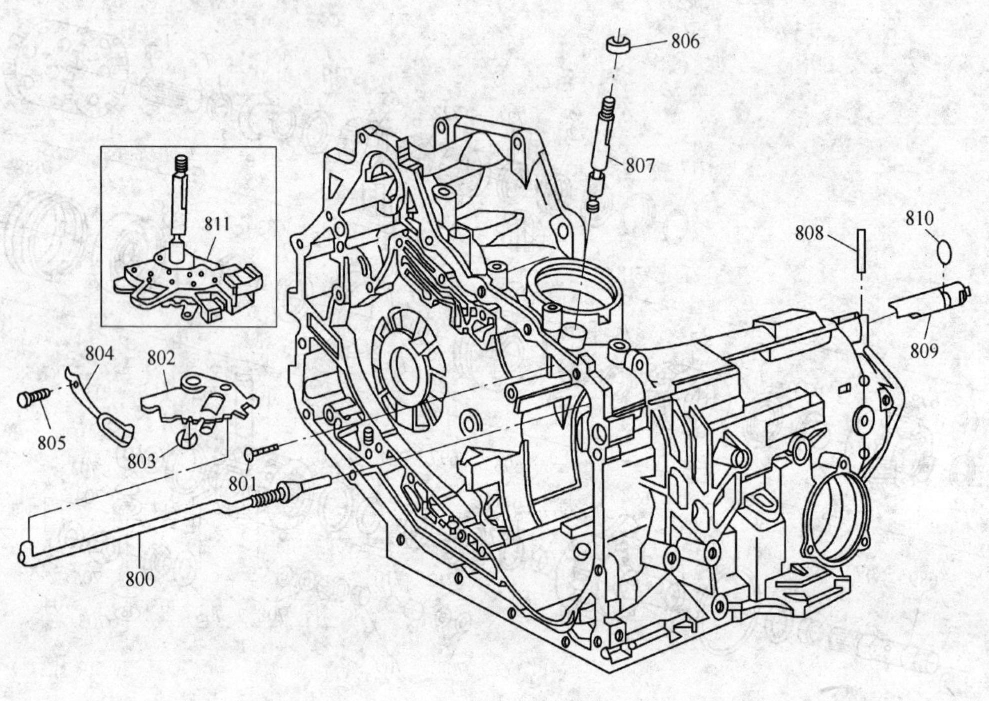

图 3-1-14　驻车手动轴及空档开关

800—驻车棘爪执行器总成　801—手动换档轴销　802—止动板　803—手动换档止动杆螺母　804—手动换档止动总成　805—手动换档止动螺栓　806—手动换档杆密封总成　807—手动换档杆　808—驻车棘爪执行器导销　809—驻车棘爪执行器导管　810—驻车棘爪执行器导管 O 形密封圈　811—杆总成

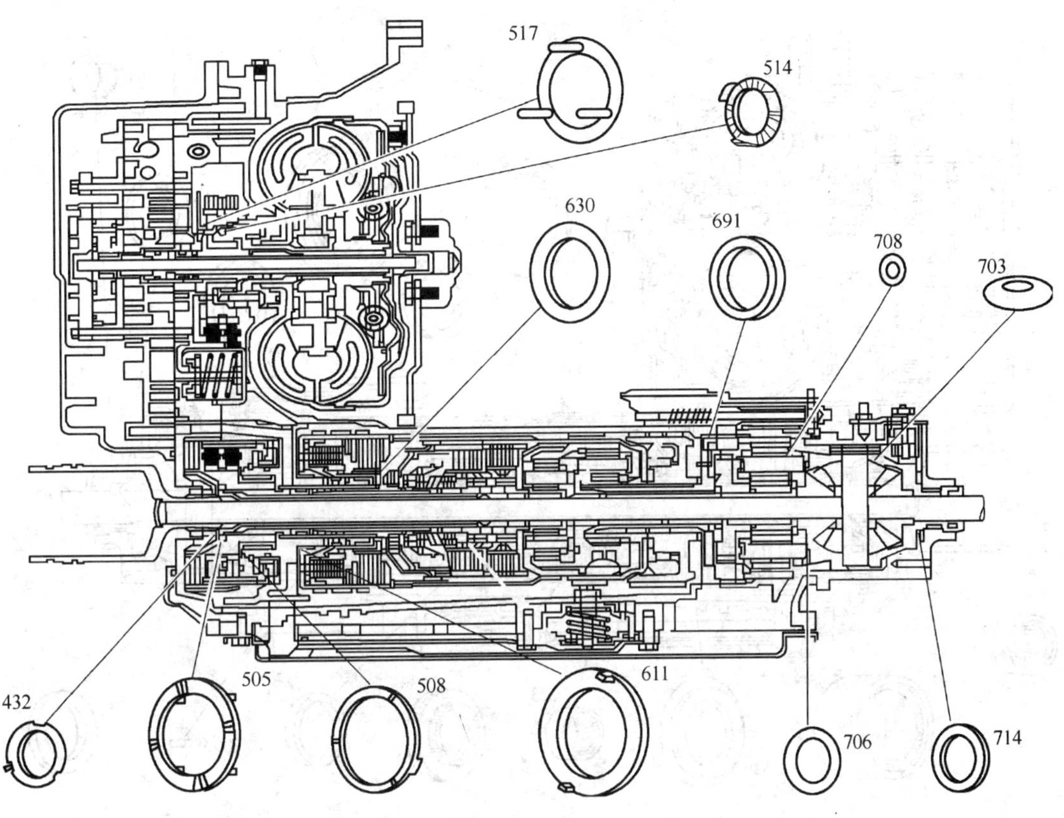

图 3-1-15　止推垫片

432、505—第四级离合器轴止推垫圈　508—从动链轮止推垫圈　514、517—驱动链轮止推垫圈　611—第二级离合器壳体止推垫圈　630—输入离合器壳体止推垫圈（可选）　691—最后驱动齿轮内止推垫圈　703—差速器小齿轮止推垫圈（铜）　706—止推垫圈　708—行星小齿轮止推垫圈（钢）　714—差速器托架/壳体止推垫圈

4T65E 自动变速器轴套位置如图 3-1-16 所示，控制阀如图 3-1-17、图 3-1-18 所示。自动变速器壳体盖总成如图 3-1-19 所示。

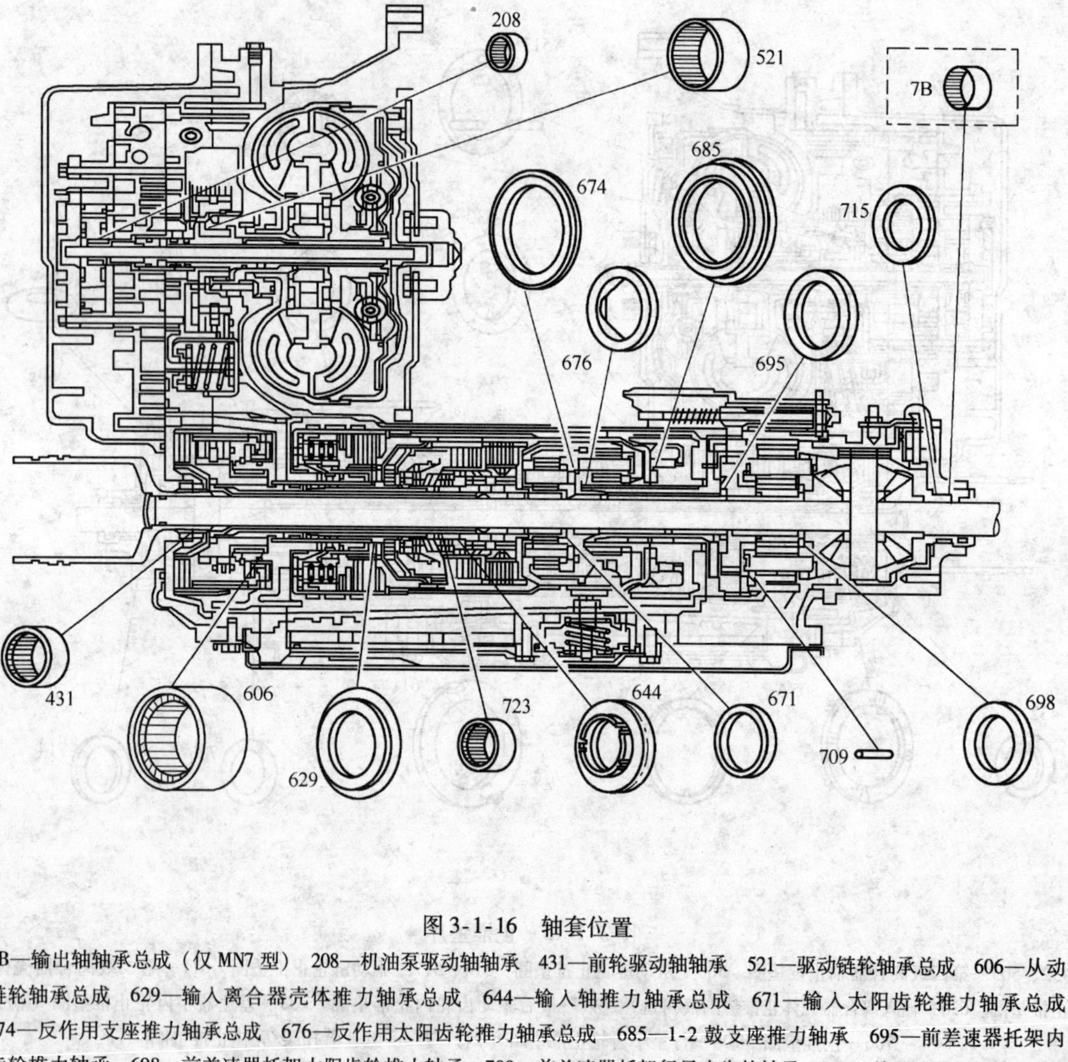

图 3-1-16　轴套位置

7B—输出轴轴承总成（仅 MN7 型）　208—机油泵驱动轴轴承　431—前轮驱动轴轴承　521—驱动链轮轴承总成　606—从动链轮轴承总成　629—输入离合器壳体推力轴承总成　644—输入轴推力轴承总成　671—输入太阳齿轮推力轴承总成　674—反作用支座推力轴承总成　676—反作用太阳齿轮推力轴承总成　685—1-2 鼓支座推力轴承　695—前差速器托架内齿轮推力轴承　698—前差速器托架太阳齿轮推力轴承　709—前差速器托架行星小齿轮轴承　715—前差速器托架推力轴承　723—输入离合器壳体推力轴承

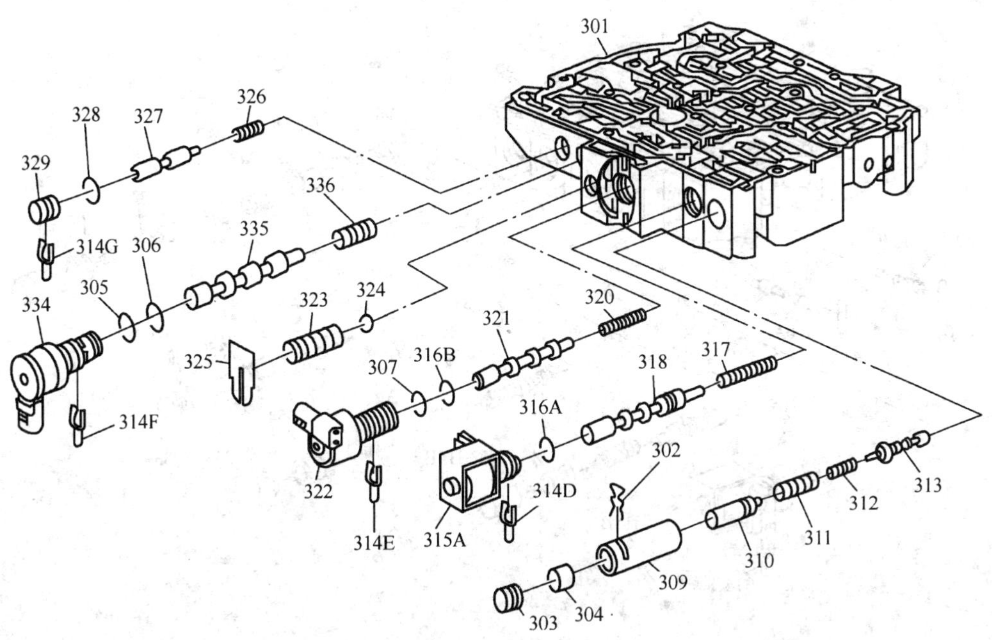

图 3-1-17　控制阀（一）

301—控制阀体（机加工）302—管路助力阀和轴套夹持器　303—管路助力阀孔塞　304—管路助力阀　305、306—变矩器离合器电磁阀 O 形密封　307—压力控制电磁阀 O 形密封　309—倒档助力阀轴套　310—倒档助力阀　311—压力调节阀外部弹簧　312—压力调节阀内部弹簧　313—压力调节阀　314D—1-2、3-4 换档电磁阀夹持器　314E—压力控制电磁阀夹持器　314F—变矩器离合器电磁阀夹持器　314G—变矩器离合器阀孔塞夹持器　315A—1-2、3-4 换档电磁阀总成　316A—1-2、3-4 换档电磁阀 O 型密封圈　316B—压力控制电磁阀 O 形密封圈　317—1-2 换档阀弹簧　318—1-2 换档阀　320—转矩信号调节器阀弹簧　321—转矩信号调节器阀　322—压力控制电磁阀总成　323—管道泄压阀弹簧　324—管道泄压阀　325—管道泄压阀弹簧夹持器　326—变矩器离合器调节器作用阀弹簧　327—变矩器离合器调节器作用阀　328—变矩器离合器阀孔塞 O 形密封　329—变矩器离合器调节器作用阀孔塞　334—变矩器离合器电磁阀总成　335—变矩器离合器控制阀　336—变矩器离合器控制阀弹簧

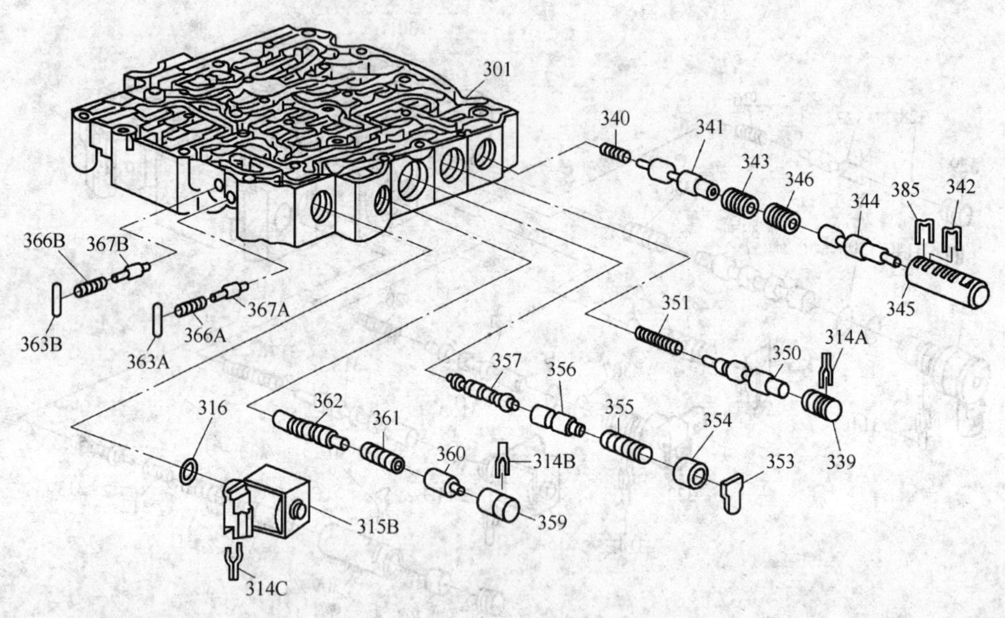

图 3-1-18　控制阀（二）

301—控制阀体（已加工）　314A—1-2 蓄能器阀夹持器　314B—4-3 手动挂低档阀夹待器　314C—2-3 换档电磁阀夹持器　315B—2-3 换档电磁阀总成　316—O 形密封圈　339—1-2 蓄能器阀孔塞　340—3-4 蓄能器阀弹簧　341—3-4 蓄能器阀　342—2-3 蓄能器阀孔塞夹持器　343—2-3 蓄能器阀孔塞　344—2-3 蓄能器阀　345—2-3 蓄能器阀轴套　346—2-3 蓄能器阀弹簧　350—1-2 蓄能器阀　351—1-2 蓄能器阀弹簧　353—3-2 手动挂低档阀夹持器　354—3-2 手动挂低档阀孔塞　355—3-2 手动挂低档阀弹簧　356—3-2 手动挂低档阀　357—2-3 换档阀　359—4-3 手动挂低档阀孔塞　360—4-3 手动挂低档阀　361—4-3 手动挂低档阀弹簧　362—3-4 换档阀　363A—倒档伺服助力阀孔销　363B—前进档伺服助力阀孔销　366A—倒档伺服助力阀弹簧　366B—前进档伺服助力阀弹簧　367A—倒档伺服助力阀　367B—前进档伺服助力阀　385—2-3 蓄能器阀轴套总成夹持器

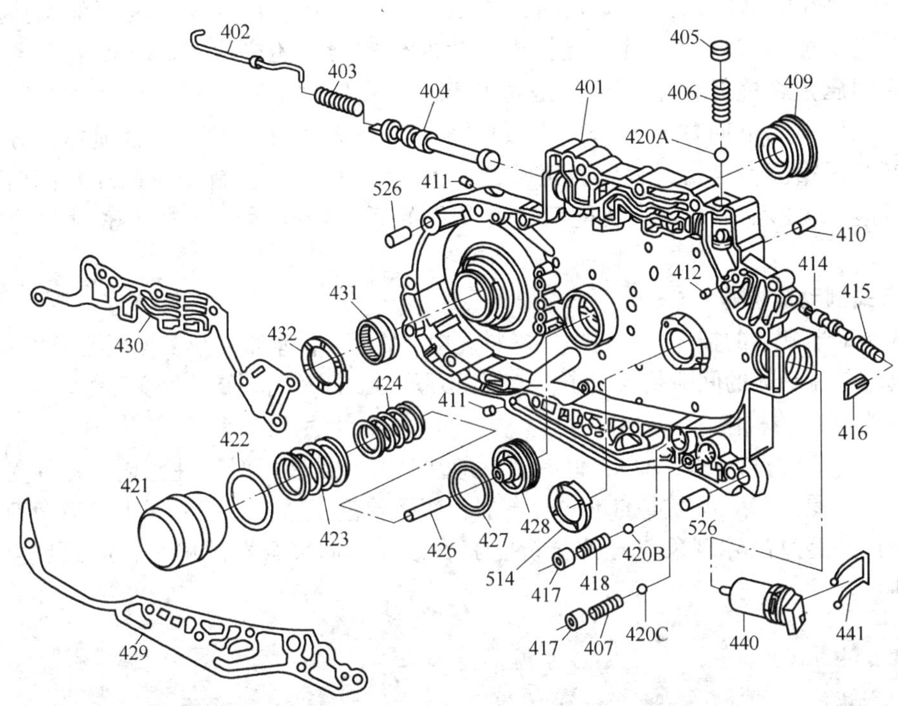

图 3-1-19 壳体盖总成

401—壳体盖 402—手动阀连杆 403—手动阀连杆夹持器 404—手动阀 405—低排气球阀孔塞 406—低排气球阀弹簧 407—冷却器球阀弹簧 409—左侧轴油封总成 410—控制阀体校正套管 411—孔塞 412—孔杯塞 414—执行器进给量极限阀 415—执行器进给量极限阀弹簧 416—执行器进给量极限阀弹簧座圈 417—球阀孔塞 418—变矩器离合器排气球阀弹簧 420A—低排气球阀 420B—变矩器离合器排气球阀 420C—冷却器球阀 421—3-4 蓄能器活塞气缸 422—3-4 蓄能器活塞气缸 O 形密封圈 423—3-4 蓄能器活塞外部弹簧 424—3-4 蓄能器活塞内部弹簧 426—3-4 蓄能器活塞销 427—3-4 蓄能器活塞油封圈 428—3-4 蓄能器活塞 429—壳体盖下端衬垫 430—壳体盖上端衬垫 431—前轮驱动轴轴承总成 432—第四级离合器轴止推垫圈 440—输入速度传感器总成 441—输入速度传感器夹子 514—驱动链轮/壳体盖止推垫圈 526—壳体盖定位销

四、4T65 E 自动变速器检修

1. 液力变矩器检修

前面讲过，液力变矩器的外壳不能分解，只能进行一些检查与清洗。如果变速器内有严重烧片或有金属部件损坏且大量金属碎屑进入变矩器时，建议更换变矩器。如果无法购到该型号的变矩器，可以委托专门的自动变速器翻新维修厂家进行维修，因为他们有切割机床、自动焊接、动平衡测试、密封性实验等设备。

2. 油泵的检修

4T65E 自动变速器的油泵是个高压油泵，应重点检查叶片及座是否磨损或裂纹，复位弹簧是否断裂或弹力不足，叶片与转子之间的间隙是否正常，滑动套与叶片的接合面是否有划伤，滑动套是否移动灵活，叶片、滑动套、壳体三者间隙是否正常等。

3. 离合器和片式制动器的检修

检查摩擦片的颜色，正常应是暗红或浅褐色。如果颜色发黑或表面的摩擦材料脱落，表明已烧蚀，需更换。对于烧损摩擦片的变速器，还应检查离合器的间隙是否过小，工作油压是否过低及单向球阀是否发卡。检查钢片是否磨损过度或翘曲变形。检查活塞或壳体上的单向球阀是否发卡或脱落。检查活塞及密封圈是否损坏，检查活塞复位弹簧有无损坏，自由行程是否正常，如图 3-1-20 所示。新的摩擦片装配前，应在 ATF 中浸泡 1h 左右。离合器装配后，有条件的话，最好做一下气压密封试验或油压试验。

4. 带式制动器检修

带式制动器常见的损坏形式是摩擦材料烧蚀、脱落，制动带变形。出现这种情况时，应检查制动带与制动鼓的间隙是否太小，工作压力是否太低及制动鼓是否变形等。

5. 单向离合器检修

单向离合器的检查比较简单，但有两点应注意：一是装配时应注意内、外圈受力（安装）方向；二是有些磨损严重的单向离合器在车下检查正常，但装到车上带有负荷时就会打滑，所以，经过故障现象与理论分析能够确诊为单向离合器故障的，应以试换，如图 3-1-21所示。

图 3-1-20　已经烧坏了的离合器

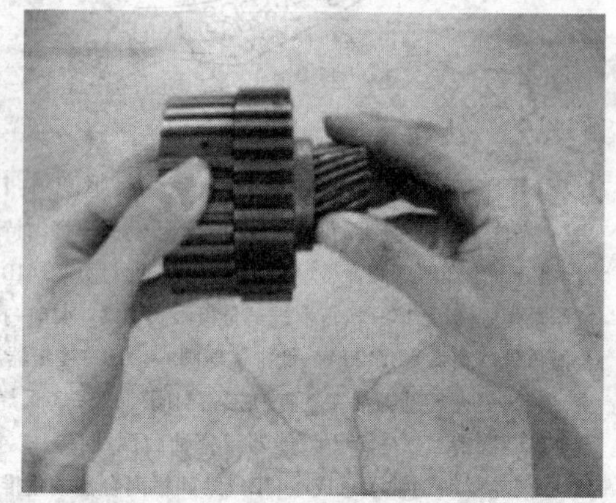

图 3-1-21　在车下检查单向离合器

6. 行星齿轮机构

行星齿轮机构的常见故障是齿轮碎裂及折断，齿轮表面剥落，平面推力轴承损坏，内部滚针轴承损坏，行星轮转动发卡或松旷、间隙过大等。

7. 阀体检修

在拆卸阀体时，要注意拧松螺栓的顺序。安装时，要注意拧紧顺序和转矩。拆卸不当可能造成阀体变形，柱塞发卡，产生新的故障。一般修理厂是没有能力检修阀体的，如果判断是阀体故障，可以整体更换。如果购不到同样型号新阀体，也可委托专业的自动变速器翻新厂进行检修。翻新厂将阀体全部解体。解体时，在阀体下面放一块带有许多沟槽板块，把每个阀芯、柱塞和弹簧取出后，按顺序放在有相应标号的槽中，然后把阀体、隔垫放到专门的清洗液中清洗，清洗干净后吹干；再检查每个柱塞是否有划伤，柱塞弹簧是否在其他修理厂装反或漏装；检查单向球阀是否漏装、错装，阀座是否磨损；检查隔垫是否损坏；检查滤网

是否损坏或堵塞；检查泄油孔是否堵塞，油道是否腐蚀、变形检查确认后进行装配。装配时，先将各零部件浸上ATF。翻新厂有自动变速器生产厂家提供的针对某种型号、某档位专用油路隔板检查油路。

8. 自动变速器主要部件的拆装与更换

（1）自动变速器油滤清器的更换。拆卸储油盘和衬垫。拆卸滤清器，需要取出压入壳体的唇边密封圈，检查滤清器内是否有金属颗粒、离合器摩擦材料、橡胶颗粒、发动机冷却液等异物。如果发现异物，则确定并排除污染源，如图3-1-22所示。

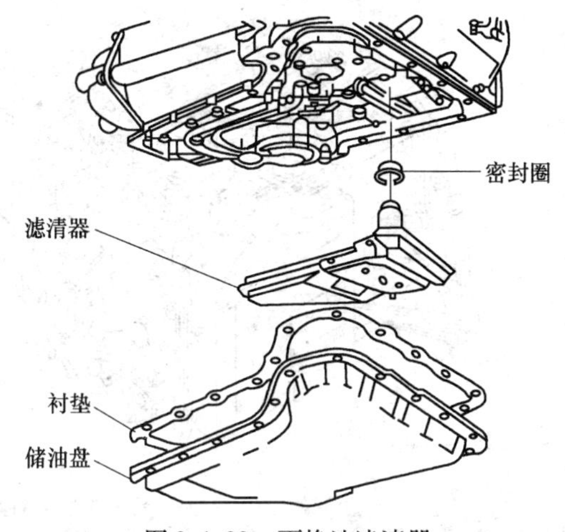

图3-1-22 更换油滤清器

（2）自动变速器油滤清器的安装。如滤清器密封圈已经拆卸，则安装新密封件，安装新滤清器。安装新滤清器时，首先安装衬垫和储油盘，然后，紧固储油盘螺栓至14N·m。

任务二 神龙富康AL4自动变速器的传动路线

一、AL4自动变速器概述

AL4自动变速器是一款改进型辛普森齿轮变速机构，具有四个前进档和一个倒档，五个执行件，即：三个制动器、两个离合器（这款自动变速器没有单向离合器）。这款变速器是由法国PSA集团与雷诺公司联合研发，主要用于富康988、浪潮、爱丽舍、赛纳和萨拉毕加索雷诺、标致等车上，市场保有量较大。AL4变速器变速杆如图3-2-1所示，外形如图3-2-2所示。

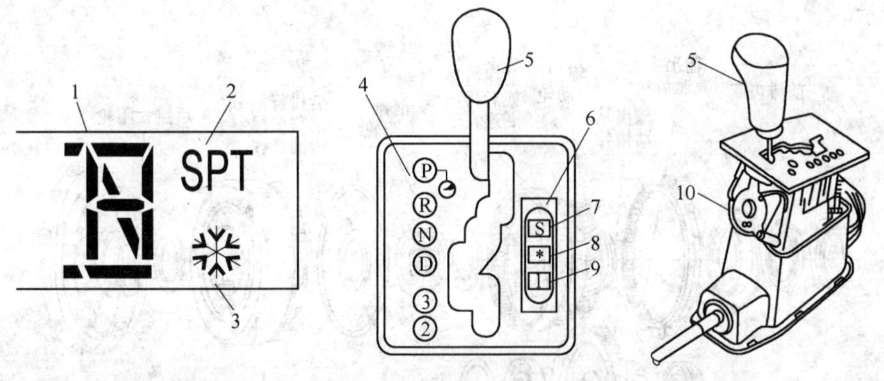

图3-2-1 AL4变速器变速杆示意

1—仪表液晶显示屏 2—“运动”模式显示 3—“雪地”模式显示 4—变速杆位置显示板 5—变速杆 6—程序选择器 7—“运动”模式按键 8—雪地模式按键 9—“1”档按键 10—变速杆锁止电磁阀

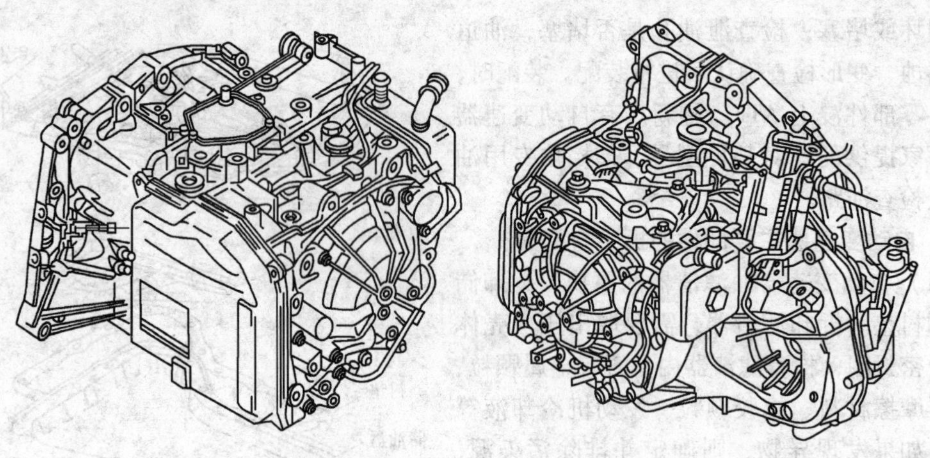

图 3-2-2　AL4 自动变速器外形

传动特点：输入轴与输出齿轮为同一端向多级套筒式。输入轴由中心通孔贯通并由两个离合器 C1、C2 结合可输出动力。C1 结合从后排太阳轮输入动力，C2 结合从后排行星架输入动力。如果 C1、C2 都结合，则为直接档。制动器 B1 工作时，可固定后排太阳轮；制动器 B2 工作时，可固定前排齿圈和后排行星架；制动器 B3 工作时，可固定前排太阳轮。

为了便于理解，我们还是将图形左方向称为前排，将图形右方向称为后排。AL4 自动变速器前、后排为两个独立太阳轮，前排太阳轮用来固定和空转，后排太阳轮是用来传递动力和空转。后排齿圈前排行星架和输出主动减速齿轮是连在一起的，离合器 C2、后排行星架和前排齿圈也是连在一起的。两个行星排相互换联，构成四个前进档和一个倒档。输入和输出在同一方向。

AL4 自动变速器巧妙地利用了两个行星排相互换联的机会，将 C2 结合从后排行星架输入变成 2 档传动，实在是一个大胆的构想，也是前面没有提到过的一种传动方式。这种自动变速器由于执行组件较少（只有 5 个），所以整体质量较小，拆装和维修都较为方便，如图 3-2-3 所示。

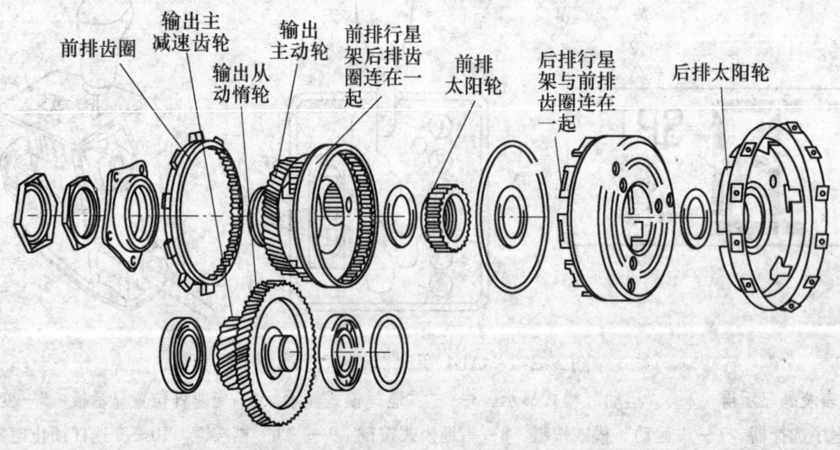

图 3-2-3　AL4 自动变速器解剖示意

二、变速杆在 D 位 1 档的传动路线和档位分析

图 3-2-4 是变速杆在 D 位 1 档的传动立体图，图 3-2-5 是其传动简图。

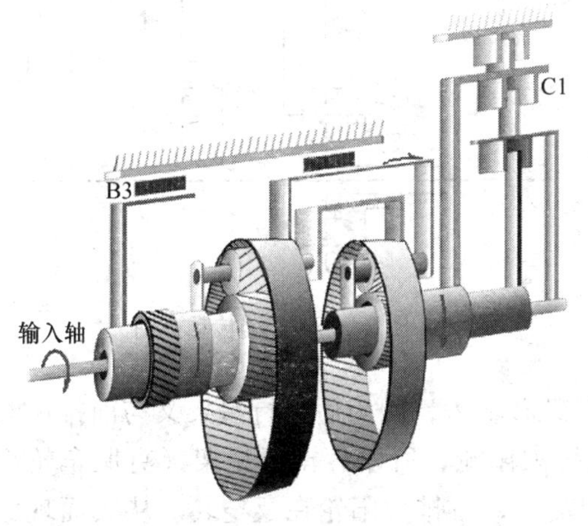

图 3-2-4　1 档传动立体图

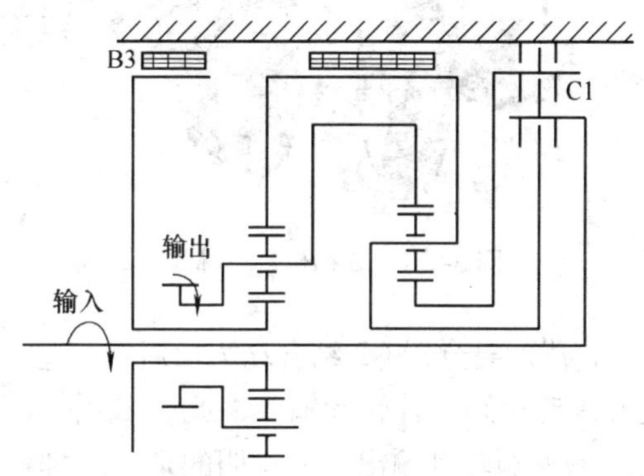

图 3-2-5　1 档传动简图

离合器 C1 结合，动力从后排太阳轮输入（顺时针转），后排齿圈接前排行星架和输出，齿轮有阻力，动力从后排行星架向前排齿圈输入（一级减速），前排太阳轮被 B3 固定，前排齿圈推动前排行星架克服车轮阻力（二级减速），顺时针转输出实现 1 档。

D1 档理解关键：后太阳轮顺时针转动输入—后行星架减速向前齿圈输出—前齿圈输入—前太阳轮固定—前行星架再次减速输出。

传动比计算：

前排太阳轮 = 40 个齿

前排齿圈 = 80 个齿

前排行星架 = 40 + 80 = 120 个齿

后排太阳轮 = 33 个齿

后排齿圈 = 81 个齿

后排行星架 = 33 + 81 = 114 个齿

令前排为 $\alpha_1 = 80/40 = 2$

令后排为 $\alpha_2 = 81/33 \approx 2.45$

1 档是由后排输入串联前排输出，是一个双排双级减速传动。

1 档的传动比：

$$i_1 = \frac{1 + \alpha_2 + \alpha_1}{\alpha_1} = \frac{1 + 2.455 + 2}{2} \approx 2.728$$

1 档的关键执行组件：C1、B3。

三、变速杆在 D 位 2 档的传动路线和档位分析

图 3-2-6 是变速杆在 D 位 2 档的传动立体图，图 3-2-7 是其传动简图。

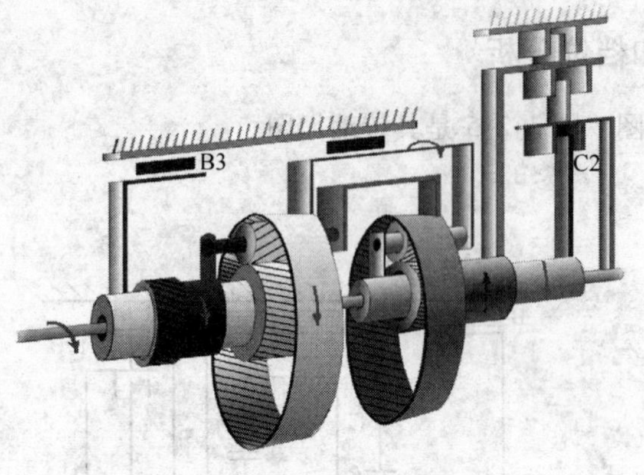

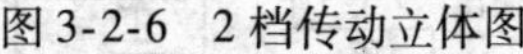

图 3-2-6　2 档传动立体图

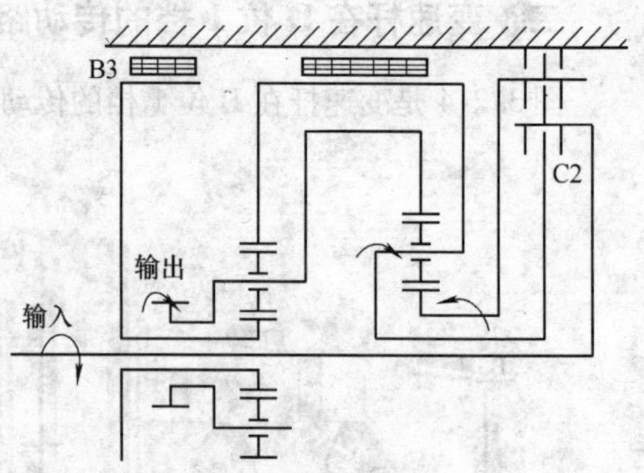

图 3-2-7　2 档传动简图

2 档是离合器 C2 结合动力由后排行星架顺时针转输入，因为后排行星架又与前排齿圈连在一起也顺时针转动输入，此时 B3 固定了前排太阳轮，所以后排行星架（克服车轮阻力）减速顺时针输出。要说明的是，后排行星架输入，后排太阳轮在反空转。从表面现象上看后排行星架输入好像是一个超速，其实不然。后行星架虽然在输入，动力不会从后排齿圈输出，也不会从后排太阳轮反转输出，因为后行星架刚性连接到前齿圈上，前排太阳轮固定，动力只能从前排行星架克服车轮阻力顺时针转动输出。

由前排实现 2 档，传动比按单排单级减速计算。2 档的传动比

$$i_2 = \frac{1 + \alpha_1}{\alpha_1} = \frac{40 + 80}{80} = \frac{120}{80} = 1.5$$

2 档的关键执行组件：C2、B3。

四、变速杆在 D 位 3 档的传动路线和档位分析

图 3-2-8 是变速杆在 D 位 3 档的传动立体图，图 3-2-9 是其传动简图。

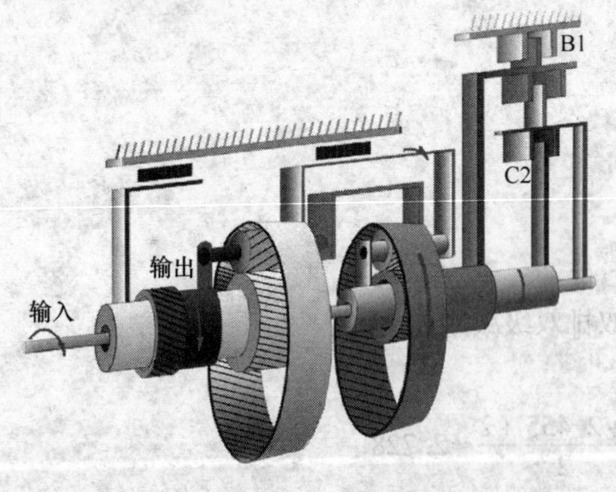

图 3-2-8　3 档传动立体图

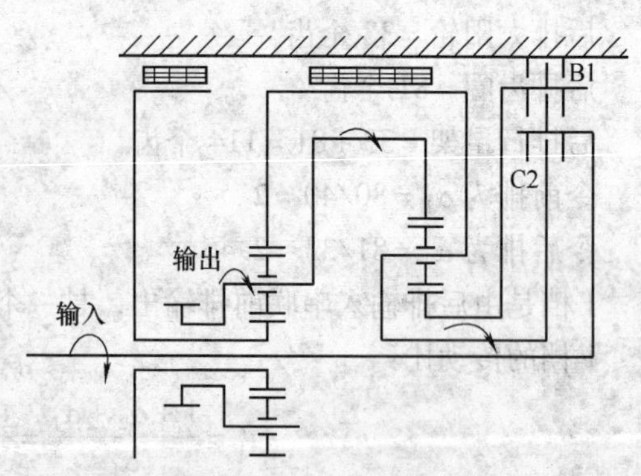

图 3-2-9　3 档传动简图

3 档是两个离合器 C1、C2 同时结合，将动力传给前后排大小各不相同的齿轮上，相互锁定。实行 1∶1 公转输出。所以 3 档的传动比为 1∶1，$i_3 = 1$。

3 档的关键执行组件：C1、C2。

五、变速杆在 D 位 4 档的传动路线和档位分析

图 3-2-10 是变速杆在 D 位 4 档的传动立体图，图 3-2-11 是其传动简图。

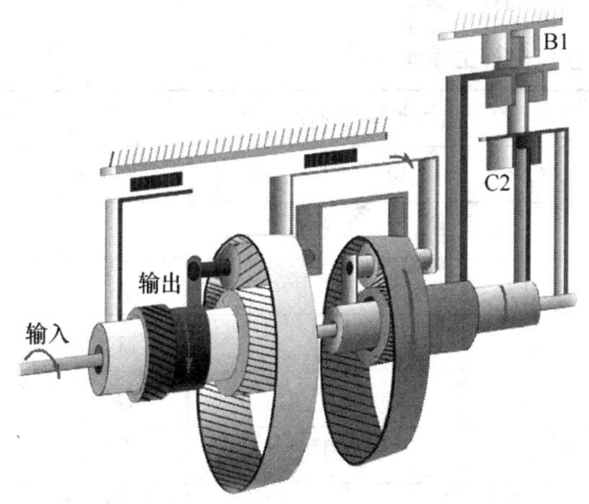

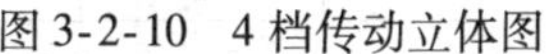

图 3-2-10　4 档传动立体图

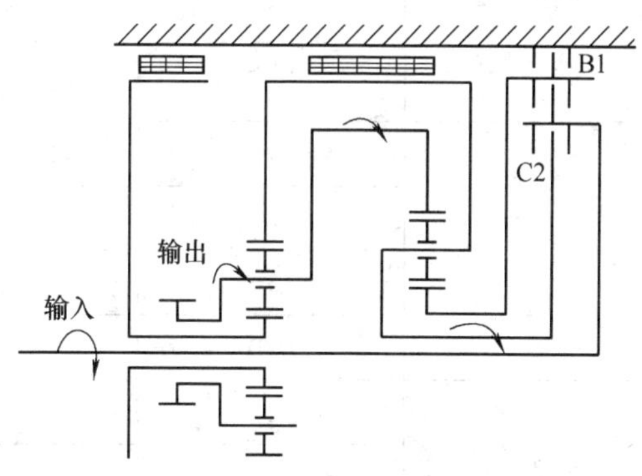

图 3-2-11　4 档传动简图

4 档是在后排实行的。离合器 C2 结合，动力由后排行星架顺时针转动输入，制动器 B1 制动了后排太阳轮，后排齿圈超速向前排行星架输出，传动比小于 1。4 档的传动比

$$i_4=\frac{\alpha_2}{1+\alpha_2}=\frac{2.455}{1+2.455}\approx 0.711$$

4 档的关键执行组件：C2、B1。

六、R 档传动路线和档位分析

图 3-2-12 是变速杆在 R 位、倒档的传动立体图，图 3-2-13 是其传动简图。

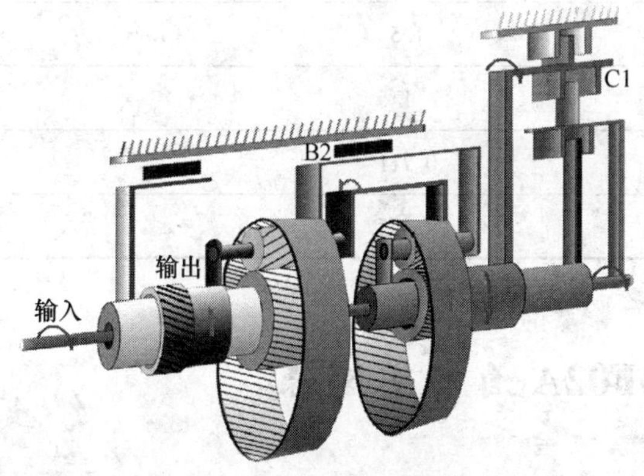

图 3-2-12　R 档传动立体图

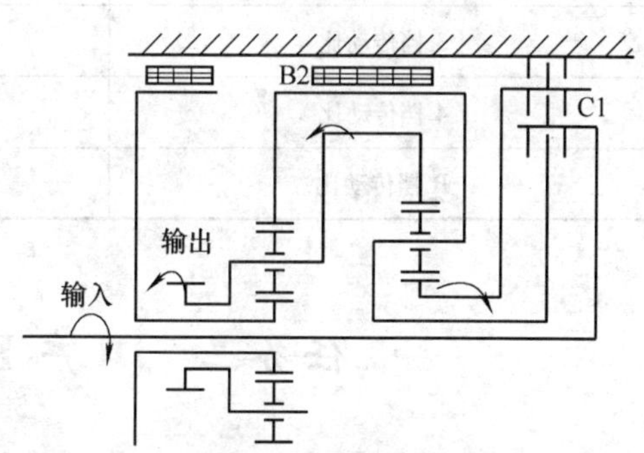

图 3-2-13　R 档传动简图

倒档是在后排实行的。离合器 C1 结合，动力由后排太阳轮顺时针转输入，制动器 B2 制动了后排行星架，后排齿圈减速逆时针转向前排行星架逆时针转输出，传动比大于 1。前

排齿圈也不动，前排太阳轮跟着行星架一起逆时针空转。

R 档的传动比

$$i_R = -\alpha_2 = -2.455 \text{（因为是反转，所以用负号代表）}$$

R 档的关键执行组件：C1、B2。

各档位执行元件工作情况见表 3-2-1，各档传动比见表 3-2-2。

表 3-2-1　在各档位执行元件工作情况

变速杆位置	档位	换档执行元件				
		C1	C2	B1	B2	B3
D	1	○				○
	2		○			○
	3	○	○			
	O/D		○	○		
3	1	○				○
	2		○			○
	3	○	○			
2	1					○
	2		○			○
强制 1 档	1	○				○
R	倒档	○			○	

注：○表示工作。

表 3-2-2　各档传动比

1 档传动比	2.728
2 档传动比	1.5
3 档传动比	1
4 档传动比	0.711
R 档传动比	2.455

任务三　日产 RE4F02A 自动变速器

RE4F02A 是一款配备在日产蓝鸟前驱动车上的自动变速器。

输入轴直接连接到后太阳轮上，1、2 档动力由后太阳轮输入。另外，在输入轴的前端还连有一个离合器毂，分别有离合器 C1（前排行星架）和离合器 C2（前排太阳轮）。

离合器 C1 单独结合，为前排行星架输入，实现超速档。

离合器 C2 单独结合，为前排太阳轮输入，实现倒档。

离合器 C1、C2 同时结合，可以实现 3 档 1∶1 的动力传递。

制动器 B1 用来制动前排太阳轮。

单向离合器 F 是起步单向离合器，在 D1 档起作用。

制动器 B2 用来制动前排行星架。

离合器 C3 接通动力，将前排行星架和后排齿圈连接起来，在 1、2、3 档时起作用。

前、后太阳轮是分开的，可以各自传递动力。

前圈、后架、输出轴、主动惰轮是连在一起的。

从动惰轮、驻车块、减速器主动斜齿轮也是连在一起的。

图 3-3-1 是日产 RE4F02A 自动变速器实物。图 3-3-2 是带前壳体的自动变速器。图 3-3-3是自动变速器传动部分实物。

图 3-3-1　日产 RE4F02A 自动变速器实物

图 3-3-2　带前壳体的自动变速器

如图 3-3-4 是自动变速器传动原理

需要说明几点：

(1) 为了避免引起误解，所例举的各种车款车型只是证明配备了自动变速器，有部分车款车型与自动变速器立体图的型号、前驱动或后驱动并不能一一“对号入座”，除非在小节里另有说明。

(2) 有些自动变速器是通过链条输入的，链条输入的输入轴为逆时针转，这样，在分析档位时的单向离合器与图形单向离合器安装方向不符，以实物为准仔细推敲。

(3) 有些前驱动自动变速器出现第二排传动，应按照自动变速器的传动旋转方向去分析单向离合器内外圈的受力方向。

图 3-3-3　自动变速器传动部分实物

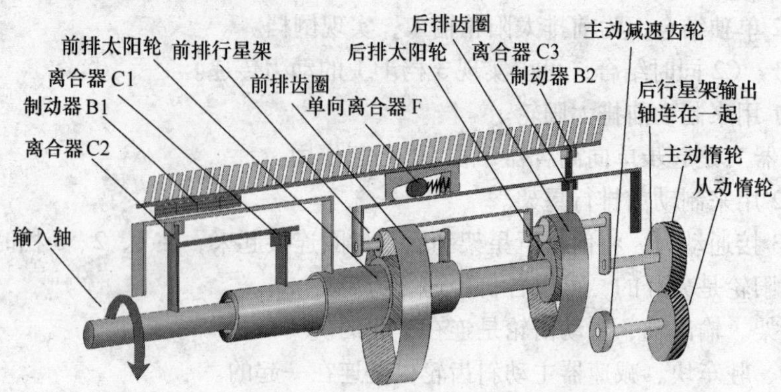

图 3-3-4　日产 RE4F02A 自动变速器传动原理

综合练习

一、填空题

1. RE4F02A 辛普森改进型行星齿轮仍然采用__________行星齿轮，其中前齿圈与后行星架一体作为动力输出元件，但不再共用__________。

2. RE4F02A 辛普森改进型行星齿轮机构有三个动力输入路径，______________、__________和__________。

3. 日产 RE4F02A 变速器 D1 档时，后__________输入、后__________齿圈固定、后__________输出。

二、问答题

1. 日产 RE4F02A 变速器在 D2 档时为什么要使用制动器 B1，当 B1 打滑时变速器会出现什么样的故障现象？

2. 日产 RE4F02A 变速器的 D2 档速度为何比 D1 档快？

3. 改进型辛普森行星齿轮机构的连接有什么特点？动力如何输入？

4. 4T65E 自动变速器的 3 档传动路线是怎样的？

4

项目四 拉维娜式自动变速器检修

学习目标

☆ 能够认识 01N 型自动变速器的结构电路
☆ 能够分析 01N 型自动变速器的档位电路
☆ 能够拆装 01N 型自动变速器
☆ 能够检修 01N 型自动变速器
☆ 能够诊断 01N 型自动变速器的常见故障
☆ 能够根据实物绘制 01N 型自动变速器档位结构图

案例链接

车主反映，开车时不小心将变速器油底壳碰坏，当时变速器油从油底壳的破损处流出，到一修理厂修补好变速器油底壳破损处，重新加入自动变速器油，试车，发现该车没有倒档，但其余档位均正常。经检查离合器 K2 活塞及弹簧，发现活塞及弹簧支承板在离合器壳体内无法自由转动，均有受热膨胀变形的可能性，说明离合器 K2 已经损坏，应更换离合器 K2。

更换了倒档离合器 K2，重新正确组装自动变速器，加注自动变速器油。安装完毕后上路试车，倒档工作正常，故障排除。

任务一 01N 自动变速器结构及检修

一、01N 型自动变速器概述

01N 型自动变速器为前驱型自动变速器，因为该型号自动变速器中包含了差速器装置，所以很多维修资料中也称之为变速驱动桥。01N 型自动变速器装备在大众公司的多种轿车上，包括上海帕萨特 B5、桑塔纳 2000Gsi-AT（俊杰）等车型。01N 型自动变速器总成如图 4-1-1 所示。

01N 型自动变速器采用了拉维娜行星齿轮机构，具有包括超速档在内的四个前进档和一个倒档。

01N 型自动变速器的内部结构由行星齿轮机构、制动器 B1 与 B2、离合器 K1、K2 和 K3 以及单向离合器 F 组成。01N 型自动变速器的结构图如图 4-1-2 所示。

图 4-1-1　01N 型自动变速器总成

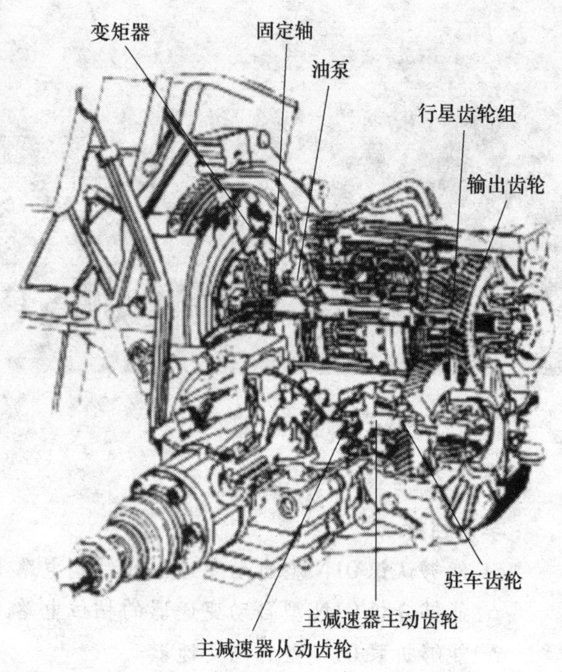

图 4-1-2　01N 型自动变速器结构图

二、01N 自动变速器各档位工作原理

01N 自动变速器的内部结构由行星齿轮机构、制动器 B1 与 B2（离合器 K1、K2 和 K3）⊖以及单向离合器 F 组成。图 4-1-3 为 01N 自动变速器传动结构图。

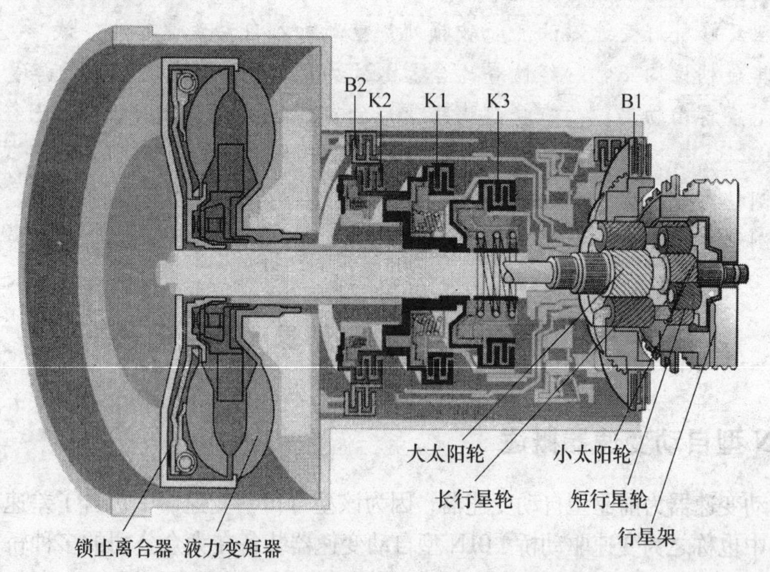

图 4-1-3　01N 自动变速器传动结构图

⊖ 离合器（德国生产的自动变速器用 K 来表示离合器），三个离合器为 1 档至 3 档离合器 K1，用来驱动小太阳齿轮；直接档/倒档离合器 K2，用来驱动大太阳齿轮；高档离合器 K3，用来驱动行星架。01N 自动变速器制动器 B2 用于制动大太阳轮，制动器 B1 用于制动行星架。01N 自动变速器只使用了 1 个单向离合器 F1，用于单向固定行星架（在图 4-1-3 01N 自动变速器传动结构图中没有标注单向离合器 F1）。

图 4-1-4 是 01N 自动变速器立体示意图。图 4-1-5 是 01N 自动变速器传动简图。

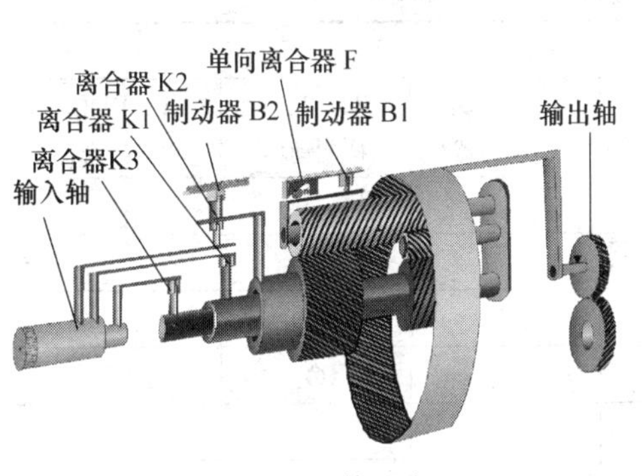

图 4-1-4　立体示意图

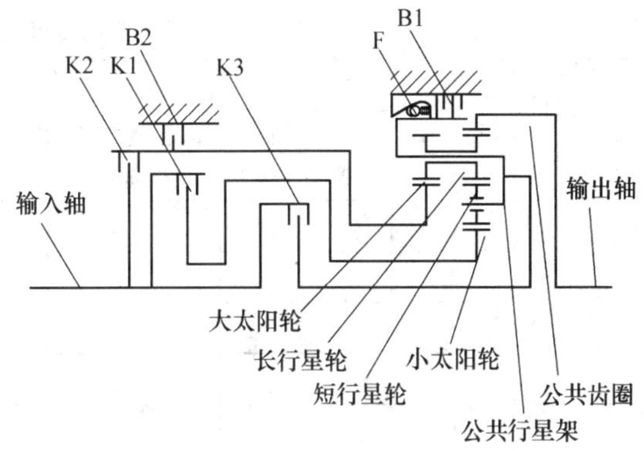

图 4-1-5　传动简图示意

1. D1 档

D1 档动作元件：K1、F。

D1 档的动力传动路线：输入轴→离合器 K1→小太阳轮→短行星齿轮→长行星齿轮（F 限制行星架逆转）→齿圈→输出齿轮。

2. D2 档

D2 档动作元件：K1、B2。

D2 档的动力传动路线：输入轴→离合器 K1→小太阳轮→短行星齿轮→长行星齿轮→行星架（B2 制动大太阳轮）→齿圈→输出齿轮。

3. D3 档

D3 档动作元件：K1、K2、K3。

D3 档的动力传动路线：

输入轴 { 离合器 K1→小太阳轮顺时针转；离合器 K→大太阳轮顺时针转；离合器 K3→行星架顺时针转 } 行星齿轮机构一起转→齿圈→输出齿轮。

4. D4 档

D4 档动作元件：K3、B2。

D4 档的动力传动路线：输入轴→离合器 K3→行星架→长行星齿轮（大太阳轮制动）→齿圈→输出齿轮。

5. L 档

L 档动作元件：K1、B1。

L 档的动力传动路线：输入轴→离合器 K1→小太阳轮→短行星齿轮→长行星齿轮（B1 限制行星架逆转）→齿圈→输出齿轮。

6. R 档

R 档动作元件：K2、B1。

R 档的动力传动路线：输入轴→离合器 K2→大太阳轮→长行星齿轮（行星架制动）→齿圈→输出齿轮。

01N 自动变速器换档执行元件的工作情况见表 4-1-1。在不同档位，行星齿轮机构各部件的状态见表4-1-2。

表4-1-1　01N自动变速器换档执行元件的工作情况表

变速杆位置	档　位	换档执行元件					
		K1：1档/3档离合器	K2：倒档/直接档离合器	K3：高档离合器	B1：低倒档制动器	B2：2、4档制动器	F：D1档单向离合器
D	1	○					○
	2	○				○	
	3	○	○	○			
	4			○		○	
3	1	○					○
	2	○				○	
	3	○	○	○			
2	1	○					○
	2	○				○	
1	1	○			○		
R	倒档		○		○		

注：○表示接合。

表4-1-2　不同档位行星齿轮机构各部件的状态

档　位	驱动部件	固定部件	输出部件
1	小太阳齿轮	单向制动行星架	齿圈
2	小太阳齿轮	大太阳轮	齿圈
3	小太阳齿轮＋行星架＋大太阳轮		齿圈
4	行星架	大太阳轮	齿圈
R	大太阳轮	行星架	齿圈

三、电子控制系统的组成与工作原理

01N型自动变速器电控系统如图4-1-6所示，其核心是自动变速器控制单元（J217），其他部件包括各传感器（输入信号）和执行器（输出信号）。传感器包括变速器转速传感器（G38）、车速传感器（G68）、发动机转速传感器（G28）、节气门位置传感器（G69）、油温传感器（G93）、强制降档开关（F8）、多功能开关（F125）、制动灯开关（F）、巡航控制装置等。执行器包括变速杆锁止电磁阀N110、阀体电磁阀、起动/倒车灯继电器及电控系统诊断插头等。

1. 节气门位置传感器（G69）

节气门位置传感器位于节气门体内部，它是一个滑动电阻，其动片随节气门轴一起运动，根据节气门位置不同，向发动机控制单元（J220）输出一个电压信号，发动机控制单元再将此信号传递给自动变速器控制单元（J217）。自动变速器控制单元不仅通过此信号得知节气门开度，还可以得知节气门开度的变化速度，即踩下加速踏板的加速度。该信号的作用：一是确定换档曲线；二是进行油压控制。如果节气门信号中断，油压将按照节气门全开

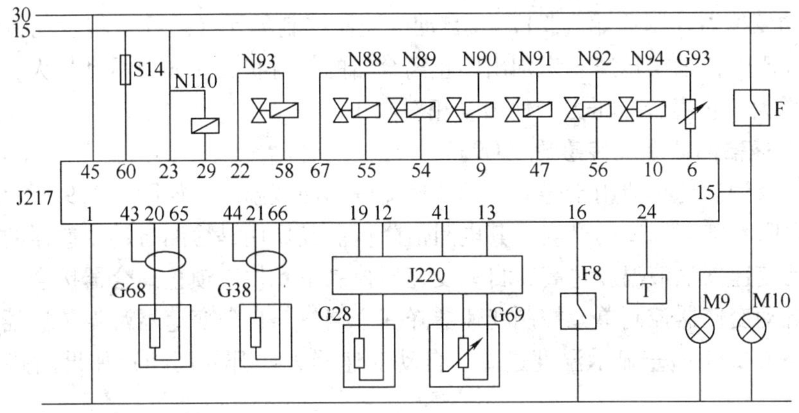

图 4-1-6　01N 型自动变速器电控系统

J217—自动变速器控制单元　N110—操纵手柄锁止电磁阀　N88～N94—电磁阀　G93—油液温度传感器　F—制动灯开关　G68—车速传感器　G38—自动变速器转速传感器　J220—发动机控制单元　G28—发动机转速传感器　G69—节气门位置传感器　T—自诊断插头　M9、M10—制动灯

的程度调节，同时控制单元不再执行换档程序。

2. 自动变速器转速传感器（G38）

自动变速器转速传感器是电磁式传感器，用以感应变速器内大太阳轮的转速，位置如图 4-1-7 所示。自动变速器转速传感器信号的作用有二：一是识别换档时刻，在换档过程中推迟点火提前角，降低发动机转矩，以减小换档冲击；二是在换档过程中，控制相关离合器的油压，其作用也是使换档平顺。

3. 车速传感器（G68）

车速传感器也是电磁式传感器，它感应变速器内主动齿轮（即齿轮圈，行星齿轮机构的输出端）的转速，位置如图 4-1-8 所示。车速传感器的作用有二：一是与节气门位置传感器（G69）一起确定换档时刻；二是感知变矩器锁止离合器的滑差。对于装有自动定速巡航装置的车辆，它还用于速度调节。如果车速信号中断，控制单元使用发动机转速信号代替车速信号进行换档，但变矩器失去锁止功能。

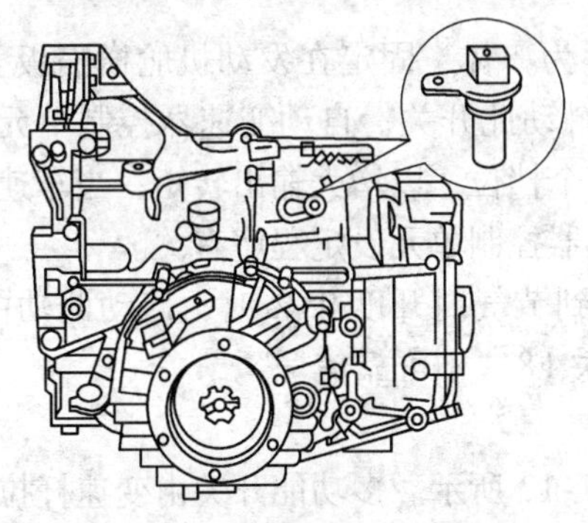

图 4-1-7　变速器转速传感器

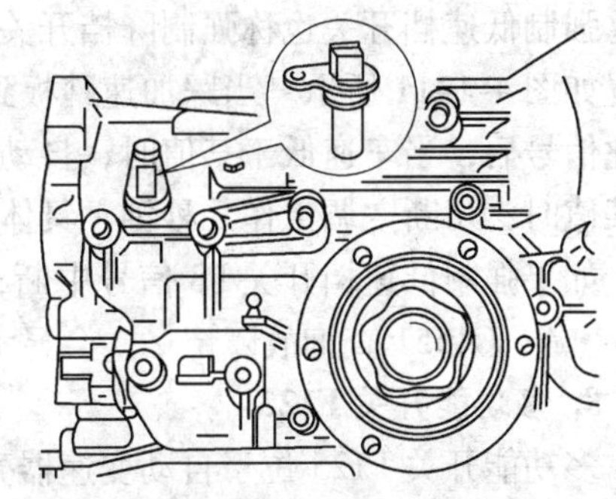

图 4-1-8　车速传感器

4. 发动机转速传感器（G28）

发动机转速传感器（G28）将发动机转速信号先传递给发动机控制单元（J220），再由

J220 传给自动变速器控制单元（J217）。自动变速器控制单元（J217）将发动机转速信号和车速信号进行比较，根据转速差识别出锁止离合器的打滑状态。如果滑动过大，即转速差过大，J217 将增大锁止离合器压力，使滑动相对减小。

5. 自动变速器油液温度传感器（G93）

自动变速器油温传感器用于感应自动变速器内的油液温度，如图 4-1-9 所示。它是一个负温度系数电阻，随着温度的升高，其电阻值降低。其作用是检测自动变速器的工作温度。

如果自动变速器油液温度过高，自动变速器控制单元控制锁止离合器接合，如果油温还降不下来，自动变速器控制单元控制变速器降一个档位。自动变速器油温传感器（G93）短路后，V·A·G1551 检查显示温度过高，自动变速器无法升入高档；如果断路，显示温度低，换档迟缓。

6. 制动开关 F

制动开关安装在制动踏板臂上，如图 4-1-10 所示。当自动变速器控制单元（J217）收到制动信号后，控制变速杆锁止电磁铁（N110）接通，变速杆解除锁止，方可从 P 档移出，挂入其他档位。制动信号还用于变矩器锁止离合器的释放，对于装有自动定速巡航装置的车辆，该信号用于解除定速巡航。信号中断后，变速杆不能移出，故障存储器中无故障记录。

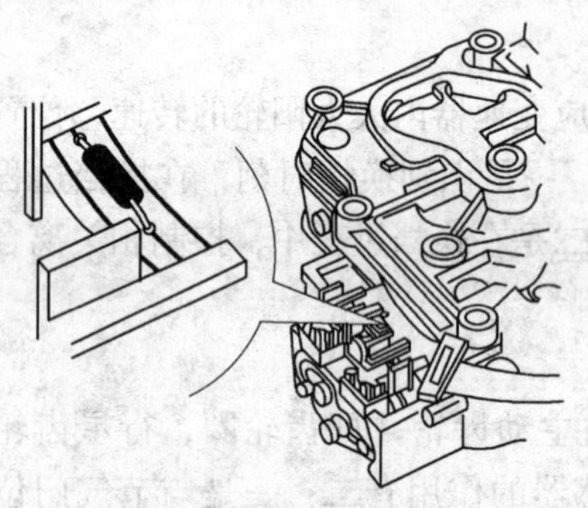

图 4-1-9　自动变速器油温传感器

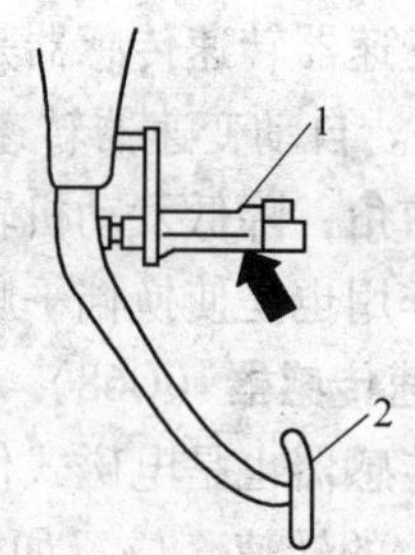

图 4-1-10　制动开关 F

1—制动开关　2—制动踏板

7. 强制低速档开关 F8

强制低速档开关也称强制降档开关，与节气门拉索为一体，固定在发动机舱横隔板上，位置如图 4-1-11 所示。当踩加速踏板到一定角度时，触动此开关，自动变速器控制单元收到此信号后，当车速低于某值时，自动变速器会降低一个档位，以增大输出转矩；当车速低于某值时，切断空调工作几秒钟，具体数据与自动变速器控制单元设定程序有关。

如果强制低速档开关 F8 信号中断，当加速踏板达到节气门开度 95% 时，启动此功能，用 V·A·G1551 查询故障记忆，会显示强制低速档开关 F8“不可靠信号”。

8. 多功能开关 F125

多功能开关 F125 位于自动变速器壳体内，如图 4-1-12 所示。多功能开关由变速杆拉线控制，其作用是感知变速杆的位置并将状态信号送给自动变速器控制单元（J217）和起动倒车继电器（J226）。起动倒车继电器的作用有二：一是在变速杆位于 R 档时，接通倒车灯；二是变速杆位于 P 或 N 以外的档位时，控制起动机不工作。对于装有自动定速巡航装置的车辆，它还用于速度调节。如果多功能开关信号中断，自动变速器控制单元认为变速杆

处于D位置，当用V·A·G1551查询故障记忆时，会显示“多功能开关F125—开关状态不稳定”。

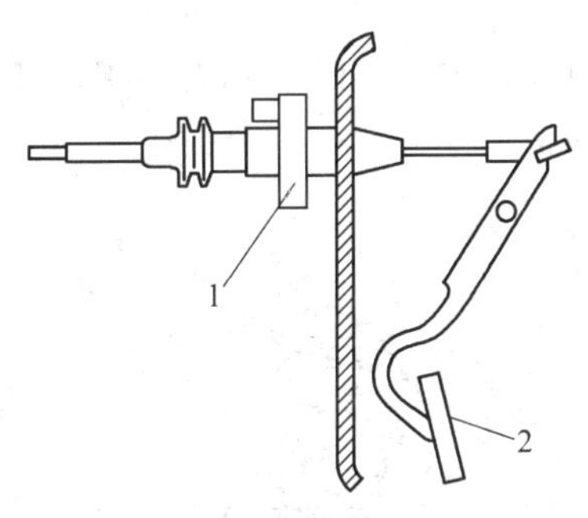

图4-1-11　强制低速档开关
1—强制低档开关　2—加速踏板

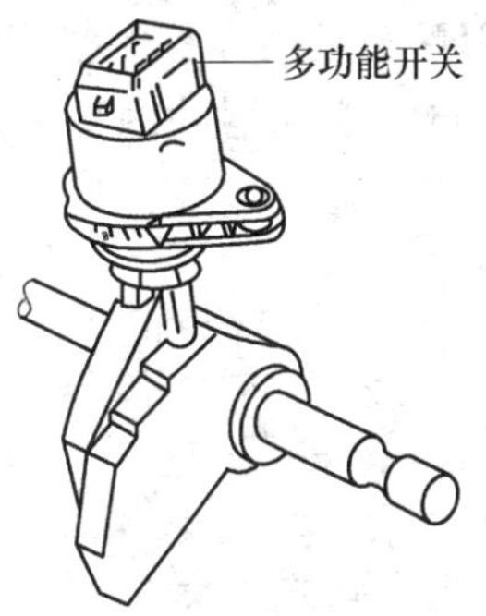

图4-1-12　多功能开关

9. 电磁阀N88～N94

电磁阀用螺栓固定在自动变速器底部的阀体上，其位置如图4-1-13所示。各电磁阀的作用、类型、工作条件见表4-1-3。

表4-1-3　各电磁阀的作用与类型

电磁阀	作用	类型	作用条件
N88	控制离合器K1	开关阀	断电
N89	控制离合器K2	开关阀	供电
N90	控制离合器K3	开关阀	供电
N91	控制锁止离合器	渐进阀	供电
N92	控制换档平顺	开关阀	供电
N93	控制主油压	渐进阀	供电
N94	控制换档平顺	开关阀	供电

如果电磁阀接线中断，控制单元进入后备程序。另外，在01N自动变速器中，手动阀用来控制B1、K2。

10. 变速杆锁止电磁阀N110

锁止电磁阀位于变速杆上，其位置如图4-1-14所示，与点火系统连接，起锁止变速杆的作用，踩下制动踏板时变速杆的锁止解除，变速杆可以移动。

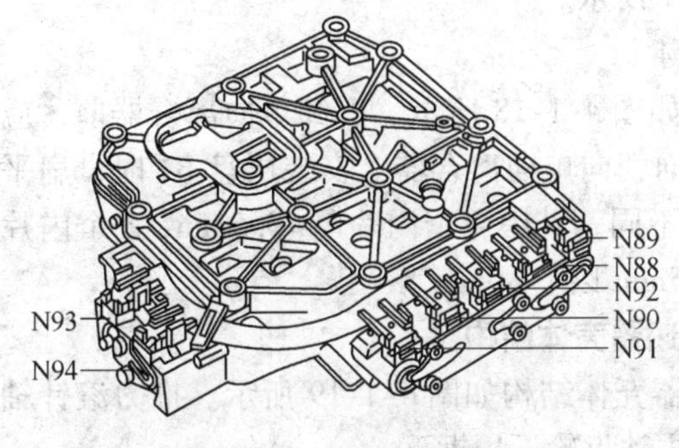

图4-1-13　阀体与电磁阀

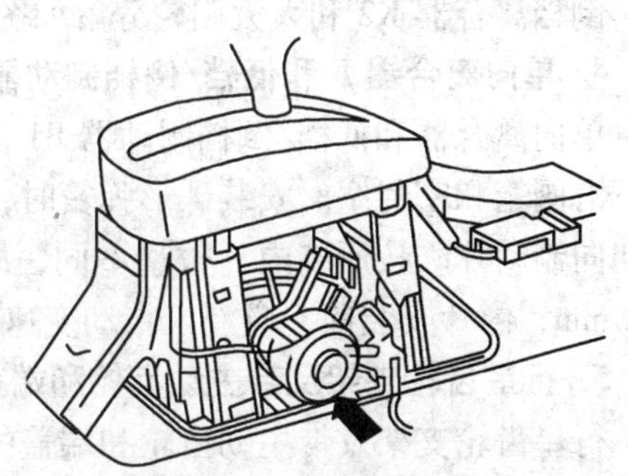

图4-1-14　变速杆锁止电磁阀

四、01N 自动变速器的结构

1. 01N 自动变速器的整体结构

01N 自动变速器的内部结构由行星齿轮机构、制动器 B1 与 B2、离合器 K1、K2 和 K3 以及单向离合器 F 组成，具体结构如图 4-1-15 所示。

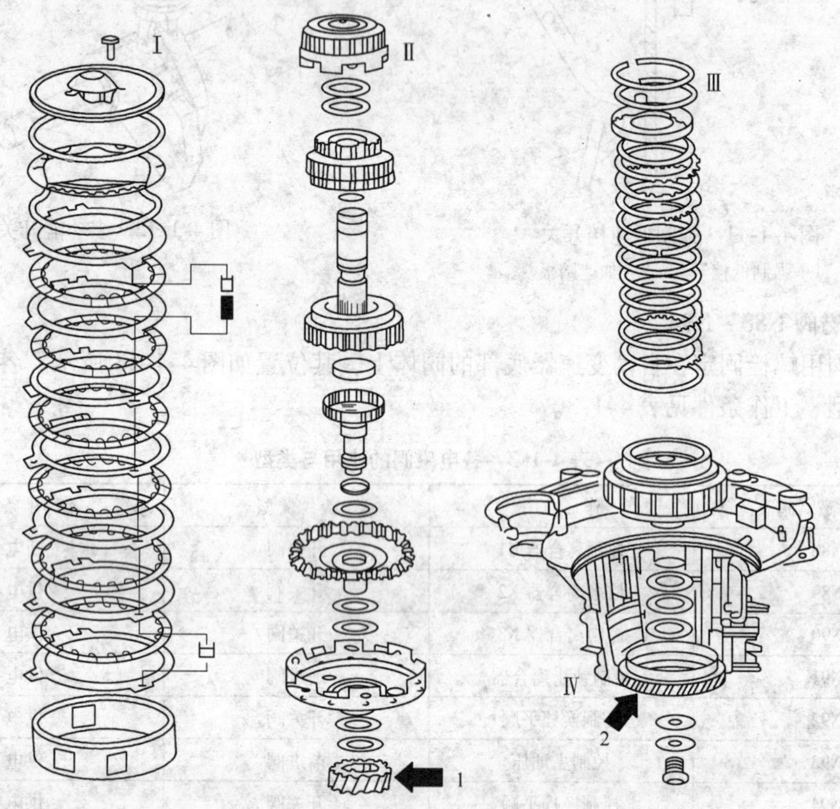

图 4-1-15　自动变速器分解图

Ⅰ—油泵与制动器 B2　Ⅱ—离合器 K1、K2、K3 与大太阳轮　Ⅲ—制动器 B1 与单向离合器 F　Ⅳ—行星齿轮机构与变速器壳体

2. 2 档/4 档制动器 B2 的结构

2 档/4 档制动器 B2 的结构的示意图如图 4-1-16 所示。

3. 倒档离合器 K2 和大太阳轮的结构

倒档离合器 K2 和大太阳轮分解如图 4-1-17 所示。

4. 单向离合器 F 和低档/倒档制动器的结构

单向离合器和低档/倒档制动器 B1 的分解如图 4-1-18 所示。拆卸单向离合器前，应先拆下滑阀箱和密封塞。安装碟形弹簧时，凸起面朝向单向离合器。安装压盘 B1 时，扁平面要朝向制动片。按所装内片数量不同，厚度也不同，其中 4 个内片厚 13. 5mm，5 个内片厚 10. 5mm，内片安装前，应浸入自动变速器油 15min 以上。

5. 行星齿轮支架及带主动齿轮和端盖的变速器壳体结构

行星齿轮支架及带主动齿轮和端盖的变速器壳体结构如图 4-1-19 所示。推力滚针轴承垫圈光滑面装入主动齿轮，分解行星齿轮系时主动齿轮不用拆下。

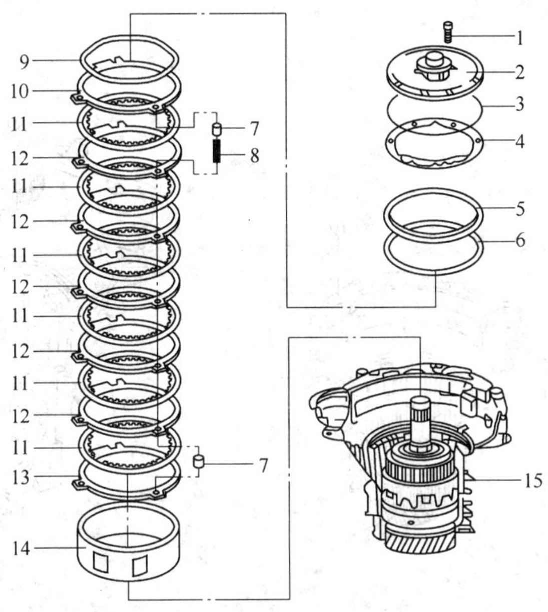

图 4-1-16　2 档/4 档制动器 B2 的分解图

1—螺栓（7 个，8N · m + 90°）　2—带 B2 活塞的自动变速器油泵　3—O 形密封圈　4—密封垫　5—止推环　6—调整垫片　7—弹簧盖（6 个）　8—弹簧（3 个）　9—波形弹簧垫圈　10—外片 B2　11—内片 B2（新内片在安装前应在自动变速器油内浸 15min 以上）　12—外片 B2（必须用 2mm 厚的外片）　13—装在隔离管上外片 B2（厚 3mm）　14—制动器 B2 的片组隔离管（5 块内片长 68.6mm，6 块内片长 64.9mm）　15—装有离合器的变速器壳体

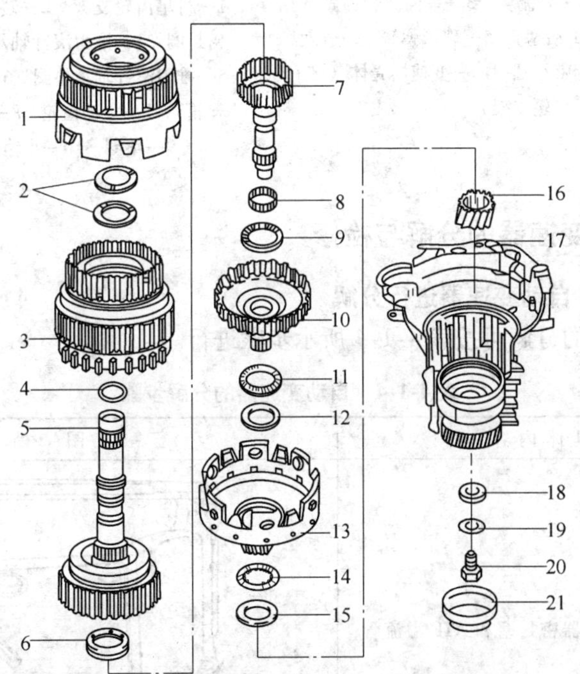

图 4-1-17　倒档离合器 K2 和大太阳轮分解图

1—倒档离合器 K2　2—调整垫圈（可装 1 个或 2 个调整垫圈）　3—1 档/3 档离合器 K1　4—O 形密封圈　5—带蜗轮轴的 3 档/4 档离合器 K3　6—带垫圈的推力滚针轴承　7—输入轴（小）　8—滚针轴承　9、11、14—推力滚针轴承　10—输入轴（大）　12—带台肩的推力滚针轴承垫圈　13—大太阳轮　15—推力滚针轴承垫圈　16—小太阳轮　17—变速器壳体（带有已装好的单向离合器和弹性挡圈）　18—行星齿轮架调整垫片　19—垫圈　20—螺栓（30N · m）　21—盖板

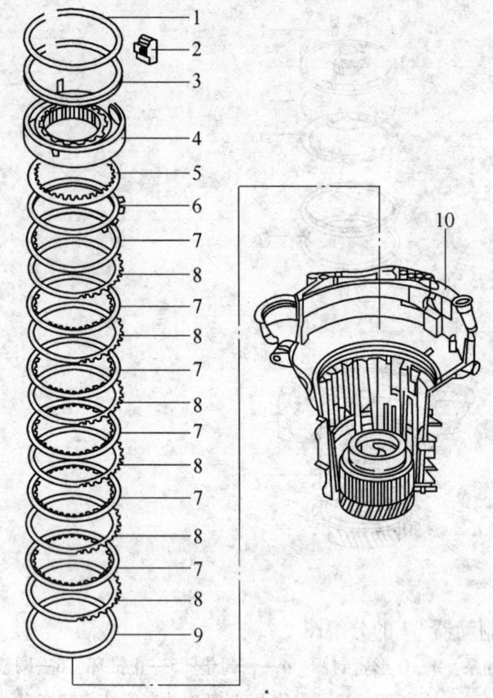

图 4-1-18　单向离合器和低档/倒档制动器 B1 的分解图

1—隔离管 B2 弹性挡圈　2—导流块　3—单向离合器弹性挡圈　4—单向离合器（带 B1 活塞）　5—碟形弹簧　6—压盘　7—内片　8—外片　9—调整垫圈　10—变速器壳体（装有行星齿轮支架）

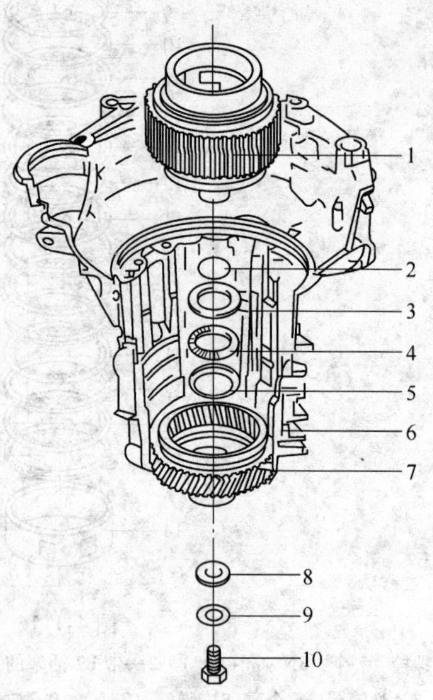

图 4-1-19　行星齿轮支架及带主动齿轮和端盖的分解图

1—行星齿轮支架　2—装在行星齿轮支架内的 O 形密封圈　3—推力滚针轴承垫圈　4—推力滚针轴承　5—推力滚针轴承垫圈　6—变速器壳体（带主动齿轮）　7—主动齿轮　8—行星齿轮支架调整垫片　9—垫圈　10—小输入轴螺栓（30N · m）

五、01N 自动变速器的分解与检修

1. 按步骤将 01N 自动变速器进行分解

01N 自动变速器的分解可按表 4-1-4 所示步骤进行。

表 4-1-4　自动变速器的分解步骤

序号	具体内容	图　示
1	拆下自动变速器密封塞和 ATF 溢流管，排除 ATF	1—溢流管　2—螺栓

（续）

序号	具体内容	图　示
2	拆下液力变矩器	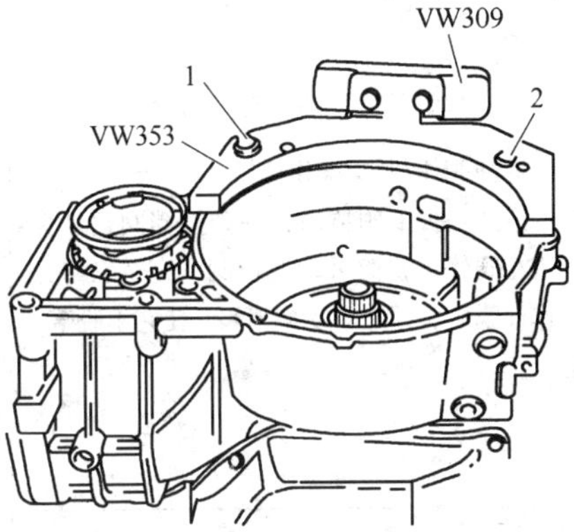
3	用螺栓 1 和 2 将自动变速器固定到安装架上	
4	拆下变速器壳体上带密封垫的端盖	
5	拆下油底壳，拆下自动变速器油滤网	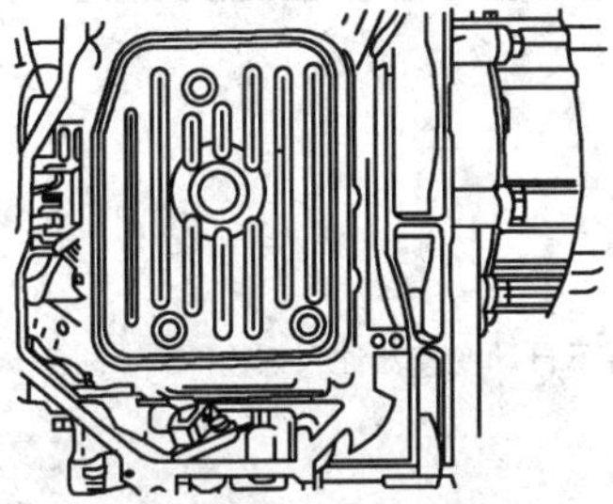
6	拆下阀体上的传输线	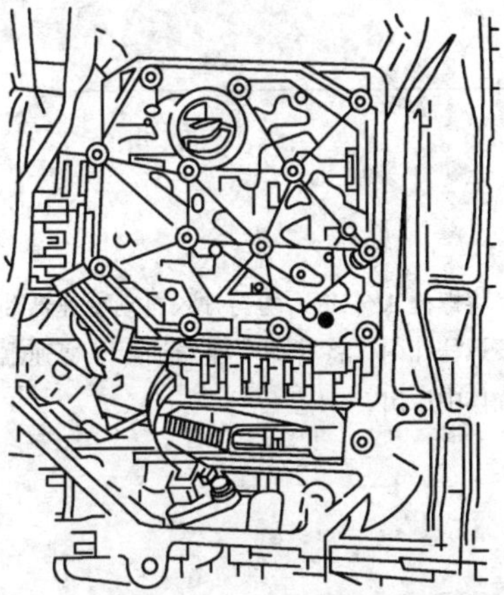

（续）

序号	具体内容	图　示
7	拆卸阀体/脱钩操作杆 注意：拆下阀体时，手动换档阀仍然保留在阀体中，拨手动换档阀，直至它与操作杆脱钩，固定手动换档阀，使它不脱落	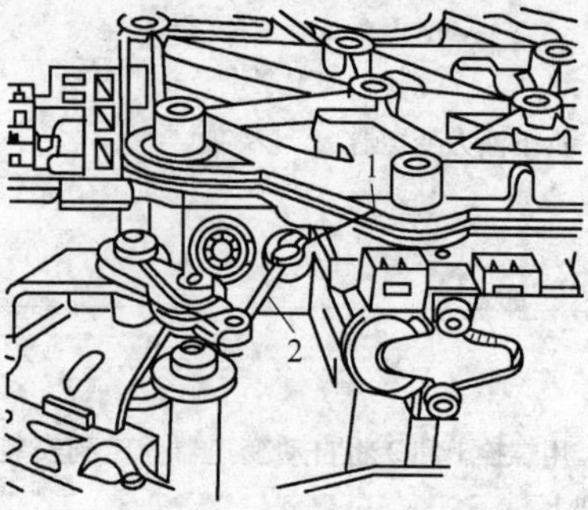 1—手动换档阀　2—操作杆
8	拆下 B1 的密封圈 注意：拆装单向离合器前，应从变速器壳体上拔下密封塞，否则会损坏密封塞和 O 形密封圈	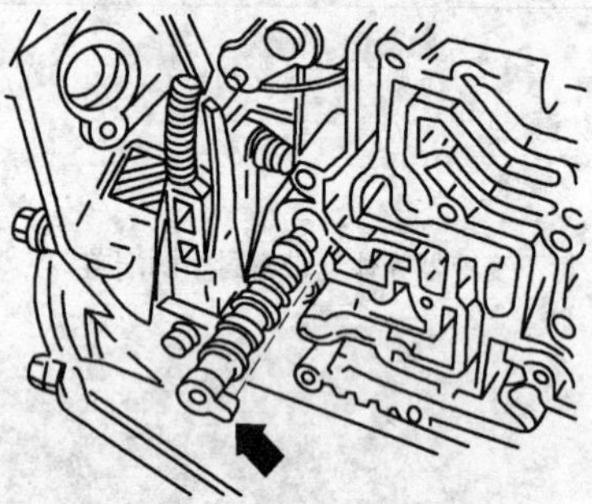
9	拆下自动变速器油泵螺栓	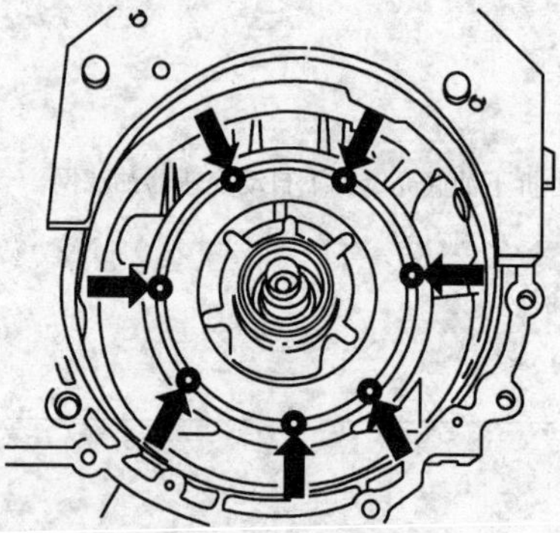
10	将螺栓 A（M8）均匀拧入自动变速器油泵螺栓孔内，将自动变速器油泵从变速器壳体中压出	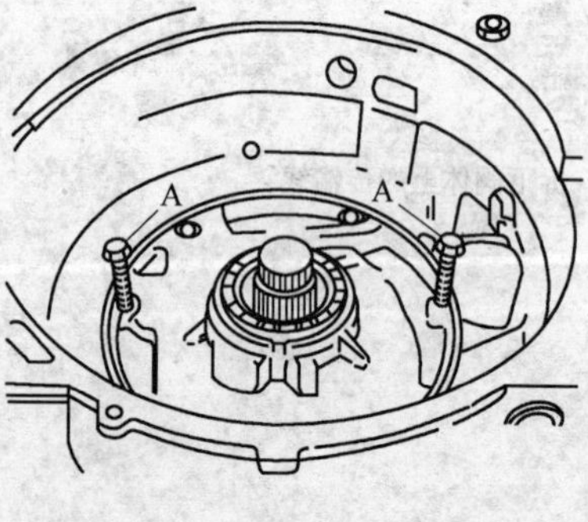 A　A

（续）

序号	具体内容	图　示
11	将带有隔离管、B2 制动片、弹簧和弹簧盖的所有离合器拔出	
12	将螺钉旋具插入大太阳轮的孔内，防止齿轮机构转动，以松开小输入轴螺栓	
13	拆下小输入轴上的螺栓和调整垫圈，行星齿轮支架的推力滚针轴承留在变速器/主动齿轮内	1—螺栓　2—垫圈　3—调整垫片
14	拔下小输入轴	

（续）

序号	具体内容	图 示
15	拔出大输入轴和大太阳轮	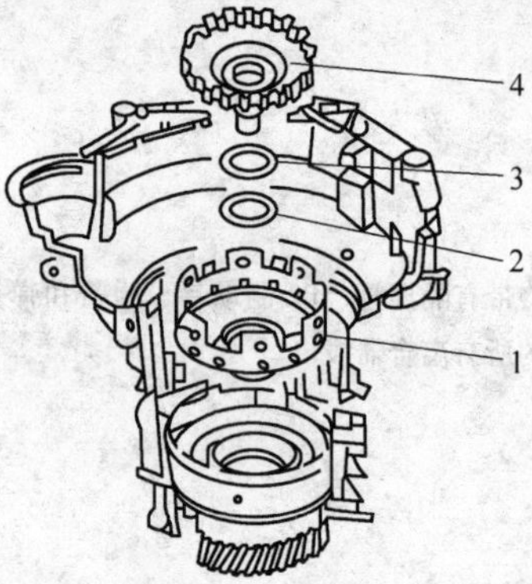 1—大太阳轮 2—推力滚针轴承垫圈（台肩朝向大太阳轮） 3—推力滚针轴承 4—大输入轴
16	拆卸单向离合器前，应先拆下变速器转速传感器 G38	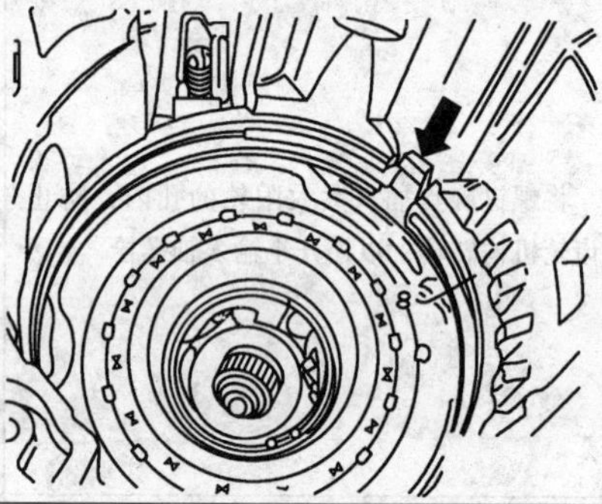
17	拆下隔离管弹性挡圈	
18	拔出导流块和拆下单向离合器弹性挡圈，如右图所示	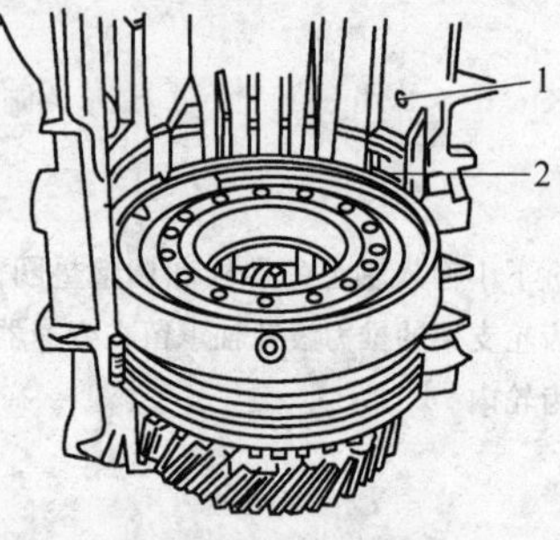 1—ATF 通气孔 2—导流块
19	用钳子从变速器壳体上拔下在定位楔上的单向离合器	
20	把小太阳轮以及垫圈和推力滚针轴承从行星齿轮架中抽出	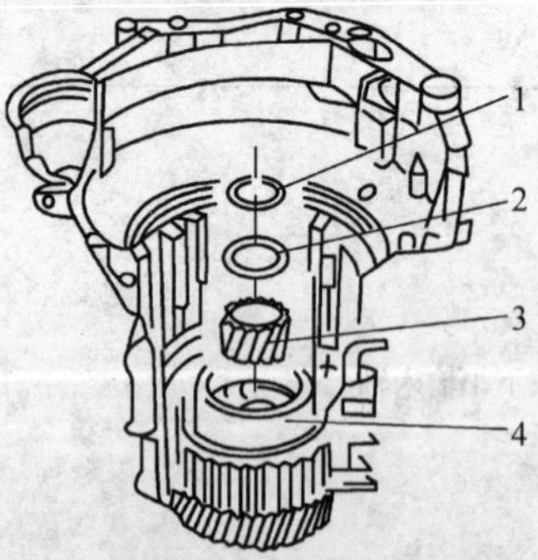 1—推力滚针轴承 2—推力滚针轴承垫 3—小太阳轮 4—行星齿轮架

（续）

序号	具体内容	图　　示
21	拔下带碟形弹簧的行星齿轮支架，如右图所示	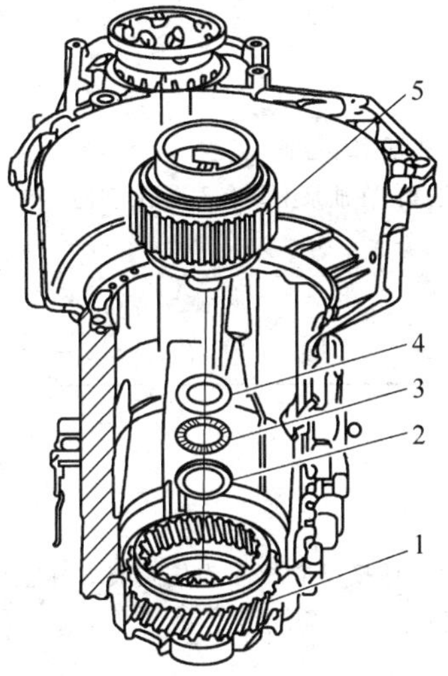 1—主动齿轮（装在变速器壳体上）　2—推力滚针轴承垫圈　3—推力滚针轴承　4—推力滚针轴承垫圈　5—行星齿轮支架
22	拆下倒档制动器 B1 的摩擦片。取出推力轴承和垫圈，需要说明的是，分解行星齿轮系不需拆下主制动轮	

2. 01N 自动变速器零件检修

（1）01N 自动变速器油泵的检修。01N 自动变速器油泵的检修步骤见表 4-1-5。

表 4-1-5　油泵检修步骤

序号	具体内容	图　　示
1	分解和组装自动变速器油泵： 活塞的密封唇口已硫化处理，安装前密封唇需要用自动变速器油浸润，安装后要稍微转动活塞。 外齿轮上的生产厂标记（箭头所示）应指向导轮支座、如果外齿轮安装错误，自动变速器油泵在安装好后会出现运动困难现象。 内齿轮孔的大面应朝向导轮支座。 所有 O 形密封圈一旦拆下，必需更换	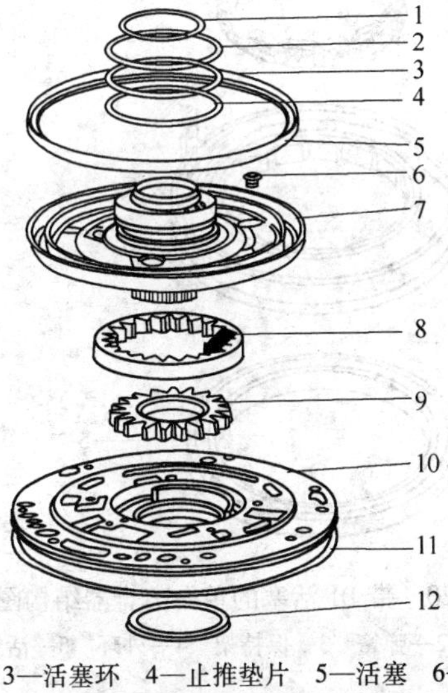 1、2、3—活塞环　4—止推垫片　5—活塞　6—螺栓（10N · m + 45°）　7—导轮支架　8—外齿圈　9—内齿圈孔大面朝向导轮支架　10—自动变速器油泵壳体　11—O 形密封圈　12—液力变矩器密封圈

（续）

序号	具体内容	图示
2	检查活塞环位置 注意：在油泵上共有3道活塞环	
3	活塞环接口应相互钩住安装并挂上活塞环	

（2）带B1活塞的单向离合器的检修。图4-1-20是带B1活塞的单向离合器结构图。图4-1-21是带B1活塞的单向离合器实物。

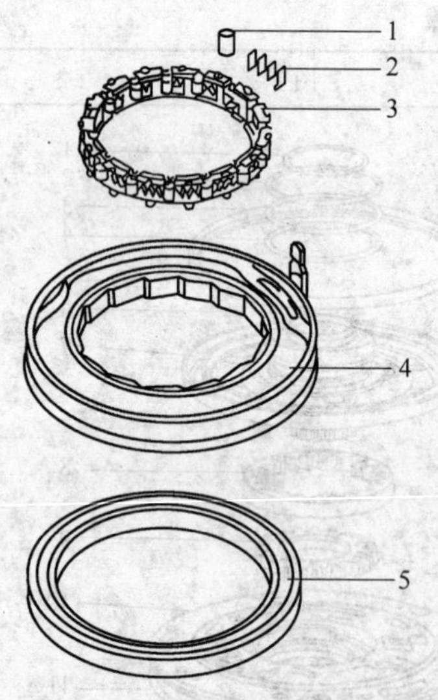

图4-1-20　带B1活塞的单向离合器结构图

1—辊子　2—弹簧　3—保持架　4—外环　5—活塞

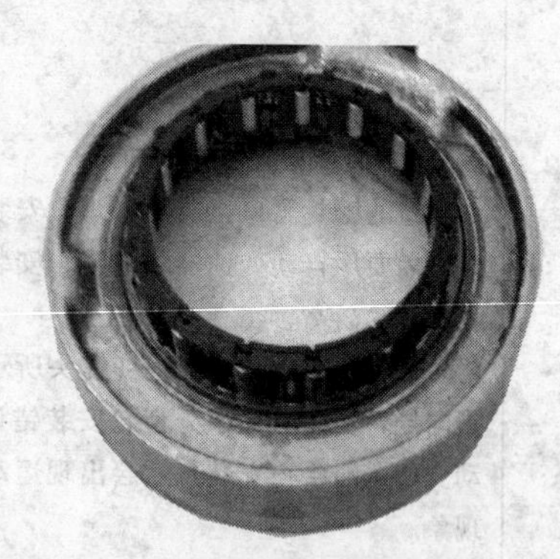

图4-1-21　带B1活塞的单向离合器实物

带B1活塞的单向离合器的检修步骤见表4-1-6。

表 4-1-6　检修步骤

序号	具体内容	图示
1	安装辊子和弹簧： 安装弹簧时，应将弹簧（箭头所示）牢固装入保持架内，然后，将辊子装入保持架的弹簧之间	
2	安装带弹簧和辊子的保持架： 装入弹簧，使得较长的弹簧端啮合在保持架内，使大凸缘（箭头所示）应朝向上面	
3	锁定保持架： 紧固保持架时，按箭头方向将保持架转靠到台肩上，以固定保持架	
4	安装活塞： 按图示安装活塞 A。活塞的密封唇口已硫化处理，安装前，密封唇需要用自动变速器油浸润；安装后，要稍微转动活塞	A

（3）1 档/3 档离合器 K1 的结构。离合器弹性挡圈因厚度不同，拆下后要做上标记，重新安装时，应保证其在同一位置。压盘的光滑面朝向内片，与内片支架一同安装。活塞和活塞盖密封唇口已硫化处理，安装前，应用自动变速器油浸润密封唇口，安装后应稍微转动活塞与活塞盖。安装内片支架前，先将波形弹簧垫圈（件 8）、内、外片装入离合器壳。离合器检修的具体内容与 A341E 基本相同，在此不再叙述。1 档/3 档离合器 K1 结构如图 4-1-22 所示。

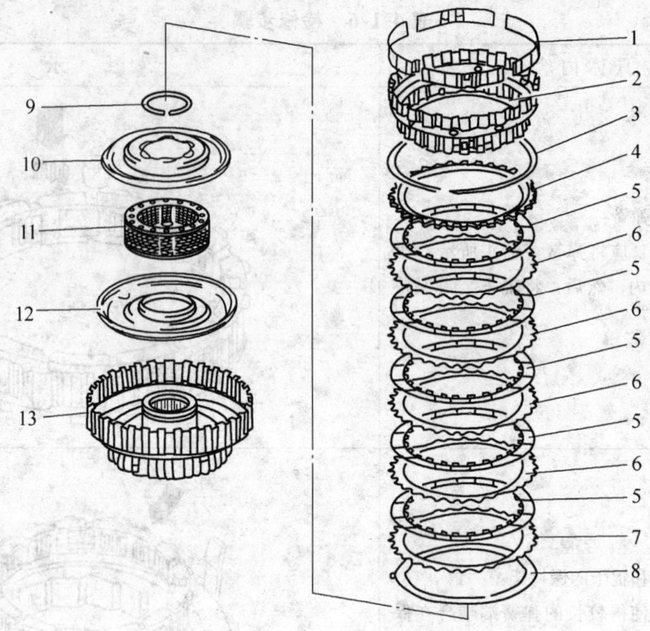

图 4-1-22　1 档/3 档离合器 K1 分解图

1—支撑环　2—内片支架　3—弹性挡圈　4—压盘　5—内片　6—外片（必须是 1.5mm 厚）　7—外片（必须是 2.0mm 厚）　8—波形弹簧垫圈　9—弹性挡圈　10—活塞盖　11—弹簧垫圈（带弹簧支承罩和压力弹簧）　12—活塞　13—离合器壳

（4）直接档/倒档离合器 K2 的结构。修理离合器时，应注意不要损坏球阀（箭头所示）。离合器检修的具体内容与 A341E 基本相同，在此不再叙述。直接档/倒档离合器 K2 结构如图 4-1-23 所示。

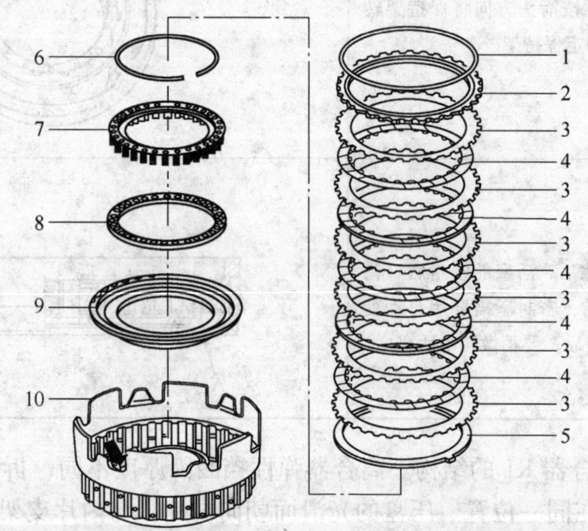

图 4-1-23　直接档/倒档离合器 K2 分解图

1—弹性挡圈　2—压盘　3—外片　4—内片　5—波形弹簧垫圈
6—弹性挡圈　7—弹簧支承板（带弹簧）　8—弹簧支承圈　9—活塞　10—离合器壳

（5）带蜗轮轴的3档/4档离合器K3的检修。带蜗轮轴的3档/4档离合器K3结构如图4-1-24所示。所有O形密封圈一旦拆下，必须更换。离合器检修的具体内容与A341E基本相同，在此不再叙述。

（6）滑阀箱的检修。注意，拆下油底壳或未加自动变速器油时，不可起动发动机和拖走车辆。滑阀箱或传输线可在装好变速器时拆下。重新装上油底壳后，需检查和补充自动变速器油量。滑阀箱变脏或损坏必须更换。所有O形密封圈一旦拆下，必须更换。滑阀箱结构如图4-1-25所示。

（7）停车锁止装置的检修。停车锁止装置结构如图4-1-26所示。多功能开关F125、变速器转速传感器G38和车速传感器G68可由自诊断在车上检查。分解和组装停车锁止装置前，须拆下从动齿轮，分解停车锁止装置时，不需拆下主动齿轮。所有O形密封圈一旦拆下，必须更换。

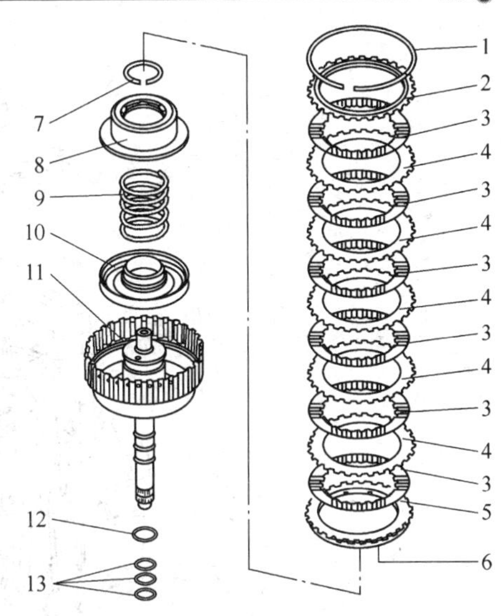

图4-1-24　带蜗轮轴的3档/4档离合器K3分解图

1—弹性挡圈　2—压盘　3—内片　4—外片　5—压板　6—波形弹簧垫圈　7—弹性挡圈　8—活塞盖　9—弹簧　10—活塞　11—带蜗轮轴的离合器壳，按内、外片数量不同，高度也不同　12—O形密封圈　13—活塞环

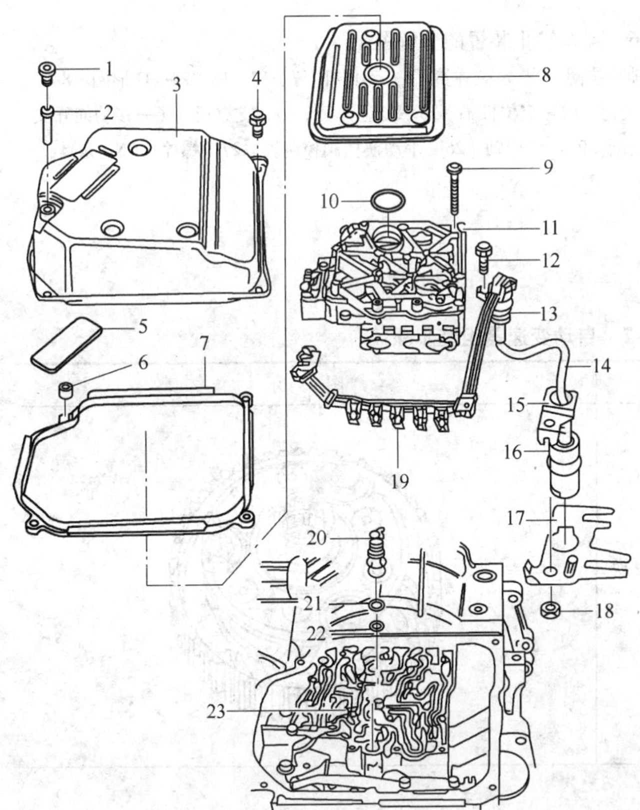

图4-1-25　滑阀箱结构分解图

1—螺塞　2—溢流管　3—油底壳　4—螺栓（12N·m）　5—磁铁　6—隔套（在密封垫内）　7—密封垫　8—自动变速器油滤网　9—螺栓（5N·m）　10—密封圈（滑阀箱内）　11—滑阀箱　12—螺栓（10N·m）　13—电线套管O形密封圈　14—传输线（带有电线套管和连接插头）　15—固定夹　16—电线输入插头　17—固定夹　18—螺母（10N·m）　19—电磁阀插头　20—密封塞　21—O形密封圈　22—O形密封圈　23—手动滑阀操纵杆

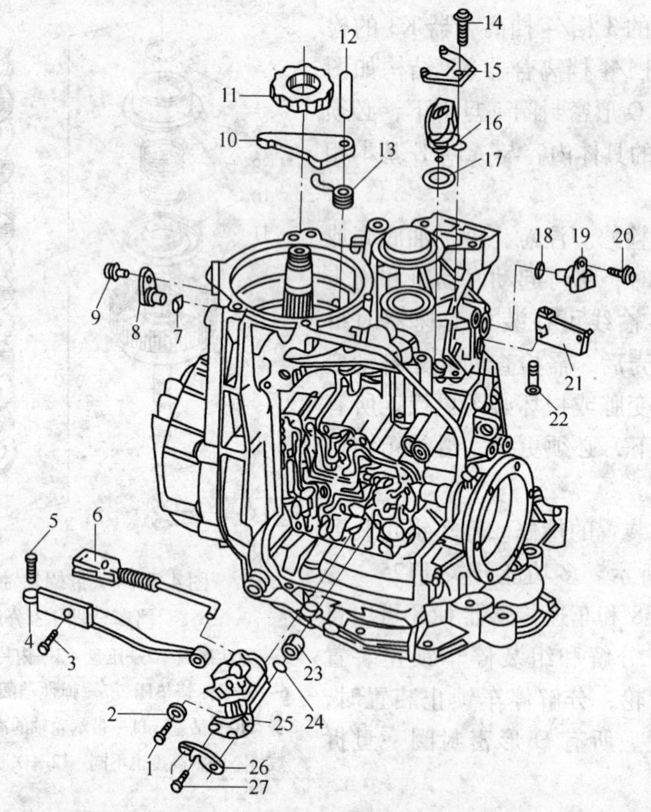

图 4-1-26　停车锁止装置的分解图

1、3、5、9、14、20、22—螺栓（10N · m）　2—锁止垫圈　4—定位弹簧　6—动作杆　7、17、18、24—O 形圈　8—发动机转速传感器 G38　10—定位杆　11—驻车闭锁轮　12—定位杆轴　13—复位弹簧　15—支撑板　16—多功能开关　19—车速传感器 G68　21—手柄　23—安装衬套　25—换档轴　26—手动换档阀控制器　27—螺栓（5N · m）

3. 自动变速器的组装

自动变速器的组装步骤见表 4-1-7。

表 4-1-7　自动变速器组装步骤

序号	具体内容	图示
1	将 O 形密封圈装入行星齿轮支架，更换行星齿轮支架时，需要调整该支架	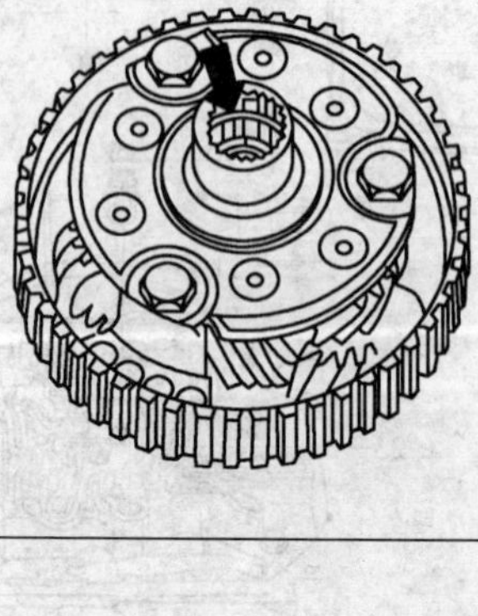

（续）

序号	具体内容	图　　示
2	将带垫圈的推力滚针轴承和行星齿轮支架装入主动齿轮	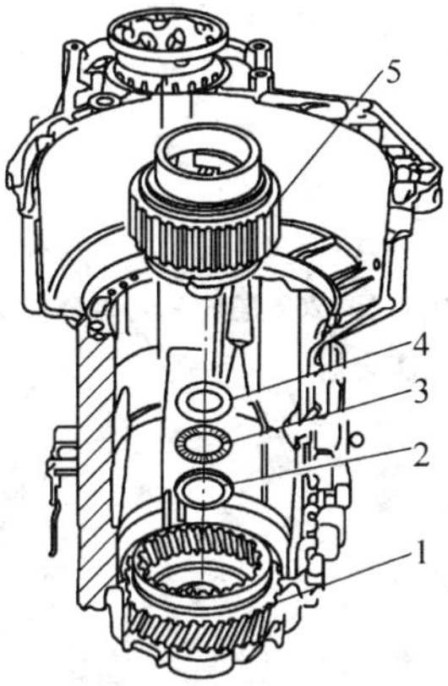 1—主动齿轮（装在变速器壳体上）　2—推力滚针轴承垫圈 3—推力滚针轴承　4—推力滚针轴承垫圈　5—行星齿轮支架
3	将小太阳轮、垫圈和推力滚针轴承装到行星齿轮支架上	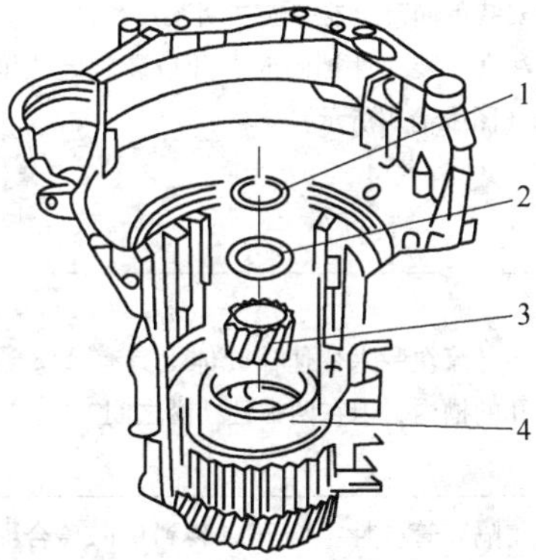 1—推力滚针轴承　2—推力滚针轴承垫 3—小太阳轮　4—行星齿轮架
4	使垫圈和推力滚针轴承与小太阳轮中心对齐	
5	装入倒档制动器B1的内、外片，装入压板，扁平面朝向片组。压板厚度按制动片数量不同有所不同 装入碟形弹簧，凸起面朝向单向离合器。如果更换变速器壳体、单向离合器、倒档制动器B1活塞和摩擦片，则需要调整倒档制动器B1	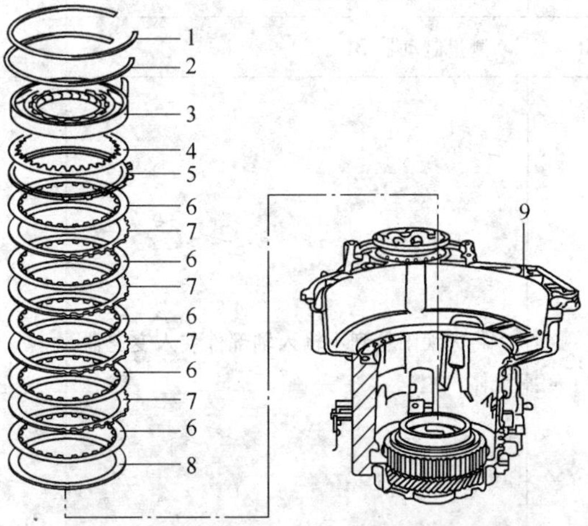 1—隔离管B1弹性挡圈　2—单向离合器弹性挡圈 3—单向离合器（带B1活塞）　4—碟形弹簧　5—压盘　6—内片 7—外片　8—调整垫圈　9—变速器壳体（装有行星齿轮支架）

（续）

序号	具体内容	图　示
6	用专用工具3267张开单向离合器滚子并装上单向离合器	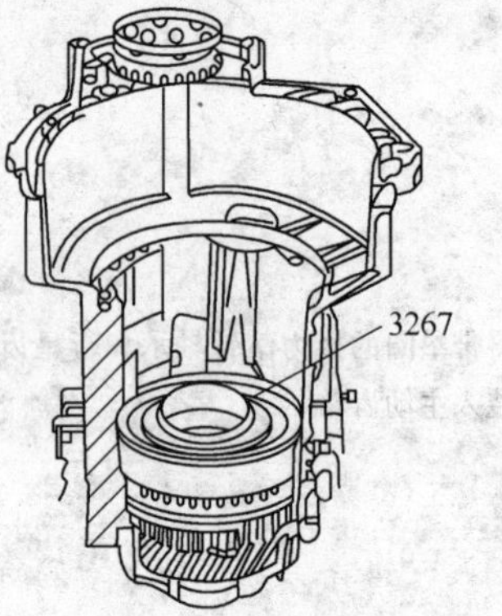
7	安装单向离合器弹性挡圈b 注意：装弹性挡圈时，开口装到定位楔上（图中箭头所示）	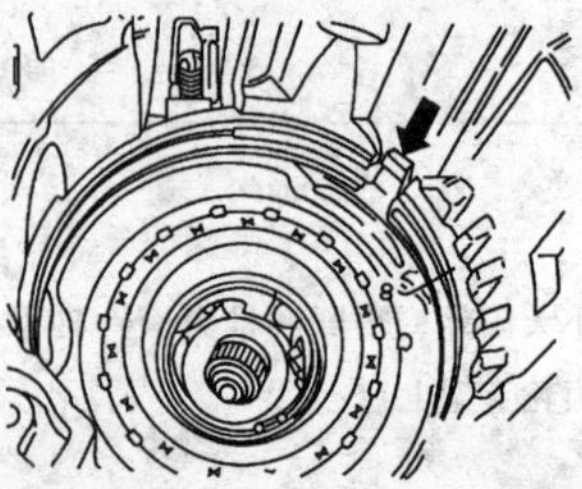
8	将导流块装入变速器壳体上具有ATF通气孔的槽内，卡在两弹性挡圈之间	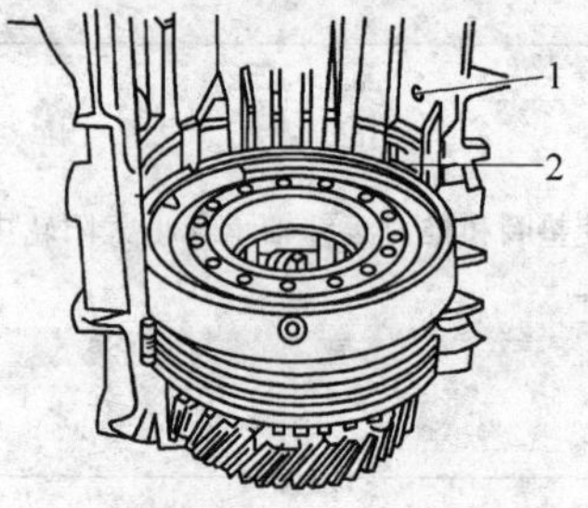 1—ATF通气孔　2—导流块
9	将隔离管弹性挡圈开口装到单向离合器定位楔上	
10	安装变速器转速传感器G38	
11	测量制动器B1	
12	将大太阳轮到小输入轴部件装入变速器壳体	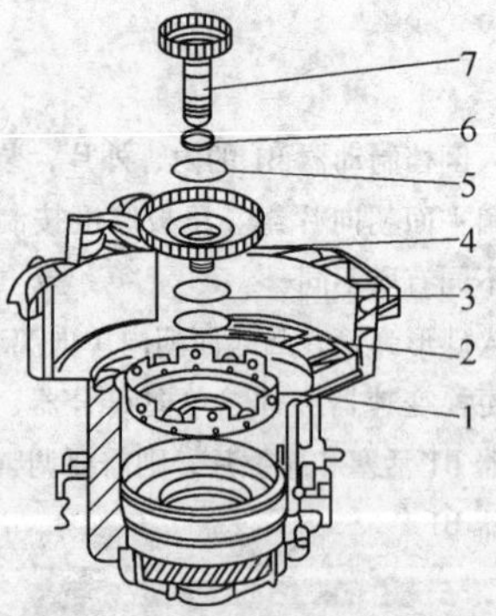 1—大太阳轮　2—推力滚针轴承垫圈（台肩朝向大太阳轮）　3—推力滚针轴承　4—大输入轴　5—推力滚针轴承　6—滚针轴承　7—小输入轴

（续）

序号	具 体 内 容	图　　示
13	安装带有垫圈 2 和调整垫圈 3 的小输入轴螺栓 1。螺栓的拧紧转矩为 30N · m。将调整垫圈 3 装到小输入轴台肩上（箭头所示），确定调整垫圈厚度，调整行星齿轮支架	1—小输入轴螺栓　2—垫圈　3—调整垫圈
14	将带垫圈的推力滚针轴承装到 3 档、4 档离合器 K3 上。用自动变速器油沾湿推力滚针轴承垫圈，以便安装时轴承粘到 K3 上	1—带垫圈的推力滚针轴承　2—3/4 档离合器 K3
15	保证活塞环正确地坐落在 K3 上及活塞环的两端相互钩住	
16	安装 3 档、4 档离合器 K3	
17	将 O 形密封圈装入槽内	1—密封圈

（续）

序号	具体内容	图　示
18	装入 1 档至 3 档离合器 K1	
19	将调整垫圈（图中箭头所示）装入 K1 注意：更换 K1、K2 或自动变速器油泵后，需重新测量调整垫片厚度，可用 1 个或 2 个调整垫圈	
20	装入倒档离合器 K2	
21	装入制动器 B2 片组的隔离管，安装时，应使隔离管上的槽进入单向离合器的楔	
22	安装 B2 的制动片。先装上一个 3mm 厚外片；将 3 个弹簧盖装入外片；插入压力弹簧（箭头所示）；直到把最后一个外片装上。安装最后一片已测量的外片前，应先把 3 个弹簧盖装到压力弹簧上，装上波形弹簧垫片	

（续）

序号	具体内容	图示
23	装入最后一个3mm厚度的外摩擦片。装入调整垫片，把止推环放到调整垫片上，光滑侧朝着调整垫片。如果更换了隔离管、自动变速器油泵、制动片，则应调整2档和4档制动器B2	 a—调整垫片　b—止推环
24	安装自动变速器油泵密封垫	
25	将O形密封圈装到自动变速器油泵上	
26	安装自动变速器油泵	
27	均匀交叉拧紧螺栓。注意不要损坏O形密封圈，螺栓拧紧转矩为8N·m，螺栓拧紧后再拧90°，此时可分几步进行	
28	测量离合器间隙	
29	安装密封塞： 注意：安装时，需使凸缘进入变速器壳体槽内，将O形密封圈装到密封塞上，将密封塞装入变速器壳体孔中（箭头所示）	
30	将操纵杆装到手动滑阀上，手动换档阀1带阶梯面朝向操纵杆并转动，将带手动阀的操作杆2装入滑阀箱	 1—手动换档阀　2—操作杆

（续）

序号	具体内容	图　示
31	手动阀操纵杆的调整： 将选档换档轴置于变速杆位置 P，将带手动阀的操纵杆插入滑阀箱并插到底（箭头方向）并用 4N·m 转矩拧紧螺栓。 注意：手动阀必须靠紧台肩，拧螺栓时应按箭头方向打牢靠。必须更换手动滑阀上带固定卡箍的螺栓	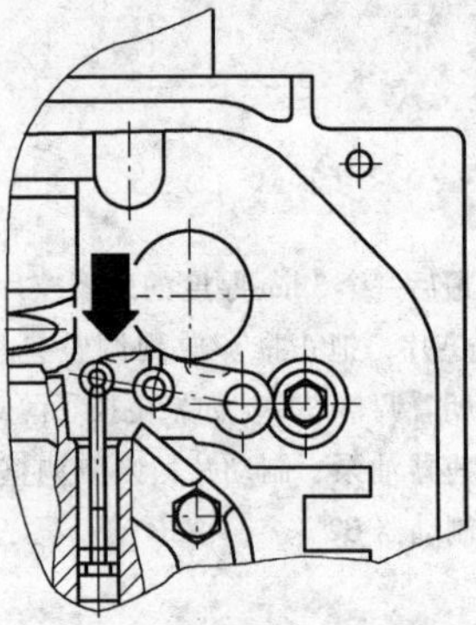
32	安装阀体： 先用手拧紧阀体的螺栓，然后交叉地从外侧至内侧将螺栓拧紧至 5N·m。整理扁状导线，整理时不要弯折或扭转导线。将导线的薄膜插头插入变速器壳体内并且拧紧螺栓 1	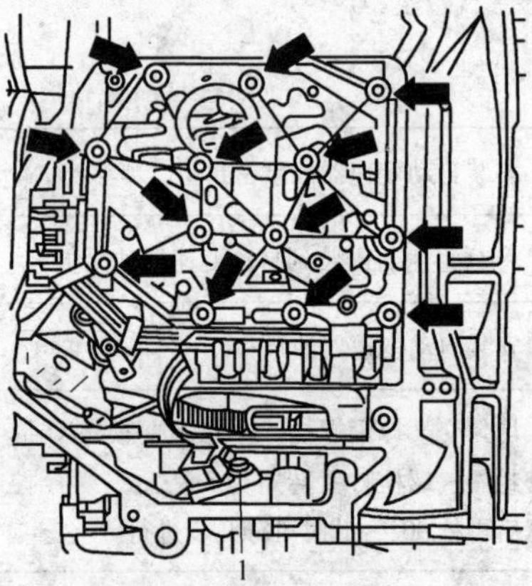
33	安装 ATF 过滤网： 将油密封圈压到 ATF 过滤网的吸入颈圈上，将 ATF 过滤网按入阀体约 3mm（不要按到底），当安装油底壳时，ATF 过滤网会被推到正确的安装位置	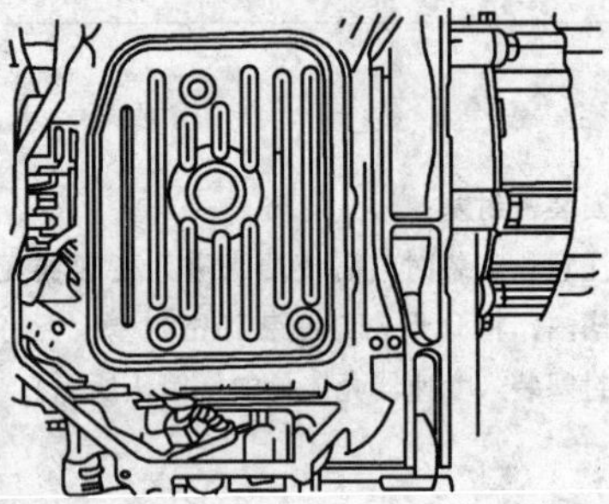
34	用撞击套管 40—20 敲入盖板	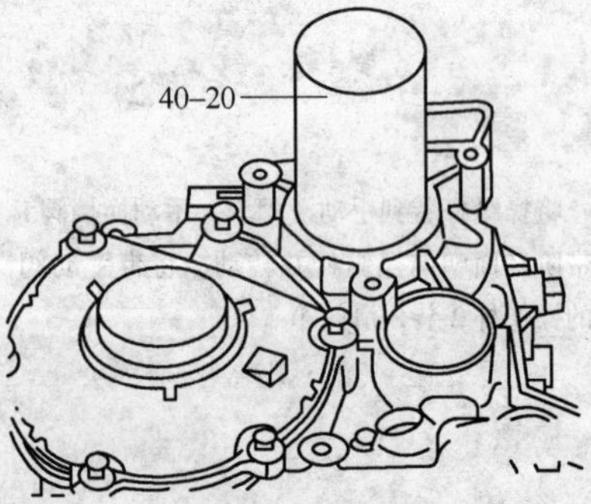

（续）

序号	具体内容	图　示
35	装上自动变速器溢流管和螺塞	1—溢流管　2—螺栓

案例链接

案例1　自动变速器没有倒档，而其他档位正常。

车型：捷达都市先锋AT轿车，装用AHP型发动机，装用01M型4档电控液压自动变速器，行驶里程为72 000km。

故障现象：驾驶员反映，开车时不小心将变速器油底壳碰坏，当时变速器油从油底壳的破损处流出，到一修理厂修补好变速器油底壳破损处，重新加入自动变速器油，试车，发现该车没有倒档，但其余档位均正常。

诊断与排除：首先上路试车，将变速杆置于前进档，各前进档工作良好。将变速器置于倒档，即R档位，踩下加速踏板，车辆不能倒退，显然没有倒档。

根据01M型自动变速器倒档工作原理，分析引起该车无倒档的故障原因。

1）倒档离合器故障，导致大太阳轮不工作。

2）电磁阀N92故障或其控制的油路堵塞。

3）制动器B1故障，导致行星齿轮支架无法固定，一直处于旋转工作状态，大太阳轮的旋转动力无法传至环齿圈。

4）相关油路堵塞。

根据所分析的故障原因，先分解自动变速器，拆卸自动变速器油泵，取出并分解倒档离合器K2，检查倒档离合器K2的内片和外片有无受热变形。检查后发现内、外片均已因高温而变形，有退火现象，并有焦糊味。检查离合器K2活塞及弹簧，发现活塞及弹簧支承板在离合器壳体内无法自由转动，均有受热膨胀变形的可能性，说明离合器K2已经损坏，应更换离合器K2。

然后检查倒档制动器B1。拆卸倒档离合器K2及大太阳轮，拆卸滑阀箱和密封塞，然后取出倒档制动器B1。检查制动器B1的内片和外片的工作情况，基本正常。检查B1活塞，确定倒档活塞裙部没有断裂泄油处，其他零件位置装配正确，没有错位、变形和松脱现象，确定倒档制动器B1没有故障，不需要更换。最后检查滑阀箱内的电磁阀N92，没有故障。清洗有关油路，确定没有堵塞现象。更换倒档离合器K2，重新正确组装自动变速器，加注自动变速器油。安装完毕后上路试车，倒档工作正常，故障排除。

案例2　自动变速器没有高速档。

车型：捷达都市先锋AT轿车，装用AHP型发动机，装用01M型4档电控液压自动变速器，行驶里程为39 400km。

故障现象：驾驶员反映，该车自动变速器的油底壳曾碰坏过，导致自动变速器油大量渗漏。修理之后试车，发现该车最高时速只能达到110km/h左右，与以前的最高车速170km/h相差较大。

诊断与排除：检查后，排除发动机存在故障的可能性，故障原因为变速器有故障。根据高速档的工作原理，分析可能引起没有高速档的可能故障原因有：

1）电磁阀N89、N90、N91存在故障或其控制油路堵塞，导致制动器B2不工作，大太阳轮不制动，或者是离合器K3不接合，无法驱动行星齿轮支架以及锁止离合器不接合，导致离合器打滑，发动机输出功率下降。

2）制动器B2存在故障，大太阳轮不制动。

3）变速器油泵磨损，间隙变大，油压低。

4）自动变速器油面偏低。

5）锁止离合器打滑。

根据所分析的故障原因，先检查自动变速器油量。拆下变速器油底壳上用于检查自动变速器油的螺栓，放出溢流管处的自动变速器油。检查后确定该车自动变速器油量正常。

对自动变速器进行失速试验。试验结果是D档位失速时发动机转速为2 000r/min左右，正常，因此排除锁止离合器故障的可能性。

检查自动变速器油泵的工作情况。检查油泵活塞环接口是否锈蚀，活塞是否破裂以及内外齿轮之间啮合间隙，检查后确定油泵没有故障。

检查大太阳轮制动器B2的内片（6片）、外片（5片）有无变形、烧蚀处，检查弹簧有无脱落。检查后确定内、外片良好，弹簧没有脱落处。

检查4档离合器K3，发现4档离合器内、外片各缺少1片（正常时内片为6片，外片为5片）；活塞环接口错位（正确安装方法如图4-1-27所示）；涡轮槽中的圆形密封圈不到位。

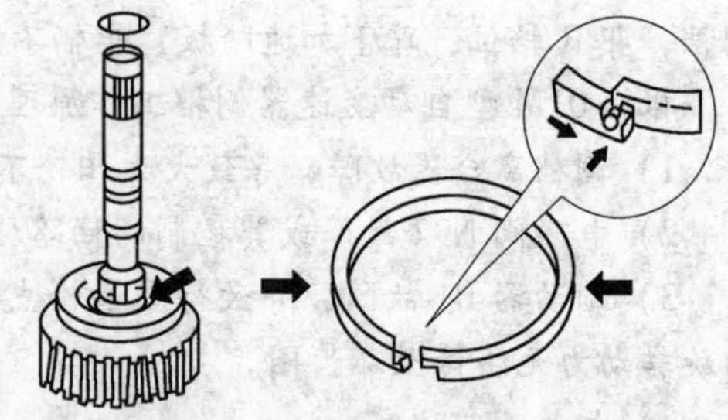

图4-1-27　活塞环的正确安装

更换4档离合器K3的内、外片，正确安装活塞环及涡轮槽中的圆形密封圈。正确组装自动变速器，重新加注变速器油，之后对该车进行路试，高速档工作正常，故障排除。

任务二　大众097、01F、01K、01V自动变速器传动

一、大众捷达王097自动变速器

1. 097自动变速器传动结构

20世纪90年代后的大众奥迪、捷达王、高尔夫等轿车搭载096、097型号的拉维娜式

自动变速器，德国大众公司将轿车自动变速器分为两大系列，即09系列和01系列。后来096升级为01M，097升级为01N，虽然型号不一样，但它们的传动大部分基本相同，有一点不同的是096、097采用两条输入轴，01M、01N采用的是一条输入轴。它们都是4个前进档、1个倒档、3个离合器、2个制动器和1个起步单向离合器。

097自动变速器传动结构简图如图4-2-1所示。

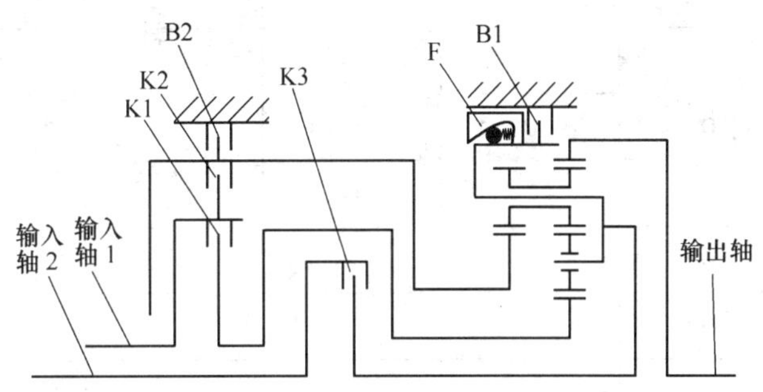

图4-2-1　097自动变速器传动简图

2. 097自动变速器的分解

097自动变速器的分解如图4-2-2所示。

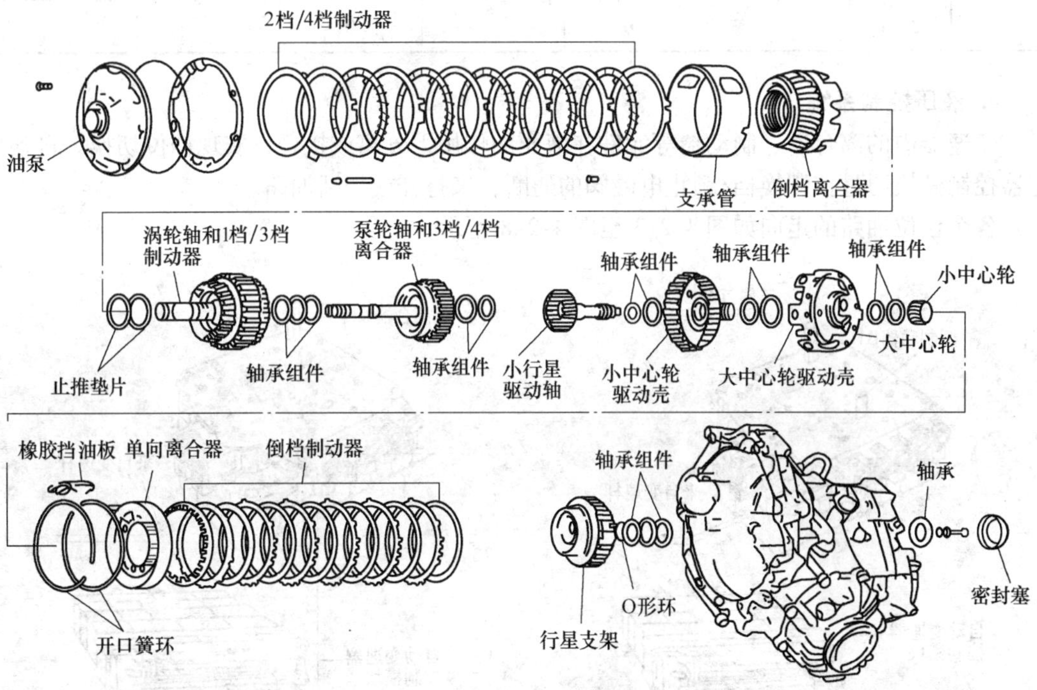

图4-2-2　097自动变速器分解图

3. 097自动变速器的工作情况

097自动变速器的工作情况见表4-2-1。

表 4-2-1　097 自动变速器换档执行元件的工作情况表

变速杆位置	档　位	换档执行元件					
		K1：1 档/3 档离合器	K2：倒档/直接档离合器	K3：高档离合器	B1：低倒档制动器	B2：2、4 档制动器	F：1 档单向离合器
D	1	O					O
	2	O				O	
	3	O	O	O			
	4			O		O	
3	1	O					O
	2	O				O	
	3	O	O	O			
2	1	O					O
	2	O				O	
1	1	O			O		
R	倒档		O		O		

4. 液压控制系统

变速器内的离合器、制动器等元件在液压的作用下分离或接合，实现档位切换。自动变速器控制模块通过控制换档/锁止电磁阀的通断，来打开或切断油路。

各个档位油路的走向如图 4-2-3 至图 4-2-8 所示。

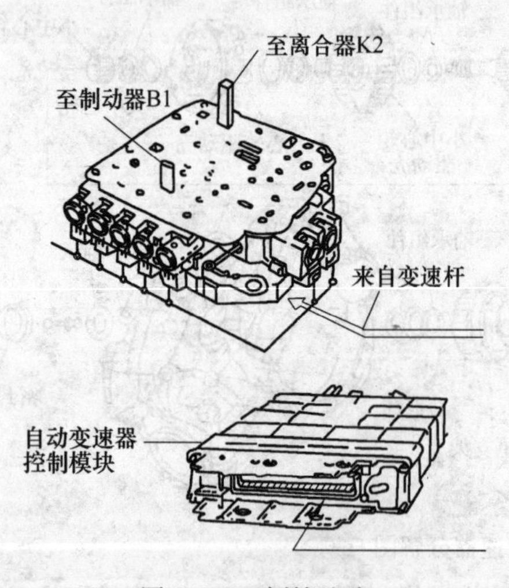

图 4-2-3　倒档油路

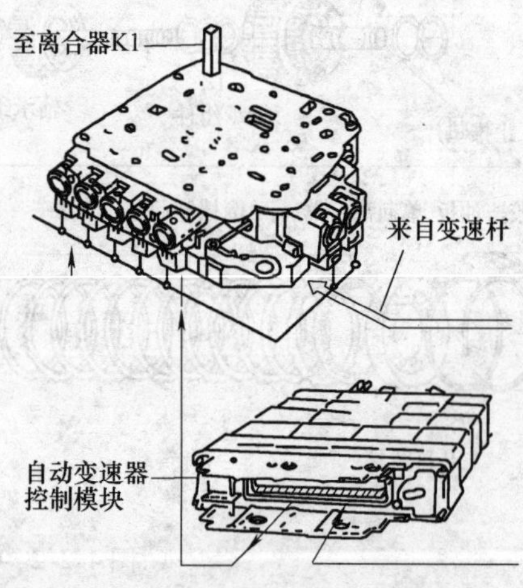

图 4-2-4　1 档（“D”位 1 档）

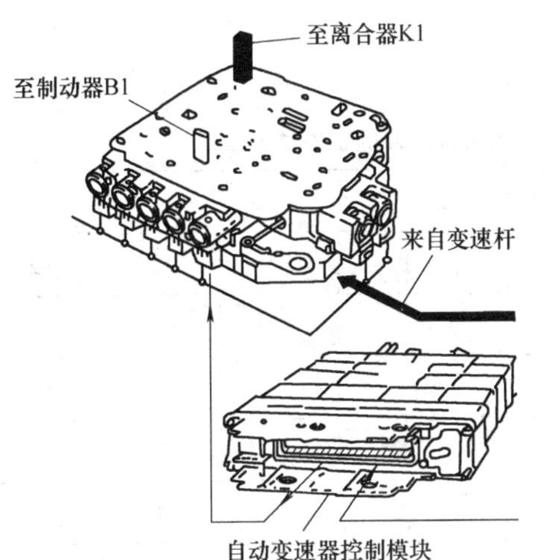

图 4-2-5　1 档（“1”位 1 档）

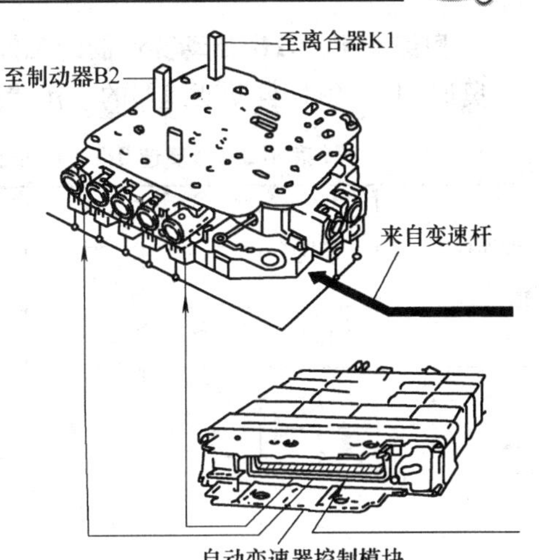

图 4-2-6　2 档油路

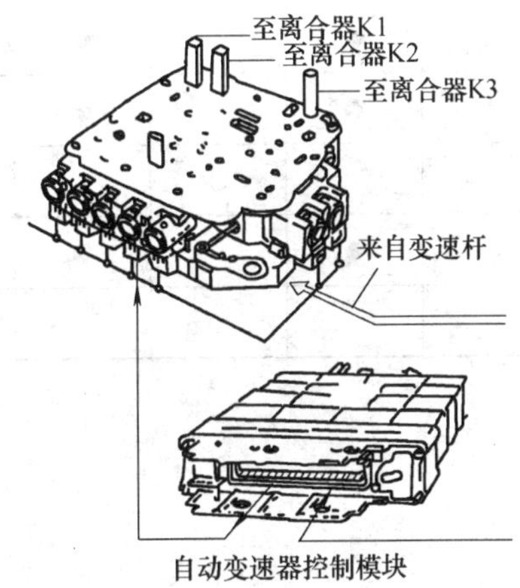

图 4-2-7　3 档油路

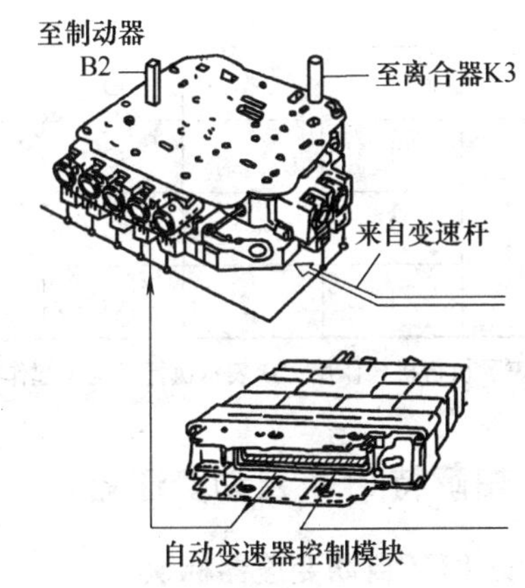

图 4-2-8　4 档油路

二、奥迪 01F、01K 自动变速器

1. 奥迪 01F、01K 自动变速器传动结构

奥迪 01F、01K 自动变速器传动简图如图 4-2-9 所示。

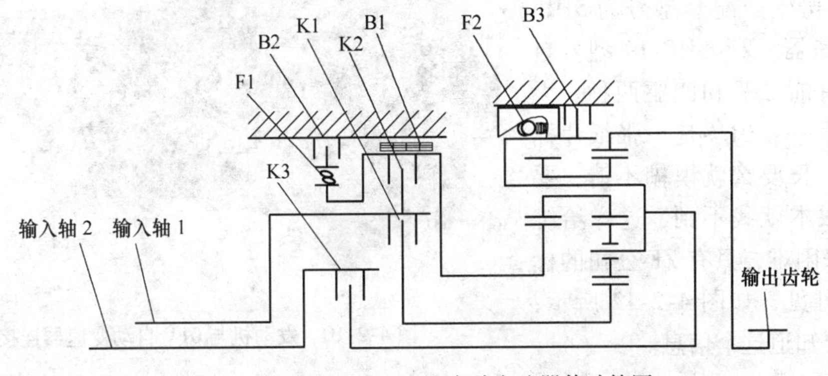

图 4-2-9　奥迪 01F、01K 自动变速器传动简图

2. 奥迪 01F、01K 自动变速器的工作情况

奥迪 01F、01K 自动变速器的工作情况见表 4-2-2。

表 4-2-2　奥迪 01F、01K 自动变速器换档执行元件的工作情况表

变速杆位置	档位	执行元件							
		K2	K1	K3	B1	B2	B3	F1	F2
R	倒档	○					○		
D	1		○						○
	2		○			○		○	
	3		○	○		●		●	
	4			○	○				
3	1		○						○
	2		○		○	●		●	
	3		○	○		●		●	
2	1		○				○		
	2		○		○	●		●	
1	1		○				○		

注：○表示执行机构作用；●表示执行机构不起作用。

三、帕萨特 01V 自动变速器

1. 大众 01V 自动变速器标识

图 4-2-10 是发动机与 01V 自动变速器连接。图 4-2-11 是两个不同角度 01V 自动变速器外观。大众车系搭载的 01V 编号自动变速器是大众公司的服务号，其实它是一款由德国 ZF 公司生产配套型号为 5HP-19 自动变速器。ZF-5HP-19 型号自动变速器有前二驱和四驱两种。大众公司的服务号 01V 是一张纸片标识，时间一长要么就模糊不清，要么丢掉了根本就找不到，这样给维修配件带来困难，只有 ZF 公司的标识还清晰可见，如图 4-2-12 所示，所以我们要知道这个信息。

图 4-2-10　发动机与 01V 自动变速器连接

图 4-2-11　01V 自动变速器外观的两个不同角度

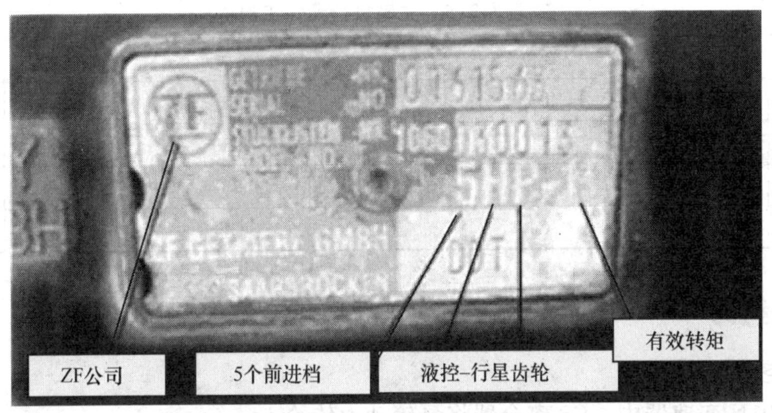

图 4-2-12　01V 自动变速器另一个标识

2. 大众 01V 自动变速器结构特点

大众车系奥迪 A6、捷达、帕萨特 B5 等都有搭载 01V 自动变速器的。这款自动变速器有手/自动一体化式自动变速器，液力变矩器内的锁止离合器可在 3、4、5 档时结合。传动部分由一个拉维娜和一个输出行星排组成，具有五个前进档和一个倒档，是 4 档拉维娜的换代产品。

执行元件有：4 个离合器分别为 C1、C2、C3、C4。三个制动器分别为 B1、B2、B3。一个起步单向离合器 F，如图 4-2-13 所示。传动简图如图 4-2-14 所示。

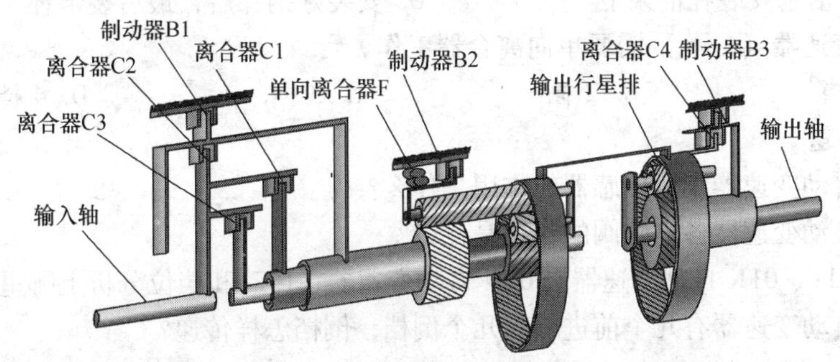

图 4-2-13　01V 自动变速器传动原理图

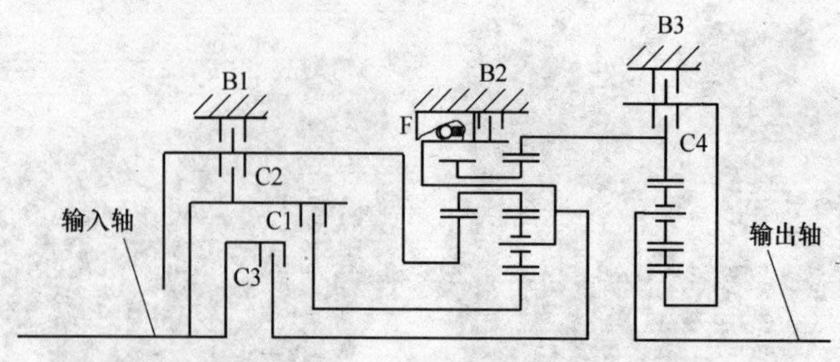

图 4-2-14　01V 自动变速器传动简图

01V 自动变速器关键执行元件工况如表 4-2-3 所示。

表 4-2-3　关键执行元件工况

D 位					L 位	R
D1	D2	D3	D4	D5	1	倒
C1	C1	C1	C1	C3	C1	C2
F	B1	B1	C3	B1	B2	B2
B3	B3	C4	C4	C4	B3	B3

综合练习

一、填空题

1. 大众 01N 变速器中，C3 离合器将泵轮动力传给__________。
2. 大众 01N 变速器变速机构采用__________式行星齿轮机构。
3. 01N 自动变速器的离合器 K1 严重打滑，会造成变速器__________档。
4. 01N 自动变速器的离合器 K2 严重打滑，会造成变速器__________档。
5. 01N 自动变速器的单向离合器 F 在锁止方向出现打滑，该自动变速器在 D、3、2 位汽车__________起步。

二、选择题

1. 关于 B1 制动器说法正确的是（　　）。
   A. 波形片装在最内层　　B. 3.0mm 的钢片紧挨油泵安装
   C. B1 活塞安装在油泵上　　D. 安装好钢片后，最后装卡环
2. 01N 变速器（　　）需要单向离合器工作。
   A. 1 档　　B. 2 档　　C. 3 档　　D. 4 档

三、问答题

1. 01N 自动变速器车速传感器的作用是什么？
2. 01N 自动变速器各电磁阀的作用是什么？
3. 奥迪 01F、01K 自动变速器与 01N 自动变速器在传动和档位分析上哪里不同？
4. 01V 自动变速器有几个前进档？几个倒档，倒档怎样传递？

项目五

平行轴式自动变速器检修

学习目标

☆ 能够拆装本田平行轴式自动变速器

☆ 能够根据实物绘制本田里程平行轴式自动变速器传动简图

☆ 能够进行本田自动变速器档位分析

☆ 能够进行本田自动变速器常见故障分析

案例链接

雅阁轿车自动变速器前进档完全正常，而挂上倒档时汽车无法移动，且变速器内部有刺耳的金属刮擦声。经过分解自动变速器，发现倒档啮合套及倒档从动齿轮啮合面已被打坏，因而不能进入啮合。更换损坏件，变速器恢复正常。

任务　本田雅阁自动变速器的检修

一、本田雅阁轿车电控自动变速器概述

广州本田雅阁轿车自动变速器的整体结构如图 5-1-1 所示。图 5-1-2 和图 5-1-3 为自动变速器的齿轮机构。

1. 定轴式齿轮变速传动机构

定轴式齿轮变速传动机构主要由平行轴、各档齿轮和湿式多片离合器（以下统称离合器）等组成。平行轴有 3 根，即主轴、中间轴和副轴。

2. 离合器

（1）1 档离合器　1 档离合器可使 1 档齿轮实现啮合或脱离。1 档离合器位于副轴中部，它与 2 档离合器背向相接。1 档离合器由副轴内的 ATF 供油管提供液压。

（2）2 档离合器　2 档离合器可使 2 档齿轮实现啮合或脱离。2 档离合器位于副轴中部，它与 1 档离合器背向相接。2 档离合器由来自副轴与液压回路相连的回路提供液压。

（3）3 档离合器　3 档离合器可使 3 档齿轮实现啮合或脱离。3 档离合器位于主轴中部，它与 4 档离合器背向相接，3 档离合器由主轴内的 ATF 供油管提供液压。

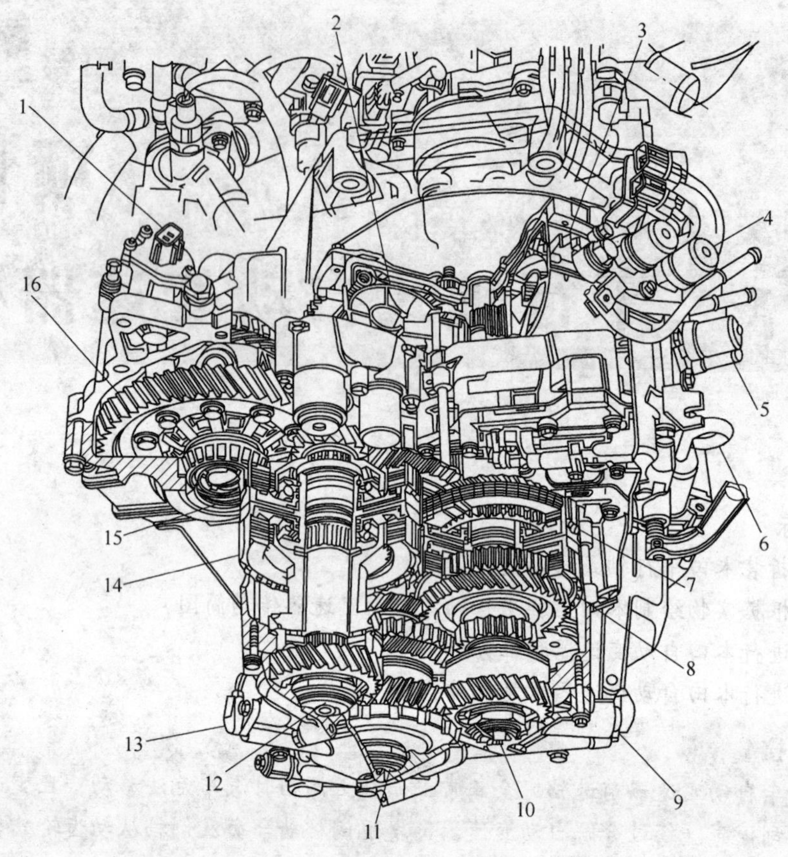

图 5-1-1　广州本田雅阁轿车自动变速器的整体结构

1—车速传感器　2—变矩器　3—环齿轮　4—锁止控制电磁阀总成　5—换档控制电磁阀总成　6—量油尺　7—3 档离合器　8—4 档离合器　9—主轴速度传感器　10—主轴　11—副轴　12—辅助轴　13—副轴速度传感器　14—2 档离合器　15—1 档离合器　16—差速器总成

(4) 4 档离合器　4 档离合器可使 4 档齿轮实现啮合或脱离。4 档离合器与倒档齿轮一起位于主轴中部，4 档离合器与 3 档离合器背向相接。4 档离合器由主轴内的 ATF 供油管提供液压。

(5) 1 档固定离合器　用于离合/分离 1 档或 1 档位置，它位于副轴的端部，变矩器的后面。1 档固定离合器由副轴内的油道供给压力。

(6) 单向离合器　离合器固定在副轴的1 档齿轮和3 档齿轮中间，通过3 档齿轮花键与副轴连接在一起，3 档齿轮为它提供内座圈表面。1 档齿轮为它提供外座圈表面，当动力从轴的 1 档齿轮传递给副轴的 1 档齿轮时，单向离合器锁止。在 D4、D3、2 位置的 1 档、2 档、3 档和 4 档时，1 档离合器和 1 档齿轮保持啮合。

但是，当 2 档、3 档、4 档离合器/齿轮在 D4、D3、2 位置作用时，单向离合器分离，这是因为副轴上的齿轮增加的转速超过了单向离合器锁止的“转速范围”。

3. MAXA 自动变速器的档位选择

MAXA 自动变速器的变速杆有 7 个位置，即 P（驻车）、R（倒档）、N（空档）、D4（1 ~4 档）、D3（1 ~3 档）、2（2 档）和1（1 档），见表 5-1-1。

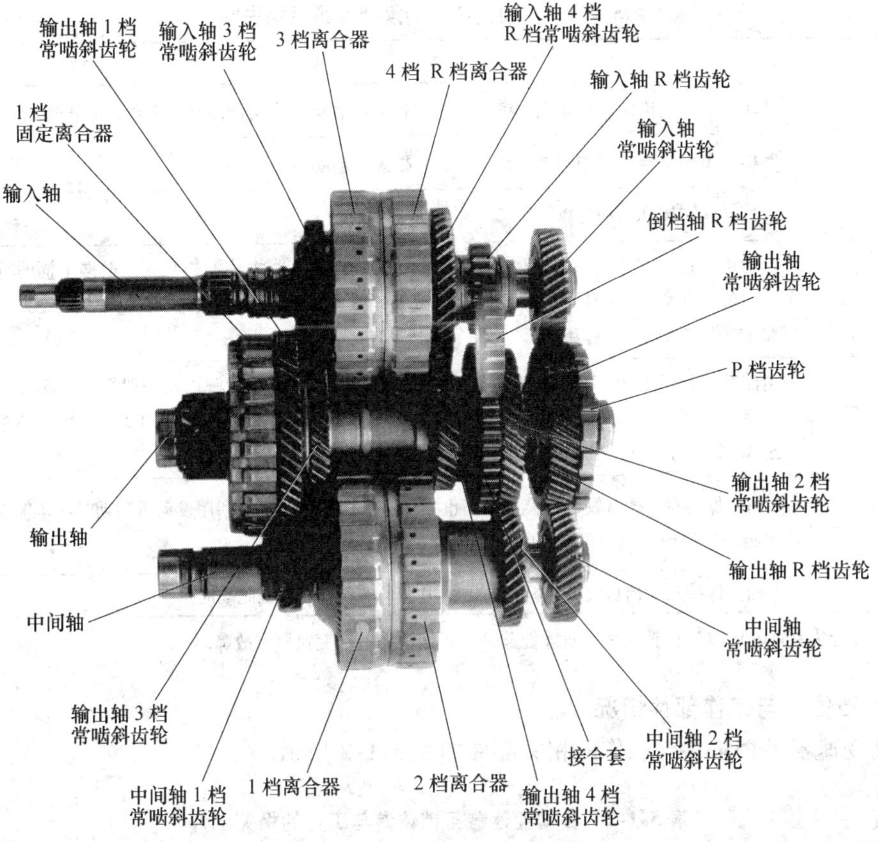

图 5-1-2　齿轮配合关系图

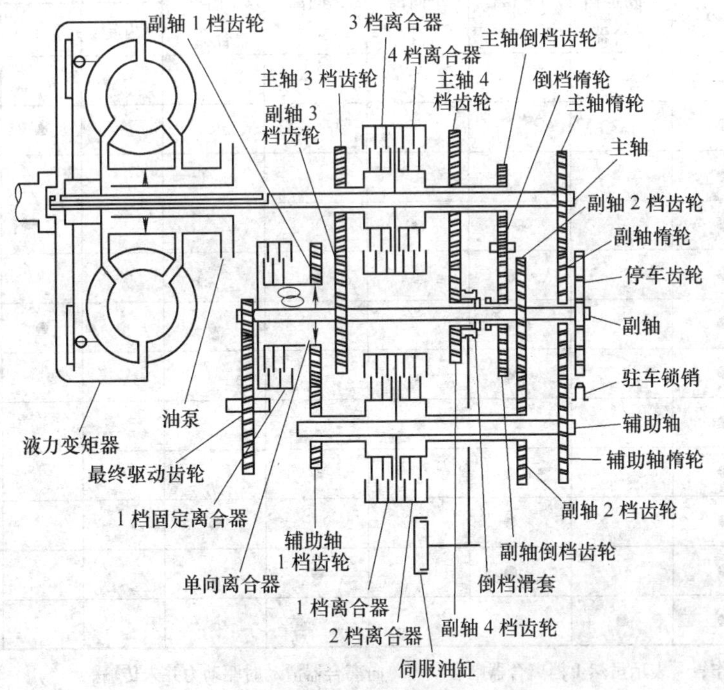

图 5-1-3　自动变速器的齿轮机构

表 5-1-1　自动变速器的换档操纵手柄说明

档　位	说　明
P	驻车档。前轮锁定，驻车制动锁块与中间轴上的制动齿轮啮合，所有离合器均分离
R	倒档。倒档接合套与中间轴倒档齿轮和 4 档离合器啮合
N	空档。所有离合器均分离
D4	自动档（1～4 档）。用于一般行驶。起步行驶时，变速器将从 1 档开始，根据车辆的行驶速度和节气门位置（负荷），自动实现 1～4 档的变换。减速停车时，则自动实现 4～1 档的变换。在 3 档和 4 档时锁止控制机构起作用
D3	自然档（1～3 档）。用于高速公路上的快加速行驶、上下坡行驶以及一般行驶。起步行驶时，变速器将从 1 档开始，根据车辆的行驶速度和节气门位置自动实现 1～3 档的变换。减速停车时则自动实现 3～1 档的变换。在 3 档时锁止控制机构起作用
2	2 档。保持在 2 档行驶，不换至高档也不降至低档。用于车辆利用发动机制动时或车辆在松软道路上的行驶，以使车辆获得更好的行驶性能
1	1 档。保持在 1 档行驶，不换至高档，用于车辆利用发动机制动时

注：换档操纵手柄在 P 和 N 位置时发动机才能起动，否则说明自动变速器有故障。

4. 各档位参与工作部件情况

自动变速器各档位参与工作的相关部件如表 5-1-2 所示。

表 5-1-2　自动变速器各档位参与工作的相关部件

零件 档位		液力变矩器	1 档齿轮 1 固定档离合器	1 档齿轮 1 档离合器	1 档齿轮单向离合器	2 档齿轮 2 档离合器	3 档齿轮 3 档离合器	4 档		倒档齿轮	驻车档齿轮
								齿轮	离合器		
P		●									●
R		●							●	●	
N		●									
D4	1 档	●		●	●						
	2 档	●		*●		●					
	3 档	●		*●			●	●	●		
	4 档	●		*●							
D3	1 档	●		●	●						
	2 档	●		*●		●					
	3 档	●		*●			●				
2		●		*●		●					
1		●	●	●	●						

注：● 表示工作；* 表示虽然 1 档离合器啮合，当单向离合器滑动时驱动力并未传输。

二、电子控制系统

电子控制系统由 ECM、传感器及电磁阀组成。换档及变矩器的锁止均由电子控制，以保证在各种工况下都能舒适地驾驶。ECM 位于仪表板下方乘客脚下的地毯下面。

1. 换档控制

由 ECM 根据传感器传来的电信号来判断所选择的档位，并触发换档控制电磁阀 A 和 B 来控制换档。在上、下坡或减速时，采用坡度逻辑控制系统控制 D4 位置的换档。变速器在各档位时，换档控制电磁阀 A、B 的工作情况见表 5-1-3。

表 5-1-3　换档控制电磁阀 A、B 工作情况

档位 \ 换档控制电磁阀		A	B
D3、D4	1 档	OFF	ON
	2 档	ON	ON
	3 档	ON	OFF
D4	4 档	OFF	OFF
2	2 档	ON	ON
1	1 档	ON	OFF
R	倒档	ON	OFF

2. 锁止控制

发动机电脑接受来自传感器的输入信号来确定变矩器是否锁止，并相应地触发锁止控制电磁阀 A 和 B。锁止控制系统及工作情况见表 5-1-4。

表 5-1-4　锁止控制系统及工作情况

锁止情况 \ 锁止控制电磁阀	A	B
不锁止	OFF	OFF
部分锁止	ON	OFF
半锁止	ON	ON
全锁止	ON	ON
减速时锁止	ON	负载工作（OFF← →ON）

此外，在电子控制系统中还有坡道逻辑控制系统和减速控制。

三、自动变速器的分解

1. 右侧盖的分解

自动变速器右侧盖的分解如图 5-1-4 所示。

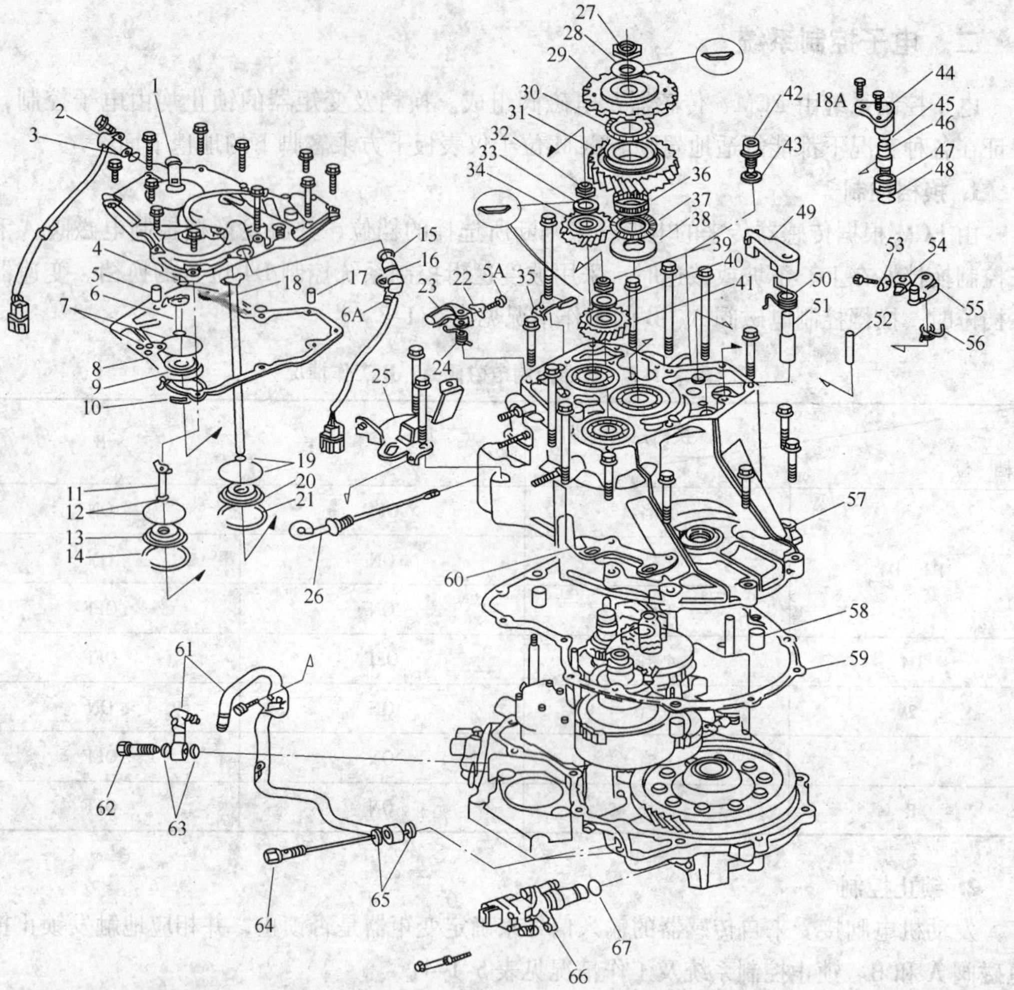

图 5-1-4　自动变速器右侧盖的分解图

1—右端盖　2—主轴转速传感器　3、4、7、12、15、19、45、48、67—O 形圈　5—定位销　6—4 档离合器供油管　8—右端盖衬垫　9—供油管导套　10、14、21—卡环　11—1 档离合器供油管　13—供油管导套　16—副轴转速传感器　17—定位销　18—1 档固定离合器供油管　20—供油管导套　22、53—锁止垫圈　23—节气门控制杆　24—节气门控制杆弹簧　25—节气门控制拉索支架/变速器吊耳　26—量油尺　27—副轴锁止螺母　28、33、40—锥形弹簧垫圈　29—驻车齿轮　30、37—推力滚针轴承　31—副轴惰轮　32—主轴锁止螺母　34—主轴惰轮　35—线束支架　36、47—滚针轴承　38—止推垫圈　39—辅助轴锁紧螺母　41—辅助轴惰轮　42—放油螺塞　43、63、65—密封垫圈　44—倒档惰轮轴固器　46—倒档惰轮轴　49—驻车制动棘爪　50—驻车制动棘爪轴　51—驻车制动棘爪轴　52—驻车制动棘爪限位器　54—驻车制动限位器　55—驻车制动杆　56—驻车制动杆弹簧　57—变速器壳体　58—定位销　59—变速器壳体衬垫　60—变速器吊耳　61—自动变速器油位冷却管　62、64—连接螺栓　66—车速传感器

（1）拆下固定右端盖的 11 个螺栓，拆下右端盖。将专用工具套在主轴上，如图 5-1-5 所示，使驻车制动棘爪与驻车制动齿轮啮合。

（2）用錾子切开各轴锁紧螺母的锁片，如图 5-1-6 所示，即可拆下锁紧螺母和锥形弹簧垫圈。特别提醒：主轴锁紧螺母为左旋螺纹。切勿让錾下的锁片碎屑落入自动变速器内。

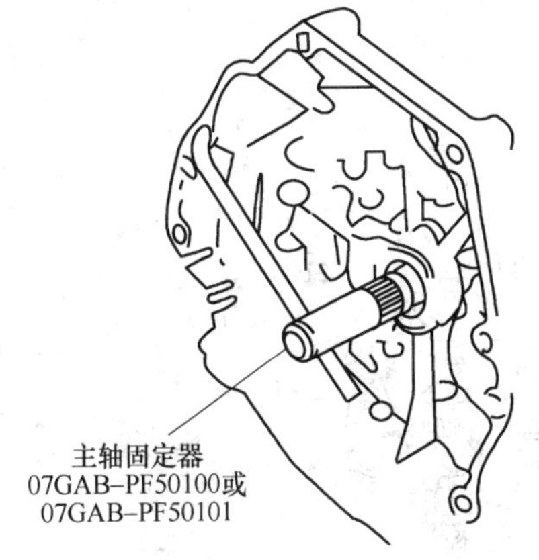

图 5-1-5　专用工具的安装

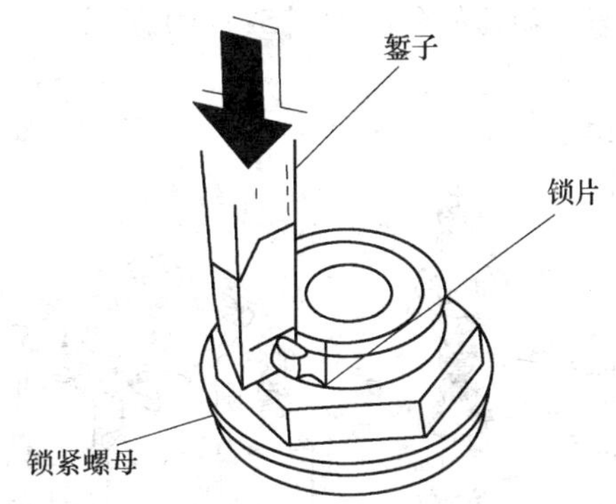

图 5-1-6　錾开锁片

（3）拆下锁紧螺母后，从主轴上拆下专用工具。

（4）如图 5-1-7 所示，从副轴上拆下驻车齿轮，然后再用拉力器从主轴和辅助轴上拆卸下惰轮。然后再从副轴上拆下副轴惰轮滚针轴承、推力滚针轴承及止推垫圈。再从外壳上依次拆下驻车制动棘爪、弹簧、轴和限位器。

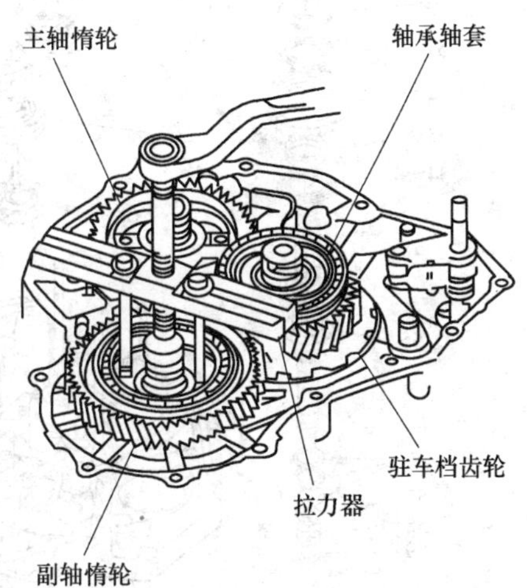

图 5-1-7　驻车齿轮拆卸

（5）从节气门阀控制轴上拆下节气门控制杆和弹簧。

（6）从变速器吊耳上拆 ATF 冷却器管，最后拆下变速器壳的安装螺栓。

（7）如图 5-1-8 所示，用 M5 × 0. 8 的螺栓，拆下倒档惰轮轴和倒档惰轮轴固定架，即可移动倒档惰轮，使它与副轴和主轴倒档齿轮分离。如不拆下倒档齿轮，就不能将变速器壳与变矩器壳分离。倒档惰轮的分离如图 5-1-9 所示。

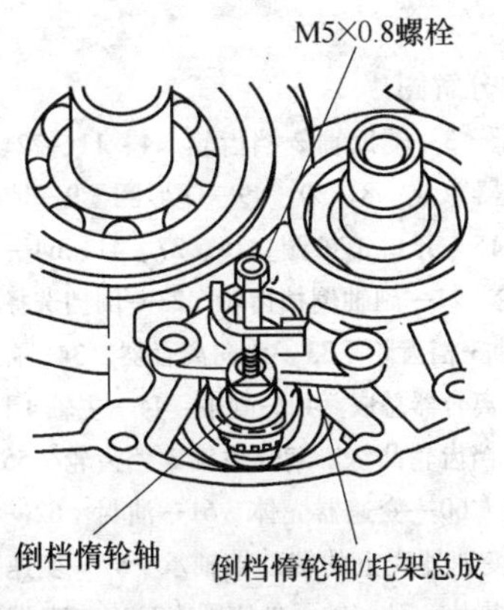

图 5-1-8　倒档惰轮轴的拆卸

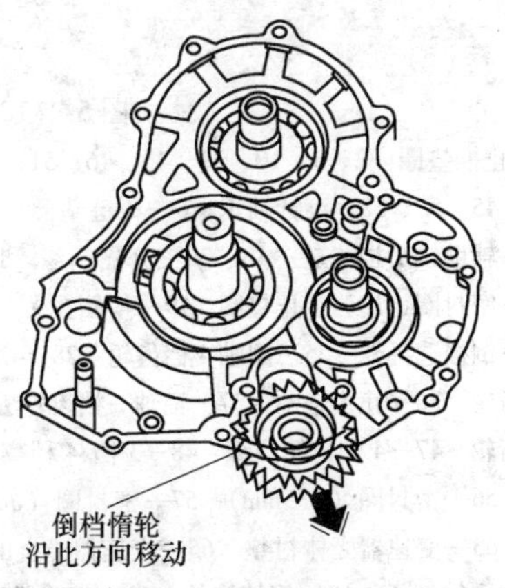

图 5-1-9　倒档惰轮的分离

2. 变速器箱体的分解

变速器箱体的分解如图 5-1-10 所示。

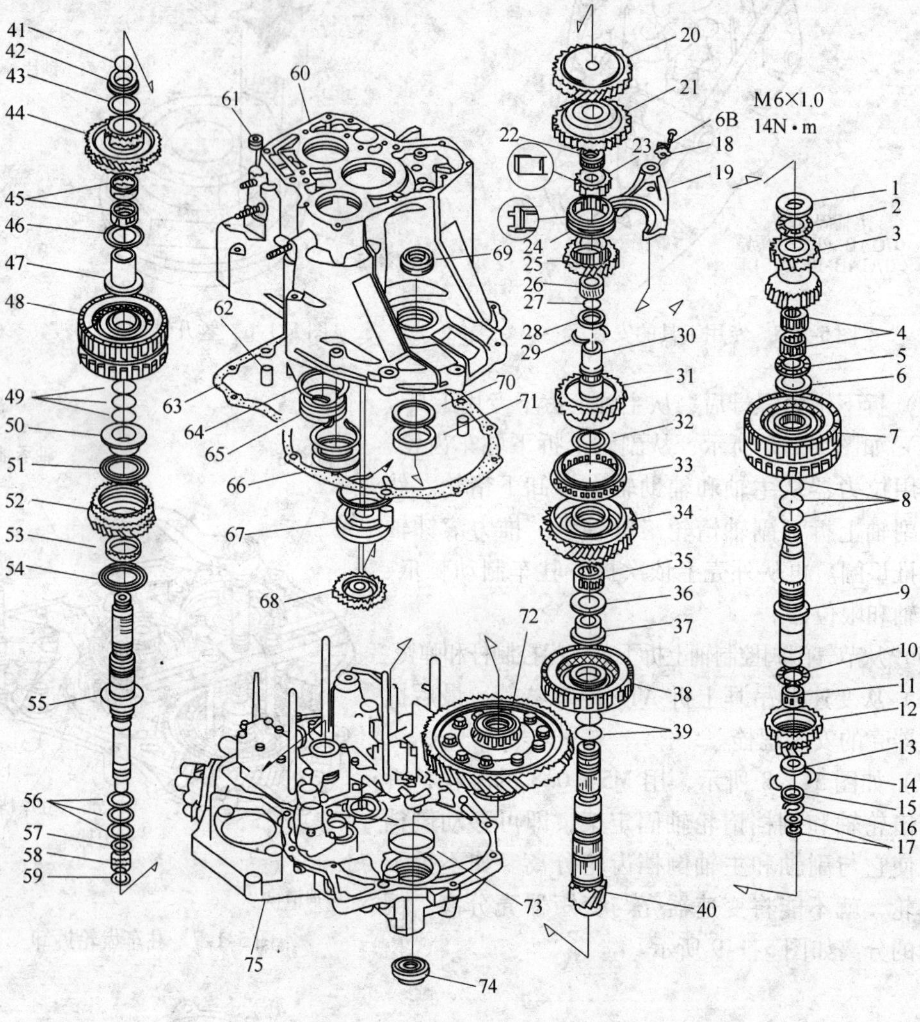

M6×1.0
14N·m

图 5-1-10 变速器箱体的分解图

1—止推垫圈 2、5、10、32、43、46、51、54—推力滚针轴承 3—辅助轴 2 档齿轮 4、11、22、26、35、45、53、58—滚针轴承 6—花键垫圈 7—1 档/2 档离合器总成 8、39、49—O 形圈 9—辅助轴 12—辅助轴 1 档齿轮 13、30—分隔凸缘 14、29—开口销 15—开口销护圈 16、27、41、64—卡环 17—密封圈 18—锁止垫圈 19—换档拨叉 20—副轴 2 档齿轮 21—副轴倒档齿轮 23—倒档选择器毂 24—倒档选择器 25—副轴 4 档齿轮 28、42—凸缘 31—副轴 3 档齿轮 33—单向离合器 34—副轴 1 档齿轮 36—止推垫圈 37—辐轴—档齿轮法兰 38—1 档固定离合器总成 40—副轴 44—主轴 4 档/倒档齿轮 47—4 档齿轮凸缘 48—3 档/4 档离合器总成 50—3 档齿轮凸缘 52—主轴 3 档齿轮 55—主轴 56—密封圈（ϕ35mm） 57—密封圈（ϕ29mm） 59—定位 60—变速器壳体 61—油封 62—沉头销 63—变速器壳体衬垫 65—变速器壳上的主轴轴承 66—变速器壳上的辅助轴轴承 67—变速器壳上的副轴轴承 68—倒档惰轮 69—变速器壳油封 70—止推垫片 71—轴承外座圈 72—差速器总成 73—轴承外座圈 74—变矩器壳油封 75—变矩器壳

（1）拆下变速器壳的安装螺栓和吊耳。通过转动控制轴，使控制轴的弹簧销与变速器壳的槽相对。如图 5-1-11 所示，将专用工具安装在变速器壳上，拆下变速器壳。

（2）从变速器壳上依次拆下副轴 2 档齿轮、倒档齿轮、辅助轴 2 档齿轮、止推垫圈、推力滚针轴承。

（3）拆下固定换档拨叉的锁紧螺栓，即可从副轴上拆下拨叉和倒档选择器。

（4）从辅助轴上拆下滚针轴承、推力滚针轴承和花键垫圈后，即可依次拆下辅助轴、主轴和副轴总成。最后拆下差速器总成。

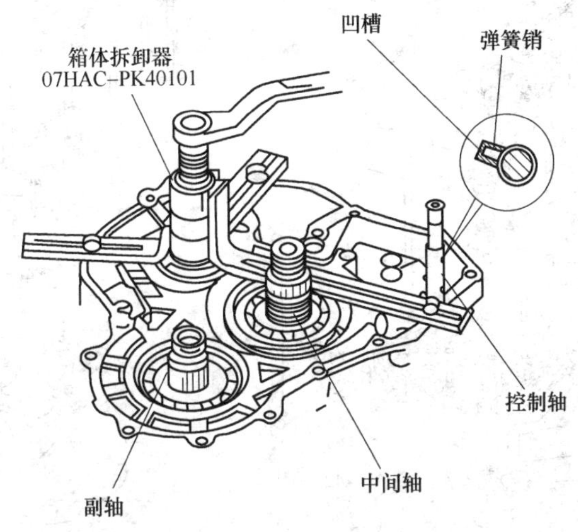

图 5-1-11　变速器壳的拆卸

3. 液力变矩器壳体与阀体的分解

液力变矩器壳体与阀体的分解如图 5-1-12 所示。

（1）先拆下伺服阀定位座和 ATF 过滤器，从伺服阀体和主阀体上拆下 ATF 供油管，即可拆下 4 档蓄压器盖。拆卸 4 档蓄压器时，为防止刮伤伺服阀体内的螺纹，一定要向下压蓄压器盖，以对角的方式旋松螺栓将其拆下。

（2）拆下固定伺服阀体的 7 个螺栓后，即可依次拆下伺服阀体和分离器板，拆下辅助阀体和分离板。

（3）拆下固定节气门阀体的 7 个螺栓后，可拆下节气门阀体和分离器板。

（4）拆下调节器阀体后，即可拆卸下定子轴和止动轴。

（5）从定位臂上拆下定位弹簧后，可从变矩器壳上拆下控制轴；从主阀体上拆下定位臂、定臂轴后，可依次拆下主阀体、1/2 档蓄压器阀体。

（6）依次拆下 ATF 油泵从动齿轮轴、ATF 油泵齿轮、主分离器板和三个定位销。

（7）用压缩空气彻底清洁 ATF 过滤器的进油口，然后检查是否正常，进油口有无堵塞。如过滤器堵塞或损坏，则应更换 ATF 过滤器；如没有堵塞，则可继续使用。

四、自动变速器各总成的结构

1. 主轴分总成的结构

主轴分总成的装配关系如图 5-1-13 所示。

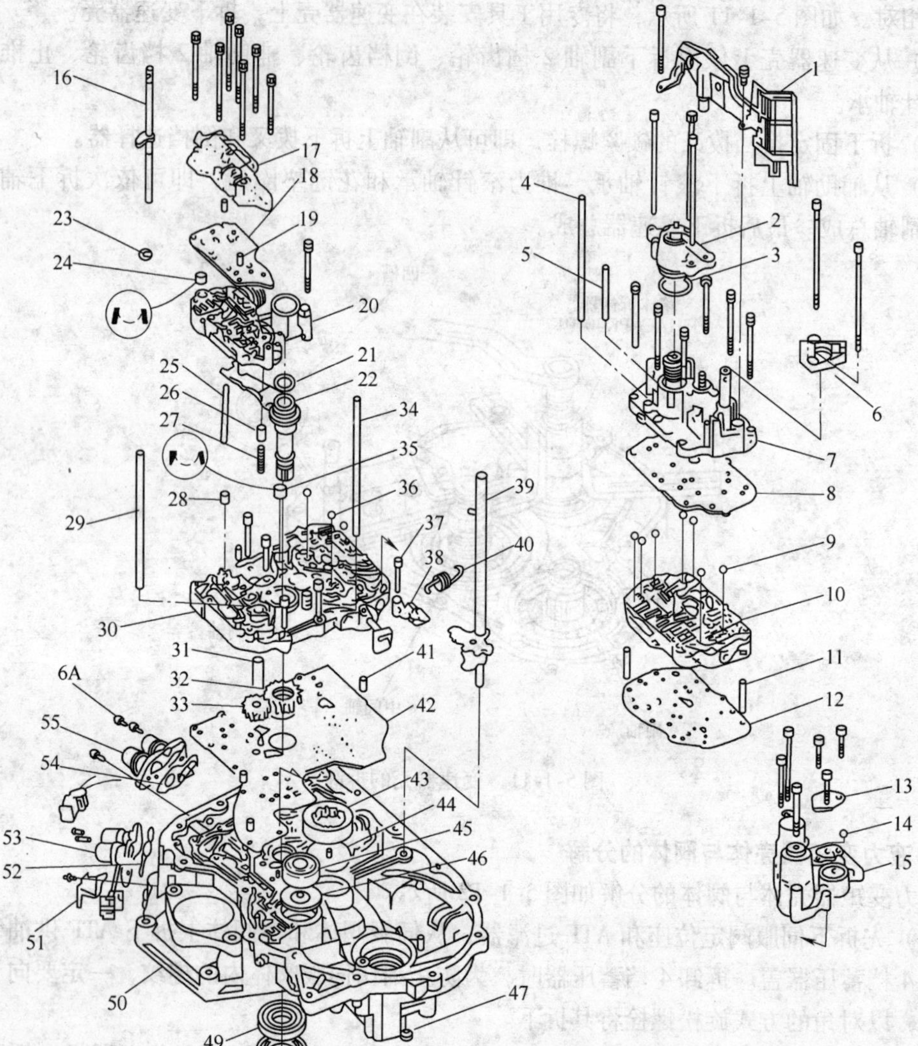

图 5-1-12　液力变矩器壳体与阀体的分解图

1—ATF 过滤器　2—4 档蓄压器盖　3、21—O 形圈　4—ATF 供油管　5—ATF 供油管　6—伺服阀定位座　7—伺服阀体　8—伺服阀分离器板　9—单向球　10—辅助阀体　11—定位销　12—辅助分离器板　13—蓄压顺阀体盖　14—单向球　15—1/2 档蓄压器阀体　16—节气门阀控制轴　17—节气门阀体　18—节气门阀分离器板　19—沉头销　20—调节器阀体　22—定子轴　23—E 形环　24—滤清器　25—止动轴　26—变矩器单向阀　27—变矩器单向阀弹簧　28—沉头销　29—ATF 供油管　30—主阀体　31—ATF 油泵从动齿轮轴　32—ATF 油泵主动齿轮　33—ATF 油泵从动齿轮　34—ATF 供油管　35—滤清器　36—单向球　37—定位臂轴　38—定位臂　39—控制轴　40—定位臂弹簧　41—定位销　42—主分离器板　43—变矩器壳主轴滚柱轴承　44、46—ATF 导向板　45—变矩器壳辅助球轴承　47—油封　48—主轴油封　49—变矩器壳主轴球轴承　50—变矩器壳　51—电磁阀接头架　52—换档控制电磁阀过滤器/垫圈　53—换档控制电磁阀总成　54—锁止控制电磁阀过滤器/垫圈　55—锁止控制电磁阀总成

2. 副轴分总成的结构

副轴分总成的装配关系如图 5-1-14 所示。

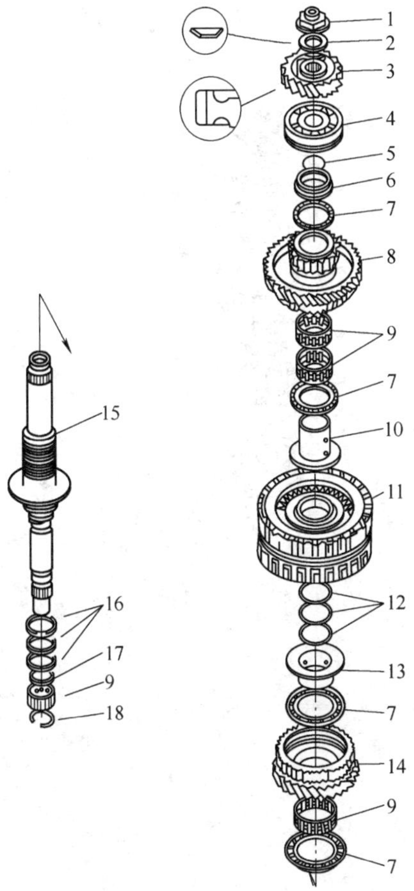

图 5-1-13　主轴分总成的装配关系图

1—锁紧螺母　2—锥形弹簧垫圈　3—惰轮　4—变速器壳轴承　5—卡环　6—凸缘　7—推力滚针轴承　8—4 档/倒档齿轮　9—滚针轴承　10—4 档齿轮凸缘　11—3 档/4 档离合器总成　12—O 形圈　13—3 档齿轮凸缘　14—3 档齿轮　15—主轴　16、17—密封圈　18—定位环

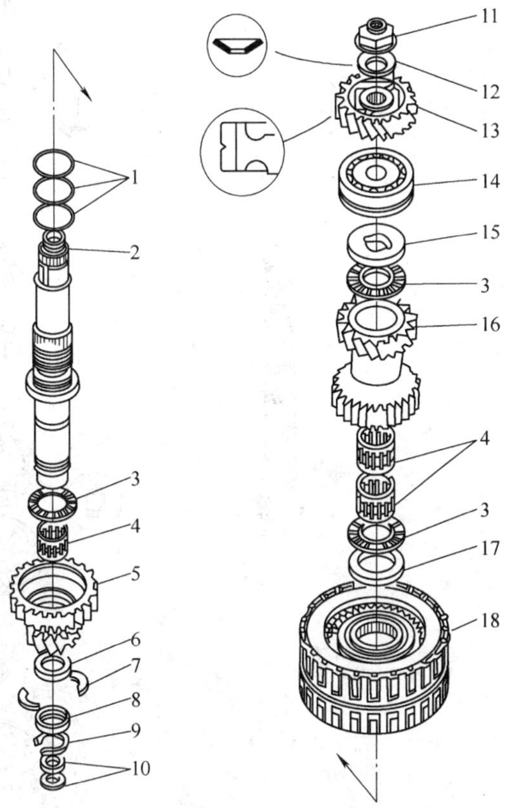

图 5-1-14　副轴分总成的装配关系图

1—O 形圈　2—辅助轴　3—推力滚针轴承　4—滚针轴承　5—1 档齿轮　6—长凸缘　7—开口销　8—开口销护圈　9—卡环　10—密封圈　11—锁紧螺母　12—锥形弹簧垫圈　13—惰轮　14—变速器壳轴承　15—止推垫圈　16—2 档齿轮　17—花键垫圈　18—1 档/2 档离合器总成

3. 中间轴分总成的结构

中间轴分总成的装配关系如图 5-1-15 所示。

4. 离合器的结构

(1) 1 档/2 档离合器的结构　1 档与 2 档离合器位于副轴中部，两者的离合器毂制成一体，两者的离合器片等元件相背安装。1 档与 2 档离合器的拆装与检修请参照 A341E 自动变速器。1 档/2 档离合器的装配关系如图 5-1-16 所示。

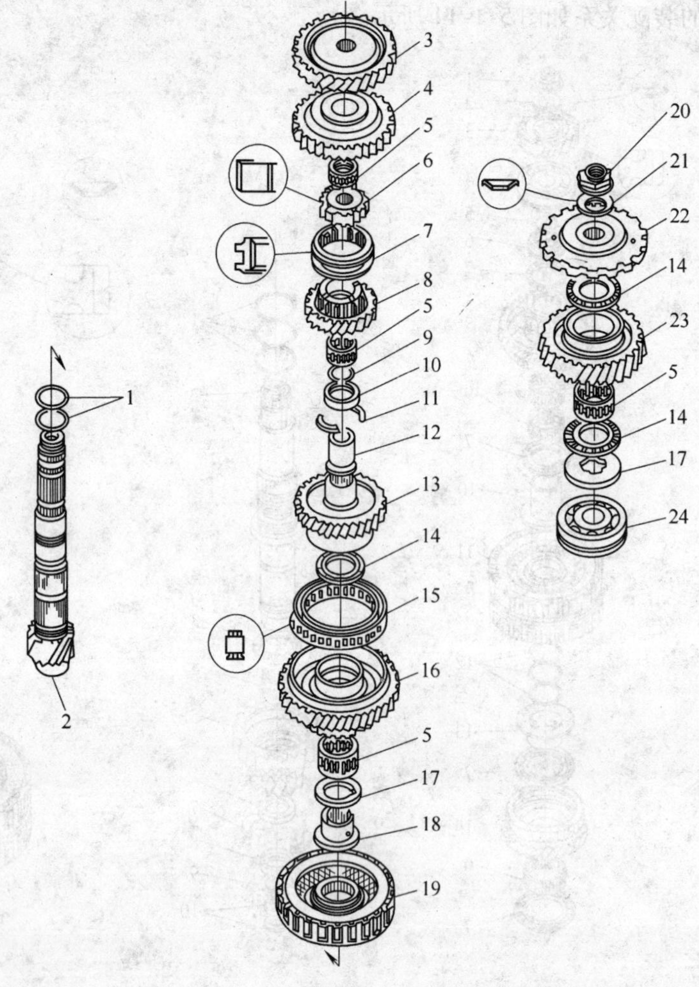

图5-1-15 中间轴分总成的装配关系图

1—O 形圈 2—副轴 3—2 档齿轮 4—倒档齿轮 5—滚针轴承 6—倒档选择器 7—倒档选择器毂 8—4 档齿轮 9—卡环 10—凸缘 11—开口销 12—长凸缘 13—3 档齿轮 14—推力滚针轴承 15—单向离合器 16—1 档齿轮 17—止推垫圈 18—1 档齿轮凸缘 19—1 档固定离合器总成 20—锁紧螺母 21—锥形弹簧垫圈 22—驻车齿轮 23—惰轮 24—变速器壳轴承

（2）3 档/4 档离合器的结构 3 档/4 档离合器位于主轴中部，两者的离合器毂制成一体，两者的离合器片等元件相背安装，3 档/4 档离合器的拆装与检修参照 A341E 自动变速器。3 档/4 档离合器的装配关系如图 5-1-17 所示。

（3）1 档固定离合器的结构 1 档固定离合器位于中间轴尾部，1 档固定离合器的拆装与检修请参照 A341E 自动变速器。1 档固定离合器的装配关系如图 5-1-18 所示。

5. 液压控制系统的结构

（1）液压控制系统的总体结构 液压控制系统主要由 ATF 油泵、管路和各种滑阀组成。

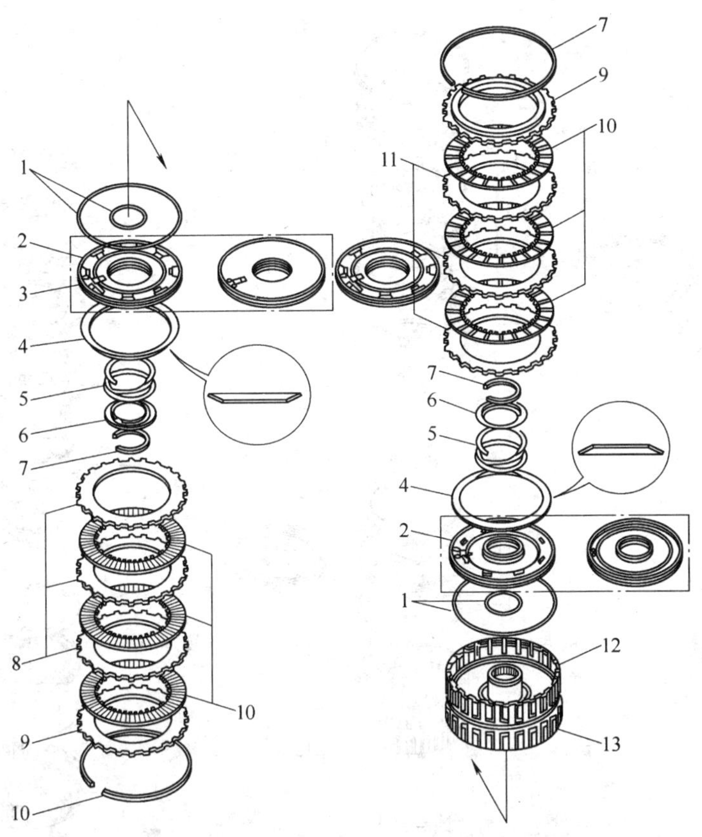

图 5-1-16　1 档/2 档离合器的装配关系图

1—O 形圈　2—活塞　3—单向阀　4—蝶形弹簧　5—回位弹簧　6—弹簧护圈　7—卡环
8—离合器片　9—离合器端片　10—离合器盘　11—离合器片　12—2 档离合器毂
13—1 档离合器毂

图 5-1-19 为各阀体的相关位置图。滑阀包括主阀体、调节器阀体、辅助阀体、伺服阀体、节气门阀体和 1 档/2 档蓄压器阀体，它们通过螺栓固定在变矩器壳上，与变矩器壳成为一体。

（2）液压控制构成件的结构

① 主阀体的结构。图 5-2-20 是主阀体的结构图。图 5-1-21 是主阀体的剖视图。主阀体内装有手动阀、1 档/2 档换档阀、2 档/3 档换档阀、冷却器安全阀、锁止换档阀、锁止控制阀、主量孔控制阀、调节器阀、CPC 阀和自动变速器油泵齿轮。

② 调节器阀体的结构。调节器阀体的结构如图 5-1-22 所示。调节器阀体内装有调节器阀，变矩器单向阀及锁止定时阀。调节阀用于保持 ATF 油泵输出给液压系统的液压恒定，同时还提供 ATF 给润滑系统和变矩器。

③ 伺服器体的结构。如图 5-1-23 所示，伺服器体位于主阀体的上方，阀体内装有蓄压器活塞和伺服阀及换档拨叉轴等。

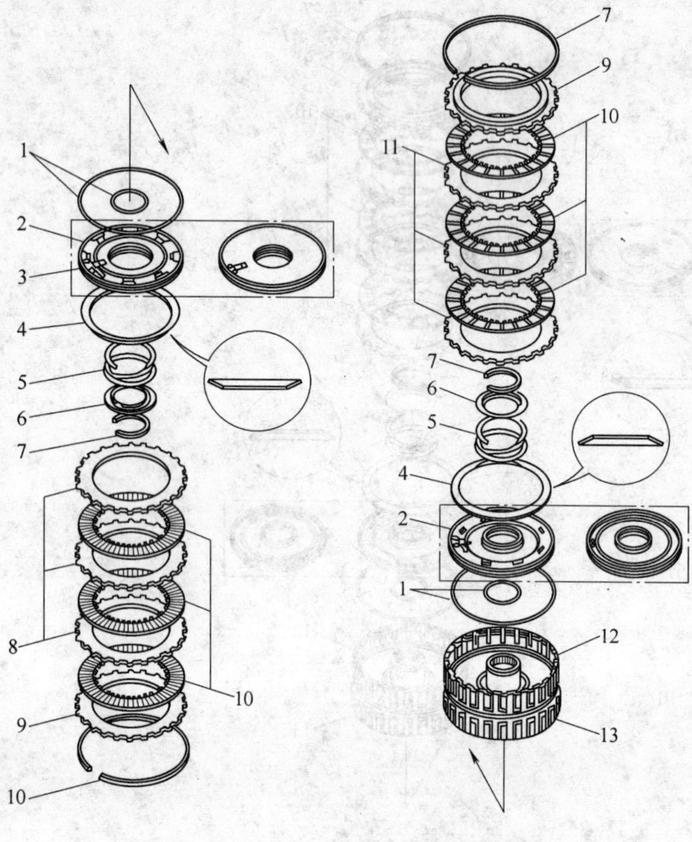

图 5-1-17　3 档/4 档离合器的装配关系图

1—O 形圈　2—活塞　3—单向阀　4—蝶形弹簧　5—回位弹簧　6—弹簧护圈　7—卡环　8—离合器片　9—离合器端片　10—离合器盘　11—离合器片　12—4 档离合器毂　13—3 档离合器毂

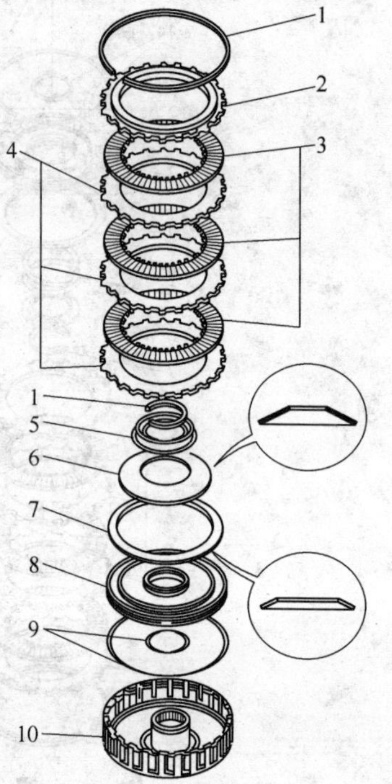

图 5-1-18　1 档固定离合器的装配关系图

1—卡环　2—离合器端片　3—离合器盘　4—离合器片　5—弹簧护圈　6—回位弹簧　7—离合器片弹簧　8—活塞　9—O 形圈　10—离合器毂

④ 蓄压器体的结构。如图 5-1-24 所示，蓄压器体主要由 1 档和 2 档蓄压器以及润滑单向阀组成。蓄压器体装在液力变矩器壳体上，与主阀体相邻。蓄压器（1 档、2 档蓄压器包括设在伺服器体上的 3 档、4 档、1 档固定离合器蓄压器）主要用来缓和离合器压力上升时的脉动，避免变速器的换档冲击。润滑单向阀则用来确保液压元件有足够的润滑油压。

⑤ 辅助阀体的结构。辅助阀体内装有 4 个排气阀、3 档强迫降档阀、3/4 档换档阀、伺服控制阀、主量孔控制阀及 2 档主量孔控制阀，如图 5-1-25 所示。

⑥ 节气门阀体的结构。节气门阀体的结构如图 5-1-26 所示，节气门阀体内装有节气门阀 B、节气门长阀和安全阀。

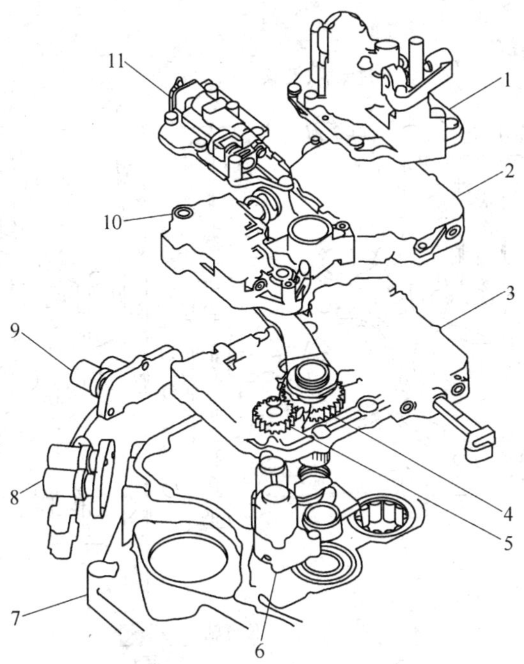

图 5-1-19　各阀体的相关位置图

1—伺服阀体　2—辅助阀体　3—主阀体　4—自动变速器油泵主动齿轮　5—自动变速器油泵从动齿轮　6—1 档/2 档蓄压器阀体　7—变矩器壳　8—锁止控制电磁阀总成　9—换档控制电磁阀总成　10—调节器阀体　11—节气门阀体

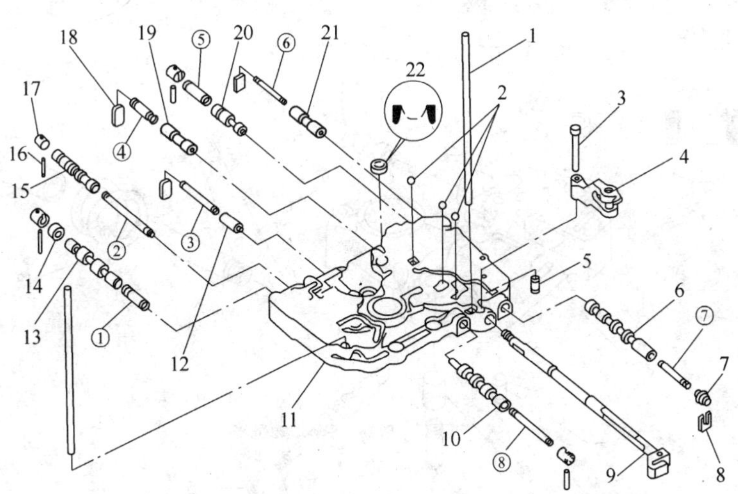

图 5-1-20　主阀体的分解图

1—ATF 供油管　2—单向球（3 个）　3—定位臂轴　4、5—定位臂　6—1 档/2 档换档阀　7—阀盖　8—阀盖限位块　9—手动阀　10—2 档/3 档换档阀　11—主阀体　12—冷却器安全阀　13—锁止控制阀　14—套管　15—锁止换档阀　16—锁钉　17—阀盖　18—弹簧座　19—调节器阀　20—CPC 阀　21—主量孔控制阀　22—过滤器　①～⑧—定位销钉

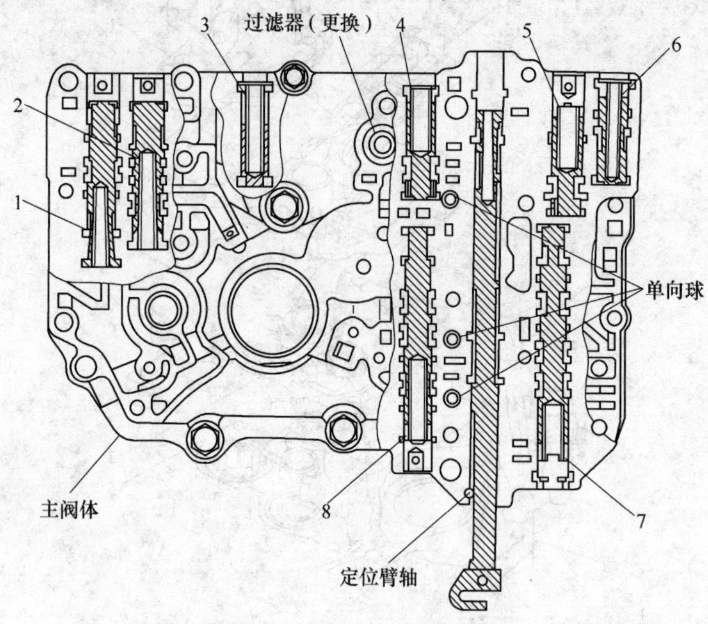

图 5-1-21　主阀体剖视图

1—锁止控制阀弹簧　2—锁止换档阀弹簧　3—冷却器安全阀弹簧　4—调节器阀弹簧　5—CPC 阀弹簧　6—主量孔控制阀弹簧　7—1 档/2 档换档阀弹簧　8—2 档/3 档换档阀弹簧

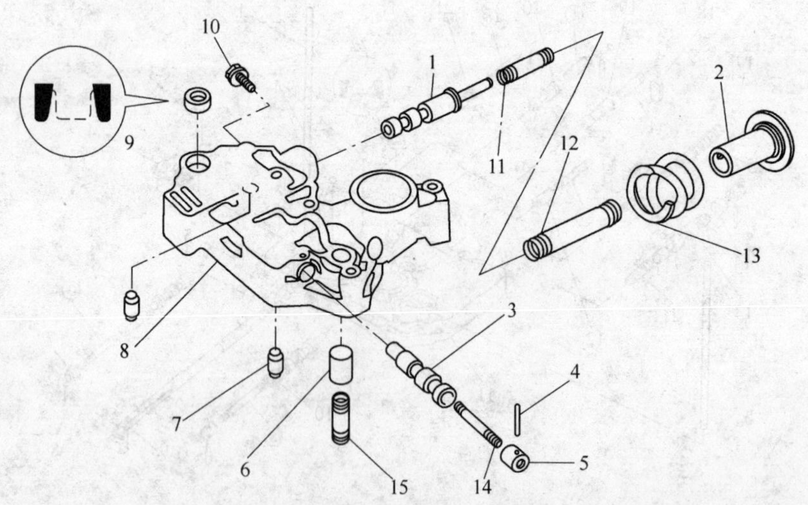

图 5-1-22　调节器阀体分解图

1—调节器阀　2—调节器弹簧盖　3—锁止阀　4—销钉　5—阀盖　6—变矩器单向阀　7—定位销　8—调节器阀体　9—过滤器　10—限位螺栓　11—调节器弹簧 A　12—调节器阀弹簧 B　13—定子反作用弹簧　14—锁止定时弹簧　15—变矩器单向阀弹簧

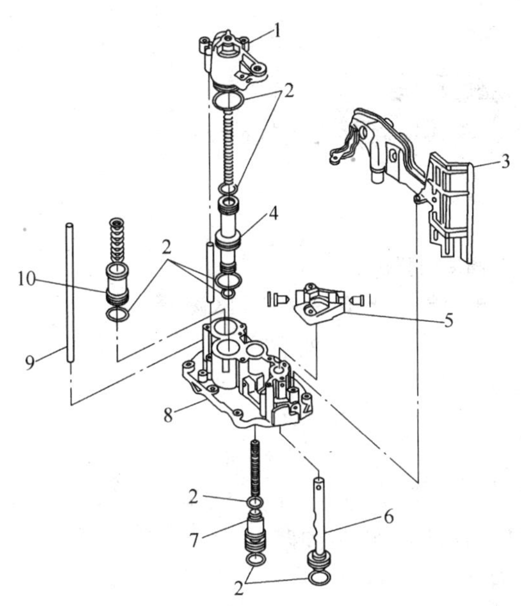

图 5-1-23　伺服器体的分解图

1—4 档蓄压器盖　2—O 形圈　3—ATF 过滤器　4—4 档蓄压器活塞　5—伺服阀定位器　6—换档拨叉轴/伺服阀　7—3 档蓄压器活塞　8—伺服阀体　9—ATF 供油管　10—1 档固定蓄压器活塞

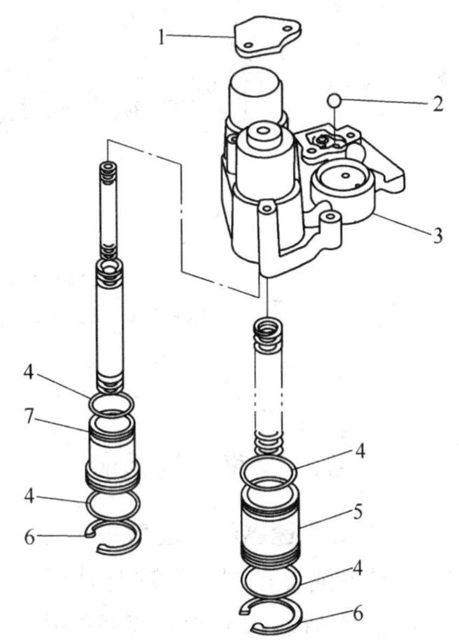

图 5-1-24　1 档/2 档蓄压器体的分解图

1—蓄压器阀体盖　2—单向球　3—1 档/2 档蓄压器阀体　4—O 形圈　5—2 档蓄压器活塞　6—卡环　7—1 档蓄压器活塞

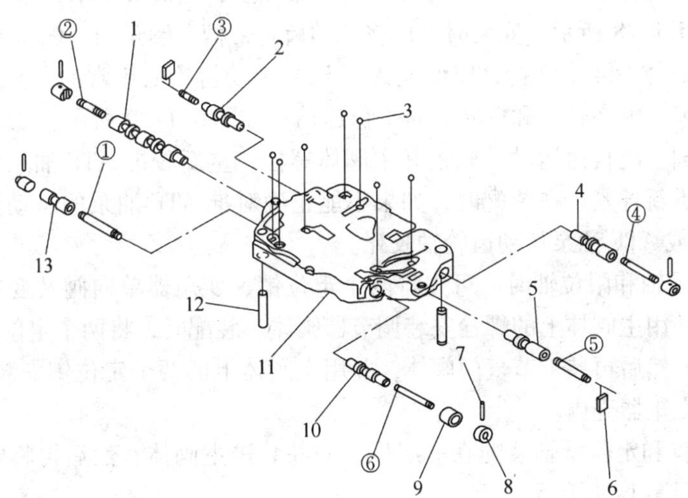

图 5-1-25　辅助阀体分解图

1—3 档/4 档换档阀　2—3 档降档阀　3—单向球　4、5—主量孔控制阀　6—弹簧座　7—销钉　8—阀盖　9—套管　10—2 档主量孔控制阀　11—辅助阀体　12—定位销　13—4 档排气阀　①~⑥—定位销钉

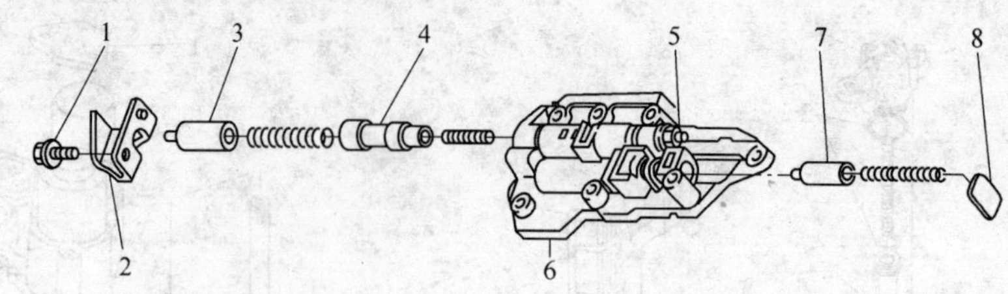

图 5-1-26　节气门阀体的分解图

1—固定螺栓　2—节气门凸轮限位器　3—节气门短阀 B　4—节气门长阀
5—节气门阀调整螺栓　6—节气门阀体　7—安全阀　8—弹簧座

五、自动变速器的组装

1. 自动变速器组装注意事项

自动变速器的组装顺序与其拆卸时相反，同时应注意以下问题：

（1）清洁、吹干所有零部件并吹通所有零件上的油液通道。

（2）组装时，给所有零部件施加 ATF。

（3）更换所有的 O 形圈、密封垫、主轴和副轴锁紧螺母和锥形弹簧垫圈、锁紧垫圈、密封垫圈。

（4）主要螺栓的拧紧力矩：M6 ×1.0 的为 12N · m；M8 ×1.25 的为 18N · m。

2. 自动变速器组装主要步骤

在自动变速器的装配过程中参照图 5-1-27 所示，自动变速器组装步骤如下。

（1）将主阀体分离板和 3 个定位销装到变矩器壳上，然后装上 ATF 油泵主动齿轮和从动齿轮轴，如图 5-1-28 所示。安装时，应将从动齿轮带槽和倒角的一侧向上。

（2）装上主阀体及 4 个螺栓，应保证 ATF 油泵主动齿轮从正常的方向平稳转动，保证 ATF 油泵的从动齿轮轴在轴向和旋转方向平稳运动，如图 5-1-29 所示。如 ATF 油泵的主动齿轮和从动齿轮轴不能自由运动，则松开主阀体螺栓，重新校准 ATF 油泵从动齿轮轴，然后按规定的转矩重新拧紧。在装配时，如果不能正确对准 ATF 油泵的从动齿轮轴，将会导致 ATF 从动齿轮或 ATF 油泵从动齿轮轴咬死。

（3）安装定子轴和限位轴时，可先将两个定位销、变矩器单向阀及变矩器单向阀弹簧装入主阀体内，并用主阀体上的螺栓安装调节器阀体。装配时，将两个定位销和分离器板装到调节器阀体上，然后再装上节气门阀体，并用主阀体上的两个定位销安装辅助分离器板，可将控制轴装进变矩器壳内。

（4）将定位臂和定位臂轴装配在一起后，一并装进主阀体，然后再将定位弹簧与定位臂连在一起，如图 5-1-30 所示。

（5）安装辅助阀体、伺服阀分离踏板和伺服阀体后，将 ATF 供油管装进伺服阀体内，装上 4 档蓄压器盖。

（6）依次安装 ATF 过滤器、1 档/2 档蓄压器阀体和主阀体上的 2 个 ATF 供油管和伺服阀体上的 ATF 供油管。

（7）将差速器总成、副轴总成、主轴总成和辅助轴总成等依次装进变矩器壳内，如图 5-1-31 所示。

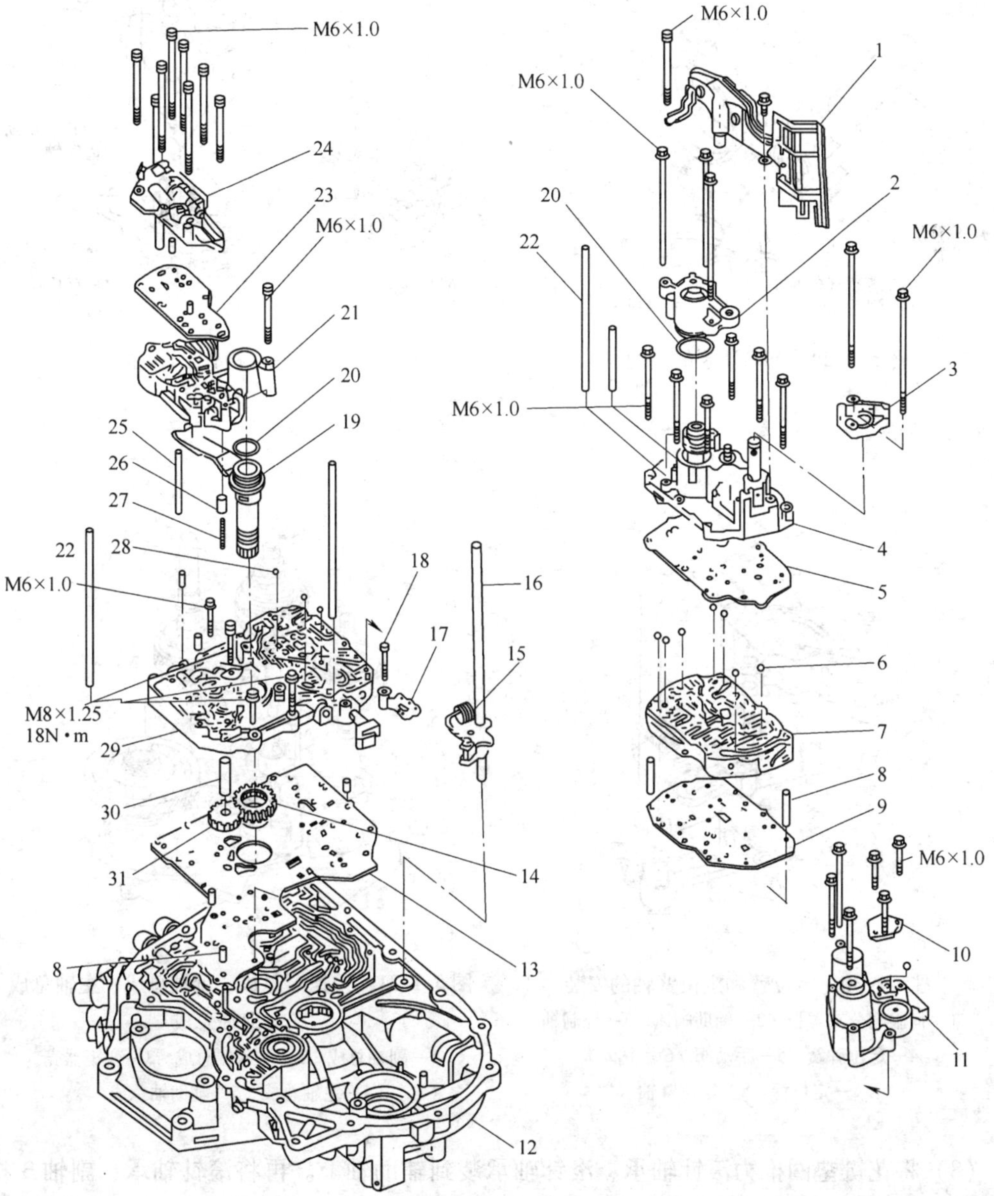

图 5-1-27　自动变速器组装图

1—ATF 过滤器　2—4 档蓄压器盖　3—伺服阀定位座　4—伺服阀体　5—伺服阀分离器板　6—单向球（7 个）　7—辅助阀体　8—定位销　9—辅助分离器板　10—蓄压器阀体盖　11—1 档/2 档蓄压器阀体　12—变矩器壳　13—主阀体分离器板　14—ATF 油泵从动齿轮　15—定位弹簧　16—控制轴　17—定位臂　18—定位臂轴　19—定子轴　20—O 形圈　21—调节器阀体　22—ATF 供油管　23—节气门阀分离器板　24—节气门阀体　25—限位轴　26—变矩器单向阀　27—单向阀弹簧　28—单向球（3 个）　29—主阀体　30—ATF 油泵从动齿轮轴　31—ATF 油泵主动齿轮

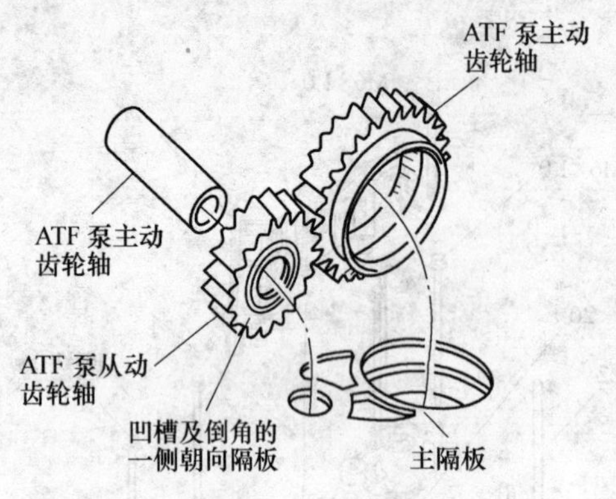

图 5-1-28　ATF 油泵的装配

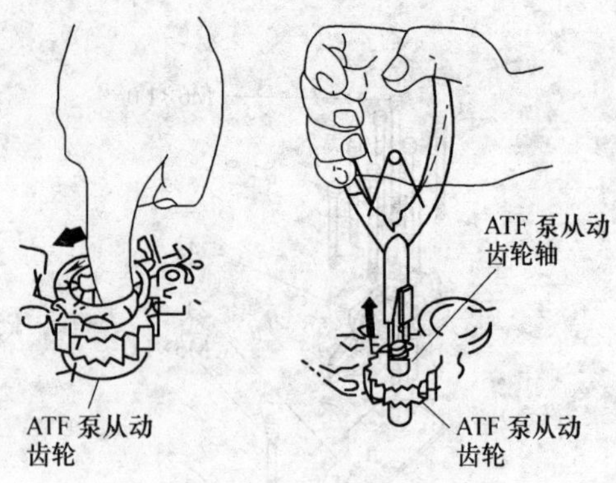

图 5-1-29　检查 ATF 油泵

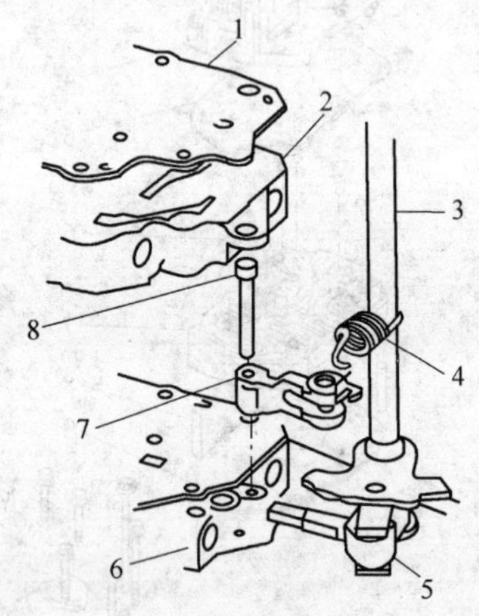

图 5-1-30　定位臂和定位臂轴的安装

1—伺服阀分离器板　2—辅助阀体　3—控制轴　4—定位弹簧　5—手动阀　6—主阀体　7—定位臂　8—定位臂轴

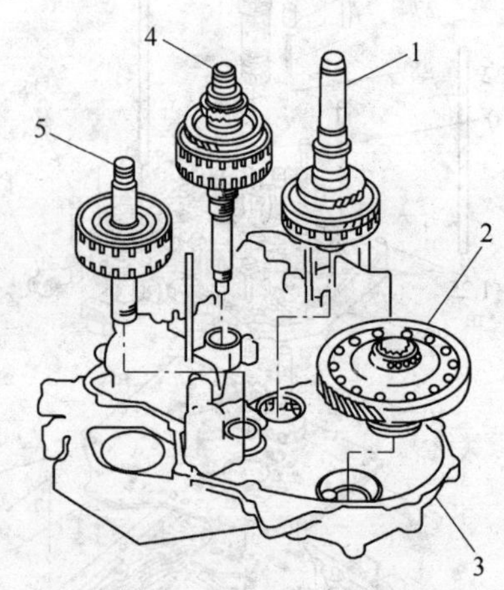

图 5-1-31　差速器总成、副轴总成、主轴总成和辅助轴总成

1—副轴总成　2—差速器总成　3—变矩器壳　4—主轴总成　5—辅助轴总成

(8) 将花键垫圈推力滚针轴承、滚针轴承装到辅助轴上。再将滚针轴承、副轴 3 档齿轮、倒档选择器毂、倒档选择器及换档拨叉等依次装到副轴上，如图 5-1-32 所示。

(9) 装配时，转动换档拨叉使带倒角的大孔对着换档拨叉的螺栓孔，然后用锁紧垫圈安装换档拨叉和锁紧螺栓，拧紧螺栓、拆弯锁片使之靠在螺栓头上，如图 5-1-33 所示。

(10) 将辅助轴 2 档齿轮装到辅助轴上，副轴倒档齿轮安装到副轴上，然后将副轴 2 档齿轮安装到副轴上，并将推力滚针轴承和止推垫圈安装到副轴上，如图 5-1-34 所示。

(11) 将倒档惰轮装进变速器壳内，然后按图 5-1-35 中所示的方向滑动惰轮。

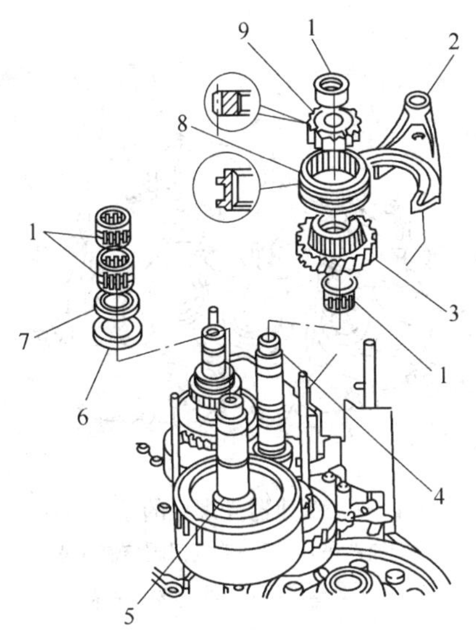

图 5-1-32 副轴及辅助轴上各零件的安装

1—滚针轴承 2—换档拨叉 3—副轴 4 档齿轮 4—副轴 5—辅助轴 6—花键垫圈 7—推力滚针轴承 8—倒档选择器 9—倒档选择器毂

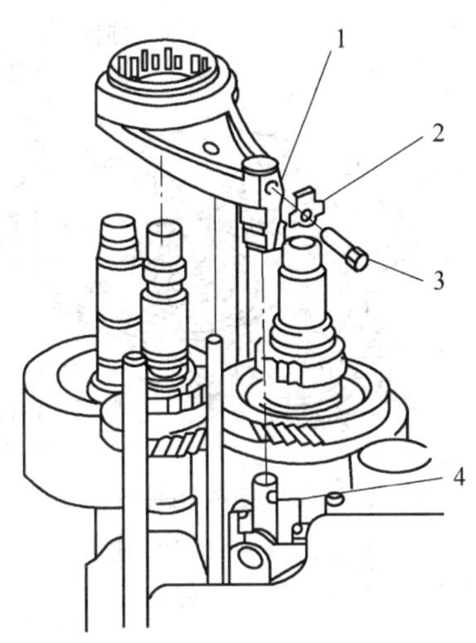

图 5-1-33 换档拨叉的安装

1—换档拨叉螺栓孔 2—锁紧垫圈 3—锁紧螺栓 4—换档拨叉轴螺栓孔

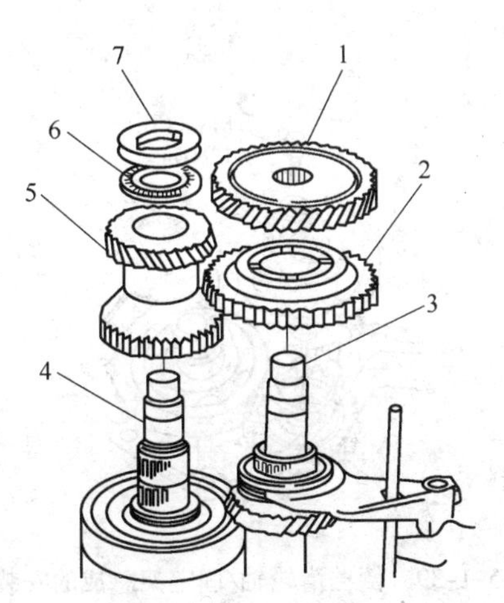

图 5-1-34 2 档齿轮的安装

1—副轴 2 档齿轮 2—副轴倒档齿轮 3—副轴 4—辅助轴 5—辅助轴 2 档齿轮 6—推力滚针轴承 7—止推垫圈

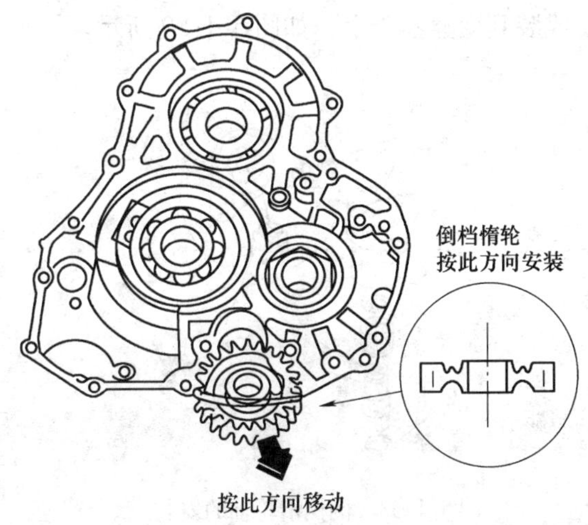

图 5-1-35 倒档惰轮的安装

（12）转动控制轴，如图 5-1-36 所示，使控制轴的弹簧销与变速器壳的槽对齐。

（13）并将 3 个定位销和一个新垫圈装到变矩器壳上。

（14）将变速器壳置于变矩器壳上组合安装。然后，在变速器壳上再安装吊耳、节气门阀控制拉索支架/变速器吊耳，线束支架等，如图 5-1-37 所示。

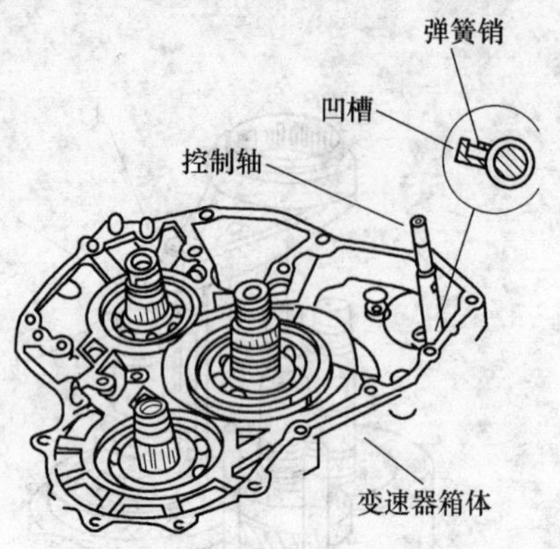

图 5-1-36　使控制轴的弹簧销与变速器壳的槽对齐

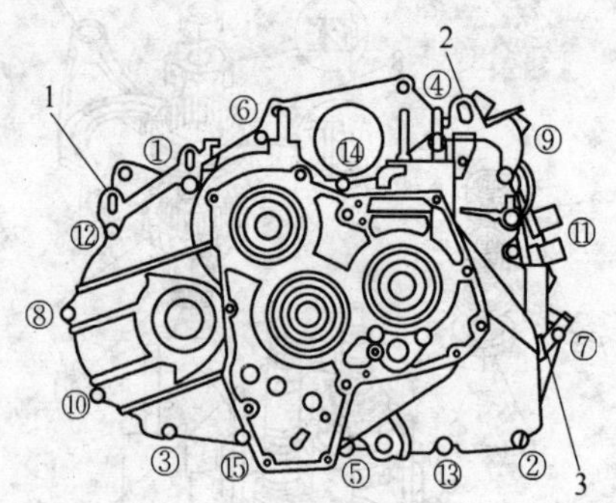

图 5-1-37　变速器壳螺栓的紧固顺序

1—变速器吊耳　2—节气门阀控制拉索支架/变速器吊耳　3—线束支架

（15）组装倒档惰轮轴时，先将 O 形圈和滚针轴承装到倒档惰轮轴上，然后将倒档惰轮轴装进倒档惰轮轴支架内，将倒档惰轮轴的 D 形切口与固定架上的 D 形区域对准，如图 5-1-38 所示。

（16）装配时，应使倒档惰轮与副轴和主轴倒档齿轮啮合，然后将倒档惰轮轴/固定架总成装到变速器壳上，如图 5-1-39 所示。

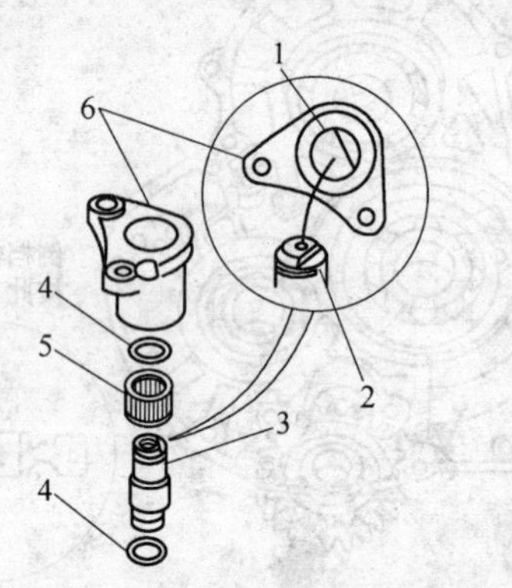

图 5-1-38　倒档惰轮轴的安装

1—D 形区域　2—切口　3—倒档惰轮轴　4—O 形圈　5—滚针轴承　6—倒档惰轮轴固定架

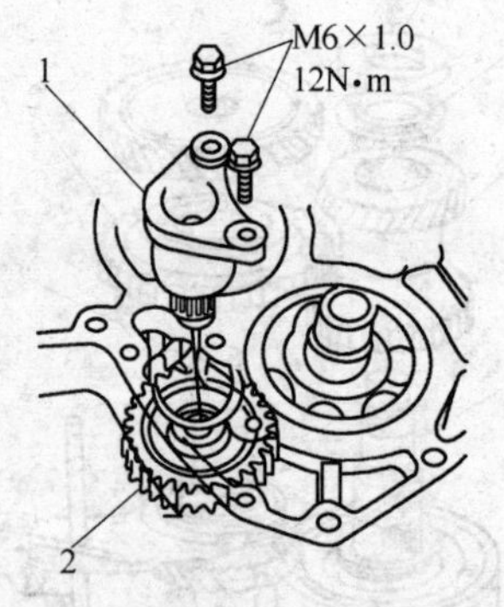

图 5-1-39　倒档惰轮轴/固定架总成的安装

1—倒档惰轮轴/固定架　2—倒档惰轮

（17）将驻车制动杆装到控制轴上，然后换上新垫圈，装上锁紧螺栓，但暂时不要将锁紧螺栓拧紧，也不要折弯锁片。驻车制动杆的安装，如图 5-1-40 所示。

（18）将专用工具套在主轴上，使主轴锁死不转，如图 5-1-41 所示。

（19）安装主轴惰轮，并将锁紧螺母装到主轴上，将惰轮固定，如图 5-1-42 所示。

（20）将辅助轴惰轮装到辅助轴上，再依次将止推垫圈、推力滚针轴承、滚针轴承、副轴惰轮和驻车齿轮安装到副轴上。副轴上各零件的安装如图 5-1-43 所示。

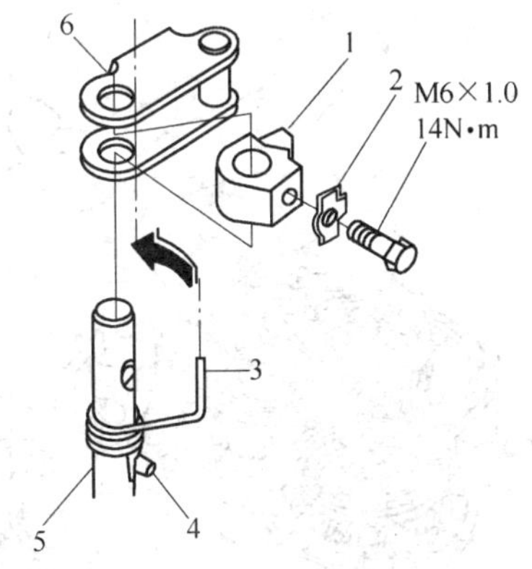

图 5-1-40　驻车制动杆的安装

1—驻车制动限位器　2—锁紧垫圈　3—驻车制动杆弹簧　4—弹簧销　5—控制轴　6—驻车制动杆

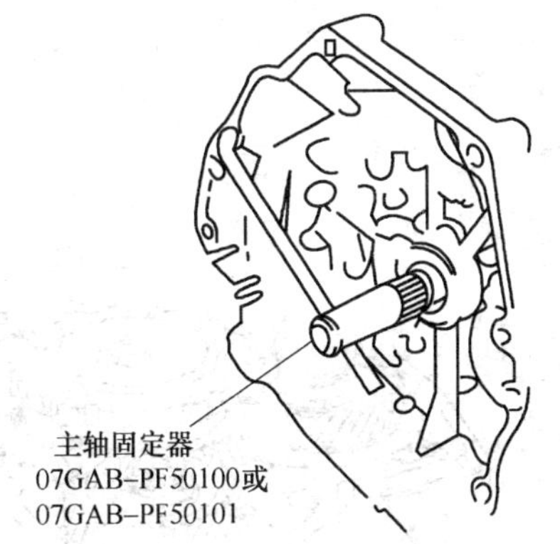

图 5-1-41　专用工具的安装

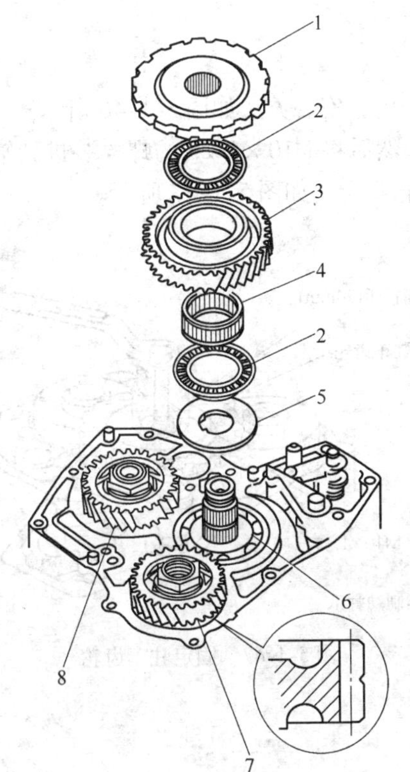

图 5-1-42　各零件的安装

1—驻车齿轮　2—推力滚针轴承　3—副轴惰轮　4—滚针轴承　5—止推垫圈　6—副轴　7—辅助轴惰轮　8—主轴惰轮

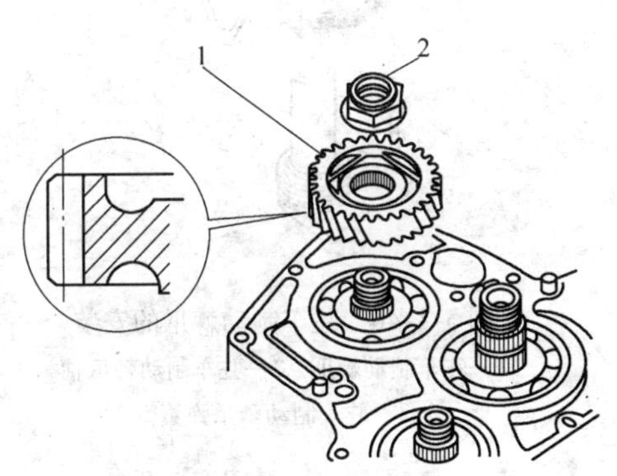

图 5-1-43　惰轮的固定

1—主轴惰轮　2—主轴锁紧螺母

（21）将锁紧螺母装到辅助轴上，一边固定住副轴惰轮，一边拧紧锁紧螺母，将辅助轴惰轮定位，如图 5-1-44 所示。锁紧螺母的紧固转矩为 226N · m。

（22）使用 3. 5mm 的冲头，按图 5-1-45 所示的方法将各锁紧螺母固定。

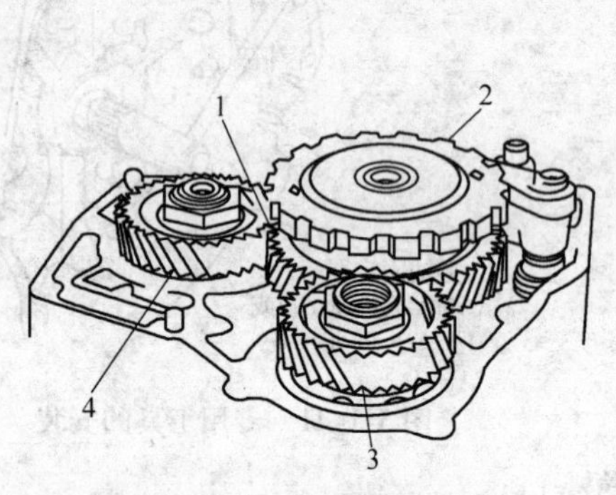

图 5-1-44　辅助轴惰轮的定位

1—副轴惰轮　2—驻车齿轮　3—辅助轴惰轮　4—主轴惰轮

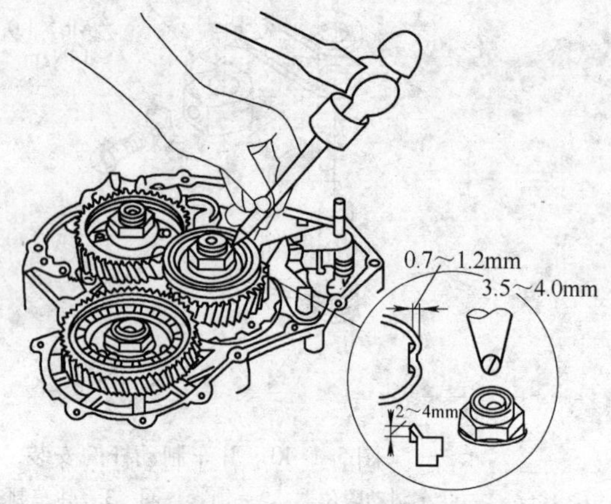

图 5-1-45　锁紧螺母固定的方法

(23) 将驻车制动棘爪轴和弹簧装进变速器壳内，安装方法如图 5-1-46 所示。

(24) 将 24mm 的套筒扳手置于驻车齿轮上，然后将 M10 ×1. 25 的螺栓装进副轴，并向上移动驻车制动棘爪，使驻车制动棘爪与驻车齿轮啮合，如图 5-1-47 所示。

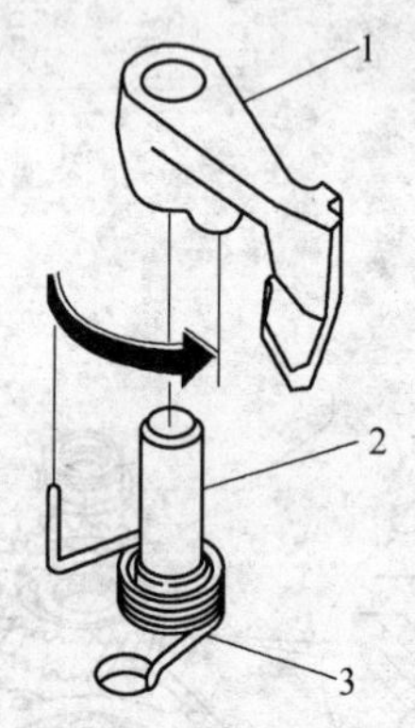

图 5-1-46　驻车制动棘爪的安装

1—驻车制动棘爪　2—驻车制动棘爪轴　3—驻车制动棘爪弹簧

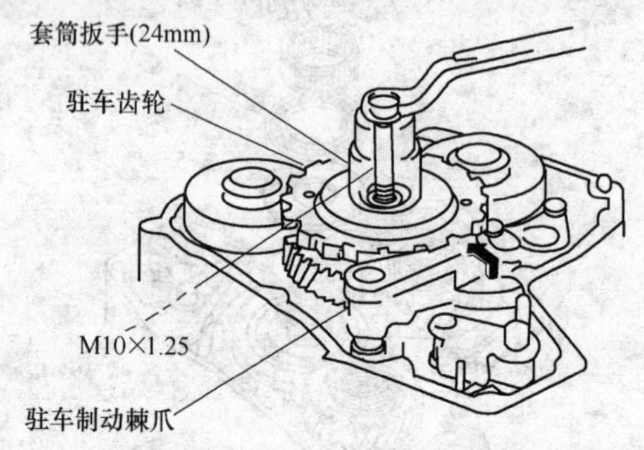

图 5-1-47　固定驻车齿轮

(25) 将驻车制动杠杆置 P 位置，然后检查并确认驻车制动锁块与驻车锁止轮已啮合良好（必要时换用不同规格的驻车制动杆档块予以调整）。

(26) 如图 5-1-48 所示，拧紧驻车制动杠杆的锁紧螺栓，然后将锁紧垫圈的锁片向螺栓头方向弯折。

(27) 安装右端盖。将节气门阀控制杆和弹簧安装到节气门阀控制轴上，如图 5-1-49 所示。

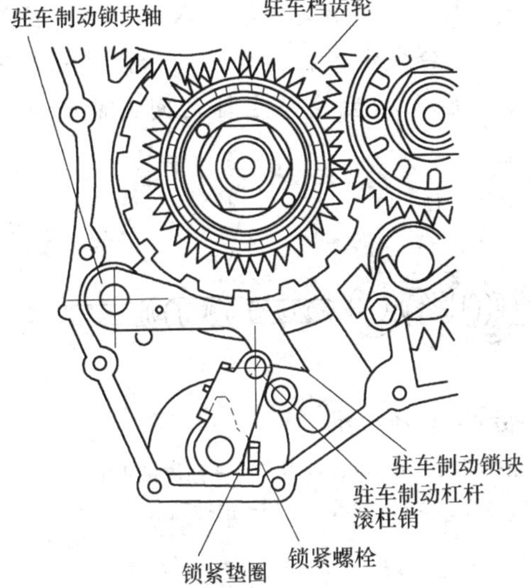

图 5-1-48　拧紧驻车制动杠杆的锁紧螺栓

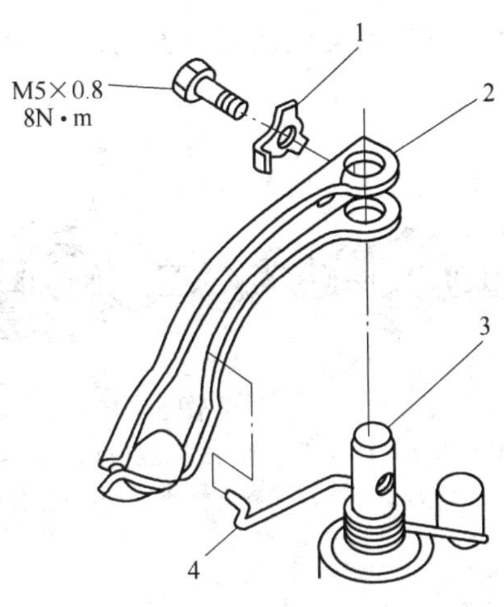

图 5-1-49　节气门阀控制杆和弹簧的安装
1—锁圈　2—节气门阀控制杆　3—节气门阀控制轴　4—节气门阀控制杆弹簧

案例链接

案例 1　雅阁轿车行驶速度大约 50km/h 时，发动机转速突然升高空转，自动变速器驱动打滑

车型：本田雅阁 2.2L 轿车。

故障现象：雅阁轿车曾因碰撞使自动变速器中间壳体破裂而解体检修，修复变速器壳体并装复后，便出现时速大约 50km/h 时，发动机转速突然升高空转，自动变速器驱动打滑的现象。

诊断与排除：根据上述故障现象，明显说明故障是在维修过程中产生的。拆检自动变速器，对壳体、离合器摩擦片及液压活塞、控制阀等进行检查，均没有发现异常。

于是进行路试，发现变速器各个档位换档情况正常，起车及起步后加速情况良好，驱动有力。在 D4 位行驶车速在 25 ~ 30km/h，发动机转速在 1 800 ~ 2 000r/min 时发生了一次档位的自动转换，再继续加速行驶也较正常。但车速上升到 50km/h 左右的速度时，就出现发动机空转自动变速器打滑的现象。经过仔细分析，初步认定为 3 档工作时存在打滑现象。为了进一步证实，将变速杆置于 2 位，使汽车加速行驶到 80 ~ 90km/h 时，放松加速踏板使节气门处于小开度状态，同时将变速杆直接从 2 位推到 D4 档，也就是说，让自动变速器直接从 2 档升到 4 档状态下工作，跳过 3 档。然后继续加速发动机，车速也能随之升高到 120km/h 以上，但车速降到 50km/h 以下后再重新加速，又出现打滑现象。据此可确定为 3 档传动时打滑现象。

检查液压系统，对 3 档离合器油压进行测试，没发现什么异常现象，于是拆检变速器，检查到 3 档离合器的油路畅通无阻，齿轮机构与离合器也没发现有损坏及错误现象。对主轴上通向 3、4 档离合器的油道通入压力气体，检查其工作情况。向 4 档离合器通入气压后，离合器接合，将4档齿轮与主轴连为一个整体。向3档离合器通入气压后，虽然用手不能将3档齿轮与主轴相互转动，但这时仔细观察会发现3档离合器的摩擦片根本没被压紧结合，也没发现有明显的漏气现象，断开气压后3档齿轮与主轴之间又能够相对转动。

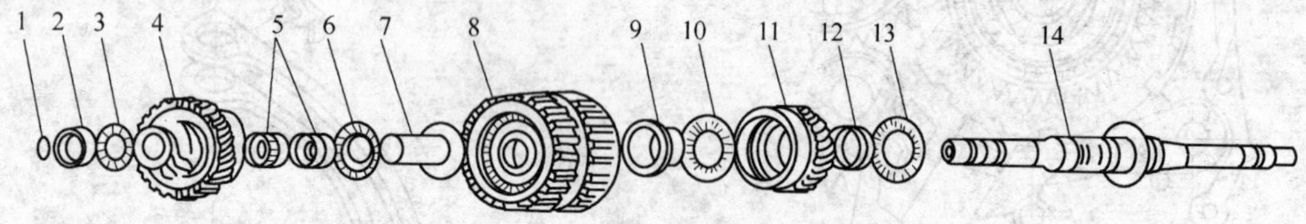

图5-1-50　3、4档离合器及齿轮机构结构图

1—限位卡簧　2—限位轴承　3—滚针轴承　4—4档齿轮　5—滚针轴承　6—滚针轴承　7—4档齿轮轴环　8—3、4档离合器　9—3档齿轮轴环　10—滚针轴承　11—3档齿轮　12—滚针轴承　13—滚针轴承　14—轴

经过仔细的检查，发现3档齿轮内的3档齿轮轴环装反了。图5-1-50为主轴3、4档齿轮及离合机构正确的组成结构。3档齿轮轴环装反后就成图5-1-51的情况。在离合器工作过程中，在液压油的推动作用下，使活塞向左运动，压紧摩擦片结合3档齿轮实现传动。在3档齿轮轴环被装反后，3档齿轮就向右移动了一段距离，而离合器毂却在原来的位置而被右移，这样在离合器的工作过程中，活塞向左运动到一定位置就被3档齿轮档住了，而不能继续运动将摩擦片压紧，使之不能传递动力。

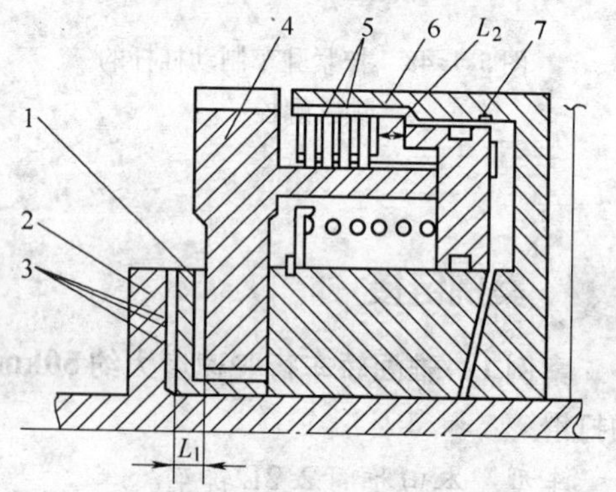

图5-1-51　装反轴环后实际工作情况示意图

1—3档齿轮轴环　2—轴　3—滚针轴承　4—3档齿轮　5—离合器片　6—离合器毂　7—离合器活塞　L_1—装反轴环后齿轮移动的距离　L_2—活塞工作时距离合器的距离

重新装复变速器试车，各档均正常。

案例2　雅阁轿车自动变速器前进档完全正常，而挂上倒档时汽车无法移动，且变速器内部有刺耳的金属刮擦声。

车型：1995款本田雅阁轿车。

故障现象：自动变速器前进档完全正常，而挂上倒档时车无法移动，且变速器内部有刺耳的金属刮擦声。

诊断与排除：根据上述故障现象，初步判断为倒档啮合套未能与倒档从动齿轮啮合，而引起异响。经拆检，发现倒档啮合套及倒档从动齿轮啮合面已被打坏，因而不能进入啮合。

究其原因，可能是倒档啮合套、倒档拨叉上的伺服缸内密封圈损坏，漏油而使活塞压力不足，最终导致拨叉不能将啮合套推入正常位置而引起损坏。另一个原因则是操作不当，前进档行车时，将变速杆推入倒档位置，引起强烈冲击将啮合面打坏。

由于生产过程中经过严格检验，所以排除零件尺寸及装配方面的误差引起故障的因素。将伺服缸拆下，检查内部活塞及密封圈，并未发现有任何损伤。因此可以判定故

障是操作不当引起的。更换损坏的零件，装好后试车，前进档及倒档均正常，故障排除了。

资料链接

1. 本田 MAXA 自动变速器的结构

本田 MAXA 自动变速器的传动，如图 5-1-52 所示。本田 MAXA 自动变速器的结构如图 5-1-53 所示。

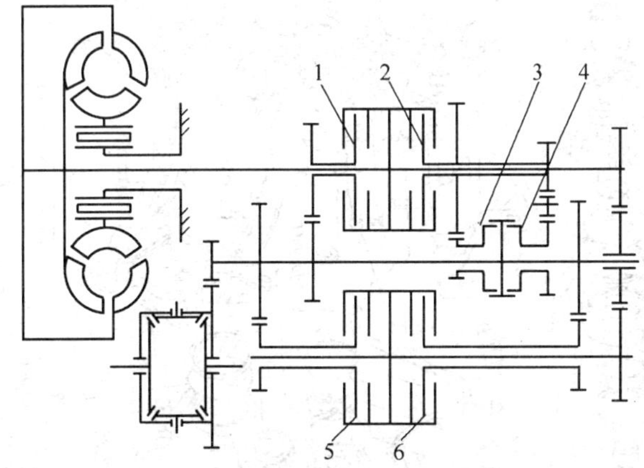

图 5-1-52 本田 MAXA 自动变速器传动图

1—3 档离合器 2—4 档/倒档离合器 3—4 档从动齿轮 4—倒档从动齿轮 5—1 档离合器 6—2 档离合器

2. 本田 MAXA 自动变速器的档位分析

本田 MAXA 自动变速器的档位分析如表 5-1-5 所示。

表 5-1-5 本田 MAXA 自动变速器档位分析

变速杆位置	档　　位	3 档离合器	超速档倒档离合器	超速档滑套	倒档滑套	1 档离合器	2 档离合器
D4	1 档					接合	
	2 档						接合
	3 档	接合					
	4 档		接合	接合			
3	1 档					接合	
	2 档						接合
	3 档	接合					
2	2 档						接合
1	1 档					接合	
R	倒档		接合		接合		
P/N	驻车档/空档	所有离合器均不接合					

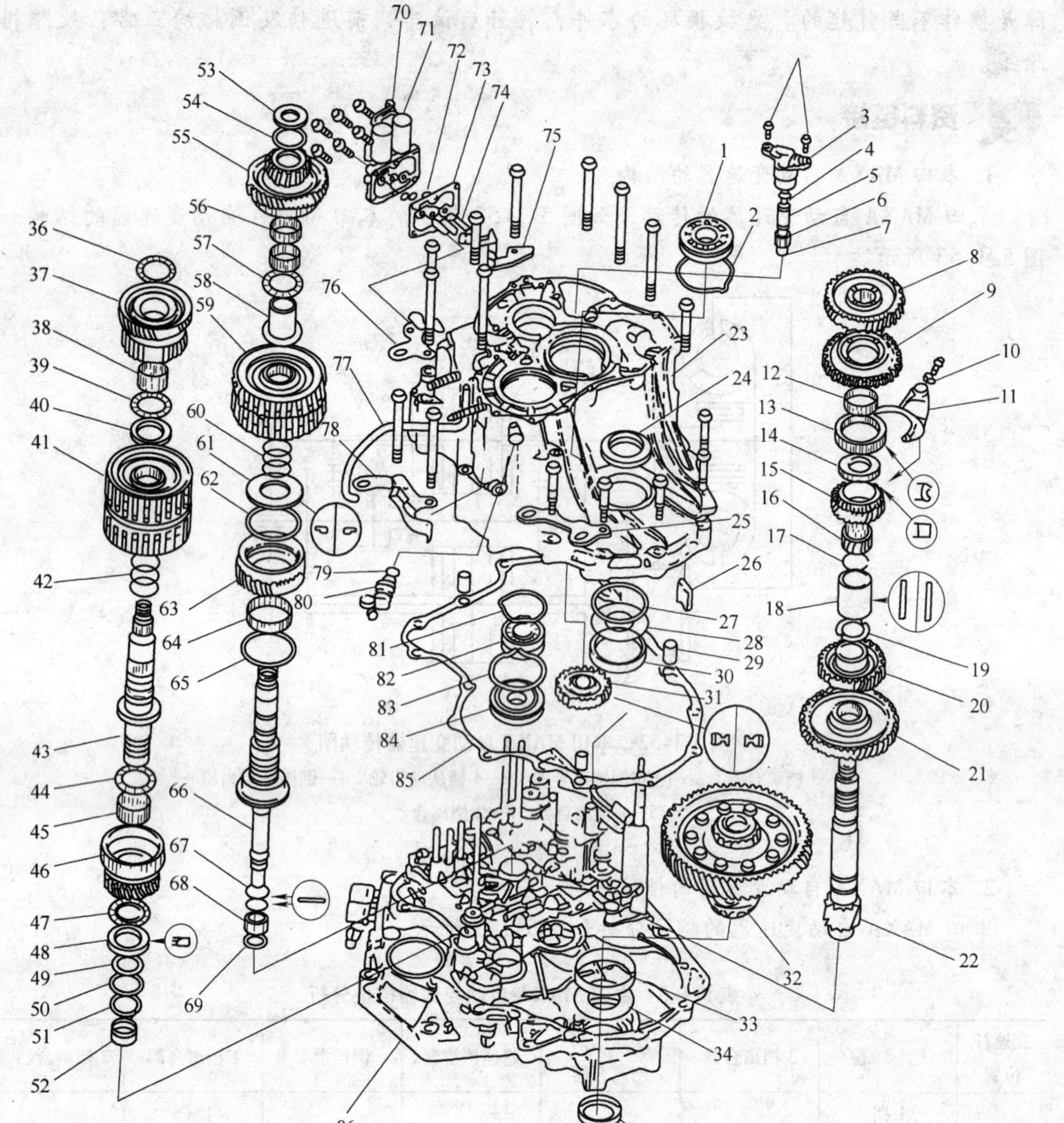

图 5-1-53　本田 MAXA 自动变速器的结构

1—中间轴变速器箱体轴承　2—弹簧卡环　3—倒档惰轮轴托架　4—O 形圈（更换）　5—倒档惰轮轴　6—滚针轴承　7—O 形圈（更换）　8—中间轴 2 档齿轮　9—中间轴倒档齿轮　10—锁紧垫圈（更换）　11—倒档换档拨叉　12—滚针轴承　13—倒档接合套　14—倒档接合套轴套　15—中间轴 4 档齿轮　16—滚针轴承　17—弹簧卡环　18—间隔轴套　19—开口销 31mm　20—中间轴 3 档齿轮　21—中间轴 1 档齿轮　22—中间轴　23—变速器箱体　24—油封（更换）　25—变速器吊架　26—变速器磁体　27—止推垫片 76mm（有不同尺寸规格）　28—止推垫圈　29—定位销　30—滚锥轴承外圈　31—倒档惰轮　32—差速器总成　33—滚锥轴承外圈　34—止推垫圈 80mm　35—油封（更换）　36—止推滚针轴承　37—副轴 2 档齿轮　38—滚针轴承　39—止推滚针轴承　40—止推垫片 37×55（有不同尺寸规格）　41—1 档/2 档离合器总成　42—O 形圈（更换）　43—副轴　44—止推滚针轴承　45—滚针轴承　46—副轴 1 档齿轮　47—止推滚针轴承　48—花键连接式垫圈 38mm×56.5mm（有不同尺寸规格）　49—开口销 32　50—开口销定位环　51—弹簧卡环　52—密封圈　53—止推垫圈 27mm×47mm×5mm　54—止推滚针轴承　55—主轴 4 档齿轮　56—滚针轴承　57—止推滚针轴承　58—4 档齿轮轴肩　59—3 档/4 档离合器总成　60—O 形圈（更换）　61—止推垫片 42mm×72mm（有不同尺寸规格）　62—止推滚针轴承　63—主轴 3 档齿轮　64—滚针轴承　65—止推滚针轴承　66—主轴　67—密封圈　68—滚针轴承　69—定位环　70—线束夹支座　71—A/T 离合器压力控制电磁阀 A/B 总成　72—O 形圈（更换）　73—A/T 离合器压力控制电磁阀密封垫（更换）　74—ATF 供油管　75—变速器搭铁线端子支座/插头支座　76—变速器吊架　77—通风管　78—变速器吊架/插头支座　79—O 形圈（更换）　80—中间轴转速传感器　81—弹簧卡环　82—主轴变速器箱体　83—弹簧卡环　84—副轴变速器箱体轴承　85—变速器箱体密封垫（更换）　86—液力变矩器壳体

综合练习

一、填空题

1. 本田雅阁轿车自动变速器变速杆有 7 个位置，分别是________、________、________、________、________、________、________。

2. 本田雅阁轿车平行轴自动变速器采用普通接合套挂档的是________和________档。

3. 本田雅阁轿车平行轴自动变速器换档执行元件中没有________。

4. 本田雅阁轿车平行轴自动变速器采用________啮合齿轮泵。

二、选择题

1. 本田雅阁轿车自动变速器的三根轴中采用左旋螺纹的轴是（　　）。

   A. 输入轴　　B. 输出轴　　C. 中间轴

2. 本田雅阁轿车自动变速器的 1 档离合器在（　　）档工作。

   A. 所有前进　　B. 1

3. 本田雅阁轿车自动变速器的倒档与（　　）档共用一个离合器。

   A. 3　　B. 4

4. 本田雅阁轿车自动变速器中（　　）制动器。

   A. 没有　　B. 有

三、问答题

1. 本田雅阁轿车自动变速器共有多少个轴承？分别安装在什么地方？

2. 本田雅阁轿车自动变速器的单向离合器装反会有什么样的故障现象？

项目六 复合式自动变速器检修

学习目标

☆ 能够分析丰田 A761E 自动变速器档位及传动路线
☆ 能够拆装飞度无级变速器
☆ 能诊断飞度无级变速器的基本故障
☆ 拆装 A761E 自动变速器
☆ 能绘本田 CVT、大众 CVT、DSG 自动变速器传动简图

任务一　丰田 A761E 自动变速器的传动路线与检修

一、丰田 A761E 自动变速器概述

日本丰田公司新款雷克萨斯、皇冠等轿车搭载 A761E 自动变速器（图 6-1-1、6-1-2），是 6 个前进档、1 个倒档，电子控制手动/自动一体化式自动变速器。四个离合器、四个制动器、四个单向离合器、共计 12 个执行元件。按照维修资料的顺序将执行元件进行排列即：从左至右 C2、C3、C4、C1、F4、B3、F2、F1、B1、B2、F3、B4。

A761E 自动变速器有三个行星齿轮排。

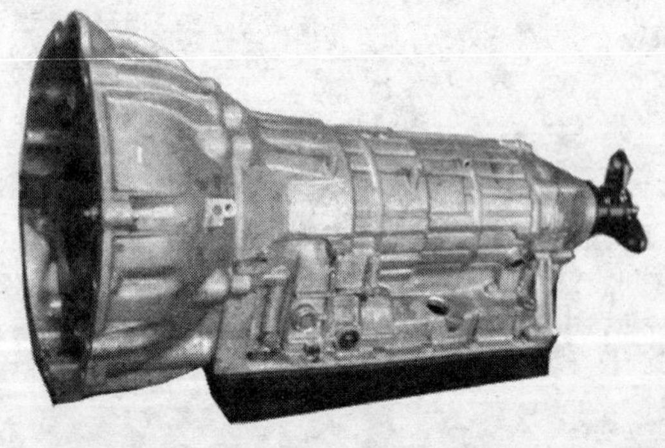

图 6-1-1　A761E 自动变速器整体外观

图 6-1-2　解体后零件图

前排：前排是一个双级行星排（两个行星轮）。行星架被单向离合器 F1 和制动器 B1 控制。

中排：中排与后排是公共太阳轮（并联），中排齿圈与前排齿圈并联，中排行星架与后排齿圈串联，B4、F3 可以控制。

后排：后排行星架为被动输出轴。

离合器 C1 和 C4 接合都是向中、后排公共太阳轮输入动力，不过 C1 中间有一个单向离合器 F4 输出轴反衬动力时内圈可以打滑，为经济模式。C4 是直接的输出轴反衬动力时不会打滑，为动力模式。A761E 自动变速器传动实物如图 6-1-3 所示。

这款自动变速器的 1、2、3、4 档既有经济模式又有动力模式，在档位和行驶模式之间切换的可靠性与平顺性都较好，燃油经济性动力性也好。A761E 自动变速器传动实物图如图 6-1-3 所示。A761E 自动变速器传动立体图和简图如图 6-1-4、图 6-1-5 所示。A761E 自动变速器各档工况见表 6-1-1。

图 6-1-3　A761E 自动变速器传动实物

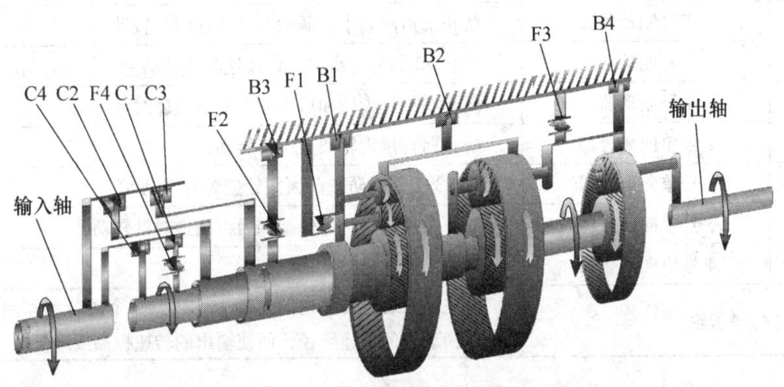

图 6-1-4　A761E 自动变速器传动立体图

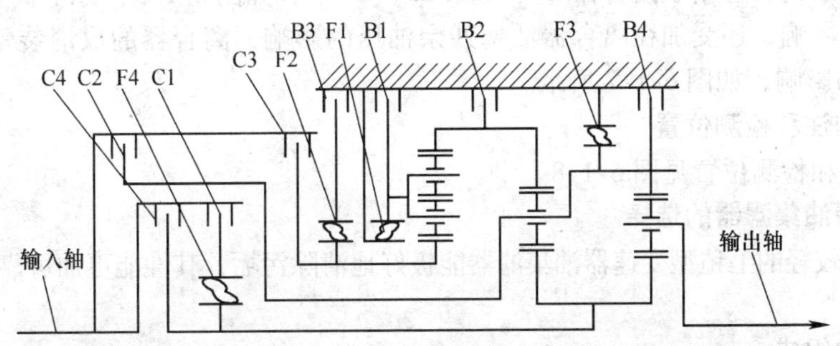

图 6-1-5　A761E 自动变速器传动简图

表 6-1-1　A761E 自动变速器各档工况

变速杆在D位						动力档位				
D1	D2	D3	D4	D5	D6	1	2	3	4	R
C1	C1	C1	C1	C2	C2	C4	C4	C4	C4	C3
F4	F4	F4	F4	C3	B2	B4	B2	C3	C2	B1
F3	B3	C3	C2	B1				B1		B4
	F2	F1								
	F1									

二、丰田 A761E 自动变速器一般检修

1. A761E 自动变速器执行元件

A761E 自动变速器各执行元件用途见表 6-1-2。

表 6-1-2　A761E 自动变速器各执行元件用途

组　件		功　能
C1	1 号离合器	连接输入轴和中间轴
C2	2 号离合器	连接输入轴和行星齿轮架
C3	3 号离合器	连接输入轴和前太阳轮
C4	4 号离合器	连接输入轴和中间轴
B1	1 号制动器	防止前行星齿轮架顺时针或逆时针转动
B2	2 号制动器	防止前齿圈和中齿圈顺时针或逆时针转动
B3	3 号制动器	防止 F2 的外座圈顺时针或逆时针转动
B4	4 号制动器	防止中行星齿轮和后齿圈顺时针或逆时针转动
F1	1 号单向离合器	防止前行星齿轮架逆时针转动
F2	2 号单向离合器	当 B3 工作时防止前太阳轮逆时针转动
F3	3 号单向离合器	防止中、前行星齿轮架和后齿圈逆时针转动
F4	4 号单向离合器	防止中间轴逆时针转动
行星齿轮		这些齿轮通过传递过的驱动力，按照每个离合器和制动器的工作情况转换动力的传递路径，而使输出的转速提高或降低

2. 离合器的取消装置

离合器的取消装置用于离合器 C1、C2、C3、C4 上，如图 6-1-6 所示。离合器不仅受阀体控制压力的影响，还受加在离合器活塞残余油压的影响，离合器的取消装置是利用 B 腔来降低 A 腔的影响，如图 6-1-7 所示。

3. 油品加注和检测位置

油品加注和检测位置见图 6-1-8。

4. 变速器油集滤器的选择

采用质量较轻的毛毡型变速器油集滤器能极好地清除污垢，其性能更加可靠，如图 6-1-9 所示。

5. 阀体的组成

阀体的组成如图 6-1-10 所示。

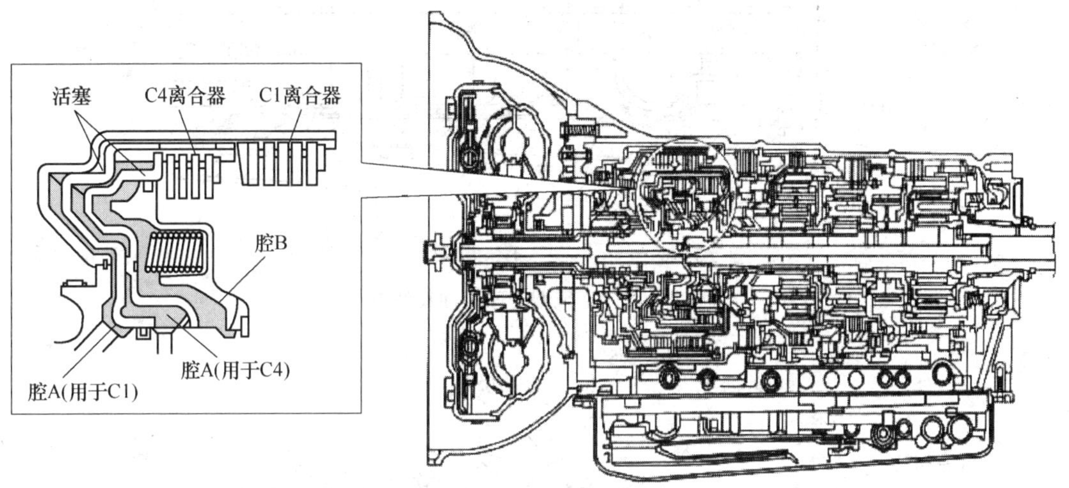

图 6-1-6　离合器的取消装置

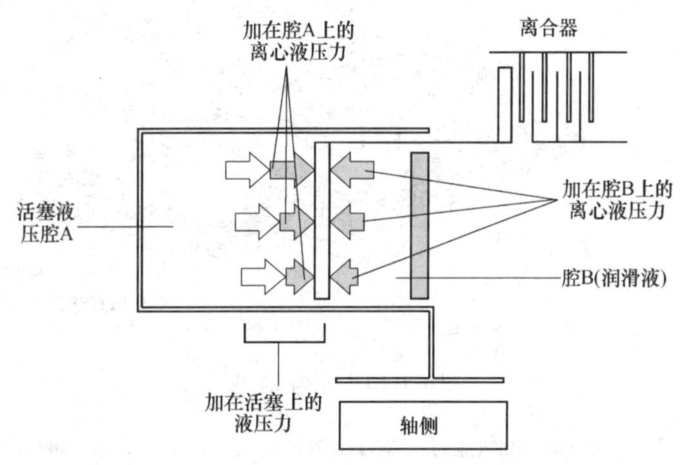

图 6-1-7　利用 B 腔来降低 A 腔的影响

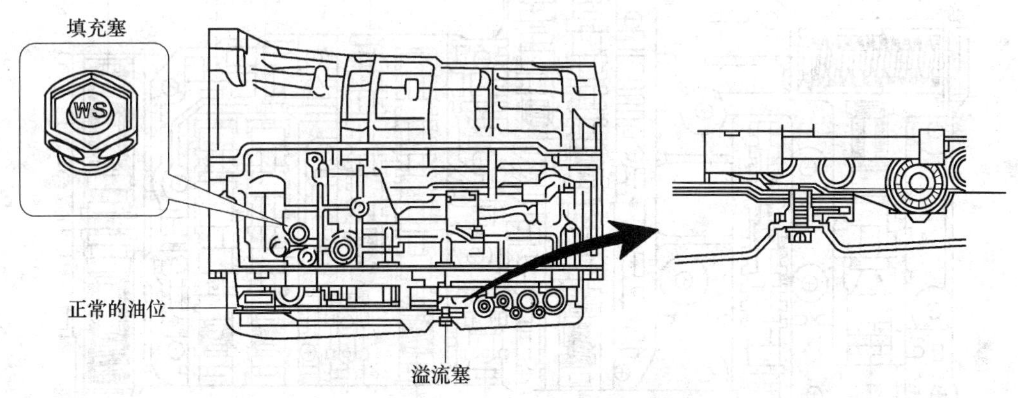

图 6-1-8　油品加注和检测位置

6. 滑阀的位置和名称

滑阀的位置和名称如图 6-1-11 ~ 图 6-1-14 所示。

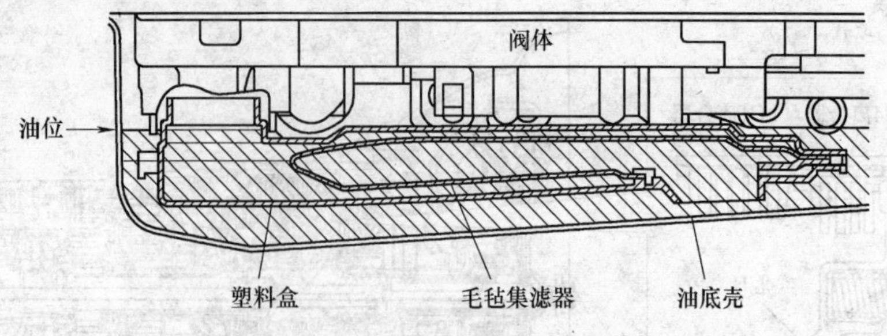

图 6-1-9　毛毡型变速器油集滤器

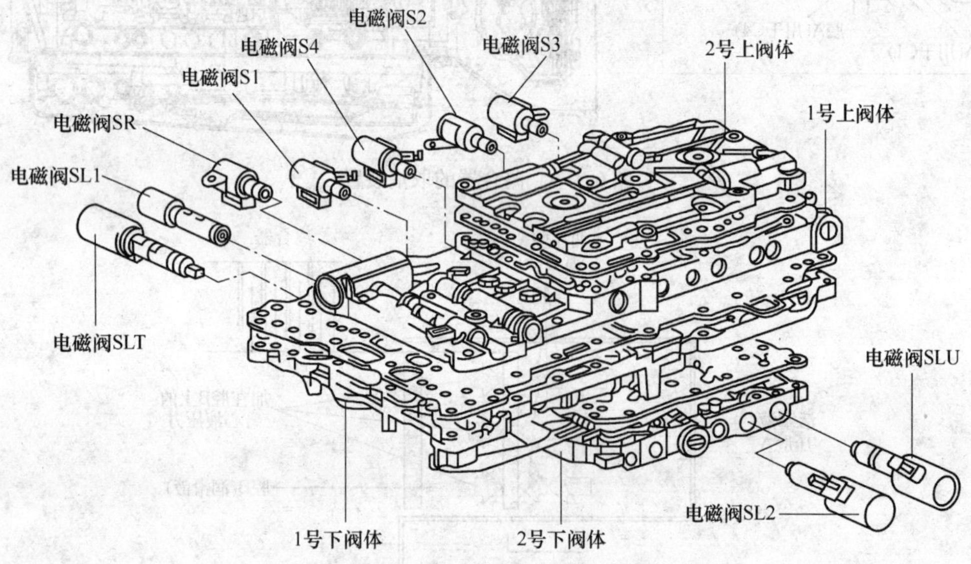

图 6-1-10　阀体的组成

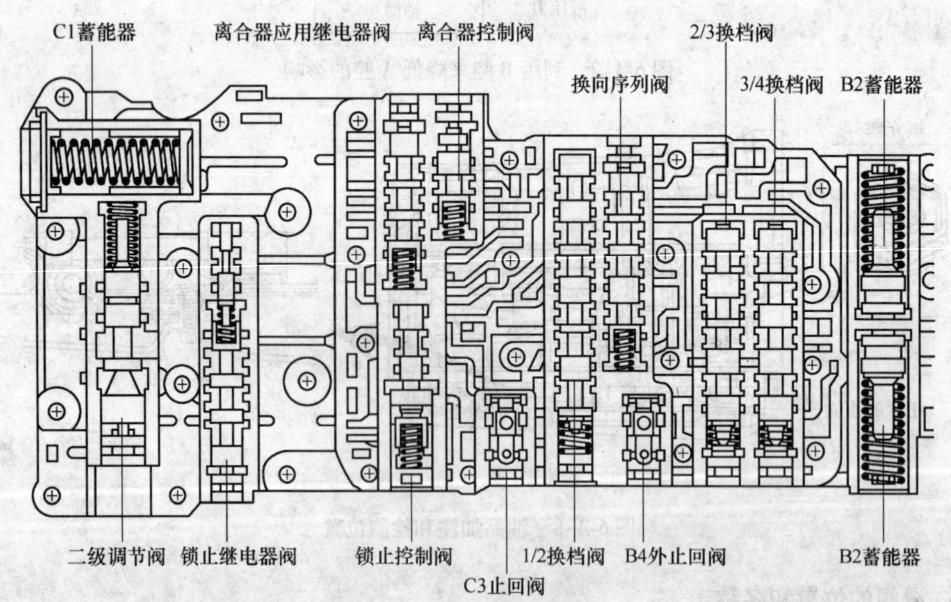

图 6-1-11　1 号上阀体结构

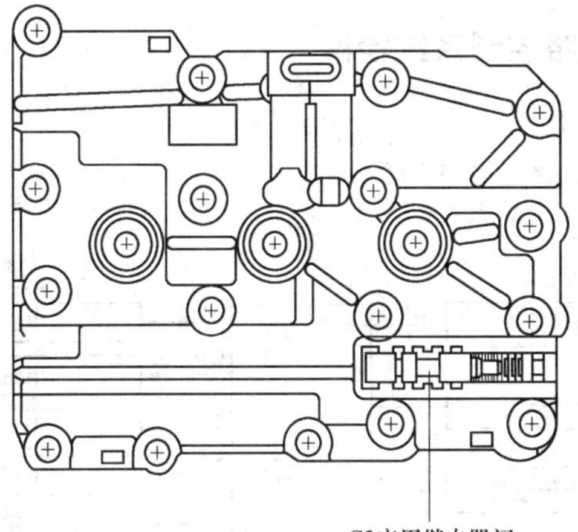

图 6-1-12 2 号上阀体结构

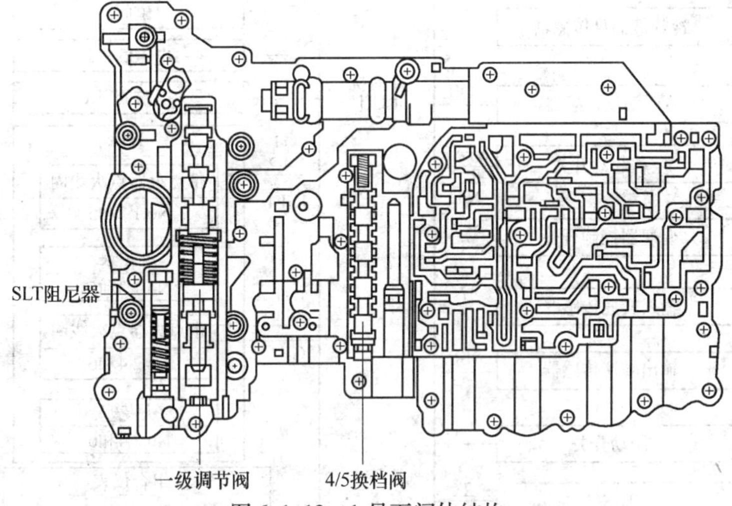

图 6-1-13 1 号下阀体结构

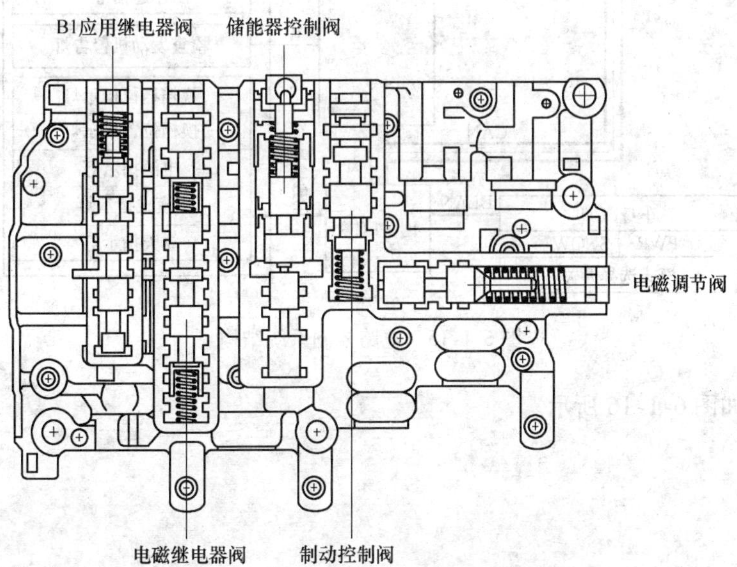

图 6-1-14 2 号下阀体结构

三、自动变速器电路控制系统检修

1. 电路控制系统的结构

电路控制系统的结构如图 6-1-15 所示。

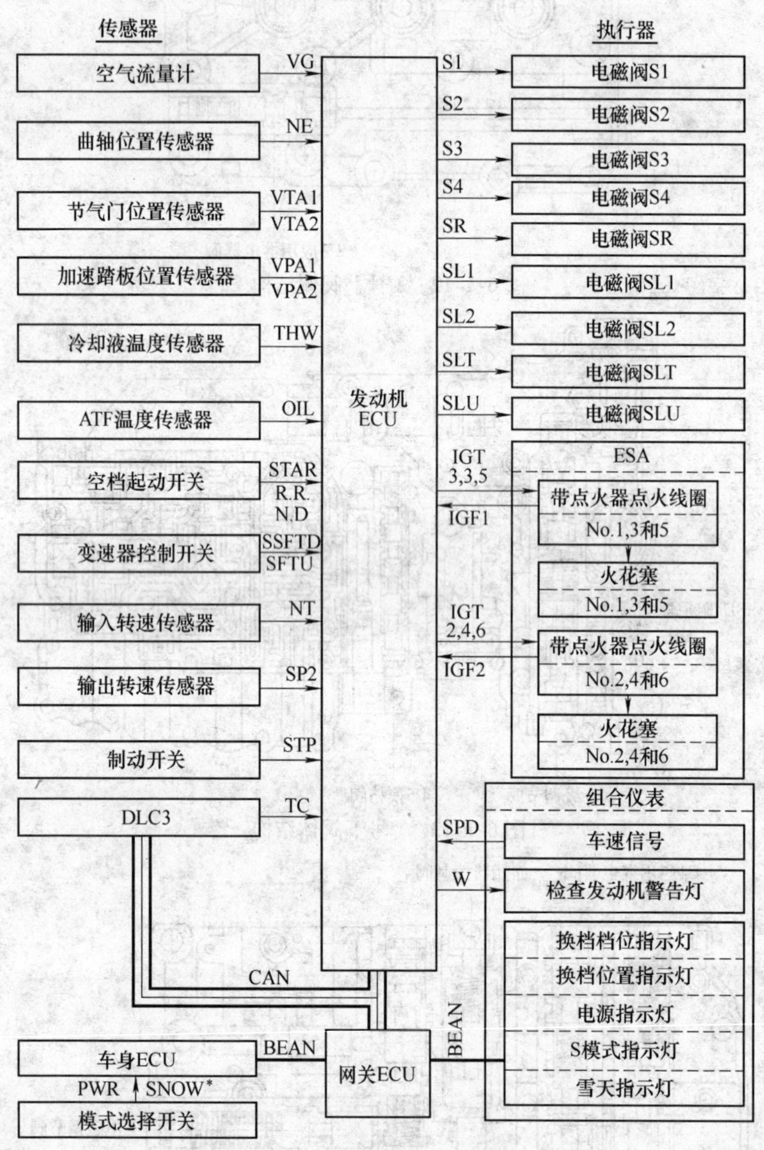

图 6-1-15 电路控制系统结构

组件位置如图 6-1-16 所示。

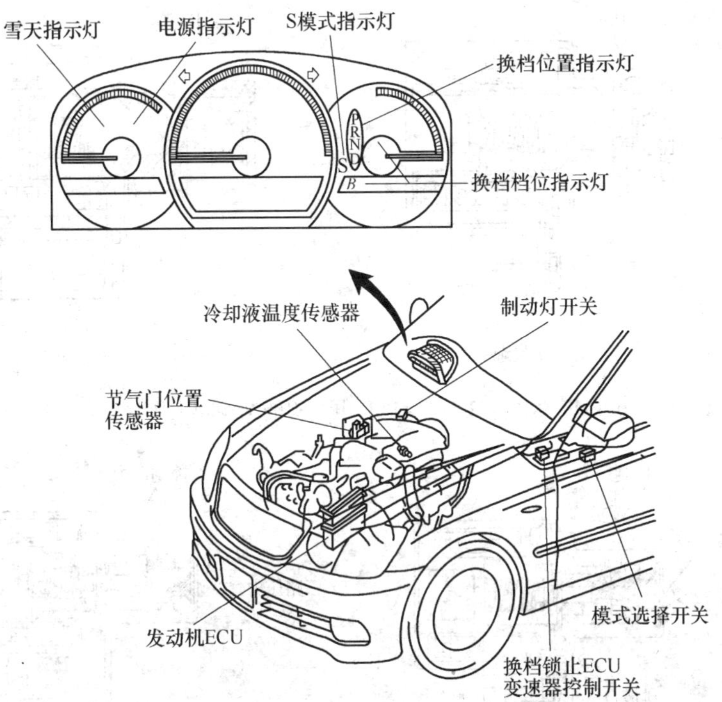

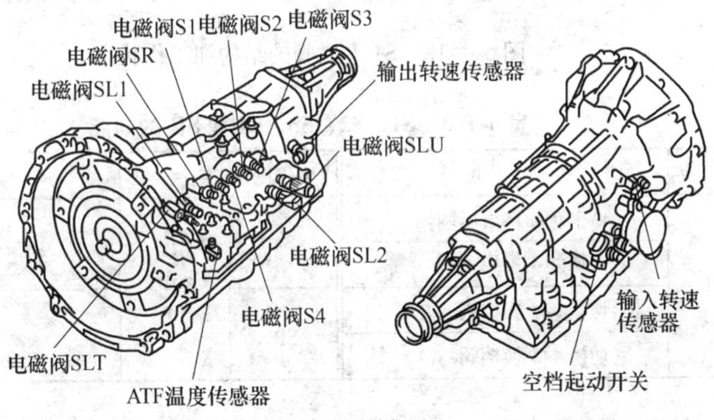

图 6-1-16 组件位置

2. 电磁阀

（1）S1、S2、S3 和 SR 电磁阀的结构和工作状态如图 6-1-17 所示。

（2）S4 电磁阀的结构和工作状态如图 6-1-18 所示。

（3）S1、S2、S3、S4 和 SR 的功能见表 6-1-3。

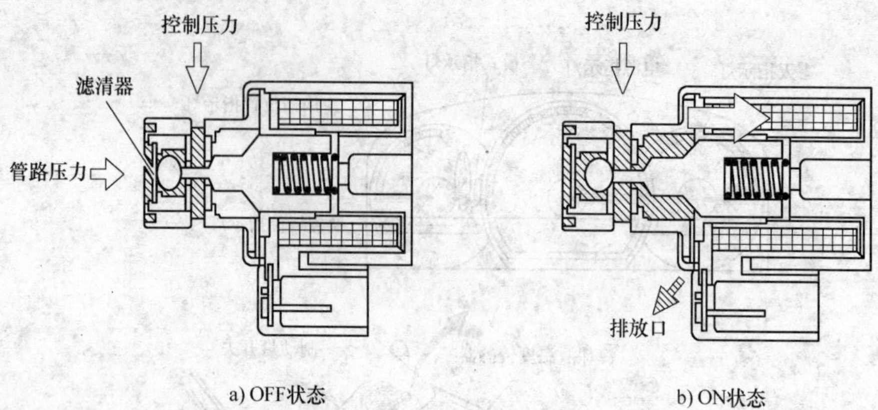

图 6-1-17　S1、S2、S3 和 SR 电磁阀的结构和工作状态

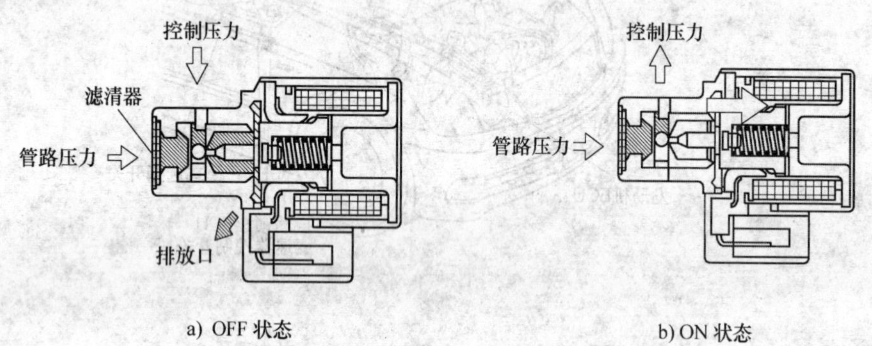

图 6-1-18　S4 电磁阀的结构和工作状态

表 6-1-3　S1、S2、S3、S4 和 SR 的功能

电磁阀	类　型	功　能	电磁阀	类　型	功　能
S1	3 向	切换 1/2 换档电磁阀	S4	3 向	切换 SL1 继电器阀 切换换向序列阀
S2		切换 SL1 继电器阀			
S3		切换 3/4 换档阀	SR		切换 C4 继电器阀 切换 B1 继电器阀
S4		切换 4/5 换档阀			

（4）SL1、SL2、SLT 和 SLU 电磁阀的结构和特性如图 6-1-19 所示。

（5）SL1、SL2、SLT 和 SLU 电磁阀的功能见表 6-1-4。

表 6-1-4　SL1、SL2、SLT 和 SLU 电磁阀功能

电 磁 阀	功　能	电 磁 阀	功　能
SL1	离合器压力控制 储能器背压控制	SLT	管路压力控制 储能器背压控制
SL2	制动压力控制	SLU	锁止离合器压力控制

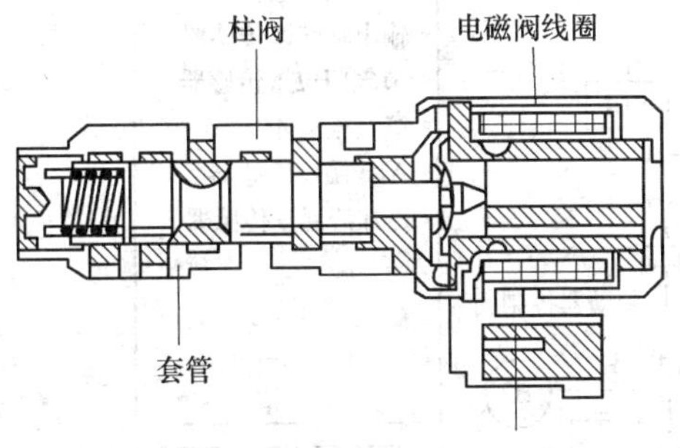

a) SL1、SL2 电磁阀的结构

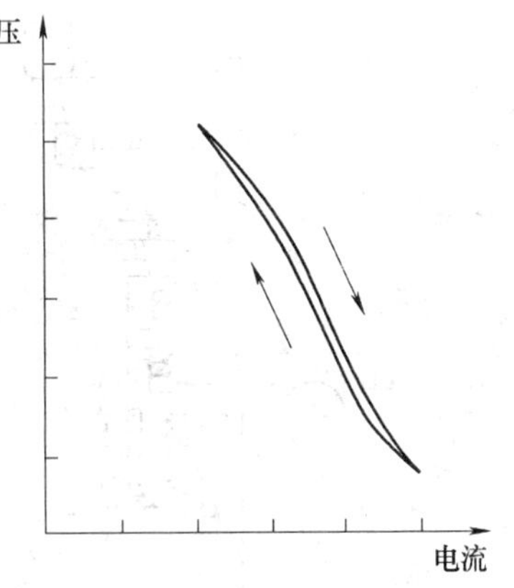

d) SLU、SL2、SLT 电磁阀的特性

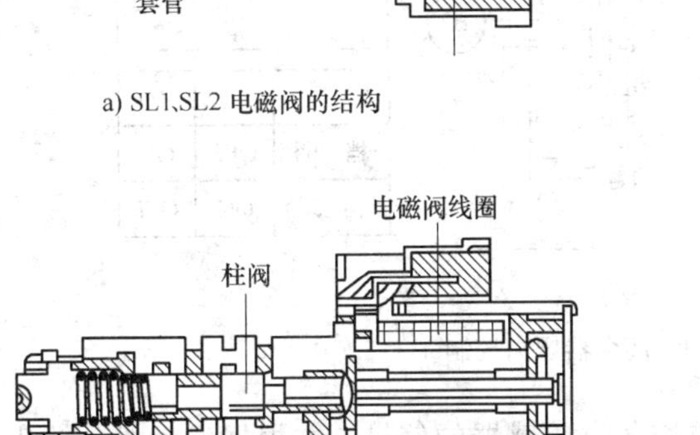

b) SLT 电磁阀的结构

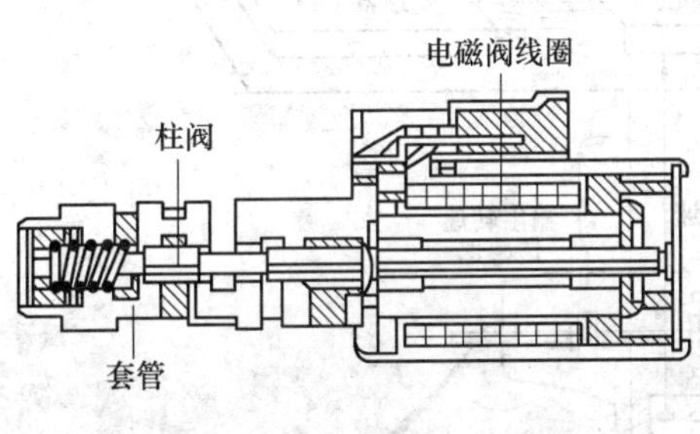

c) SLU 电磁阀的结构

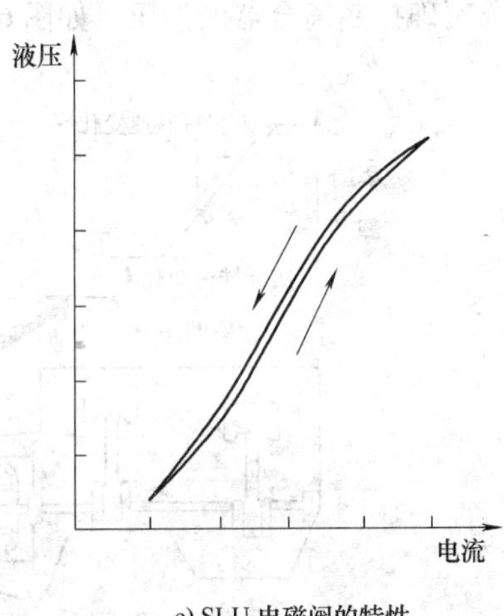

e) SLU 电磁阀的特性

图 6-1-19 SL1、SL2、SLT 和 SLU 电磁阀的结构和特性

3. 电脑控制功能

（1）离合器的压力控制。控制单元激活相应的电磁阀，将油压力传向执行元件，实现快速和极佳的换档特性，如图 6-1-20 所示。

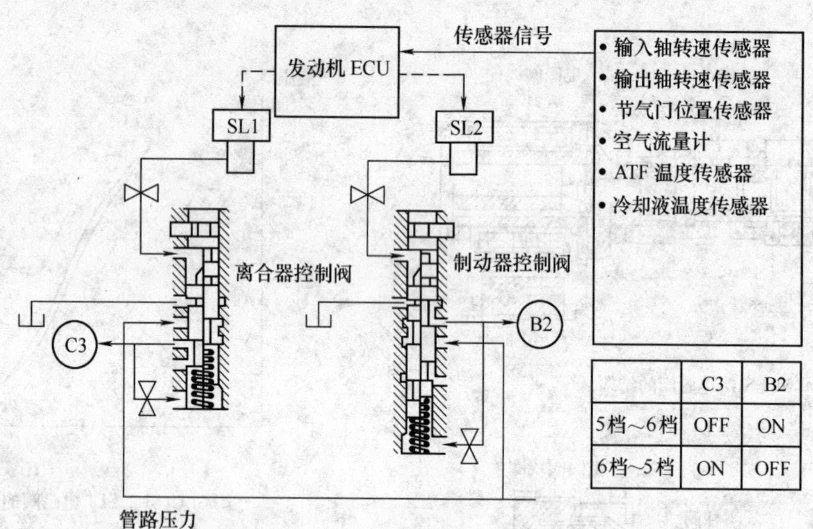

	C3	B2
5档~6档	OFF	ON
6档~5档	ON	OFF

图 6-1-20　离合器压力控制

（2）离合器的优化控制。控制单元监控各自传感器的信号，并根据发动机的输出和驱动情况精确控制离合器的油压，如图 6-1-21 所示。

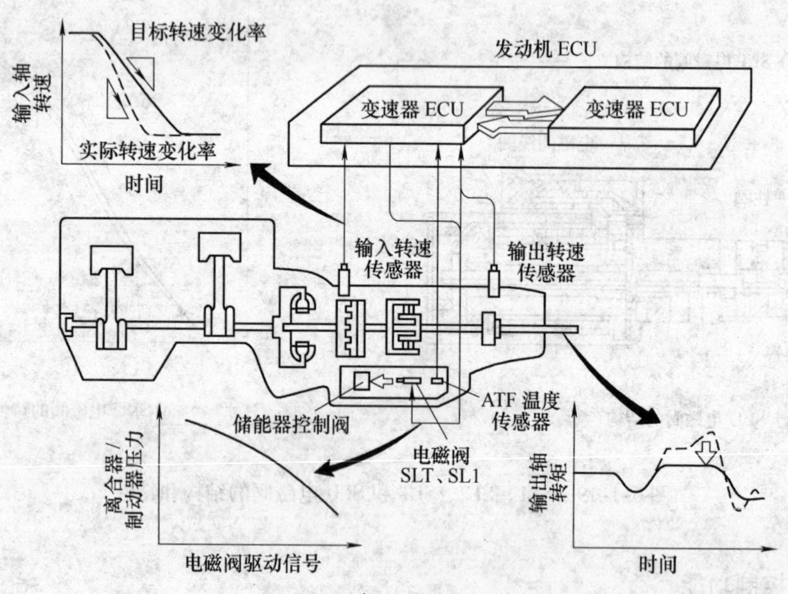

图 6-1-21　离合器优化控制

（3）主油路的油压控制。通过主油压电磁阀 SLT，根据发动机转矩信息和变矩器与变速器的内部工作情况，主油压得到精确控制，可实现滑动换档特性和优化油泵负载，如图 6-1-22所示。

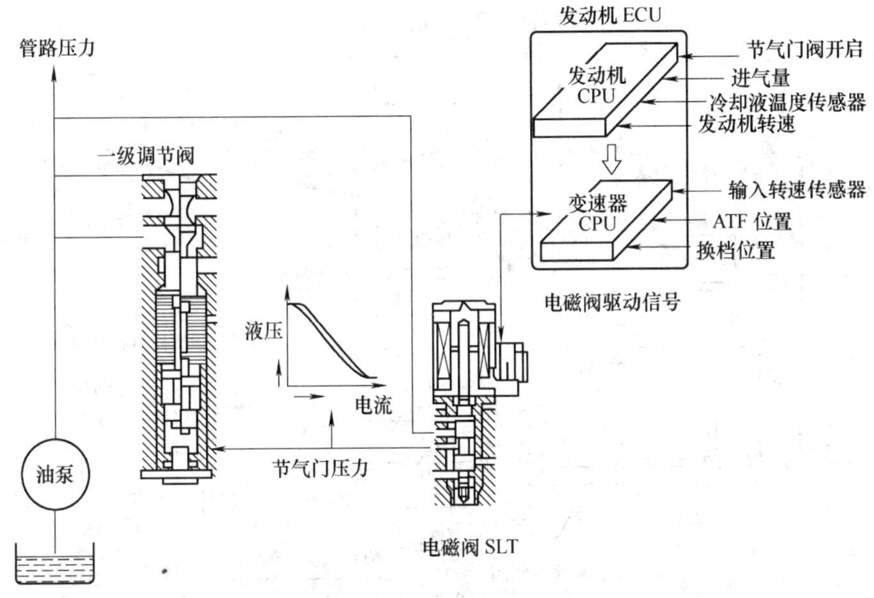

图 6-1-22　主油路油压控制

（4）锁止正时的控制。在高速档时控制单元为了提高经济性能，精确控制锁止正时，如图 6-1-23 所示。

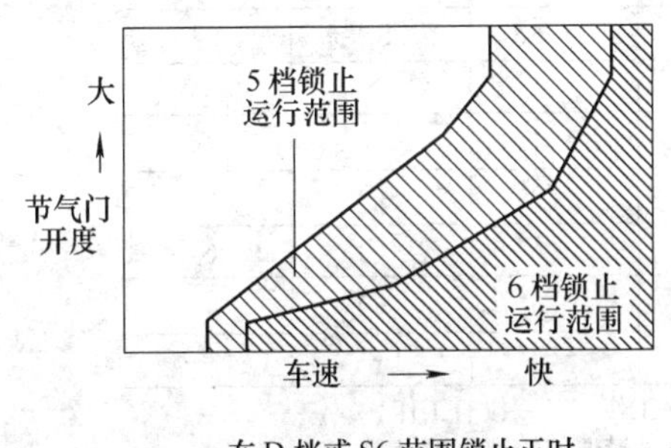

在 D 档或 S6 范围锁止正时

	D　S6	S5	S4
1 档	×	×	×
2 档	×	×	×
3 档	×	×	×
4 档	×	×	○
5 档	○	○	—
6 档	○	—	—

注：○ — 工作；　× — 没有工作。

图 6-1-23　锁止正时的控制

（5）锁止离合器智能控制。在中低速档时，控制单元为了提高能量的传递效力，灵活控制电磁阀 SLU，在锁止离合器的 ON/OFF 之间提供一个中间模式，既增加了锁止离合器的锁止范围，又提高了燃油的经济性，如图 6-1-24 所示。

（6）锁止离合器智能控制程序。锁止离合器智能控制程序如图 6-1-25 所示。

（7）换档模式智能控制。除模式开关转换换档模式外，为了自动选择最佳换档模式，AI-SHIFT 控制能使控制单元估计出路况和驾驶人的意图，实现汽车的最佳舒适性控制，如图 6-1-26 所示。

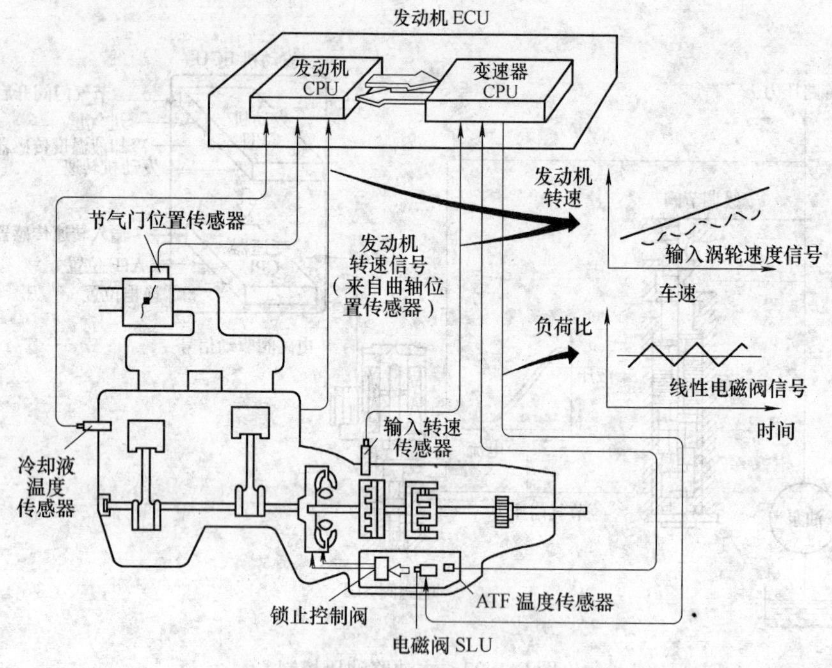

图 6-1-24　锁止离合器智能控制

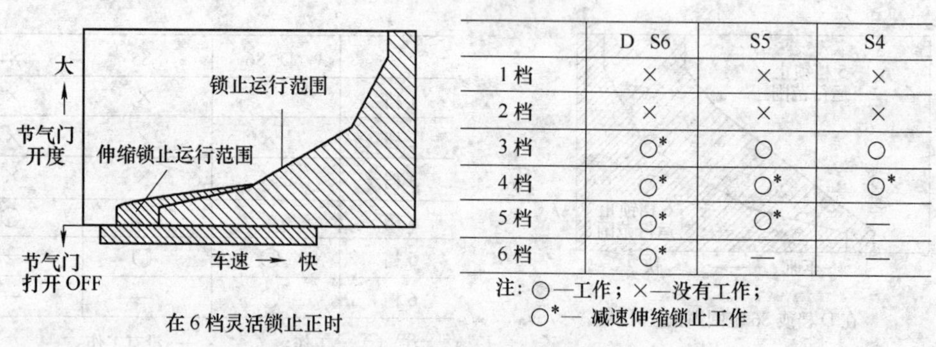

	D　S6	S5	S4
1 档	×	×	×
2 档	×	×	×
3 档	○*	○	○
4 档	○*	○*	○*
5 档	○*	○*	—
6 档	○*	—	—

注：○—工作；×—没有工作；
○*— 减速伸缩锁止工作

图 6-1-25　锁止离合器智能控制程序

（8）路况帮助智能控制。控制单元根据负荷和车速判断汽车是在上坡或下坡，上坡时为获得最佳的驱动力，会控制降档同时换档点迟后；下坡时为获得最佳的发动机制动效果，会根据路况控制降档充分利用发动机制动的作用，如图 6-1-27 所示。

（9）驾驶人意图智能控制。根据加速踏板情况和车辆运行情况，估计驾驶人的意图并选择适合每个驾驶人的换档模式，即经济模式或动力模式。

（10）节流开关控制。在极低温度下，ATF 变浓，油泵易于吸进空气。因此，为防止油泵吸进空气，节流开关控制减少变速器中 ATF 油量。

当停在 1 档时，为给 1/2 换档阀和 SL1 继电器阀施加管路压力，发动机 ECU 关闭（OFF）

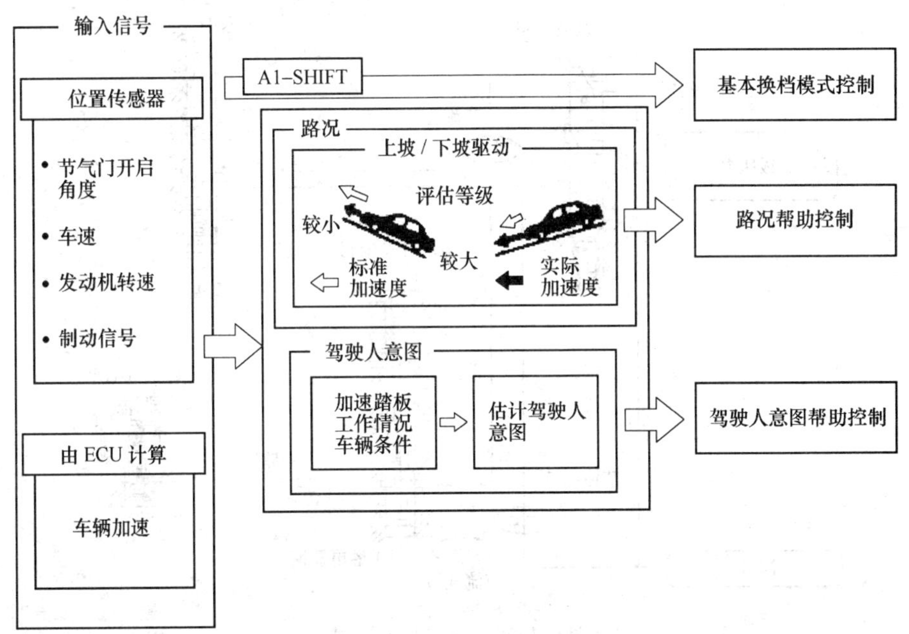

图 6-1-26　换档模式智能控制

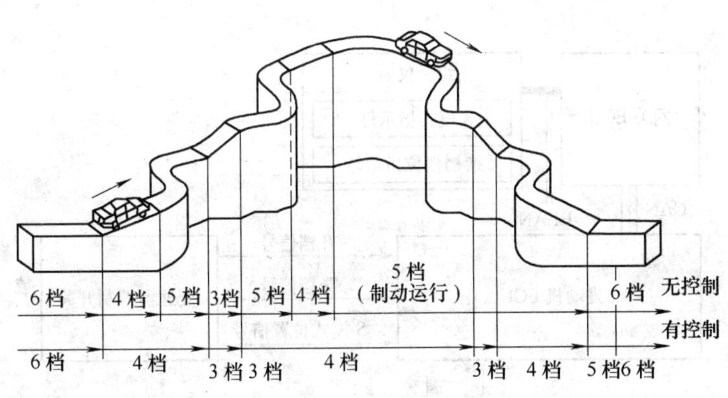

图 6-1-27　路况帮助智能控制

电磁阀 S1 并打开（ON）电磁阀 S4。1/2 换挡阀和 SL1 继电器阀为来自二级压力关闭机油通道，这样可使二级压力通过节流孔 A。结果，变速器中机油量减少。

当停在除 1 档外的其他档位时，润滑来自二级调压阀的二级压力经过 1/2 换档阀和 SL1 继电器阀中的一个或全部，并通过节流孔 B。结果，变速器中 ATF 油量不会减少，如图 6-1-28 所示。

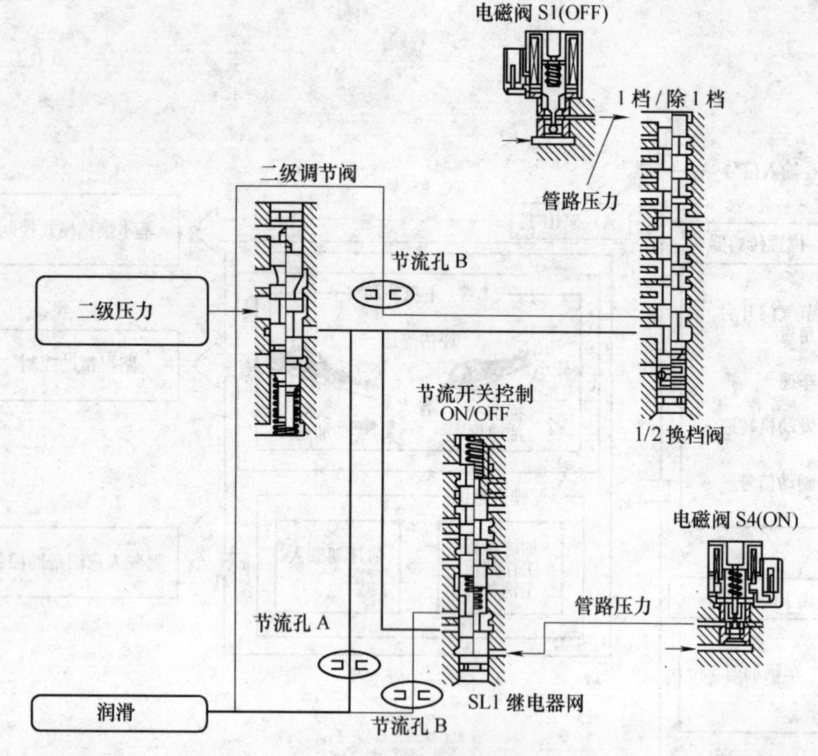

图 6-1-28　节流开关控制

（11）手动换档模式控制。驾驶人通过手动换档模式开关，进行手动换档可选择想要的档位，如图 6-1-29 所示。通过仪表提供 S 模式。图 6-1-30 的指示和换档范围指示灯显示相应的档位。

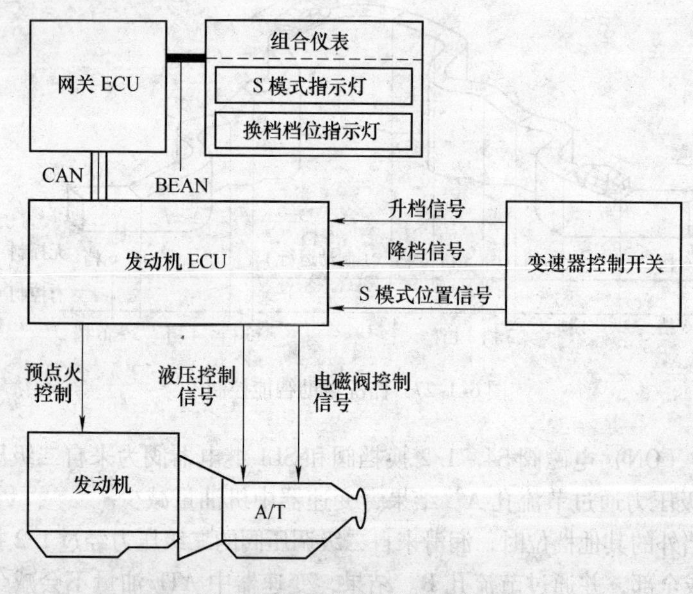

图 6-1-29　手动换档模式控制

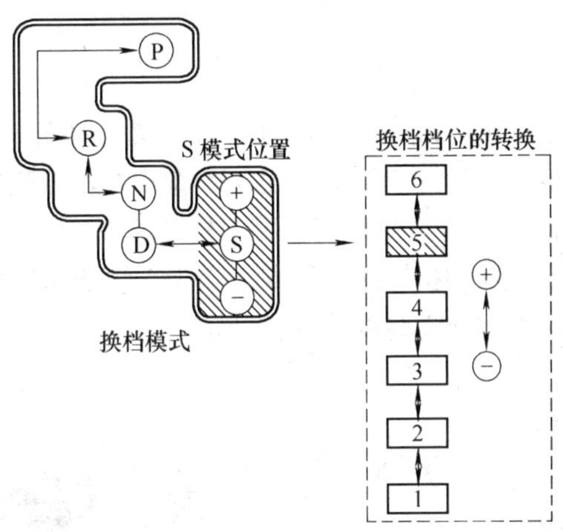

图 6-1-30　S 模式位置

（12）安全保护模式。当一个传感器或电磁阀出现异常时，该功能把损失降到最小，见表 6-1-5。

表 6-1-5　安全保护功能

故障部位	功　能
输入转速传感器 NT	通过输出传感器（SP2）影响换档控制。 禁止由低速档转到 5 档和 6 档，并禁止 AISHIFT 和伸缩锁止离合器控制
输出转速传感器（SP2）	通过输入传感器（SP2）影响换档控制。 禁止由低速档转到 5 档和 6 档，并禁止 AISHIFT 和伸缩锁止离合器控制
ATF 温度控制	禁止由低速档转到 5 档和 6 档，并禁止伸缩锁止离合器控制
S1、S2、S3、S4 和 SR 电磁阀	有故障的电磁阀的电流被切断，通过操作其他电磁阀影响控制
SL1 和 SL2	禁止由低速档转到 5 档和 6 档，并禁止伸缩锁止离合器控制
SLU 电磁阀	电流不能流过电磁阀。禁止锁止离合器的工作，降低了燃油的经济性
SLT 电磁阀	电流不能流过电磁阀。管路压力升高，通过正常驻车机构离合器压力控制影响换档

任务二　本田 CVT、大众 CVT、DSG 自动变速器

一、本田无级变速器的检修

CVT 为 Continuously Variable Transmission 的缩写，意为（传动比）可连续变化的变速器，国内一般译作“无级变速器”。国内采用 CVT 的车型有本田飞度和奥迪 V6 2.8L 等，传动过程都是基于“双活塞带式传动”原理。要了解传动原理，首先来看看 CVT 的结构。

图 6-2-1 为无级变速器与发动机连接，图 6-2-2 为无级变速器剖视图，图 6-2-3 为大众无级变速器剖视，图 6-2-4 为大众无级变速器传动。

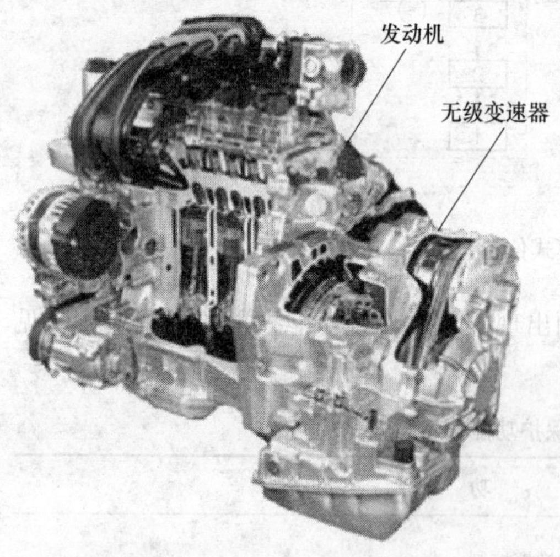

图 6-2-1　无级变速器与发动机连接

图 6-2-2　无级变速器剖视

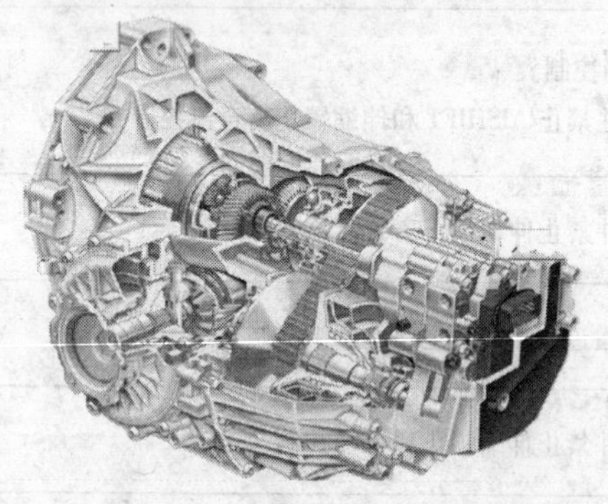
图 6-2-3　大众无级变速器剖视

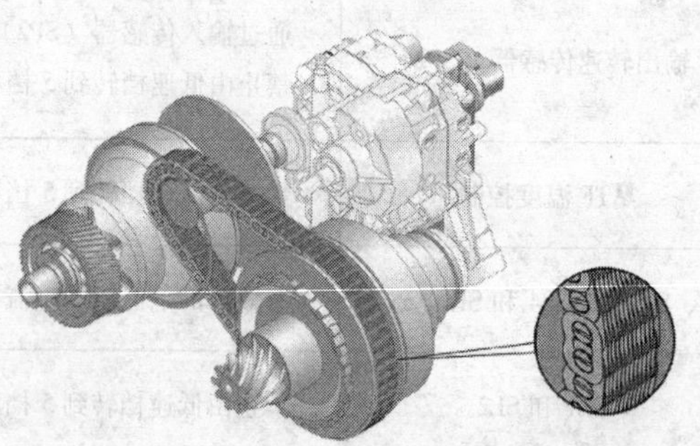
图 6-2-4　大众无级变速器传动

目前，德国大众奥迪车以及其他公司的轿车已采用了钢带式无级变速器。无级变速器构造简单，提高了汽车燃油经济性，改善驾驶的舒适性。

最简单的无级变速器是 V 带无级变速器。V 带将两个能够连续不断改变直径的带轮连在一起，通过改变输入、输出带轮的直径来实现无级变速，其变速原理如图 6-2-5 所示。

下面以本田飞度轿车的无级变速器为例，说明无级变速器的结构、原理与检修。

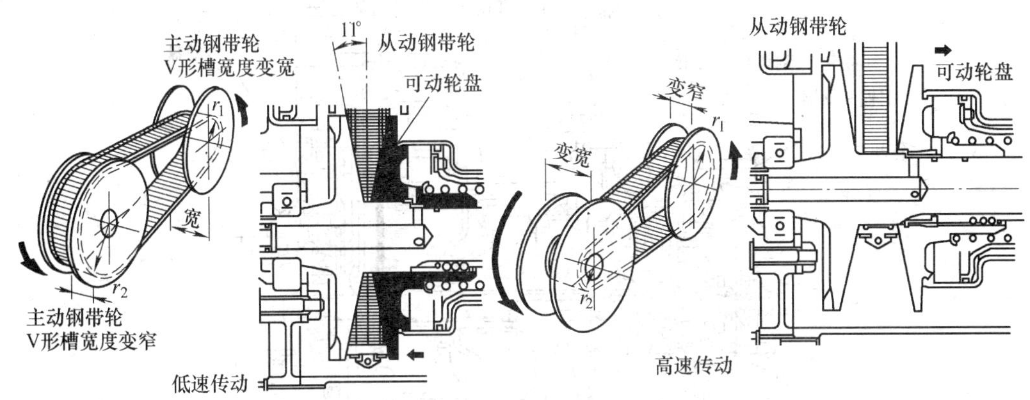

图 6-2-5 无级变速器变速原理

1. 概述

(1) 本田飞度 CVT 基本功能。CVT 的基本功能和自动变速器的功能相似，其中最重要的是 CVT 能根据实际路况提供连续变化的传动比，以保证发动机在最佳的功率范围内运行。其档位有 6 个：P（PARK，驻车）、R（REVERSE，倒档）、N（NEUTRAL，空档）、D（DRIVE，行车档）、S（SECOND，第 2 档）和 L（LOW，低速档）。其各档的主要功能见表 6-2-1。

表 6-2-1 广州本田飞度 CVT 各档位的功能

位　置	说　明
P	前轮锁定；驻车止动爪与从动带轮轴上的驻车齿轮啮合；起步离合器和前进档离合器均为分离状态
R	倒档；倒档制动器工作
N	空档；起步离合器和前进离合器均为分离状态
D	一般行车档；变速器自动进行调整，使发动机保持最佳转速，以便在所有条件下行驶
S	快速加速；变速器选择较宽范围的传动比，以取得更佳的加速效果
L	发动机制动和爬坡动力性能；变速器变换至最低传动比范围

(2) 飞度 CVT 的基本组成。飞度 CVT 采用主动与从动带轮以及钢带的电控系统，它具有无级前进档变速和二级倒档变速功能，装置总成与发动机直列布置。其基本组成可以分为机械传动、电子控制、液压控制、换档控制机构 4 个部分。其机械结构如图 6-2-6 所示。

① 机械传动。带有 4 条平行轴：输入轴、主动带轮轴、从动带轮轴以及主传动轴。输入轴和主动带轮轴与发动机曲轴呈直线布置。主动带轮轴和从动带轮轴均由带活动和固定两种轮面的带轮构成，两个带轮通过钢带联接。

输入轴由太阳轮、行星齿轮、齿圈及行星架构成；主动带轮轴包括主动带轮以及前进离合器；从动带轮轴包括从动带轮、起步离合器以及与驻车齿轮一体的中间从动齿轮。主传动轴位于中间主动齿轮与主减速从动齿轮之间。主传动轴由主减速主动齿轮和中间从动齿轮组成，中间从动齿轮用以改变旋向，因为主动带轮轴和从动带轮轴的旋向相同。当行星齿轮通过前进离合器和倒档制动器接合后，动力即由主动带轮轴传递至从动带轮轴，从而提供了

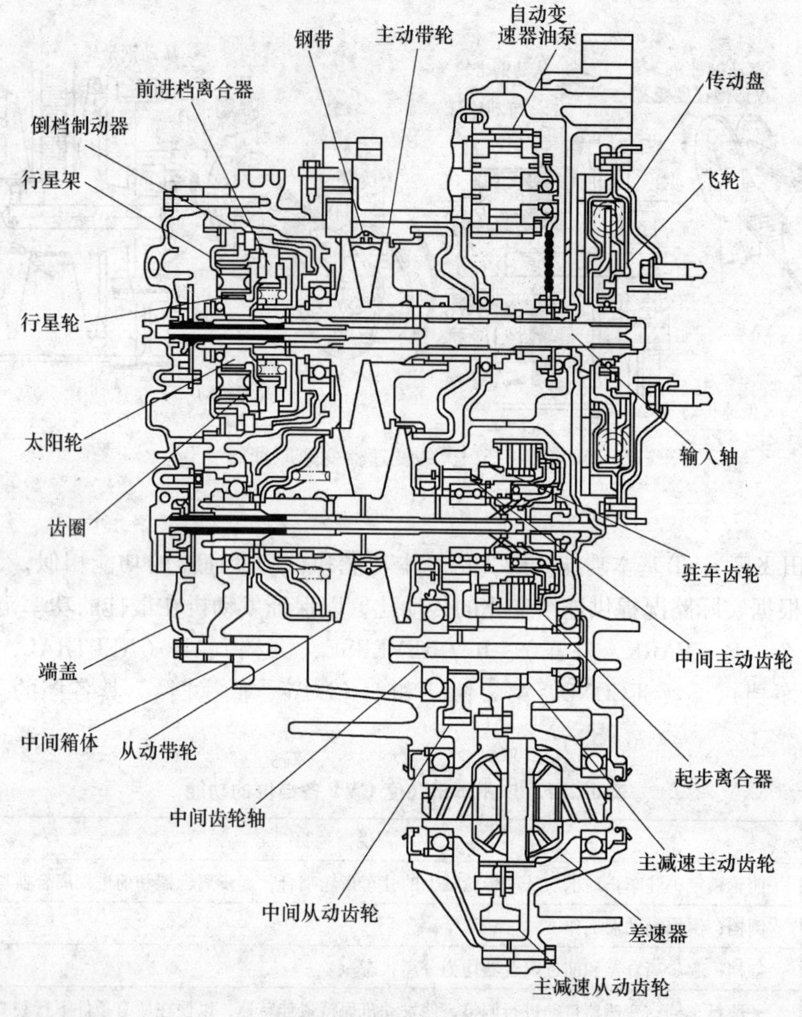

图6-2-6　本田飞度轿车无级变速器的结构

L、S、D 和 R 档位。

② 电子控制。电子控制系统由动力系统控制模块（PCM）、传感器和电磁阀组成。变档采用电子控制方式，从而确保了所有条件下的驾驶舒适性。PCM 位于仪表板下部、杂物箱的后面。

③ 液压控制。阀体类型包括主阀体、ATF 泵体、控制阀体、ATF 油道体以及手动阀体。ATF 泵体用螺栓固定在主阀体上，主阀体则用螺栓固定在箱壳上。控制阀体位于箱体外部，ATF 油道体定位在主阀体上，并与控制阀体、主阀体以及内部液压回路相连。手动阀体定位在中间壳体上。ATF 油泵为摆线式，其内转子通过花键与输入轴联接。带轮和离合器分别由各自的供油管供油，倒档制动器由内部液压回路供油。

④ 换档控制机构。动力系统控制模块通过电磁阀，对带轮传动比变换进行控制，PCM 接收来自车辆各种传感器和开关的输入信号。PCM 操纵无级主动带轮压力控制阀和从动带轮压力控制阀，以改变带轮控制压力。主动带轮控制压力施加于主动带轮上，从动带轮控制压力施加至从动带轮上，以使带轮传动比在其有效范围内进行变换。

2. 主要部件

飞度 CVT 主要的动力流程部件有：前进档离合器、倒档制动器、行星齿轮、带轮、起步离合器，如图 6-2-7 所示。

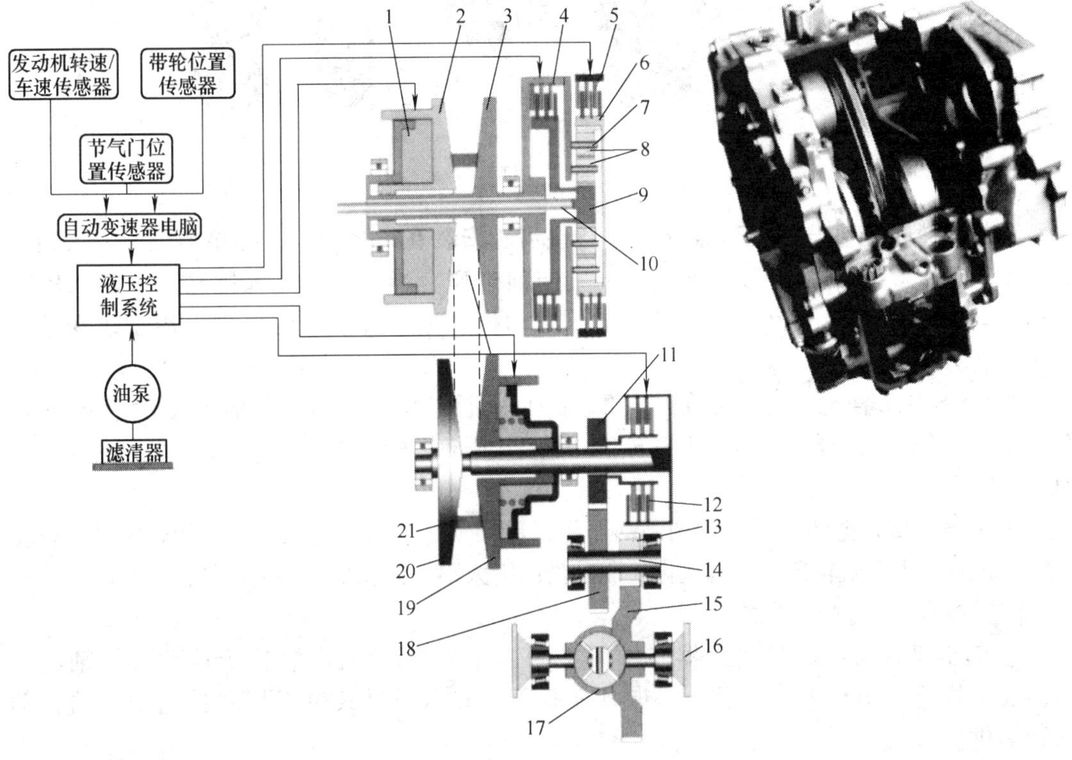

图 6-2-7　单排双级无级变速器原理及构造

1—主动带轮伺服油缸　2—主动带轮滑动盘　3—主动带轮固定盘　4—前进档离合器　5—倒档制动器　6—齿圈　7—行星架及行星齿轮　8—行星齿轮　9—太阳轮　10—输入轴　11—中间减速主动齿轮　12—起步离合器　13—主减速器主动齿轮　14—中间轴　15—主减速器从动齿轮　16—驱动轴法兰盘　17—差速器　18—中间减速从动齿轮　19—从动带轮滑动盘　20—从动带轮固定盘　21—钢带

（1）行星齿轮。飞度 CVT 的行星齿轮机构有单排单级和单排双级两种型式，如图 6-2-8 所示。它们均由三个元件组成，即太阳轮、齿圈、行星架与行星轮，如图 6-2-9 所示。

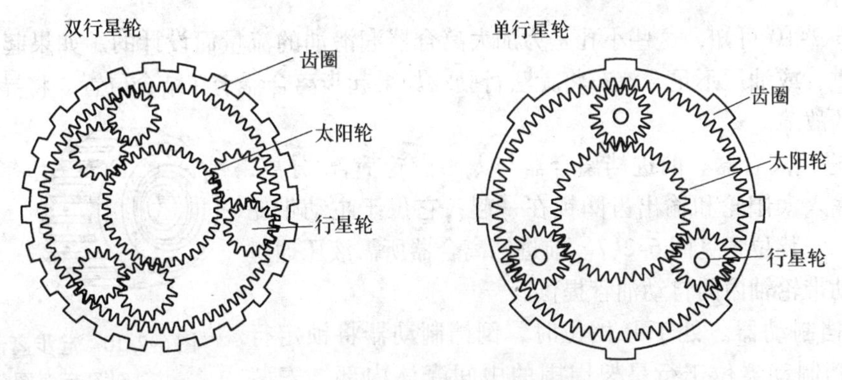

图 6-2-8　两种型式行星齿轮机构

图 6-2-9 行星排

太阳轮通过花键与输入轴连接，小行星齿轮安装在行星架上。行星架位于输入轴端部的太阳轮上。齿圈位于行星架内侧，它与前进离合器鼓相连。太阳轮通过输入轴将发动机动力输入至行星齿轮，行星架输出发动机动力。行星齿轮机构仅用于改变带轮轴的旋转方向。

在 D、S 和 L 档位（前进档范围）下，由于前进档离合器工作将使输入太阳轮和输出齿圈锁在一起旋转，这样行星齿轮不自转，也不绕太阳轮公转，因而行星架将以相同的速度转动（1:1）。

在 R 档（倒档范围）时，倒档制动器将行星架锁定，太阳轮驱动行星齿轮转动，行星齿轮自转但不绕太阳轮公转，行星齿轮驱动齿圈沿太阳轮向相反的旋向旋转。

（2）离合器/倒档制动器

① 起步离合器。起步离合器与中间主动齿轮啮合/分离，它位于从动带轮轴的端部，安装位置如图 6-2-7 所示。起步离合器所需液压通过其位于从动带轮轴内的自动油管提供。

该型自动变速器因无液力变矩器，因此失去了自动离合器的作用，为使在停车状态下发动机能带档怠速运转，且在起步加速时能有液力变矩器打滑调控的作用，采用了起步离合器，其作用相当于自动变速器中的液力变矩器，可以在起步加速或带档停车时保证发动机能稳定运转。

从以上分析中可知，这种作用是通过控制 CVT 起步离合器压力控制阀开闭大小，而间接控制电控系统加给起步离合器液压的大小，以使离合器有不同程度的打滑，因此加强起步离合器的润滑和冷却是十分必要的，为此在起步离合器的毂上钻有很多径向的小孔，如图 6-2-10 所示。

从图 6-2-10 可知，这些小孔是为加大离合器润滑油的流量而设计的。如果起步离合器片磨损严重，或油压不足，汽车将无法行驶；如果起步离合器卡在结合位置，将导致发动机怠速熄火的故障。

② 前进档离合器。前进档离合器与太阳齿轮啮合/分离，工作时将输入太阳轮和输出齿圈锁在一起，它位于主动带轮轴的端部，安装位置见图 6-2-7。前进档离合器所需液压通过其位于主动带轮轴内的自动油管提供。

大流量
液体孔道

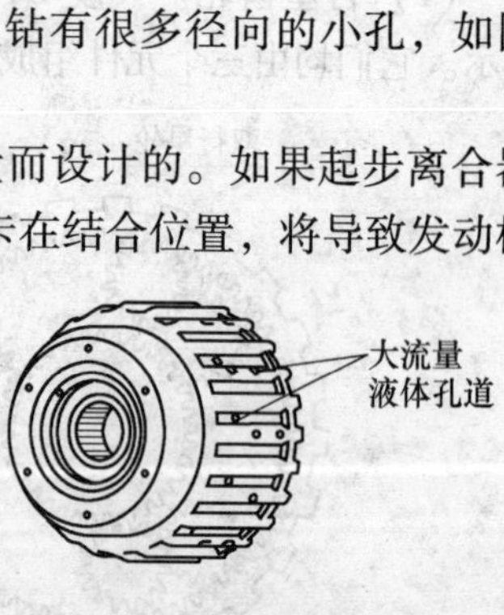

图 6-2-10 起步离合器毂钻孔示意图

③ 倒档制动器。处于 R 档位时，倒档制动器将锁定行星架，倒档制动器位于行星架周围的中间壳体内部，安装

位置见图6-2-7。倒档制动器盘安装在行星架上，而倒档制动片安装在中间壳体上，倒档制动器的液压通过一个与内部液压回路相连的回路提供。

④ 带轮。主动带轮和从动带轮通过钢带连接，每个带轮均有一个活动面和一个固定面，如图6-2-11所示。

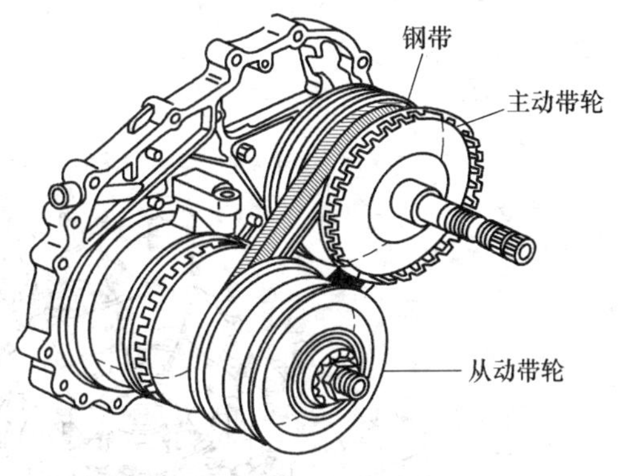

图6-2-11　带轮示意图

飞度无级变速器传动比的变化是靠改变主从动带轮的传动直径来实现线性变化的，带轮有效传动比将随接收到的来自车辆各种传感器和开关的输入信号而变化，主从动带轮直径的改变是靠电控液压来完成的。

要得到高带轮传动比时，从图6-2-12可知，只要增大主动带轮工作直径，相应减小从动带轮的直径，便可提高车速。当电脑控制主动带轮处于高油压而从动带轮处于低油压时，主动带轮V形槽便在液压作用下减小槽宽，使工作直径增大；而从动带轮因低压而增大槽宽，使从动带轮工作直径减小，于是便获得低高速。

需得到低带轮传动比时，从图6-2-13可知，此时主动带轮处于低油压作用，于是V形带轮的槽宽增大，工作直径减小；而从动带轮处于高油压作用，于是从动带轮槽宽减小，工作直径增大，因此实现高传动比输出，即减速输出。

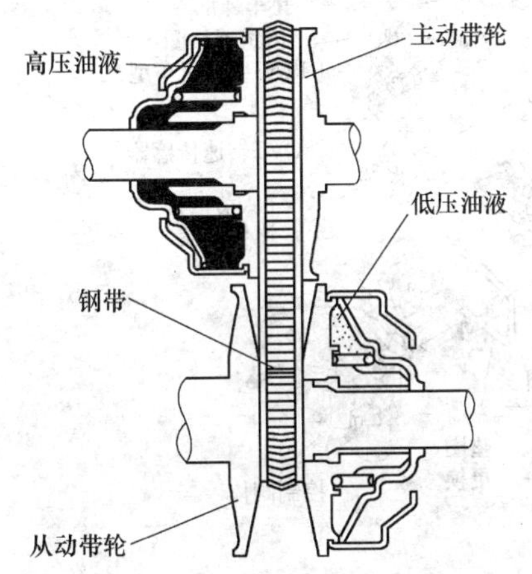

图6-2-12　主从动带轮高速比工作直径变化原理示意图

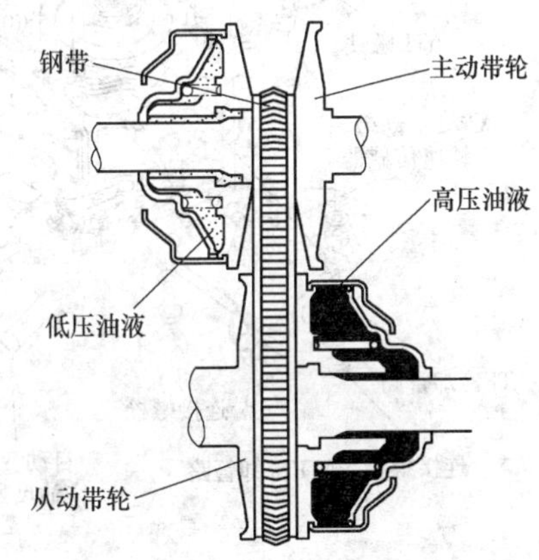

图6-2-13　主从动带轮低速比工作直径变化原理示意图

3. 无级变速器的分解

（1）无级变速器结构。飞度无级变速器的分解如图6-2-14所示。

（2）所需专用工具

① 起步离合器拆卸装置07TAE—P4VR120。

② 倒档制动器弹簧压缩机07TAE—P4VR110。

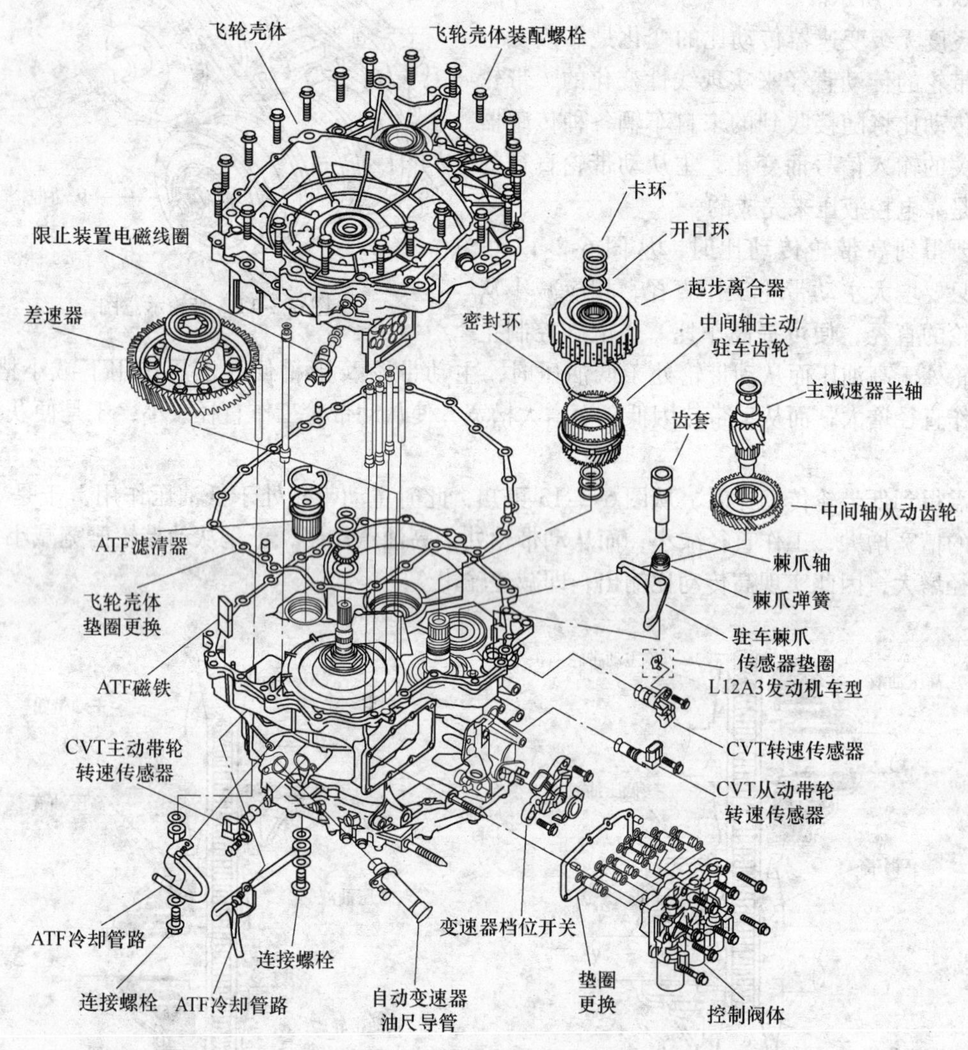

图 6-2-14　飞度无级变速器的分解图

二、奥迪 01J 无级变速器的结构组成

奥迪 01J 无级变速器如图 6-2-15 所示，主要有减振缓冲装置、动力连接装置、速比调节变换器等。奥迪 01J 无级变速器解体零件如图 6-2-16 所示。

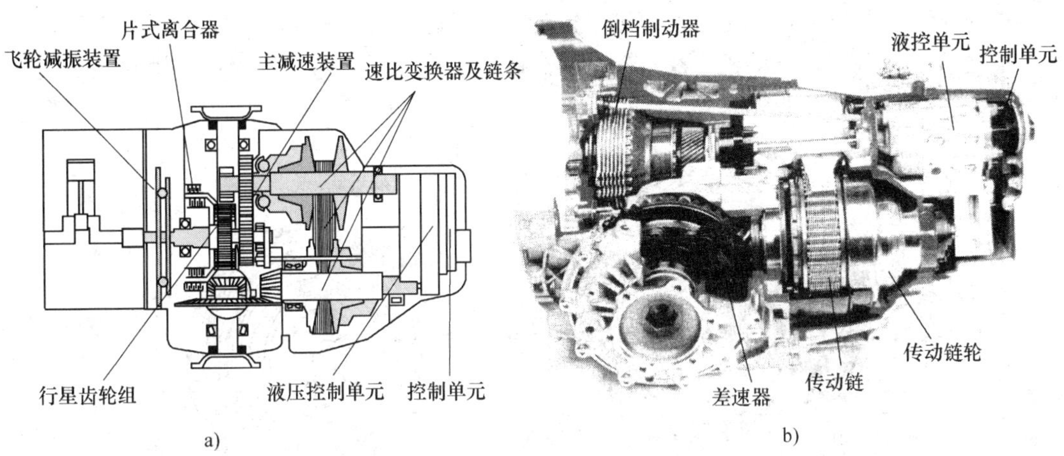

图 6-2-15　奥迪 01J 无级变速器结构简图

图 6-2-16　奥迪 01J 无级变速器解体零件

发动机输出转矩通过飞轮减振装置或双质量飞轮传递给变速器，前进档和倒档各有一组湿式摩擦元件，即前进档离合器和倒档制动器，两者均为起动装置。倒档的旋转方向是通过行星齿轮系改变的。发动机的转矩通过减速档齿轮传递到变速器，并由此传递到主减速器，电子液压控制阀体和变速器控制单元集成为一体，位于变速器内部。

1. 各系统的作用

（1）飞轮减振装置。在往复式内燃机中，不均匀的燃烧会引起曲轴扭振，扭振被传递到变速器中会引起共振，同时会产生噪声并使变速器部件容易过载，飞轮减振装置和双质量飞轮可减缓因发动机与变速器之间动力连接而产生的扭振，并保证发动机无噪声运转。

奥迪 V6 2.8L 发动机转矩就是通过飞轮减振装置传递到变速器的，如图 6-2-17 所示。

奥迪 A4 1.8L 四缸发动机不及六缸发动机运转平稳，因此四缸发动机使用双质量飞轮，如图 6-2-18 所示。

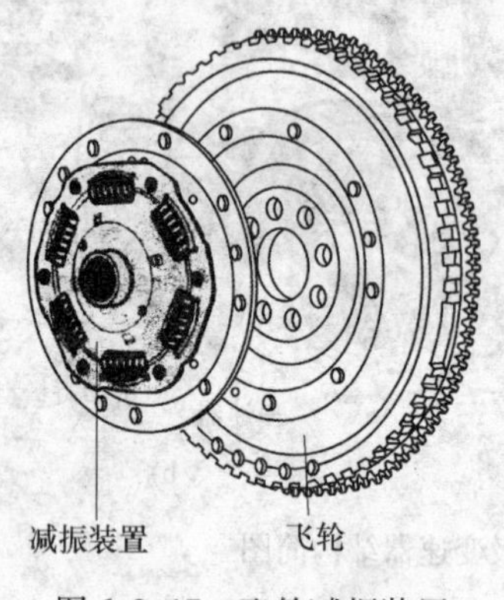

图 6-2-17 飞轮减振装置

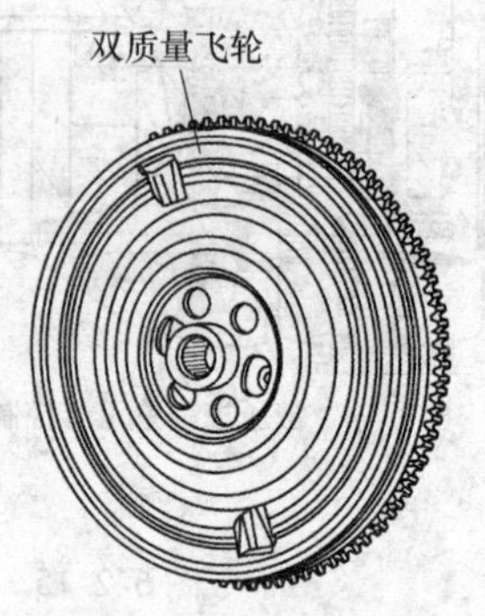

图 6-2-18 双质量飞轮

（2）前进档离合器/倒档制动器。奥迪 CVT 的起动装置是前进档离合器和倒档制动器，并配合使用反向行星架机构来实现前进档和倒档的，它们只做起动装置不改变速比，而在自动变速器里它们的功能是实现各档速比的。

与以往的多级自动变速器使用变矩器传递转矩不同，在奥迪 CVT 设计中，前进档和倒档均采用不同的离合器和制动器，这些元件被称为“湿式钢片离合器”或“湿式钢片制动器”，在多档自动变速器中是用来实现换档功能，称为“换档执行元件”；而在无级变速器当中，“湿式钢片离合器”和“湿式钢片制动器”是用于起步和将转矩传递给辅助减速档齿轮（其实就是转矩传递装置），如图 6-2-19 所示。起步和转矩传递过程由电子—液压控制单元监控和调整。

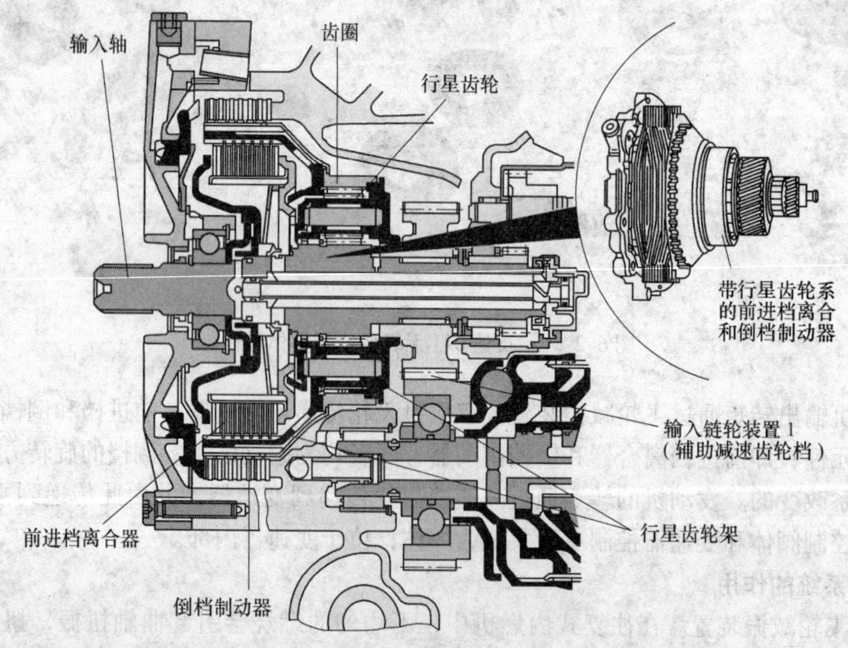

图 6-2-19 前进档离合器/倒档制动器及行星齿轮装置

(3) 行星齿轮装置。奥迪 CVT 中行星齿轮装置被制造成反向齿轮装置如图 6-2-20 所示，其唯一的功能是倒档时改变变速器输出轴的旋转方向。

前进档时，行星齿轮系的变速比为 1:1，做为输入元件的太阳轮与输入轴和前进档离合器钢片连接，做为输出元件的行星架与辅助减速档齿轮组的主动齿轮和前进档摩擦片相连接，齿圈和倒档制动器摩擦片相连接。倒档制动器钢片和变速器壳体相连接，如图 6-2-21 所示。

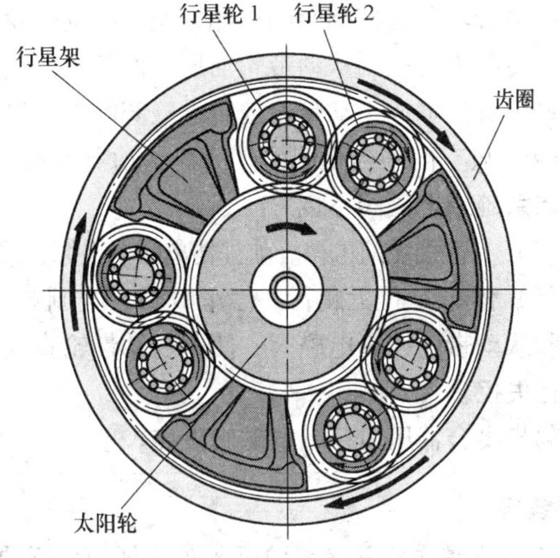

图 6-2-20　行星齿轮结构

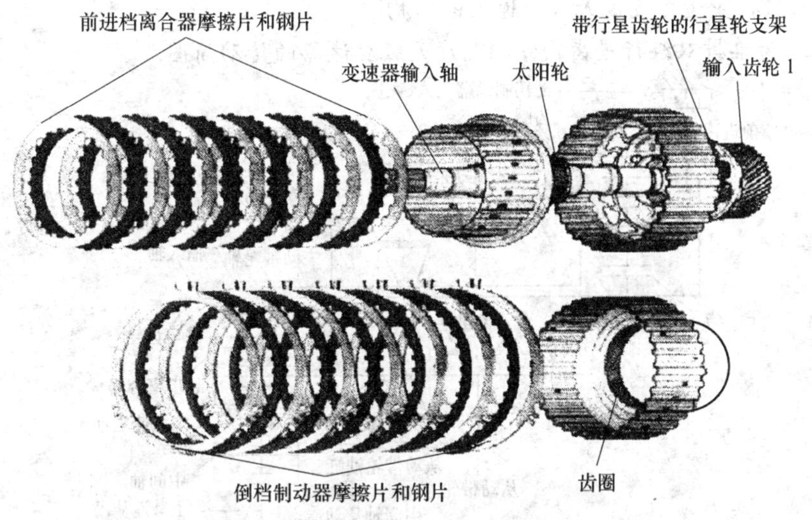

图 6-2-21　前进档离合器和倒档制动器

2. 无级变速器主要故障

无级自动变速器由于构造较齿轮式有级自动变速器的构造简单，其控制部分也较其他类别自动变速器的电控系统简单，因此故障也少得多，判断故障也比齿轮式有级自动变速器要容易得多。

飞度轿车无级自动变速器的主要故障及其原因如下：

(1) 主油压不足。主油压不足的主要原因有自动变速器油液不足，油泵磨损过甚，泵油量不足，主调压阀失控，控制系统不良，离合器、制动器活塞缸泄油等。

(2) 无前进档和倒档。造成汽车不能行走的主要原因有起步离合器压力控制电磁阀失控，换档限止阀卡死，起步离合器油压过低，起步离合器摩擦片打滑，起步离合器电控系统不良。

(3) 汽车只能低速行驶，不升档。控制单元起动保护功能，使主动带轮调压电磁阀断电，造成 DRC 油压升高至超限，致使换档限止在 DRC 油压作用下左移，使离合器减压阀油压送主动带轮压力控制阀的左侧，向右推动带轮压力控制阀，以减小主动带轮的压力。与此同时，控制单元控制从动带轮油压，使其直径增大，以确保汽车只能低速行驶。由此可见，电控系统有故障或主动带轮控制电磁阀断电、搭铁不良等，均会起动保护功能。

（4）只有前进档无倒档。倒档制动器磨损打滑，倒档限止阀卡滞，倒档限止装置电磁阀控制系统或电磁阀不良。

（5）有倒档无前进档。前进档离合器损坏、漏油，前进档离合器控制系统或油路系统不良。

（6）停车D位无爬行。停车D位，控制单元根据档位信号和节气门位置信号控制主动带轮和从动带轮控制电磁阀，使主从动带轮直径调整到只能爬行的程度，若电控系统不良，则爬行失控。

起步离合器压力控制电磁阀失控。

资料链接

本田飞度无级变速器的行星齿轮机构共有两种型式，在前面重点介绍了单排单级行星齿轮结构的飞度无级变速器，下面简要介绍单排双级行星齿轮结构的飞度无级变速器。

1. 单排双级行星齿轮飞度无级变速器的结构

图6-2-22为单排双级行星齿轮结构飞度无级变速器的传动简图。

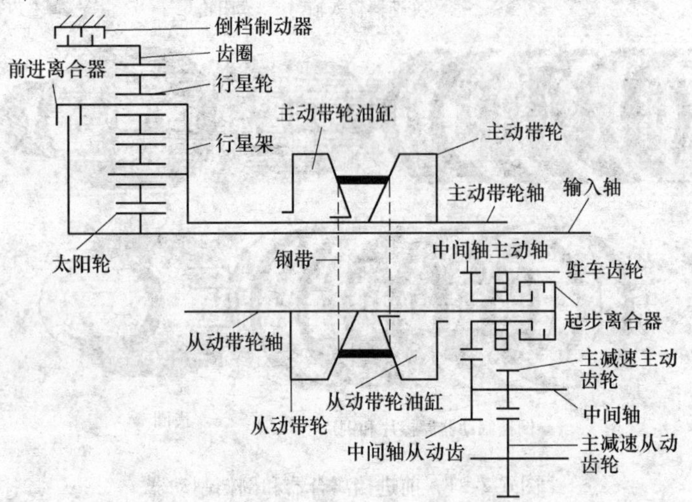

图6-2-22　单排双级行星齿轮结构飞度无级变速器传动简图

2. 无级变速器的传动原理

（1）P档位　没有液压作用于起步离合器、前进档离合器以及倒档制动器上。无动力传递至中间主动齿轮；中间主动齿轮被与驻车齿轮联锁的驻车棘爪锁定。

（2）N档位　从飞轮传来的发动机动力驱动输入轴，但无液压作用于前进档离合器和倒档制动器。动力没有传递给主动带轮轴，并且也没有液压作用于起步离合器上，如图6-2-7所示。

（3）D、S和L档位（前进档范围）　前进档时，前进离合器结合，起步离合器结合，倒档制动器解除。

（4）倒档传动原理　倒档时，前进离合器解除，起步离合器结合，倒档制动器结合。

三、DSG 动力传递路线

近年大众、沃尔沃、宝马、保时捷、奔驰等欧系车开始猛推 DSG，其市场呼声越来越高。尤其是大众，无论是高端豪华品牌奥迪 Q5，还是中高级车型迈腾、速腾、高尔夫、尚酷等车型均搭载了 DSG，并宣布将全面“DSG 化”。DSG 到底有何独特魅力而吸引众多以技术见长的欧系巨头们的青睐？DSG 最早起源于赛车运动，经过大众汽车集团的全新研发和改进，巧妙地将手动变速器的灵活性、经济性与传统自动变速器的方便性、舒适性结合在一起，使其成为目前世界上最先进的智能变速器，并且成功地应用在了普通轿车上。其换档耗时不到 0.3s，而 F1 车手的最快换档时间也要 0.5s，因此 DSG 的换档动作迅速而平顺，瞬间完成，不产生动力间断。德国大众自 2003 年起量产，立刻受到市场的欢迎。

DSG 变速器的优点是加速没有动力中断，驾驶乐趣高，比传统手动变速器还快，燃油经济性突出。DSG 变速器综合了传统手动变速器和自动变速器的各自优点，就像是两个变速器合二为一，一个离合器控制单数档位齿轮，另外一个离合器控制双数档位齿轮。也就是说，当变速器挂入 1 档时，2 档齿轮就已经啮合，等到换档时机一到，第二离合器就与发动机输出轴接合而换入 2 档。在此同时，由第一离合器所控制的 3 档齿轮组也完成啮合等待换档指令。在整个换档期间两组离合轮流工作，确保最少有一组齿轮在输出动力，令动力没有出现间断的状况。DSG 各档传动特点见表 6-2-2。

表 6-2-2　DSG 各档传动特点

说　明	传动图例
双离合器变速器省略了传统手动变速器的离合器踏板，改由电子控制液压系统对两个离合器进行控制。右图为双离合器变速器解剖图	
双离合器变速器的输入轴也被分为两部分，两个离合器各自与一根输入轴相连，中空的外轴用于连接变速器中的偶数档位，外轴套嵌的实心内轴则用于连接奇数档位。两个离合器在工作时相互配合，各自负责一根输入轴的动力传递。从右图中可以清楚地看出，离合器 2 通过内轴控制变速器中的奇数档位，离合器 1 通过外轴控制变速器中的偶数档位	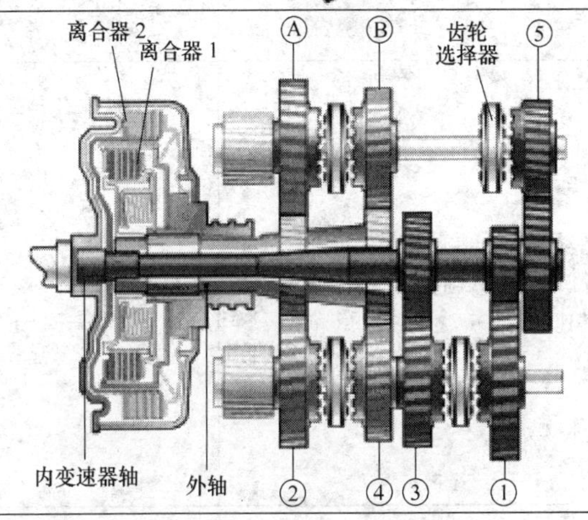

（续）

说　明	传动图例
双离合器自动变速器奇数档动力传输示意如右图所示	
右图为双离合器自动变速器偶数档动力传输示意图	
1档传动路线： 离合器K1→输入轴1→1档齿轮→输出轴1→差速器	 1档传动
2档传动路线： 离合器K2→输入轴2→2档齿轮→输出轴1→差速器	 2档传动

（续）

说　　明	传动图例
3 档传动路线： 离合器 K1→输入轴 1→3 档齿轮→输出轴 1→差速器	3 档传动
4 档传动路线： 离合器 K2→输入轴 2→4 档齿轮→输出轴 1→差速器	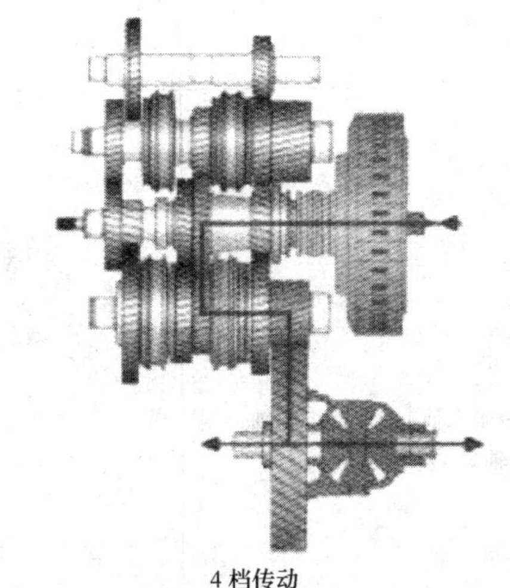 4 档传动
5 档传动路线： 离合器 K1→输入轴 1→5 档齿轮→输出轴 2→差速器。 注：实物 DSG 的主减速齿轮与输出轴 1 和输出轴 2 齿轮是双啮合状态，但在主视图上不容易表示，所以现在看到的输出轴 2 与主减速器齿轮好像是隔开的	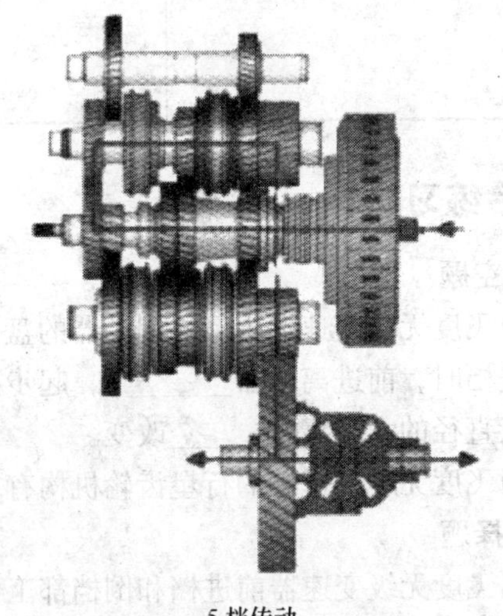 5 档传动

（续）

说　明	传动图例
6 档传动路线： 离合器 K2→输入轴 2→6 档齿轮→输出轴 2→差速器	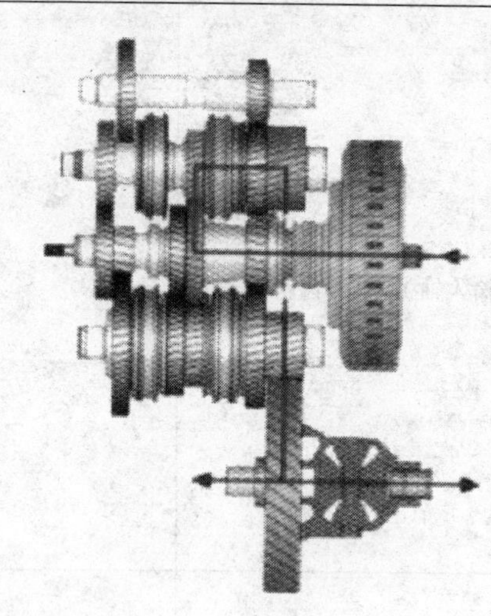 6 档传动
R 档传动路线： 离合器 K1→输入轴 1→倒档齿轮轴→倒档齿轮→输出轴 2→差速器。	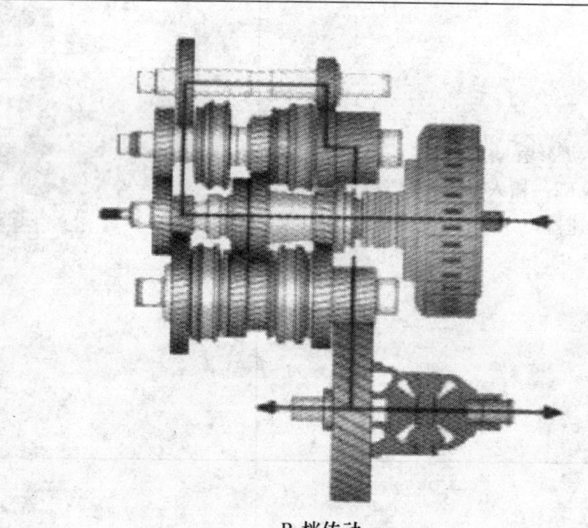 R 档传动

综合练习

一、填空题

1. 本田飞度无级变速器中倒档制动器的盘片弹簧安装在最________方。
2. 前进档时，前进离合器________，起步离合器________，倒档制动器________。
3. 带轮直径的大小靠________改变。
4. 本田飞度无级变速器的行星齿轮机构有________型式和________型式。

二、选择题

1. 本田飞度无级变速器前进档和倒档都工作的执行元件是（　　）。

A. 前进档离合器　　B. 倒档制动器　　C. 起步离合器

2. 本田飞度无级变速器有前进档无倒档，发生故障的执行元件是（　　）。

A. 前进档离合器　　B. 倒档制动器　　C. 起步离合器

3. 本田飞度无级变速器有倒档无前进档，发生故障的执行元件是（　　）。

A. 前进档离合器　　B. 倒档制动器　　C. 起步离合器

4. 本田飞度无级变速器的行星齿轮机构用来改变（　　）。

A. 速度　　B. 方向

5. 本田飞度无级变速器的带轮用来改变（　　）。

A. 速度　　B. 方向

6. 本田飞度无级变速器（　　）液力变矩器。

A. 有　　B. 没有

三、问答题

1. 起步离合器上为什么要有大流量液体孔道？

2. 前进档的传动路线是怎样的？

3. DSG 自动变速器发展前景怎样？有何优点？

7

项目七 自动变速器电液控制系统检修

学习目标

☆ 能够分析各阀的工作原理

☆ 能够认识各阀的作用

☆ 能够分辨各阀的位置

☆ 能够分析各档油路

☆ 能够进行油泵的拆装、检修

☆ 能够进行阀体拆装检修

任务一 A341E 油泵及阀体检修

一、油泵检修

油泵由液力变矩器外壳延伸套驱动，发动机不工作时，油泵不工作，自动变速器内无控制油压。自动变速器常用的是内啮合的齿轮泵。较小的内齿轮是主动齿轮，安装在较大的外齿轮中，外齿轮是从动齿轮，偏心地安装在泵体中，在内外齿轮之间安装一个月牙形的隔块，将内外齿轮之间的容积分为两部分，因此这种泵俗称月牙泵。

油泵主动齿轮由变矩器驱动，在齿轮转动时，月牙形隔块一侧的容积因齿轮退出啮合而增大，是进油腔，另一侧容积因齿轮进入啮合而减小，是出油腔。在进油腔产生一定的真空度将自动变速器油吸入油泵内，油液充满齿槽，在齿轮转动时被带入月牙形隔块的另一侧，在出油腔内因齿轮进入啮合，齿轮之间的间隙减小，容积减小使油液压力增加，从出油口排出进入液压回路。由于主动齿轮转动一圈油泵输出的油量是固定的，因此齿轮泵是一种定量油泵。由于油泵由变矩器驱动，其转速与发动机转速完全相同，则油泵的输出油量和压力实际上在很大的范围内变化，在某些转速下油泵的输出压力可能高于变速器工作需要的压力，这时除了油泵消耗的发动机功率会增加以外，过高的油压还会引起油液的渗漏。为避免这种现象的出现，在自动变速器的主油道上设置限压阀。限压阀与油泵协调工作的情况。当用手动变速器的车辆起动系统发生故障时，可用人推或溜车的方法起动发动机。但是，这个方法不适用于采用自动变速器的车辆。因为尽管推动车辆能使输出轴转

动，但是油泵不会对液压控制系统供给工作油液压力。因此，行星齿轮装置不会接受到工作油液的压力。即使变速杆置于D档位，但变速器齿轮仍保持在空档状态，输出轴的动力无法传递至发动机。图7-1-1、图7-1-2是丰田A140E与（丰田A341E相似）油泵及主油道结构图。

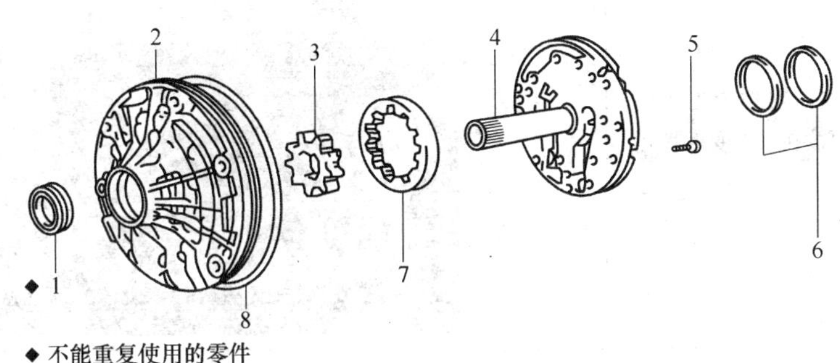

图7-1-1　油泵结构图

1—油封　2—油泵体　3—油泵主动齿轮　4—泵盖（传动轴）
5—螺栓（10N·m）　6—密封圈　7—油泵从动齿轮　8—O形圈

1. 油泵常见故障

油泵有故障会影响自动变速器所有档位，个别档位故障与油泵无关。发动机不运转时，油泵不工作，自动变速器内无控制油压，所以发动机和车轮之间无法传递动力。因此安装自动变速器的车不能靠牵引起动发动机。由于自动变速器内没有润滑油，所以此时车辆的牵引距离与速度都受到影响。长距离牵引车辆须提起驱动轮。

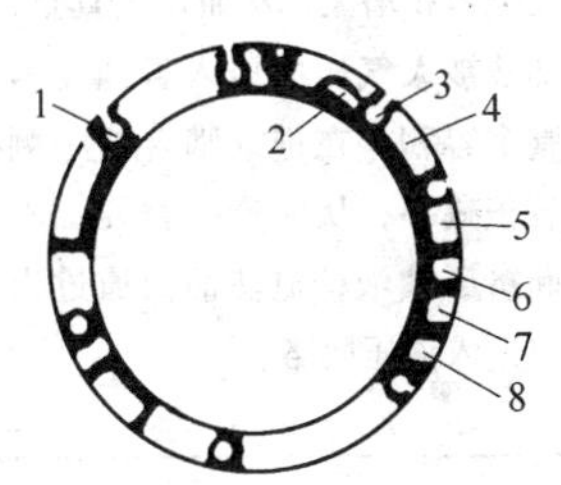

图7-1-2　A140E自动变速器油泵油孔位置图

1—螺栓孔　2—通高、倒档离合器C2
3—泄油孔　4—油泵进油口
5—油泵出油口　6、8—通润滑油道
7—通前进离合器C1

油泵常见故障有油泵齿轮磨损；泵壳裂纹，衬套磨损，油泵泄漏，油封破损和油泵端面起槽。

油泵故障能引起车辆均不能移动；前进档和倒档起步无力；自动变速器打滑；叶片泵故障能引起换档冲击；异响；当故障车辆被牵引时，由于发动机不工作，所以自动变速器的油泵也不工作。因此，工作油液没有输送到变速器。如果故障车辆被高速或长距离牵引，各种旋转零件上的保护润滑油膜就会消失，并会引起变速器被卡死。所以，故障车辆应在低速（≤30km/h）条件下牵引并且每次牵引距离不能超出80km。如果变速器本身有故障或者开始严重泄漏工作油液，则牵引车辆时应提起驱动轮，使其脱离地面，或者将传动轴脱开。

2. 油泵拆卸步骤

油泵用于输送工作油液至液力变矩器，润滑行星齿轮装置，对液压控制系统提供工作压力。A341E自动变速器油泵的拆卸步骤见表7-1-1。

表 7-1-1　油泵的拆卸步骤

序号	分解步骤	图示
1	将液力变矩器作为工作台，然后将油泵放在液力变矩器上	 油泵
2	油泵的主动齿轮转动时，主动齿轮与从动齿轮的轮齿在月牙形隔离墙的一侧不断地脱离啮合，在另一侧不断地进入啮合。主、从齿轮在脱离啮合的一侧容积增大，从而产生真空，油液被大气压力压入直到充满整个容积；在进入啮合的一侧容积减小，从而产生挤压，不断挤压油液，迫使油液通过出口进入液压回路	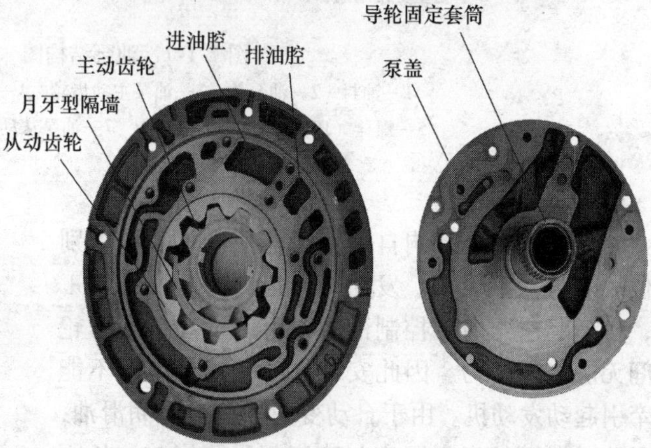 导轮固定套筒 进油腔 排油腔 主动齿轮 泵盖 月牙型隔墙 从动齿轮
3	用 SST 从机油泵体上拆下旧机油泵油封。 SST 09308-00010	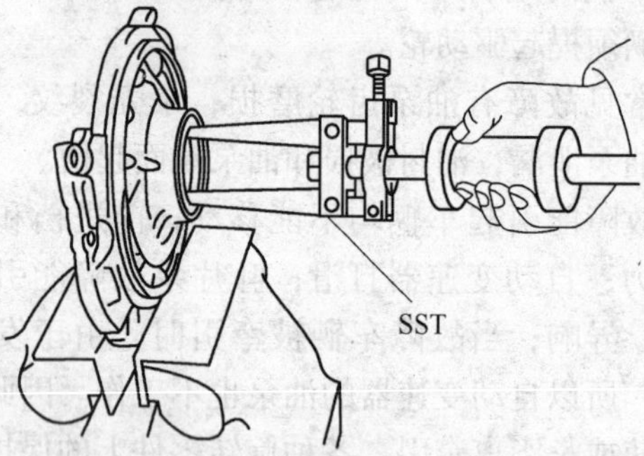 SST
4	用 SST 将旧机油泵油封安装至机油泵体。 油封嵌入深度： -0.15 ~0.15mm	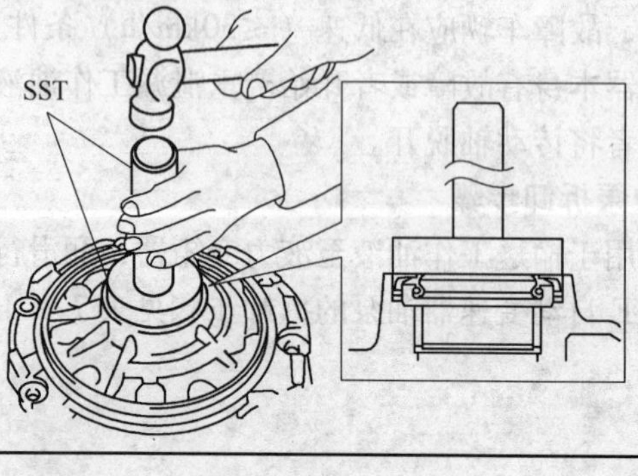 SST

3. 油泵检测

油泵衬套的检测步骤见表 7-1-2。

表 7-1-2　油泵衬套的检测步骤

序号	检测及安装步骤	图　示
1	取出封油环	
2	检查三个间隙	
3	检查从动齿轮壳体间隙： 将从动齿轮推向壳体的一侧，用塞尺测量间隙 标准壳体间隙：0.07～0.15mm 最大壳体间隙：0.3mm 如果壳体间隙大于最大值，则更换主动齿轮，从动齿轮或泵体	
4	检查从动齿轮齿顶间隙： 测量从动齿轮的齿顶与泵体月牙形件之间的间隙 标准齿顶间隙：0.11～0.14mm 最大齿顶间隙：0.3mm 如果齿顶间隙大于最大值，则更换主动齿轮，从动齿轮或泵体	

（续）

序号	检测及安装步骤	图　示
5	检查两齿轮端面间隙： 使用直尺和塞尺测量两齿轮端面间隙 标准端面间隙：0.02～0.05mm 最大端面间隙：0.1mm 如果端面间隙大于最大值，则更换主动齿轮、从动齿轮或泵体	
6	检查油泵体衬套： 使用千分表测量油泵体衬套内径 最大内径：38.19mm 如果内径大于最大值，则更换油泵体	
7	检查泵盖衬套： 使用千分表测量泵盖衬套内径 最大内径：前端　21.58mm 后端　27.08mm 如果内径大于最大值，则更换泵盖	

4. 主油路油压测试

为确保自动变速器及时而准确地自动升降档，并为改善换档质量，自动变速器内装有许多阀，这些阀分别装在几个阀体总成内。这些阀可划分为：调节液压的调压阀；打开或关闭油道的开关阀、手控制阀；改善换档质量的节流阀、单向球阀、辅助调压阀；控制换档的换档阀、电磁阀、锁止离合器、主油压和背压用的电磁阀，另外还有减压阀、泄压阀、滑行调节阀等。

在进行主油路油压测试时，一定要有两名技术人员进行，一名进行试验，另一名在车外观察车轮和车轮垫木状态，见表7-1-3。

测量主油路油压的具体步骤如下：

（1）预热变速器油。

（2）拆下变速器壳左侧的测试塞，连接油压表（SST）。

（3）充分使用驻车制动器，并用垫木档住4个车轮。

（4）起动发动机，检查怠速。

表 7-1-3　液压控制系统主要油压油路的功能

油压名称	功　　能
主油路油压	由主调压阀调节的主油路油压，是自动变速器中最基本、最重要的油压。因为它的作用是使变速器中所有离合器和制动器工作，而且也是自动变速器中其他所有油压（如调速器油压、节气门油压等）的来源
变矩器和润滑用油压	它由次调压阀产生，为变矩器供应变速器油，润滑变速器壳体和轴承等，并且将油送至油冷却器
节气门油压	由节气门阀调节的节气门油压，随加速踏板踩下的程度相应增加或减小。调速器阀调节的调速器油压则与车速相对应。这两种油压之差，是决定换档点的因素

（5）用左脚牢牢踩住制动踏板，换入 D 档位。

（6）在发动机怠速运转时，检查主油路油压。

（7）将加速踏板踩到底，在发动机转速达到失速速度时，快速读出油路最高压力。

（8）用同样的方法在 R 档位进行测试。接油压表测量主油路油压和背油压并记录测得结果，如图 7-1-3 所示。检测各个工况下测得的油压值，如图 7-1-4 所示。

图 7-1-3　主油压和背油压试验

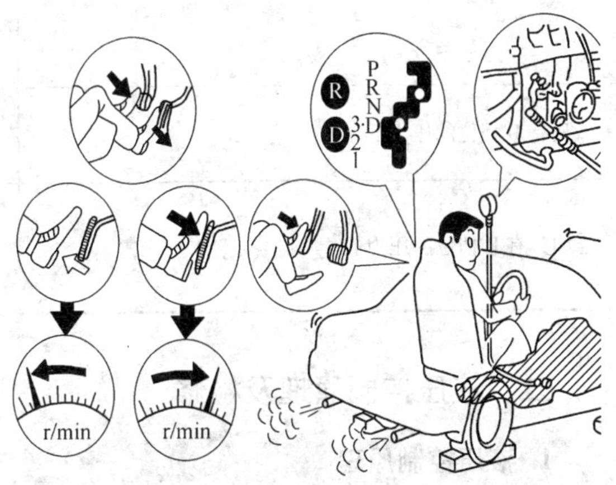

图 7-1-4　主调压阀工作检测

5. 主调压阀工作原理

（1）油泵是由发动机传动的，发动机的转速升高，油泵油压也会随之升高。过高的油压会对液压系统产生破坏性，因此需要用主调压阀来将超过规定值的高压油进行降压调整以达到符合规定的工作油压。至于发动机在怠速时主油路油压低于工作油压主调压阀是不能够将其调高的，也就是说，主调压阀是一个只能降压而不能升压的调压阀。

（2）工作油压的油道都是并联在油泵出来主油道上的，在整个主油路中只要有一个缺口泄油，整个主油路压力也会随之下降。

（3）从图 7-1-5 可知，油泵将油送入主调压阀，主调压阀一端作用着弹簧力和节气门油压，另一端则作用着主油道压力油经节流孔送入的主油压，两端压力的抗衡调整出随节气门开度和车速变化而变化的主油压。该主油压送入手控阀、节气门阀或其他调压阀调压，以满足自动变速器对各种油压的要求。

主油路油压的规定值见表7-1-4。若主油路油压测量值与规定值不相符，可以在表7-1-5中查找可能的原因。

表7-1-4　A341E主油路油压规定值

速　度	主油路油压/kPa	
	D档位	R档位
怠速	382～441	579～657
失速	1265～1402	1638～1863

表7-1-5　主油路油压测试故障检查表

主油压值问题	可能原因
如所有档位上的测量值都较高	（1）节气门拉索调整不当 （2）节气门故障 （3）主调压阀故障
如所有档位上的测量值都较低	（1）节气门拉索调整不当 （2）节气门故障 （3）主调压阀故障 （4）油泵故障 （5）超速档直接离合器故障
只有D档位的压力低	（1）D档位油路漏泄 （2）前进档离合器故障
如只有R档位的压力低	（1）R档位油路漏泄 （2）直接离合器故障 （3）1档和倒档制动器故障

二、液压控制原理及检修

1. 液压控制原理

电液控制基本原理如图7-1-5所示。

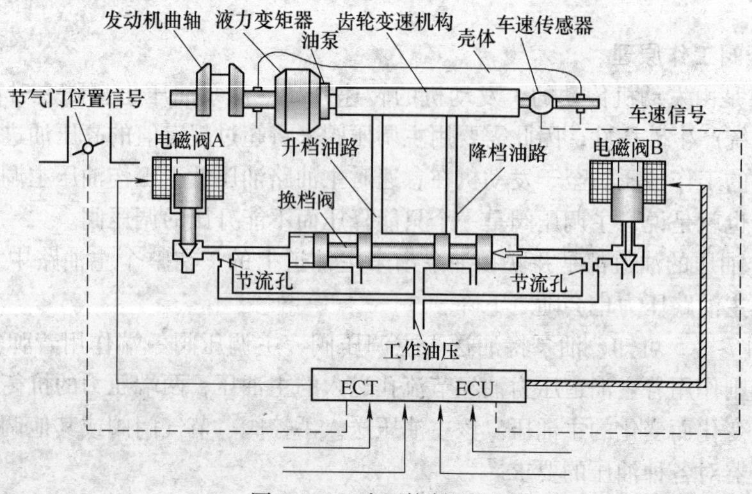

图7-1-5　液压控制原理

2. 各种阀的工作原理

（1）主调压阀。从图 7-1-6 可知主调压阀工作原理。

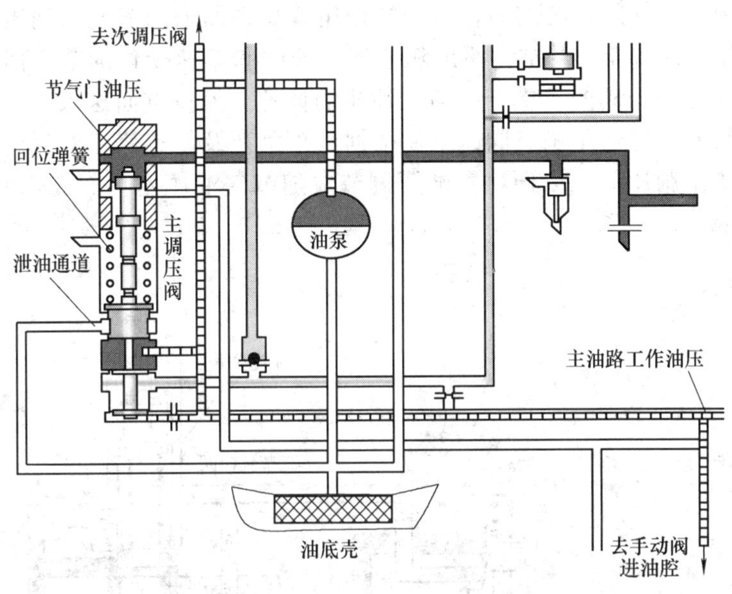

图 7-1-6　主调压阀工作原理

（2）次调压阀工作原理。从图 7-1-7 可知，次调压阀是把主调压阀从主油路泄出的压力油，经次调压阀调节出变矩器油压和经节流后的变速器润滑油压。次调压阀一端作用着弹簧弹力，另一端作用着变矩器油经节流孔送入的节气门反馈油压，两者的抗衡，调节出一个随主油压变化而变化的变矩器油压和润滑油压。

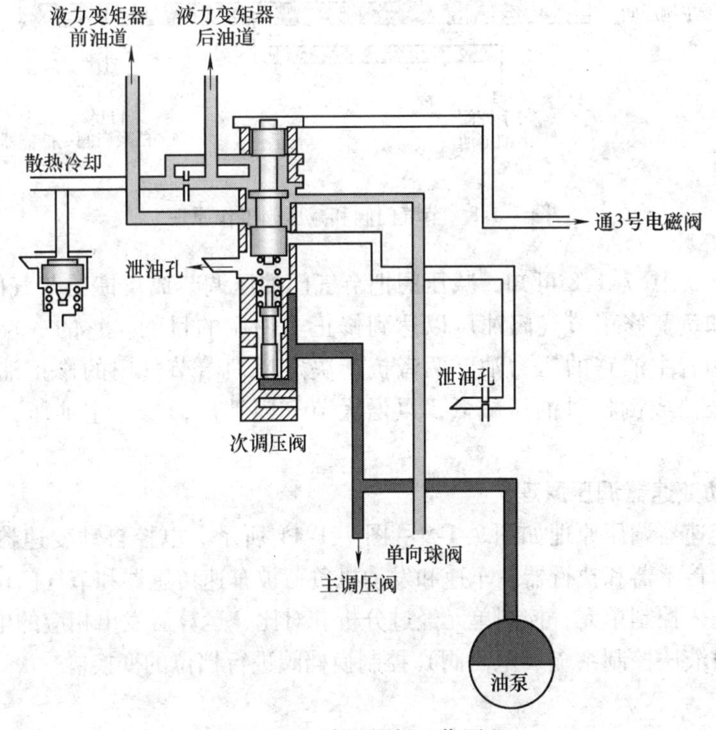

图 7-1-7　次调压阀工作原理

(3) 节气门阀和减压阀工作原理

① 节气门阀。节气门阀是将主油压经调节，调出节气门油压，主油压送入节气门后，节气门一端作用着节气门开度的力，另一端作用着反馈回来的节气门油压和节气门油压经减压后的油压，几种压力的抗衡调出随节气门开度和车速变化的节气门油压。调出的节气门油压送入主调压阀的一端，参与主油压的调整。另一方面送入减压阀，经减压阀调压后，回馈给节气门油压调节阀，以便根据汽车负荷及车速修正节气门油压。节气门油压还送入储能器调压阀，以便将主油压调节成随节气油压变化而变化的储能器背压，如图 7-1-8 所示。

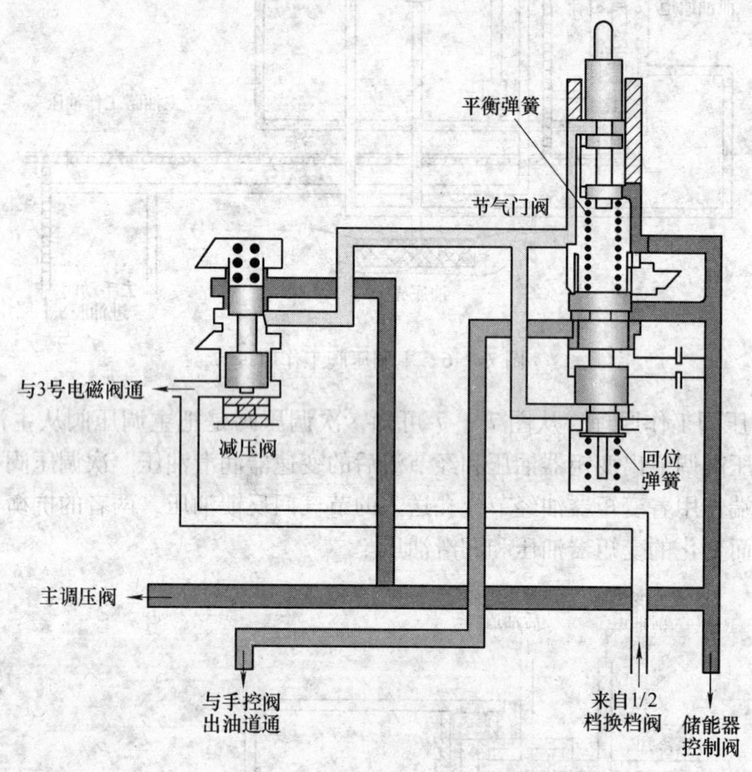

图 7-1-8　节气门阀和减压阀工作原理

② 减压阀。从图 7-1-8 可知，减压阀把节气门油压调节成反馈给节气门的修正油压，以便根据车速和负荷修正节气门油压以达到修正主油压的目的。它的一端作用着弹簧弹力，另一端作用着主油路的压力油，两者抗衡决定反馈给节气门的修正油压的大小，这个反馈油压在低档或倒档时油压减低，以增大节气门油压，修正主油压，使主油压相应增高。

3. 电控自动变速器调压原理

电控自动变速器调压原理如图 7-1-9 ~ 图 7-1-11 所示。电控自动变速器增加了控制单元和与之相关的传感器和执行器，车速和发动机负荷被车速传感器和节气门位置传感器分别转换成电信号输入控制单元，控制单元经过分析、对比、运算后发出相应的电压信号给液压控制系统，再由液压控制系统（电磁阀）控制换档阀进行档位的变换。

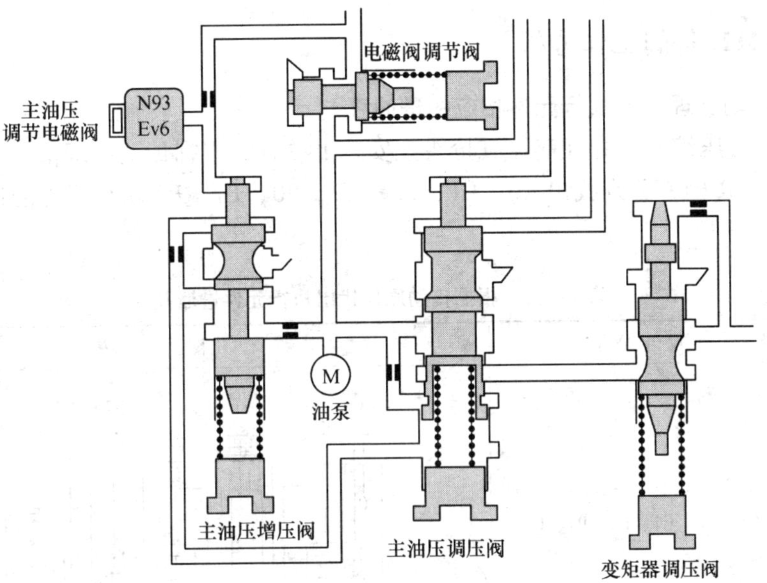

图 7-1-9 电控自动变速器（01N）调压原理

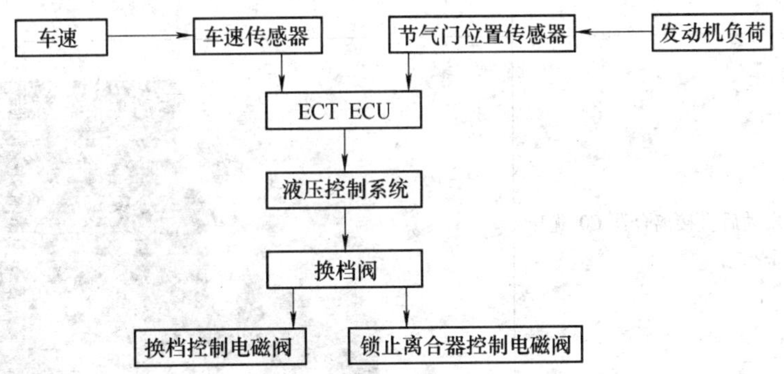

图 7-1-10 电控自动变速器换档控制原理（一）

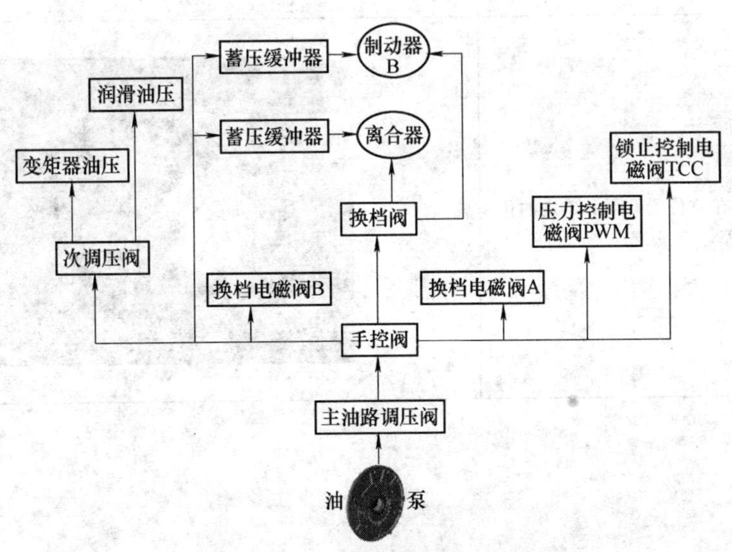

图 7-1-11 电控自动变速器换档控制原理（二）

三、A341E 各阀工作分析

1. 根据传动原理找出执行元件相应的进油孔

准备好空气压缩机，并在高压气枪头上安装上软管，根据传动原理依次从 D 位 1、2、3、4 档 2、L、R 档，分别找出 C0、C1、B2、C2、B0、B1、B3 执行元件的进油孔，如表 7-1-6 所示。

表 7-1-6　根据传动原理找出执行元件进油孔

序号	查找步骤	图示
1	C0、C1、B2、C2、B0、B1、B3	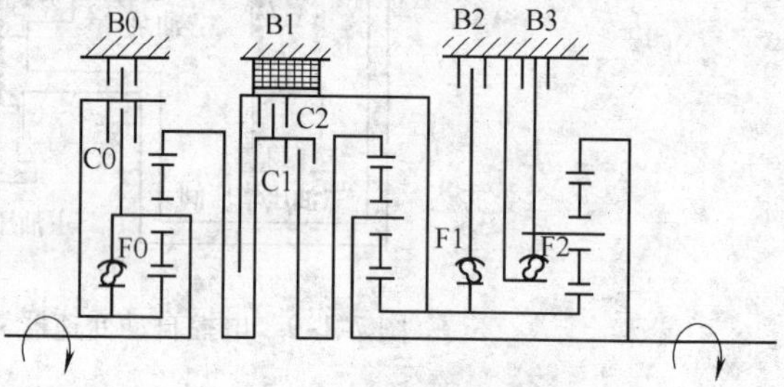
2	发动机发动后直接离合器 C0 就开始通油接合	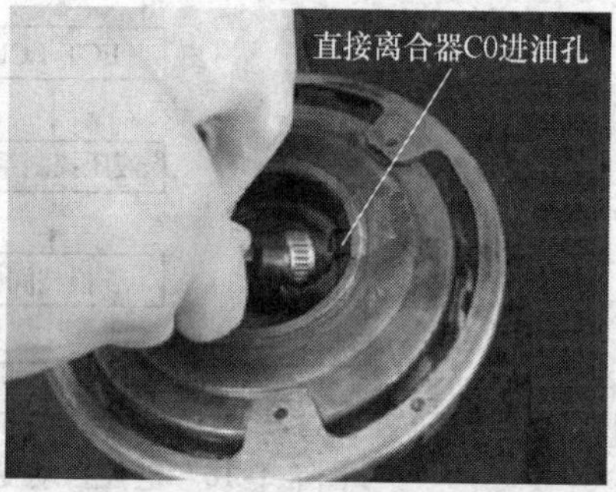
3	变速杆在 D 位置 D1 档 C1 进油孔	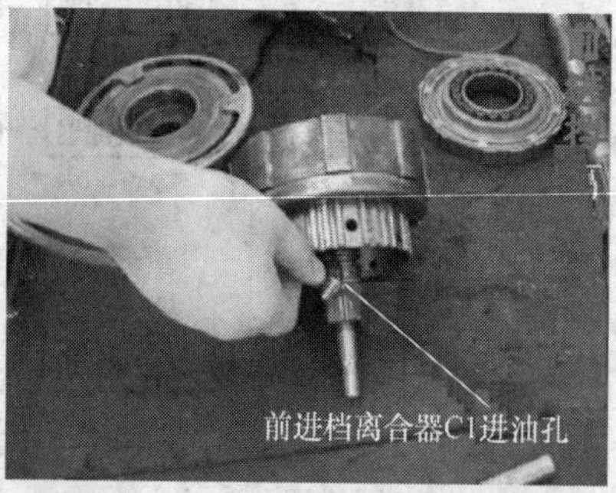

（续）

序号	查找步骤	图　　示
4	变速杆在 D 位置 D2 档 B2 进油孔	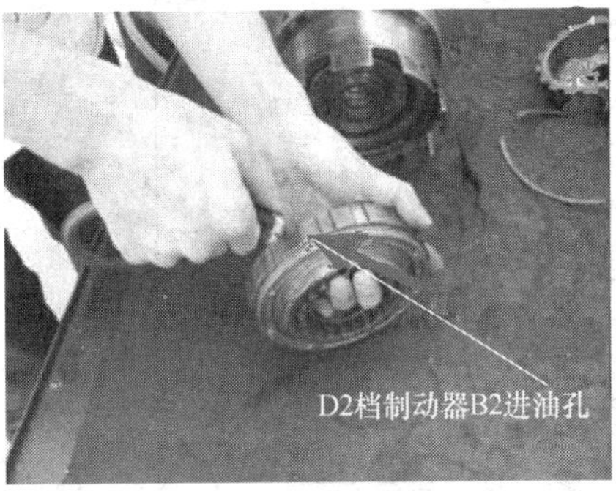
5	变速杆在 D 位置 D3 档 C2 进油孔	
6	变速杆在 D 位置 D4 档 B0 进油孔	
7	变速杆在 2 位置手动 2 档制动器 B1 进油孔	

（续）

序号	查找步骤	图示
8	变速杆在L或R位置制动器B3进油孔	L或R档制动器B2进油孔

2. 丰田电控自动变速器控制系统阀体结构与工作原理

电控自动变速器与液控自动变速器的主要区别在控制系统的不同。电控自动变速器与液控自动变速器大部分阀体结构及工作原理相同，在此只重点介绍几个不同的阀。下面以丰田A340E电控自动变速器为例来讲解阀体的结构与工作原理（图7-1-12）。

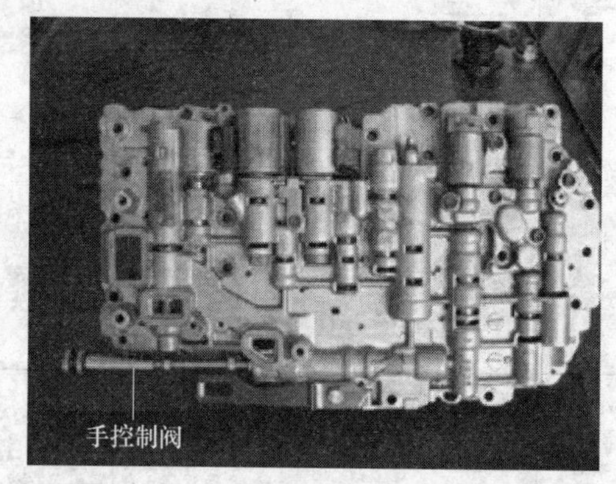

图7-1-12　A340E电控自动变速器阀板

丰田A341E自动变速器为4个电磁阀，与A340E的3个电磁阀相比，1、2、3号电磁阀工作原理基本一样，前者多了一个4号储能器背压控制电磁阀，是为换档平顺性而设计的，再就是油路也基本相同。

（1）手控阀　手控阀在各位置时的油路走向见表7-1-7。手控阀与变速杆相连，当变速杆在P、R、N、D、2、L位之间变换时，手控阀随之移动，实现油路转换，使自动变速器处于不同的工作范围。

表7-1-7　手控阀在各位置时的油路走向

变速杆位置	油路走向
P、N	第二道进油路被手控阀阀体关闭，因而无手控阀出油路
R	第二道油路进油，第一道油路出油，经1/2档换档阀流向低、倒档制动器B3，同时经2/3档换档阀流向高、倒档离合器C2。高、倒档离合器C2和低、倒档制动器B3接合，实现倒档
D	第二道油路进油，第三道油路出油，流向2档制动器B2、高、倒档离合器C2等，使自动变速器在1/4档工作
2	第二道油路进油，第三道和第四道油路同时出油，流向前进离合器C1，并在换档电磁阀和换档阀动作时，经各换档阀分别流向高、倒档离合器C2、2档强制制动器B1、2档制动器B2等，使自动变速器在“$2_1/2_2/2_3$”间相互转换，并能在“2_2”档利用发动机制动
L	第二道油路进油，第三道、第四道和第五道油路同时出油，流向前进离合器C1、2档强制制动器B1、2档制动器B2，使自动变速器在“L_1/L_2”间工作，并能利用发动机制动

如图 7-1-13 所示，手控阀共有七道油路，其中第二道油路为进油路，其余为出油路，经换档阀通往各换档执行元件。

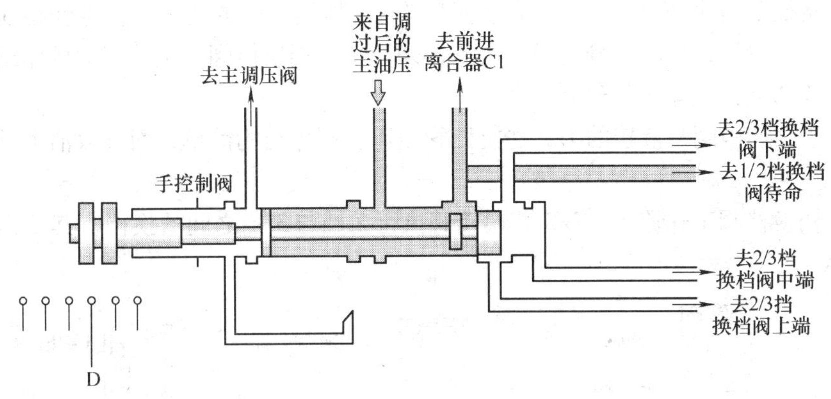

图 7-1-13　手控阀共有七道油路

（2）电磁阀与换档阀的工作原理。在丰田 A340E 电控自动变速器中共使用了 3 个电磁阀，其中 1 号和 2 号为换档电磁阀，3 号为变矩器锁止离合器电磁阀，1 号和 2 号电磁阀与 3 个换档阀的油路连接关系，如图 7-1-14 所示。

① 1/2 档换档阀工作原理。1/2 档换档阀执行 1 档和 2 档之间的换档，其工作过程如图 7-1-14 所示。

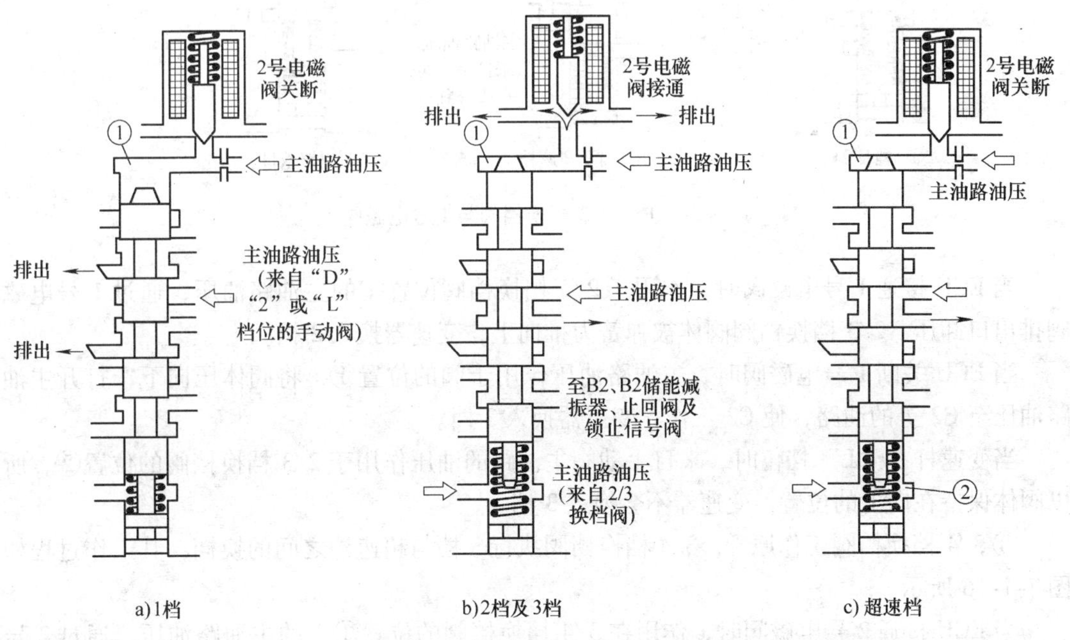

图 7-1-14　1/2 档换档阀与 2 号电磁阀

当 ECU 关断 2 号电磁阀时，阀芯被弹簧力压下，封闭排出油口。主油路的油压作用在 1/2 档换档阀的位置①上，使其阀体向下运动，切断主油路油压至 B2 等的油路，从而使变速器换入 1 档。

当 ECU 接通 2 号电磁阀时，阀芯被电磁力吸上，打开排出油口，作用在阀的位置①上的主油路的油压从排出油口释放。结果，弹簧力使阀体向上运动，打开主油路的油压至 B2 等的油路，从而使变速器换入 2 档。

当变速器处于超速档时，2 号电磁阀与 1 档时一样是关断的，于是，主油路油压作用在阀的位置①上。但是，这时 1 号电磁阀关闭，来自 2/3 档换档阀的主油路油压作用在 1/2 档换档阀的位置②上，阀体由弹簧力推向上。

电控 1/2 档换档阀与液控的 1/2 档换档阀相比，阀体结构简单，而且取消了低速滑行换档阀。

② 2/3 档换档阀工作原理。2/3 档换档阀执行 2 档与 3 档之间的换档，其工作过程如图 7-1-15 所示。

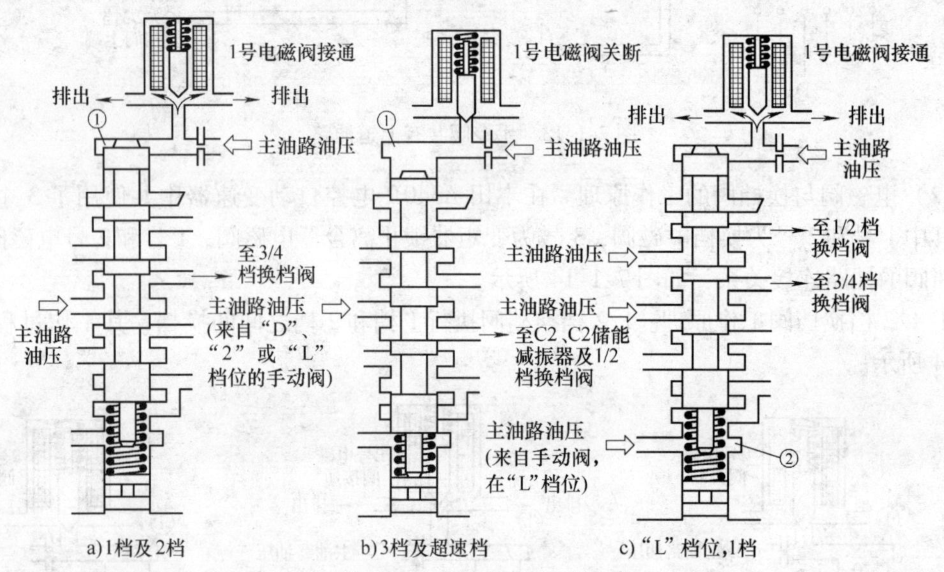

图 7-1-15　2/3 档换档阀与 1 号电磁阀

当 ECU 接通 1 号电磁阀时，作用于 2/3 档换档阀位置①的主油路油压，通过 1 号电磁阀排出口卸压。2/3 档换档阀阀体被弹簧力推向上，变速器换入 2 档。

当 ECU 关断 1 号电磁阀时，主油路油压作用于阀的位置①，将阀体压向下，打开主油路油压至 C2 等的油路，使 C2 工作，变速器换入 3 档。

当变速杆在“L”档位时，来自手动阀主油路的油压作用于 2/3 档换档阀的位置②，所以阀体保持在向上的位置，变速器不会换入 3 档。

③ 3/4 档换档阀工作原理。3/4 档换档阀执行 3 档与超速档之间的换档，其工作过程如图 7-1-16 所示。

当 ECU 接通 2 号电磁阀时，作用在 3/4 档换档阀的位置①上的主油路油压，通过 2 号电磁阀排出口卸压，阀体被弹簧力推向上，打开主油路油压至 C0 及 C0 储能减振器的油路，变速器换入 3 档。

当 ECU 关断 2 号电磁阀时，主油路油压作用在阀的位置①，其阀体被推向下，关闭主油路油压至 C0 等的油路，打开主油路油压至 B0 的油路，使变速器换入超速档。

当变速器在 1 档时，与在超速档一样，2 号电磁阀关断，主油路油压作用在 3/4 档换档

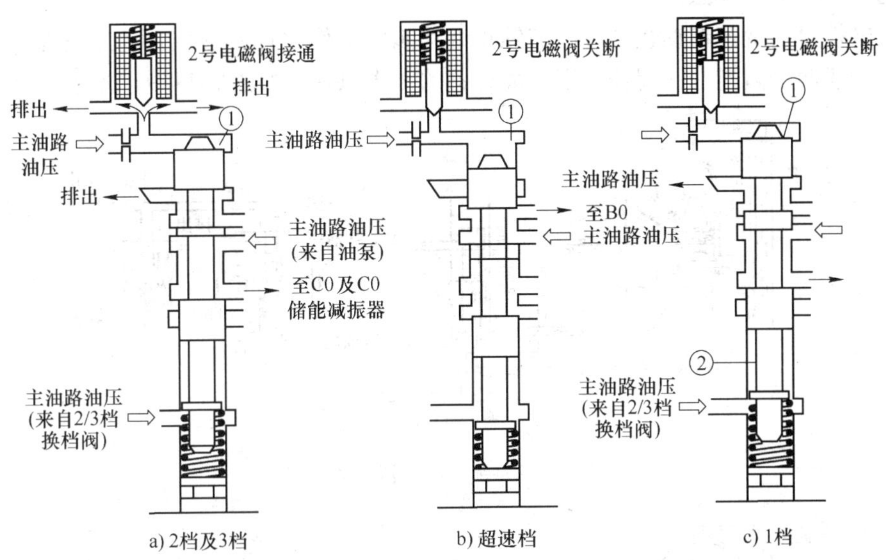

图 7-1-16　3/4 档换档阀与 2 号电磁阀

阀的位置①。不过，1 号电磁阀这时接通，来自 2/3 档换档阀的主油路油压作用在 3/4 档换档阀的位置②上，阀体仍被弹簧力推向上。

电控 3/4 档换档阀与液控 3/4 档换档阀相比，阀体结构简化，而且取消了 3/4 档滑行换档阀。

3. 低档滑行调压阀

从图 7-1-17 可知，该阀只在变速杆置入 L 位 1 档时起调压作用，它是在 L 位 1 档时，将由手动阀来的主油道压力油经过 2/3 档阀送入该阀，经该阀调压后送入制动器 B3，以减轻换档冲击。

该阀一端作用着弹簧的弹力，另一端则作用着主油道的油压，两者的抗衡调出一个通往制动器 B3 的油压。

2 档滑行调节阀一端作用着弹簧的弹力，另一端作用着主油路油压，通过两者的抗衡打开通往制动器 B1 的油道的大小，来调节作用在制动器 B1 上的油压，以减轻换档冲击。

4. 2 档滑行调节阀

图 7-1-18 中 2 档滑行调节阀只在变速杆位于 S 或 2 位 2 档时将主油压经该阀调节减压后送往制动器 B1，以减轻换 2 档的冲击。

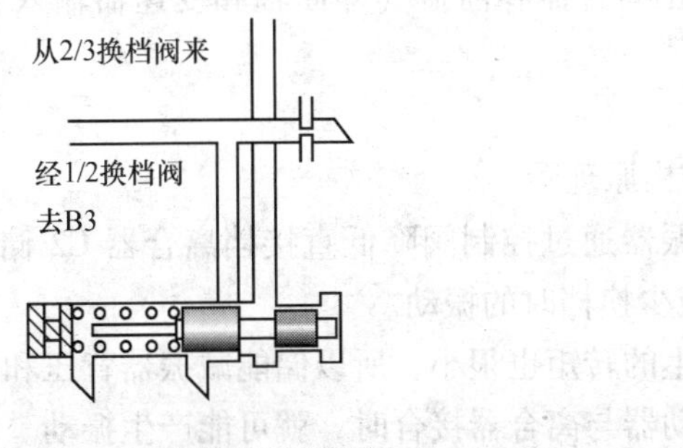

图 7-1-17　低档滑行调压阀

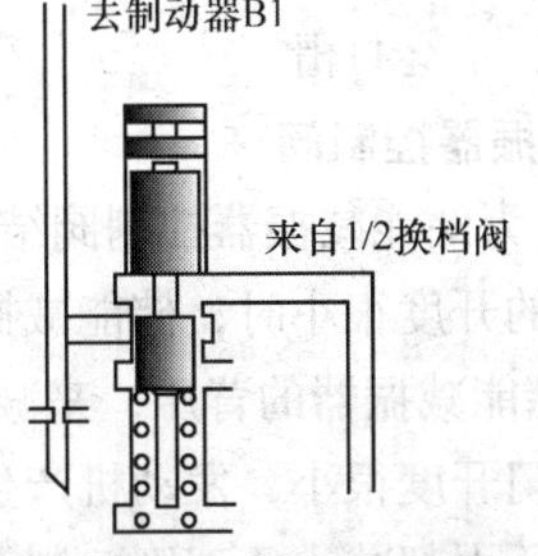

图 7-1-18　2 档滑行调节阀

5. 锁止信号阀与锁止继动阀

单个电控自动变速器锁止信号阀与锁止继动阀的工作原理同液控自动变速器基本相同，在此主要讲述两个阀连在一起控制锁止离合器的工作原理，如图 7-1-19、图 7-1-20 所示。

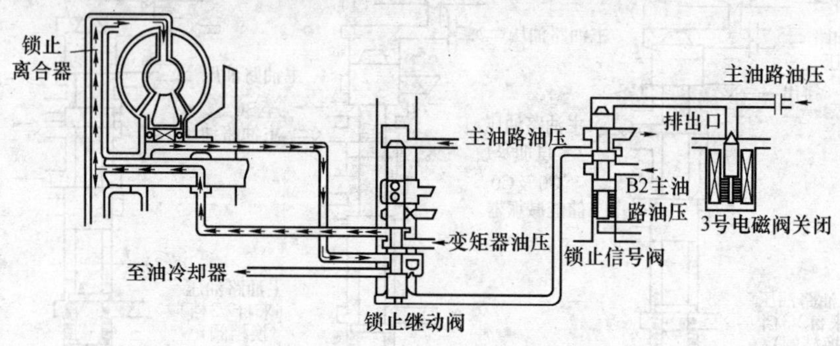

图 7-1-19　锁止离合器分离状态

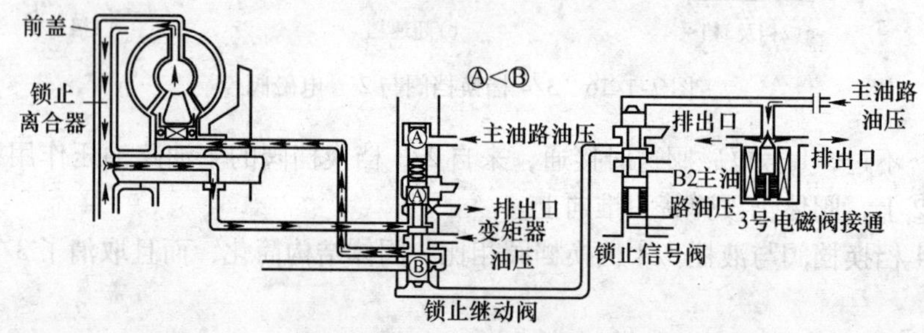

图 7-1-20　锁止离合器接合状态

（1）锁止离合器分离。如图 7-1-19 所示，如果 ECU 切断了 3 号电磁阀的电压信号，使其处于关闭状态，主油路油压则作用在锁止信号阀的上端，其阀体被推下，切断来自 1/2 换档阀的油压（B2 主油路油压）。这时，锁止继动阀由于主油路油压作用于上端，其阀体被推下，切换了变矩器油压的流向，使锁止离合器处于分离状态。

（2）锁止离合器接合。如图 7-1-20 所示，如果 ECU 接通 3 号电磁阀的电压信号，使其处于打开状态，施加在锁止信号阀上部的主油路油压被电磁阀释放，其阀体被弹簧力推向上。来自 1/2 档换档阀的油压（B2 主油路油压）作用于锁止继动阀的底部，由于横截面积Ⓑ>Ⓐ，其阀体被推向上，切换了变矩器油压的流向。这时，变矩器油压作用在锁止离合器的右侧，使它抵压在前盖上，所以锁止离合器和前盖（即曲轴和变速器输入轴）可以作为一个整体旋转，不会打滑。

6. 储能减振器控制阀

图 7-1-21 为储能减振器控制阀结构原理图。

当节气门的开度很小时，储能减振器通过控制阀降低直接档离合器 C2 储能减振器和 2 档制动器 B2 储能减振器的背压，来减少换档时的振动。

由于节气门开度很小，发动机产生的转矩也很小，所以储能减振器背压和离合器与制动器工作的初始压力都减小，否则，制动器与离合器接合时，就可能产生振动。相反，当节气门开度很大时，发动机产生的转矩也很大，储能减振器背压也相应增加，从而防止离合器与

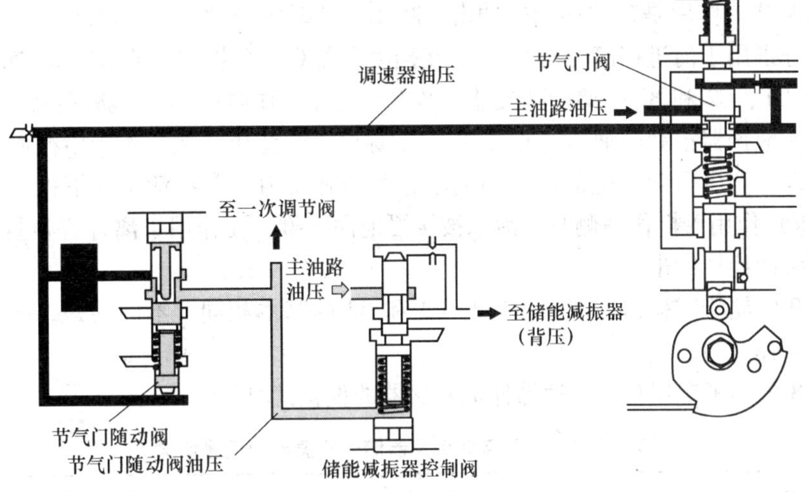

图 7-1-21　储能减振器控制阀

制动器接合时产生打滑。

如图 7-1-22 所示，随着节气门开度的增大，节气门随动阀油压也增大，储能减振器阀阀体向上移动，打开主油路油压至控制阀的油路，使至储能减振器油压（背压）增大，当这一背压增大到一定值时，背压作用于阀体顶部将阀体压下，关闭主油路油压，阀体继续向下运动，排泄口被打开，背压减小，当向上推阀体的节气门随动阀油压力和弹簧力（作用于阀体底部）与向下压阀体的背压力（作用于阀体顶部）平衡时，排泄口关闭，产生与节气门开度相对应的储能减振器控制阀油压（背压）。上述过程循环往复，使储能减振器控制阀油压与节气门开度保持对应。

7. 储能减振器

图 7-1-23 为储能减振器的结构与工作原理图。

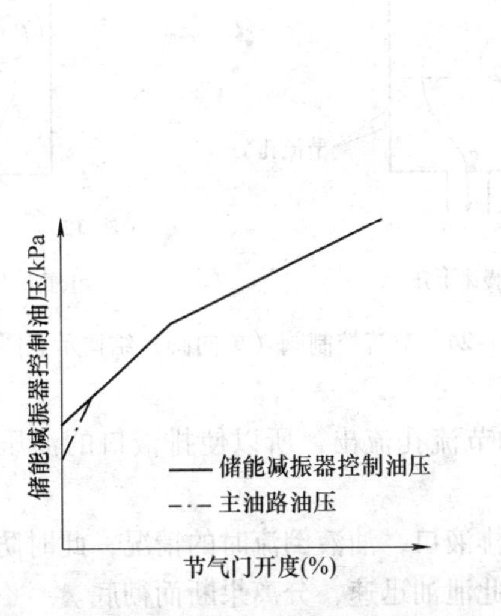

图 7-1-22　储能减振器控制油压与节气门开度的关系

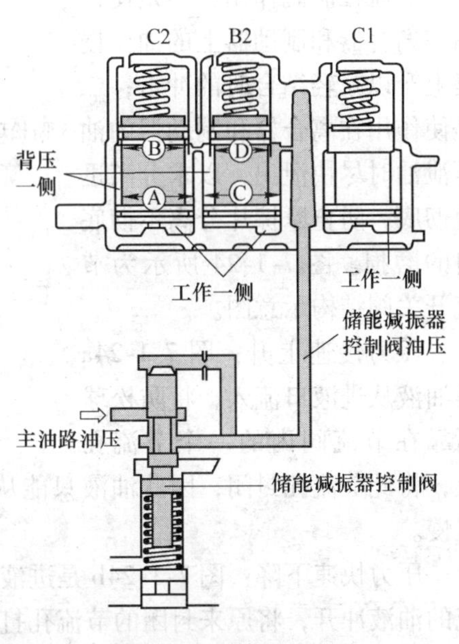

图 7-1-23　储能减振器

储能减振器的作用是缓冲换档的冲击，减小换档时的振动。A140 系列传动桥有 4 个储能减振器，分别用于前进档离合器 C1、直接档离合器 C2、2 档制动器 B2 和超速档直接离合器 C0。用于 C1、C2 和 B2 的储能减振器安装在变速器壳体内；C0 储能减振器安装在超速档壳体内。储能减振器控制阀油压一直作用于 C2 和 B2 的背压一侧。由于横截面积Ⓐ>Ⓑ和Ⓒ>Ⓓ，所以，背压一侧产生的油压力向下，并与弹簧力一起将活塞向下推。当工作油压（主油路油压）作用于操作一侧时，活塞被缓慢地向上推，使作用于离合器和制动阀的油压逐渐上升，缓冲换档冲击。

C1 和 C0 的储能减振器活塞的工作与 C2 和 B2 的基本相同，不同的是，向下推动活塞的作用力仅为弹簧力。

表 7-1-8 列出了丰田自动变速器储能减振器的设置情况。

表 7-1-8　丰田自动变速器储能减振器的设置情况

自动变速器（AT）类型	储能减振器	背压（来自储能减振器制动阀）
A140 系列（ECT）	C0、C1、C2、B2	C2、B2
A440 系列	C1、C2、B0、B2	C1、C2、B2
A540 系列（ECT）	C0、C1、C2、B2	C2、B2
A340E，H（ECT）	C0、B0、C2、B2	C2、B0、B2
A341E（ECT）	C0、B0、C2、B2	C0、B0、C2、B2

8. 节流控制阀

在自动变速器内，为改善换档质量，减轻换档冲击和延长离合器制动器的使用寿命，在通往离合器或制动器的油路中，加装了许多节流控制阀。

节流控制阀作用：一是使作用在离合器和制动器上的油压慢慢上升以减轻结合时的冲击；二是使作用在离合器和制动器的油压泄油时尽快泄出，以求分离迅速彻底，防止摩擦片分离不彻底时的磨损。图 7-1-24 所示为节流开关阀结构示意图。

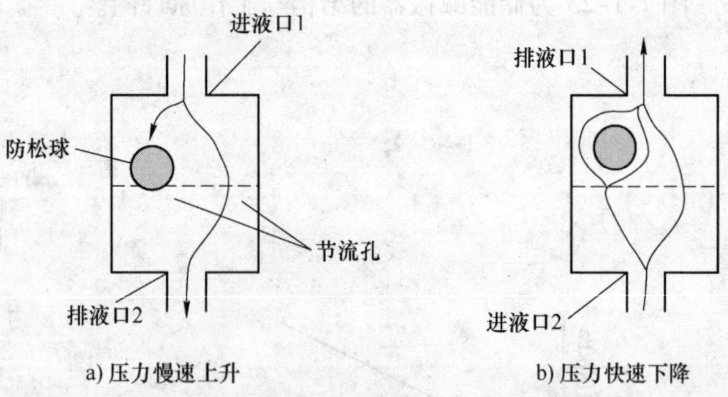

图 7-1-24　节流控制阀（单向阀）结构示意图

压力慢速上升：图 7-1-24a 是油液从进液口流入，将防松球压靠在节流阀内的一个节流孔上，将此节流孔封闭，因此油液只能从另外的节流孔流出，所以使排液口的油压上升比较缓慢。

压力快速下降：图 7-1-24b 是进液口变成排液口，油液倒流时的情况，此时防松球被倒流的油液冲开，将原来封闭的节流孔打开，因此泄油迅速，分离果断而彻底。

任务二　丰田A341E、大众01M/01N各档油路分析

一、A341E各档总油路分析

丰田A341E自动变速器变速杆位置顺序为P—R—N—D—2—L。手控阀摇臂控制手控阀，手控阀有6个相应位置控制油路转换。手控阀共有七道油路，其中第二道油路是进油路，其余为出油路。

1. D1档油路工作原理

变速杆在D位，手控阀第二道油路进油，第三道油路出油，主油路压力油经手控阀第三道油路通往离合器C1和蓄压器C1。汽车在D1档范围内行驶时，控制单元根据档位开关信号、节气门位置信号以及车速传感器信号使1号电磁阀通电，2号电磁阀断电，3号电磁阀断电，以便使离合器C0、C1工作，汽车便进入D1档。汽车在D1档时，其油路走向如下：

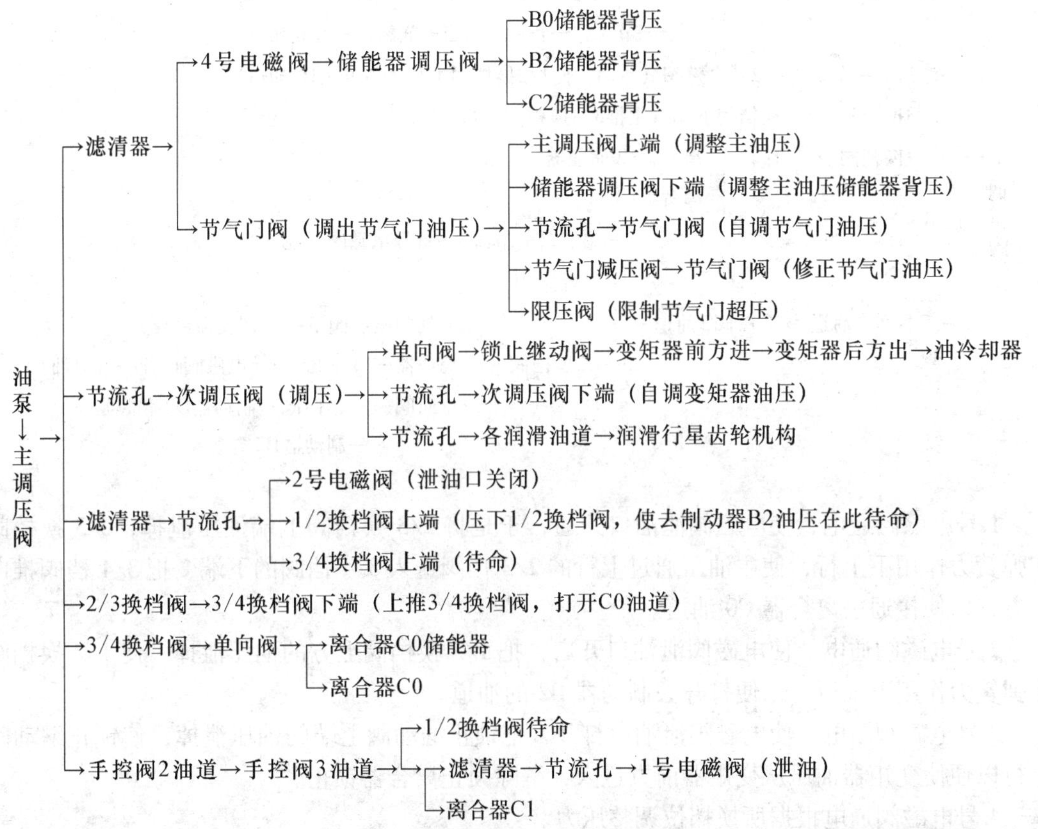

注：在D1档油路走向中，加粗的字体部分为固定的主油路走向，在后面的油路分析中不再描述。

1 号电磁阀接通，使 1 号电磁阀泄油口打开，于是将 2/3 换档阀上端油压泄掉，使 2/3 换档阀在弹簧作用下上行，使 2/3 档阀把主油道的液压油送入 3/4 换档阀的下端，使 3/4 换档阀上行，以便打开 C0 油道，通过 3/4 换档阀把主油道压力油送给离合器 C0。

2 号电磁阀断电，使 2 号电磁阀泄油口关闭，于是，主油道的压力油便一方面送入 3/4 换档阀上端待命，另一方面进入 1/2 换档阀上端，将 1/2 换档阀压下，把通往制动器 B2 的油道切断，并在此为 D2 档待命。

3 号电磁阀断电，使电磁阀泄油口打开，于是把锁止继动阀上方的油压泄掉，使变矩器油从液力变矩器的前方进入液力变矩器，以使解除锁止离合器的锁止。

4 号电磁阀通电根据所换档位调整压力。

D1 档油路如图 7-2-1 所示（书后有彩图）。

2. D2 档油路工作原理

在 D2 档时，控制单元根据各种信号使 1 号电磁阀通电，以便使离合器 C0、C1 及制动器 B2 工作，使变速器进入 D2 档。D2 档油路走向如下：

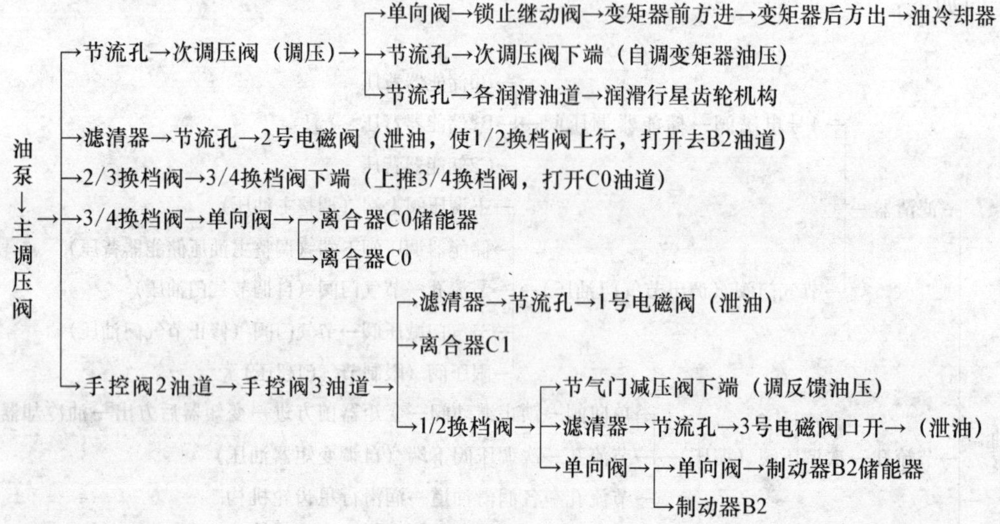

1 号电磁阀通电，使电磁阀泄油口开通，于是将 2/3 换档阀上端油压泄掉，2/3 换档阀在弹簧力作用下上行，使主油压通过上行的 2/3 档阀送入 3/4 档阀的下端，把 3/4 档阀推向上方，以便接通去离合器 C0 油道。

2 号电磁阀通电，使电磁阀泄油口开启，把 1/2 换档阀上方的油压泄掉，使 1/2 换档阀在弹簧力作用下上行，以便打开去制动器 B2 的油道。

3 号电磁阀断电，使电磁阀泄油口打开，把锁止继动阀上端的油压泄掉，使锁止继动阀上行以便使变矩器油压从变矩器前方进入，解除锁止离合器锁止。

4 号电磁阀通电根据所换档位调整压力。

D2 档油路如图 7-2-2 所示（书后有彩图）。

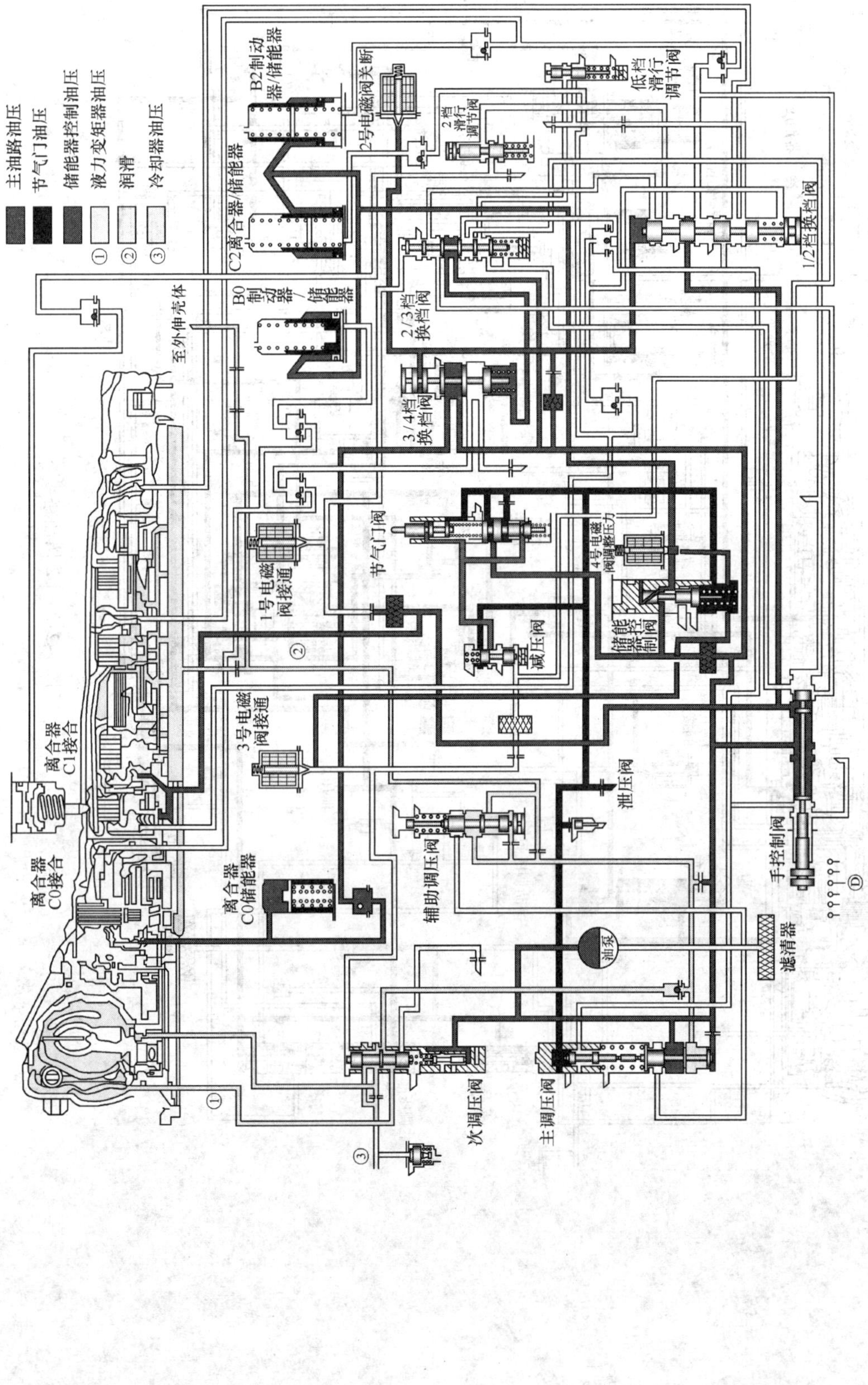

图 7-2-1　D1 档油路

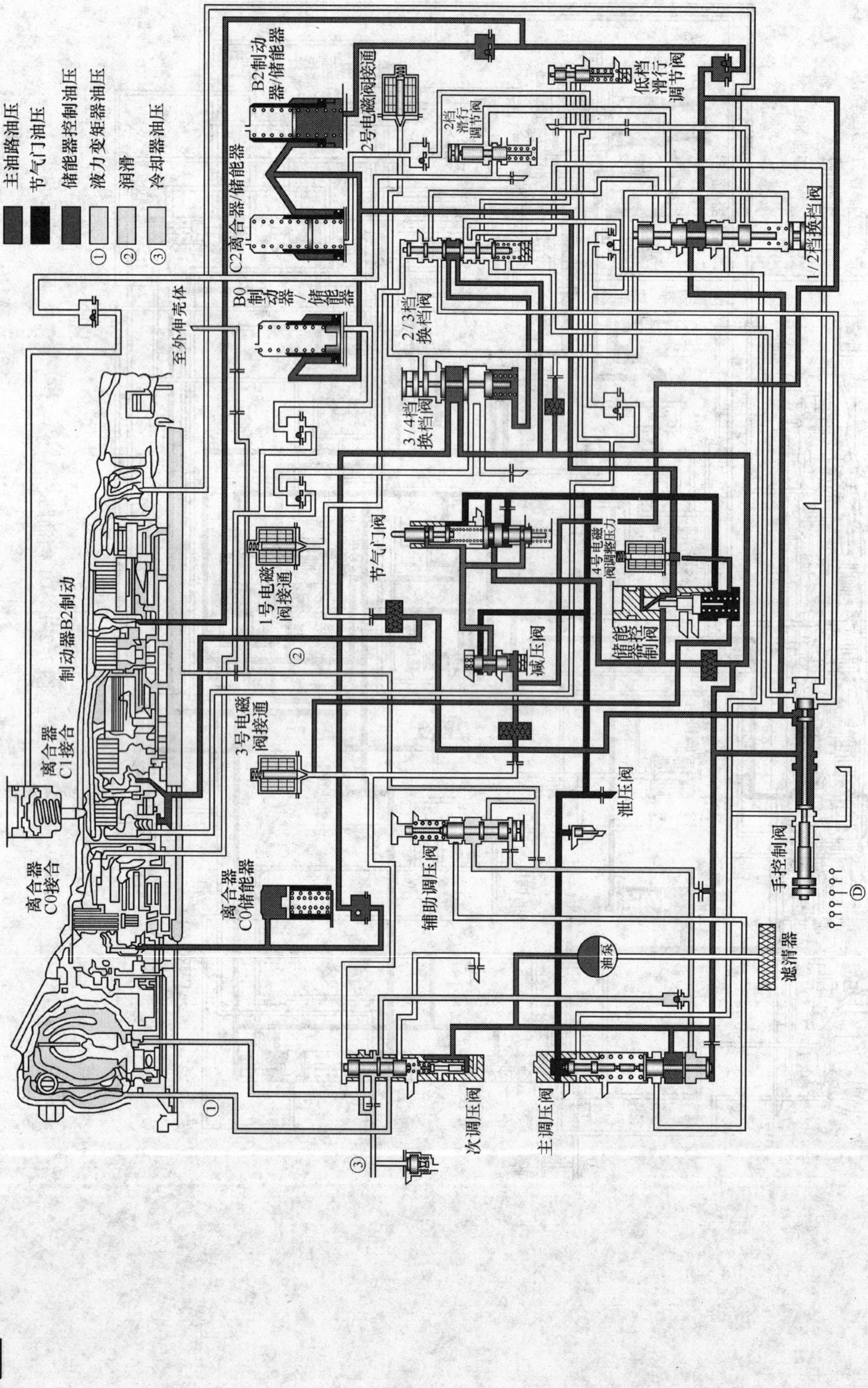

离合器C0接合
离合器C1接合
制动器B2制动
主油路油压
节气门油压
储能器控制油压
① 液力变矩器油压
② 润滑
③ 冷却器油压
至外伸壳体
离合器C0储能器
3号电磁阀接通
1号电磁阀接通
B0制动器/储能器
C2离合器/储能器
B2制动器/储能器
2号电磁阀接通
节气门阀
3/4档换档阀
2/3档换档阀
2档滑行调节阀
辅助调压阀
次调压阀
减压阀
主调压阀
油泵
泄压阀
4号电磁阀调整压力
储能器控制阀
低档滑行调节阀
滤清器
手控制阀
1/2档换档阀

图 7-2-2　D2 档油路

3. D 位 D3 档油路工作原理

在 D3 档时 1 号电磁阀断电，2 号电磁阀通电，3 号电磁阀断电，于是离合器 C0、C1 与 C2 及制动器 B2 工作，变速器进入 D3 档。D3 档油路走向如下：

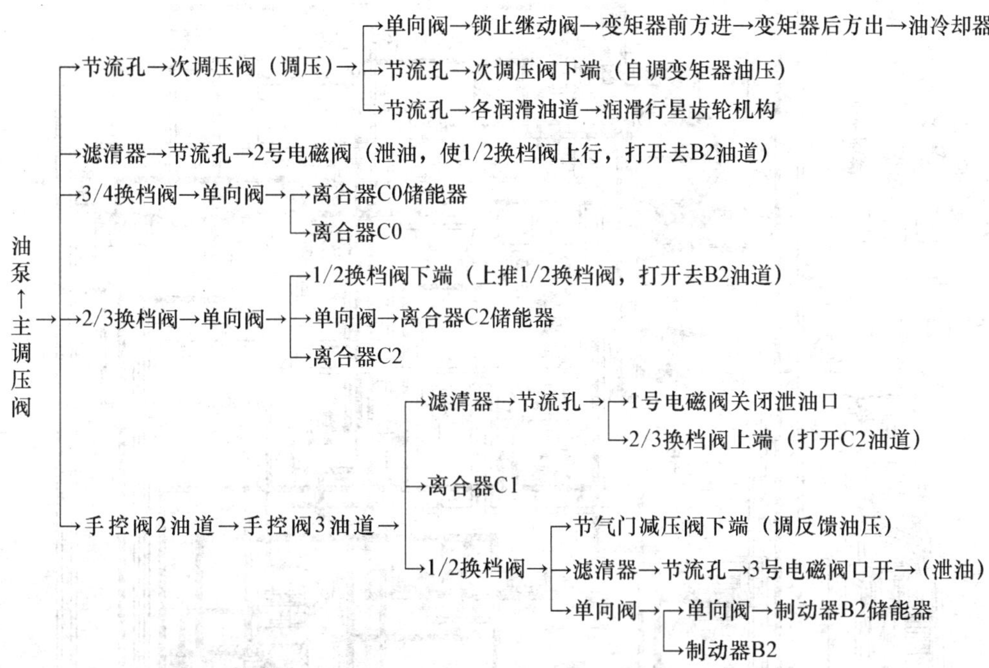

1 号电磁阀断电，使 1 号电磁阀泄油口关闭，于是将主油压送入 2/3 换档阀的上方，把 2/3 换档阀压下，以便使 2/3 换档阀打开去 C2 离合器的油道，使离合器 C2 工作；另外，还将主油道压力油送入 1/2 换档阀的下端，把 1/2 换档阀推向上方，把待命油一方面送入制动器 B2，一方面送入节气门减压阀调整节气门修正油压。

2 号电磁阀通电泄油，将 1/2 换档阀上方的油压泄掉，使 1/2 换档阀在弹簧力作用下上行，打开去制动器 B2 的油道。

3 号电磁阀断电泄油，其锁止油路与 D2、D1 档时一样。

4 号电磁阀通电根据所换档位调整压力。

D3 档油路如图 7-2-3 所示（书后有彩图）。

4. D 位 D4 档油路工作原理

当手动换档阀在 D 位，超速档开关接通，车速升至 D4 档范围时，控制单元根据车速信号、节气门位置传感器信号以及档位开关信号等，使 1、2 号电磁阀断电，3 号电磁阀通电。D4 档油路走向如下：

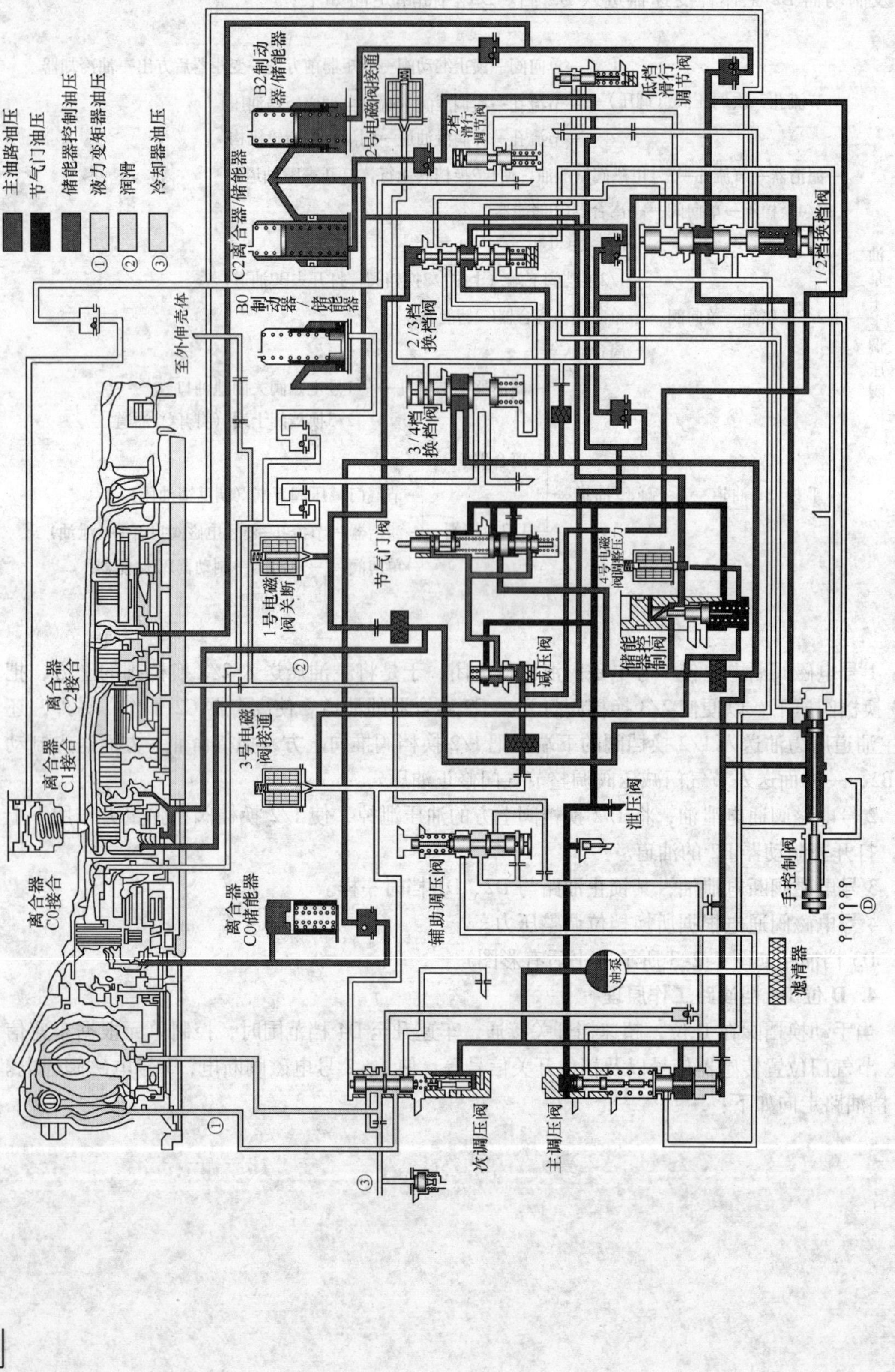

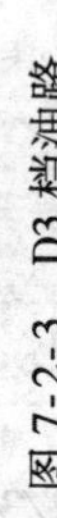

图 7-2-3　D3 档油路

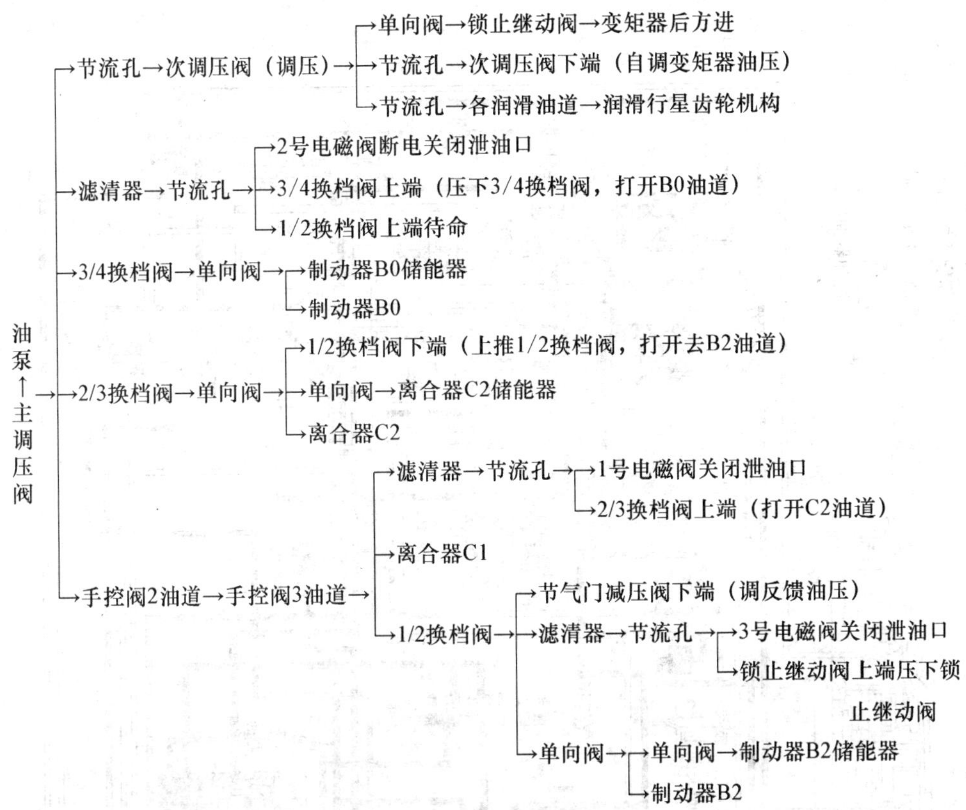

1 号电磁阀断电关闭泄油口，使主油压送入 2/3 换档阀的上端，把 2/3 换档阀压下，使主油压通过 2/3 换档阀送入离合器 C2，同时把主油压压力油送入 1/2 换档阀下端，上推 1/2 换档阀，以便使 1/2 换档阀接通去制动器 B2 的油路。

2 号电磁阀断电关闭泄油口，以使一方面将主油道压力油送入 3/4 换档阀的上端，将 3/4 换档阀压下，以便将主油道的压力油通过 3/4 换档阀送入制动器 B0。

3 号电磁阀通电使电磁阀关闭泄油口，以便将主油压送入锁止继动阀的上方，把锁止继动阀压下，此时变矩器压力油从液力变矩器的后方调出背压进入，压紧锁止离合器压盘，使锁止离合器进入超速档时锁止。

4 号电磁阀通电根据所换档位调整压力。

D4 档油路如图 7-2-4 所示（书后有彩图）。

5. R 档油路工作原理

变速杆置于 R 位时，手控阀第二道油路进油，第一道油路出油。

当手动阀在 R 位，控制单元根据档位开关信号，使 1 号电磁阀通电，2 号、3 号电磁阀断电打开泄油口。R 档油路（图 7-2-5）走向如下：

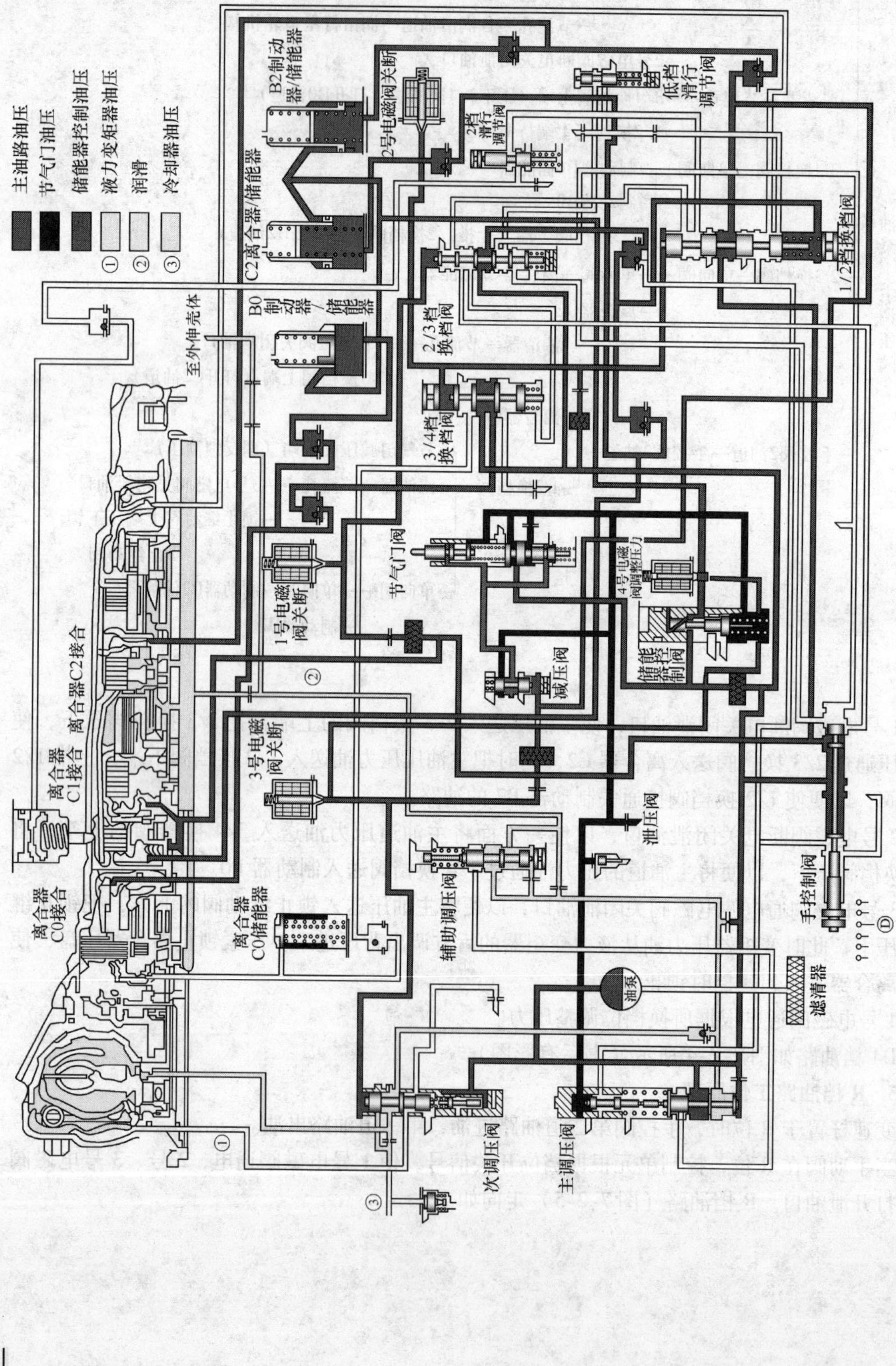

图 7-2-4 D4 档油路

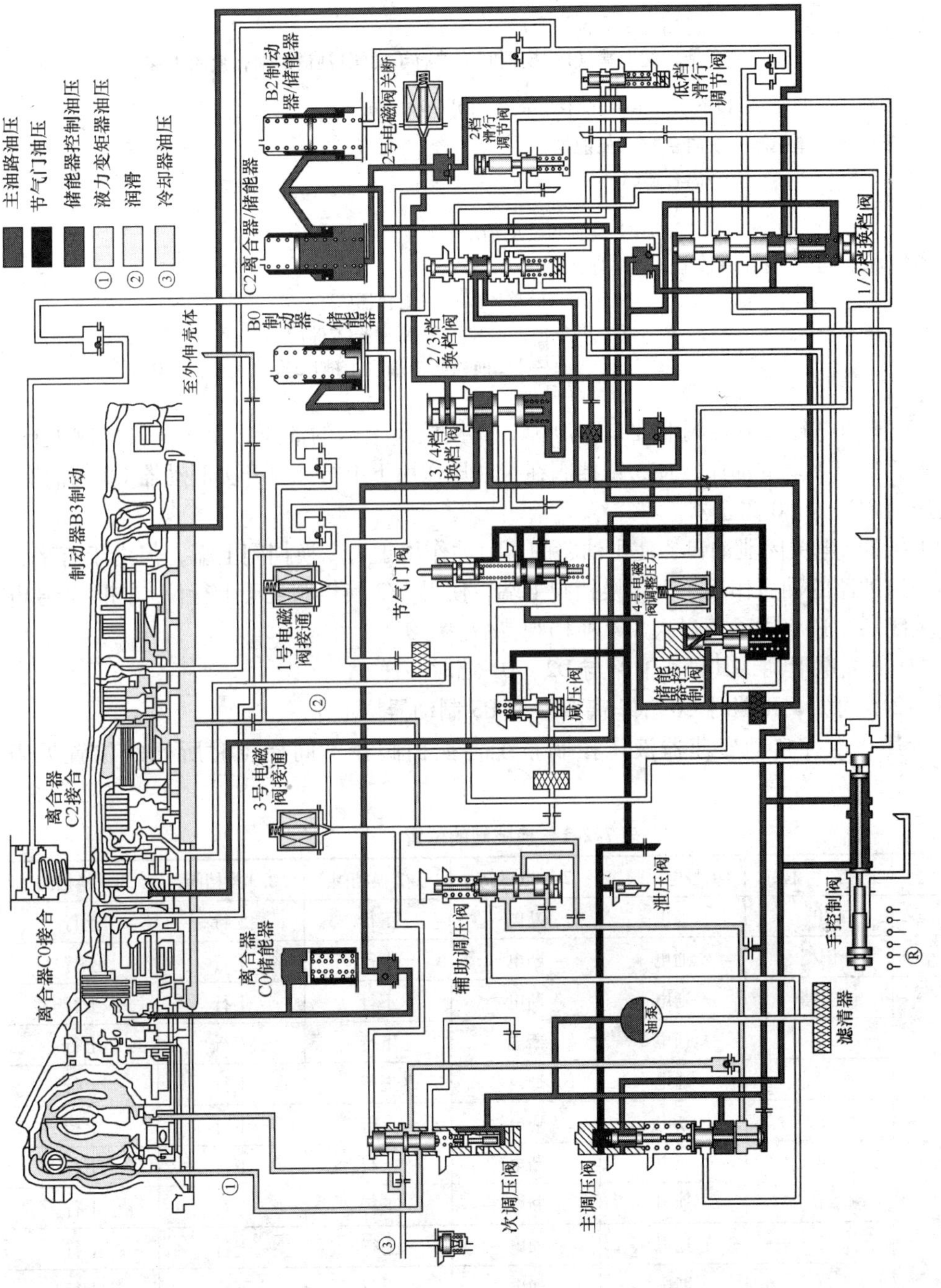

图 7-2-5　R 档油路

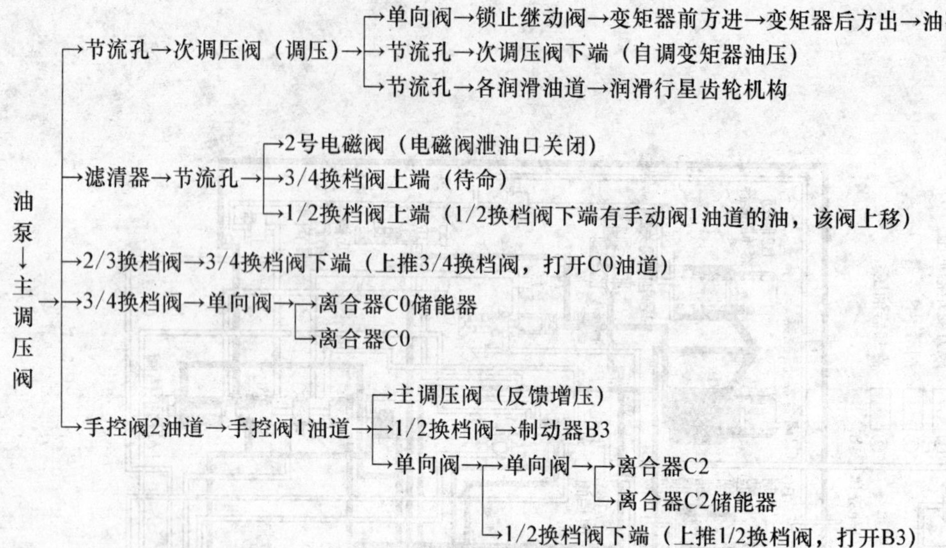

1 号电磁阀通电打开电磁阀泄油口，泄掉 2/3 换档阀上端的油压，使 2/3 换档阀上行，以便打开去 3/4 档下端的油压，使 3/4 档阀在主油压作用下上行，打开去制动器 C0 的油道，使主油路压力油送入 C0 离合器。

2 号电磁阀断电关闭泄油口，使主油路的压力油作用于 1/2 换档阀上端，但由于有来自手动阀第一道油路的油压作用于 1/2 换档阀下端，使得 1/2 换档阀处于上行位。同时 2 号电磁阀断电关闭后，还将主油压送入 3/4 换档阀待命。

3 号电磁阀断电泄油，其锁止油路与 D2、D1 档时一样。

从图 7-2-5 可知，R 档时 C0、C2 离合器及 B3 制动器均工作。

综上所述，电控自动变速器液压控制系统各换档阀在不同档位时所处的位置见表 7-2-1。

表 7-2-1　换档阀的位置

变速杆位置	档　位	1 号电磁阀	2 号电磁阀	1/2 换档阀	2/3 换档阀	3/4 换档阀
P	P	通电	断电	下行	上行	上行
R	倒档	通电	断电	上行	上行	上行
N	空档	通电	断电	下行	上行	上行
D	1	通电	断电	下行	上行	上行
	2	通电	通电	上行	上行	上行
	3	断电	通电	上行	下行	上行
	4	断电	断电	上行	下行	下行
2	1	通电	断电	下行	上行	上行
	2	通电	通电	上行	上行	上行
	3	断电	通电	上行	下行	上行
L	1	通电	断电	下行	上行	上行
	2	通电	通电	上行	上行	上行

二、阀体的检修

不论是哪一种型号的控制系统，其阀板的检修方法是基本相同的。下面以凌志 LS400 轿车 A341E 自动变速器为例说明电控自动变速器的阀体检修。A341E 下阀板分解如图 7-2-6 所示。

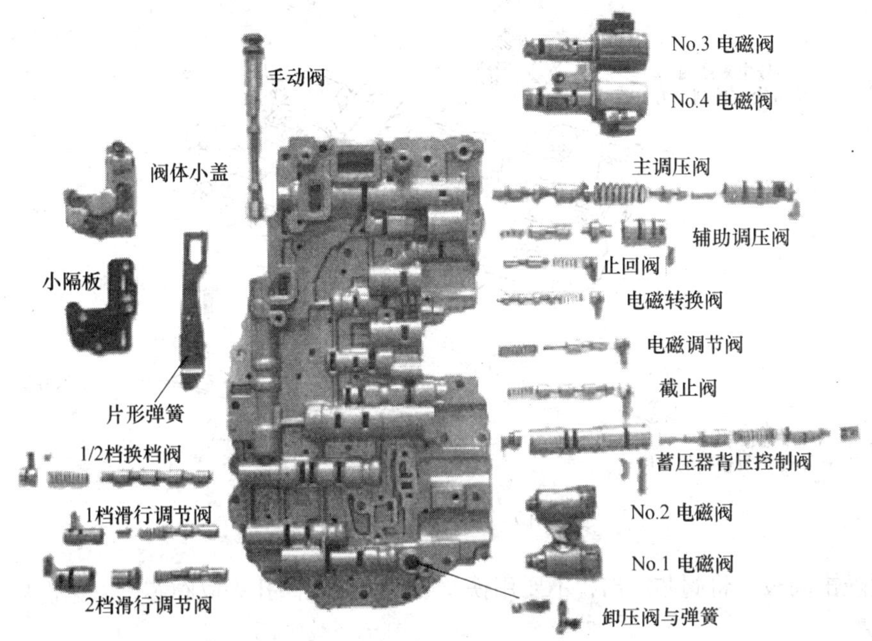

图 7-2-6　A341E 下阀板分解图

1. 阀体总成的分解

图 7-2-7 为 A341E 自动变速器的阀体总成图。自动变速器的分解步骤如下。

分解阀板时应特别小心，不能丢失或分散小的节流阀、安全阀、随动阀和弹簧等。

(1) 拆下带爪弹簧和弹簧片。

(2) 拆下手动阀。

(3) 拆下 1、2、3、4 号电磁线圈，并从 1 号和 2 号电磁线圈上拆下 O 形圈和锁紧片。

(4) 拆下滤油器和卸压阀。

(5) 翻转总成并拆下 28 个螺栓。

(6) 将上下阀板分开。在拿起上阀板时，为了防止上阀板油道内的单向节流阀球阀掉落，应将上下阀板之间的隔板和上阀板一同拿起，并将上阀板油道一面朝上放置，用木锤轻轻敲击隔板，防止小的球阀粘在隔板上，然后再取下隔板。在没有详细技术资料的情况下检查自动变速器时，更要特别注意。如果阀板油道内的某个球阀或其他小零件掉出，由于阀板油道的形状十分复杂，往往因找不到这些小零件的原有位置而不能正确安装，导致修理后的自动变速器工作异常。

按图 7-2-8 所示拆出上阀板中所有的控制阀。在拆出每个控制阀时，应先取出锁销和档塞，再让阀芯和弹簧从阀孔中自由落出。若阀芯在阀孔中有卡滞，不能自由落出，可用木锤

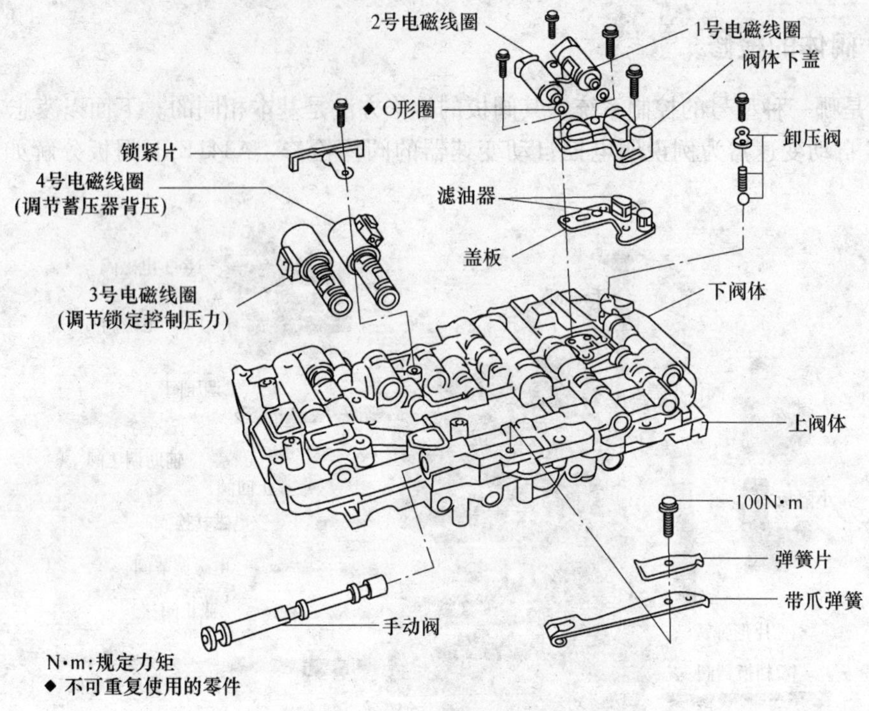

图 7-2-7 阀体总成图

或橡胶锤敲击阀板，将阀芯震出，不要用铁丝或钳子伸入阀孔去取阀芯，以免损坏阀孔内径或阀芯。

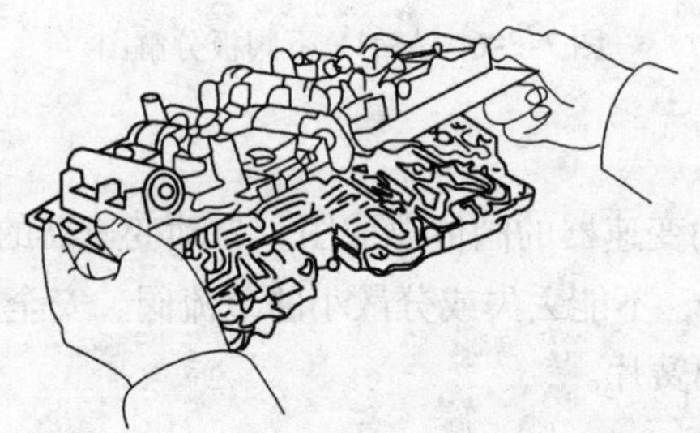

图 7-2-8 将上下阀板分开

2. 上阀体

(1) 上阀体零部件分解见图 7-2-9。

(2) 上阀体剖面图见图 7-2-10。

(3) 上阀体弹簧规格见表 7-2-2。

表 7-2-2 上阀体阀体弹簧规格

弹簧		自由长度/mm	弹簧外径/mm	总圈数	颜色
①	锁定继动阀	23.42	5.86	12.25	红
②	副调节阀	36.78	9.22	13.50	—
③	C1 量孔控制阀	37.13	11.14	11.25	白

（续）

弹　簧		自由长度/mm	弹簧外径/mm	总　圈　数	颜　　色
④	C1 量孔控制阀	21.50	7.76	11.50	—
⑤	节气门控制阀	27.25	8.73	12.50	黄
⑥	节气门控制阀	17.50	7.20	10.25	红
⑦	C1 蓄压器	75.26	15.02	17.06	粉红
⑧	2/3 换档阀	30.77	9.70	10.50	紫
⑨	3/4 换档阀	30.77	9.70	10.50	紫
⑩	倒档控制阀	25.58	8.64	8.75	—

注：当重新装配时，请参照上述弹簧规格以有助于区别不同的弹簧。

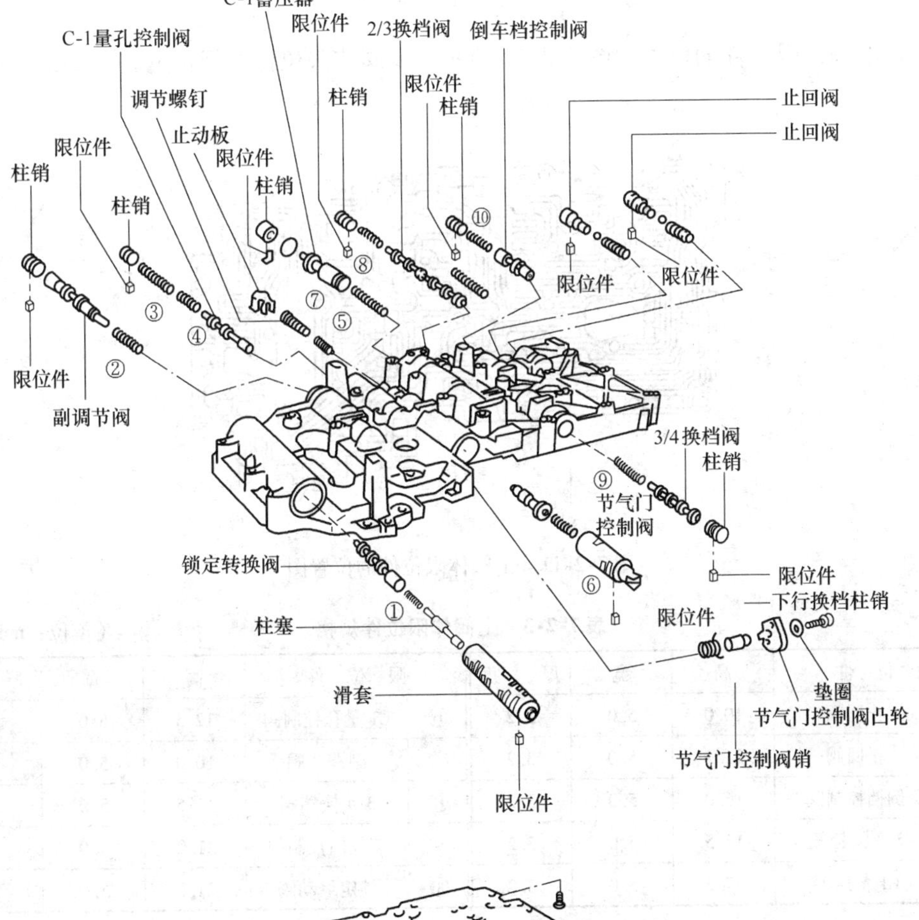

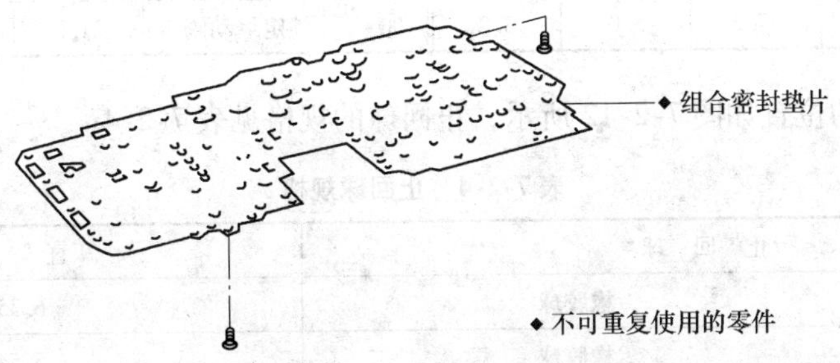

图 7-2-9　上阀体零部件分解图

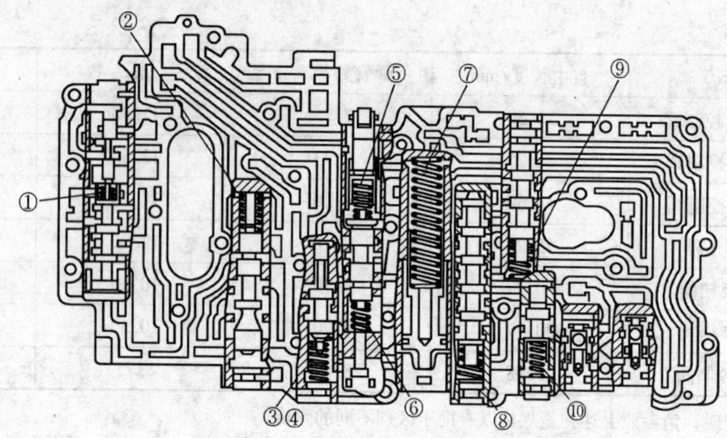

图 7-2-10　上阀体剖面图

（4）上阀体限位件的位置如图 7-2-11 所示，上阀体限位件的规格见表 7-2-3。

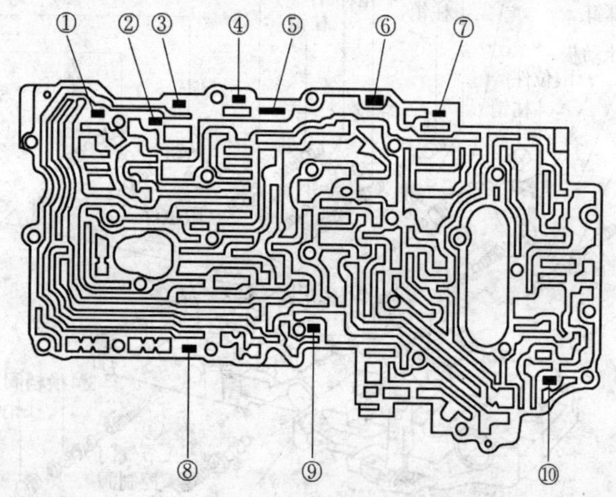

图 7-2-11　上阀体限位件的位置图

表 7-2-3　上阀体限位件规格　　（单位：mm）

限位件		高	宽	厚度	限位件		高	宽	厚度
①	止回阀	10.0	5.0	3.2	⑥	C1 量孔控制阀	12.5	5.0	3.2
②	止回阀	21.2	5.0	3.2	⑦	副调节阀	10.0	5.0	3.2
③	倒档控制阀	16.0	5.0	3.2	⑧	3/4 换档阀	11.5	5.0	3.2
④	2/3 换档阀	12.5	5.0	3.2	⑨	节气门控制阀	21.2	5.0	3.2
⑤	C1 蓄压器	37.2	5.0	3.2	⑩	锁定继动阀	21.2	5.0	3.2

（5）止回球的位置如图 7-2-12 所示，止回球的规格见表 7-2-4。

表 7-2-4　止回球规格　　（单位：mm）

止回球		直径
①	橡胶球	6.35
②	橡胶球	5.54

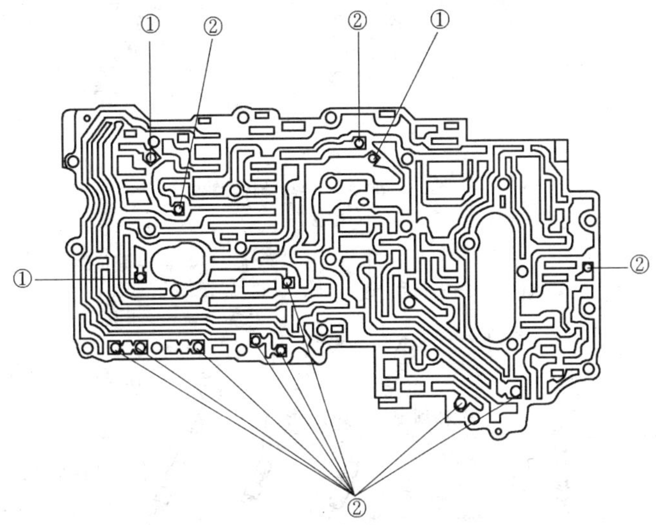

图 7-2-12　止回球的位置图

3. 下阀体

（1）下阀体零部件分解如图 7-2-13 所示。

（2）下阀体剖面图如图 7-2-14 所示。

（3）阀体弹簧规格如表 7-2-5 所示。

表 7-2-5　阀体弹簧规格

弹簧		自由长度/mm	弹簧外径/mm	总圈数	颜色
①	主调节阀	40.62	16.88	9.50	红
②	锁定控制阀	18.52	5.30	12.75	白
③	回位阀	18.80	7.48	7.50	—
④	电磁继动阀	18.80	7.48	7.50	—
⑤	电磁调节阀	30.63	7.99	15.25	—
⑥	截止阀	20.30	6.10	12.75	—
⑦	蓄压器控制阀	34.50	8.85	12.50	—
⑧	1/2 换档阀	30.77	9.70	10.50	紫
⑨	跟踪惯性调节阀	19.73	8.04	9.80	—
⑩	跟踪惯性调节阀①	26.11	8.04	10.75	—
		26.71		11.50	淡绿
		27.41		11.75	黄

注：当重新装配时，可参照上述弹簧规格以有助于区别不同的弹簧。

① 安装 3 种弹簧中的一种。

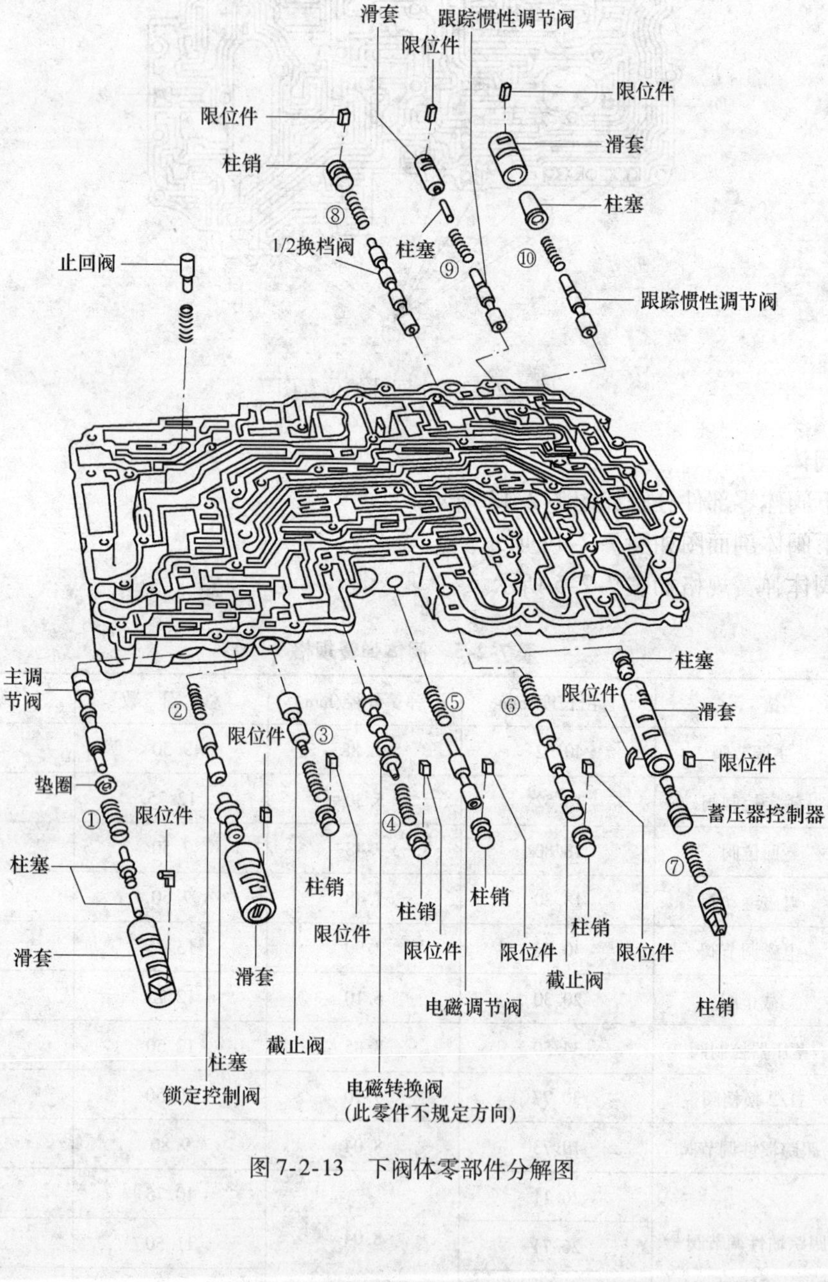

滑套
跟踪惯性调节阀
限位件
限位件
限位件
柱销
滑套
⑧
柱塞
1/2换档阀
柱塞
⑨
⑩
止回阀
跟踪惯性调节阀
主调
节阀
②
⑤
⑥
柱塞
限位件
限位件
③
滑套
限位件
垫圈
④
蓄压器控制器
①
限位件
⑦
柱塞
柱销
柱销
柱销
柱销
限位件
滑套
限位件
限位件
限位件
限位件
滑套
截止阀
柱销
电磁调节阀
截止阀
柱塞
锁定控制阀
电磁转换阀
(此零件不规定方向)

图 7-2-13　下阀体零部件分解图

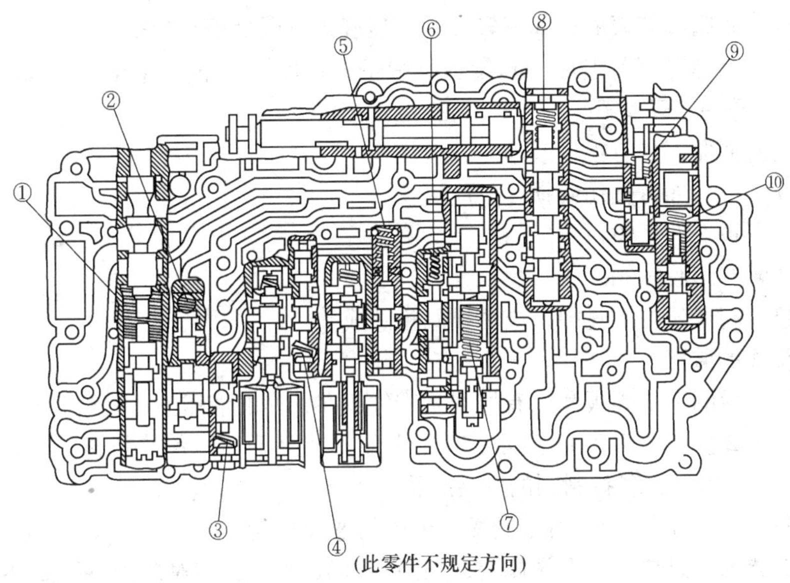

图 7-2-14　下阀体剖面图

（4）下阀体限位件的位置如图 7-2-15 所示，限位件的规格见表 7-2-6。

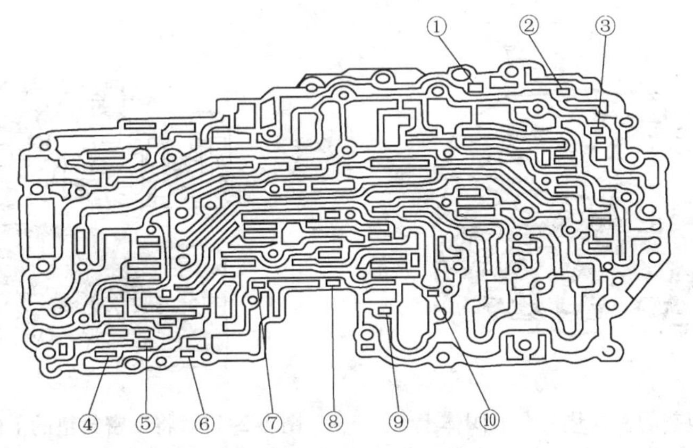

图 7-2-15　下阀体限位件位置图

表 7-2-6　限位件规格　（单位：mm）

序号	限 位 件	高	宽	厚度	序号	限 位 件	高	宽	厚度
①	1/2 换档阀	14.5	5.0	3.2	⑥	回位阀	8.5	5.0	3.2
②	跟踪惯性调节阀	14.5	5.0	3.2	⑦	电磁继动阀	12.5	5.0	3.2
③	跟踪惯性调节阀	14.5	5.0	3.2	⑧	电磁调节阀	14.5	5.0	3.2
④	主调节阀	13.0	5.0	3.2	⑨	截止阀	19.0	5.0	3.2
⑤	锁定控制阀	14.5	5.0	3.2	⑩	蓄压器控制阀	29.0	5.0	3.2

4. 阀体零件的检修

（1）将上下阀板的所有控制阀的零件用清洁的煤油或酒精清洗干净。

（2）检查控制阀阀芯表面，如有轻微刮伤痕迹，可用金相砂纸抛光。

（3）检查诸阀弹簧有无损坏，测量各阀弹簧的长度，如不符合规定要求，应更换。各阀弹簧的自由长度见表 7-2-5。

（4）检查滤油器，如有损坏或堵塞，应更换。

（5）检查隔板，如有创伤或损坏，应更换。

（6）更换隔板上的纸质衬垫。

（7）更换所有塑胶球阀。

（8）如控制阀卡死在阀孔中，应更换阀板总成。

5. 阀体总成的装配

（1）将清洗后的上下阀板和所有控制阀零件放在干净的液压油中浸泡几分钟。

（2）按图 7-2-9 和图 7-2-13 所示相反的顺序安装上下阀体各控制阀。注意各控制阀弹簧的安装位置，切不可将各控制阀的弹簧装错。

（3）按图 7-2-12 所示位置将上阀板油道内的球阀装入。

（4）将组装的密封垫装在上阀体上，如图 7-2-16 所示，应对准组装密封垫的每一个螺栓孔并装上螺钉。

（5）将带密封垫的上阀体装到下阀体上，如图 7-2-17 所示，应保证对准密封垫和阀体的每一个螺栓孔。

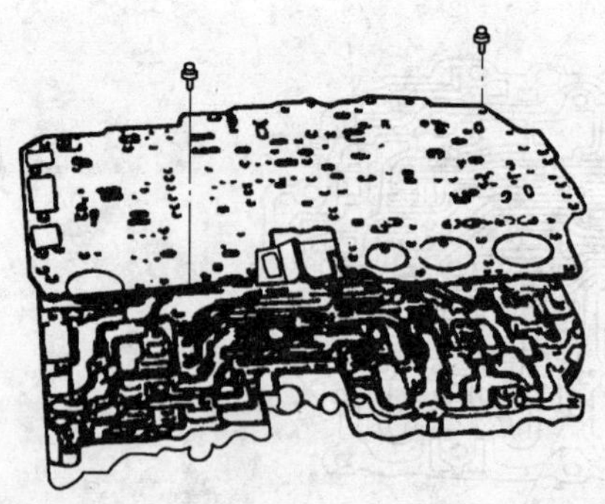

图 7-2-16　将组装的密封垫装在上阀体上

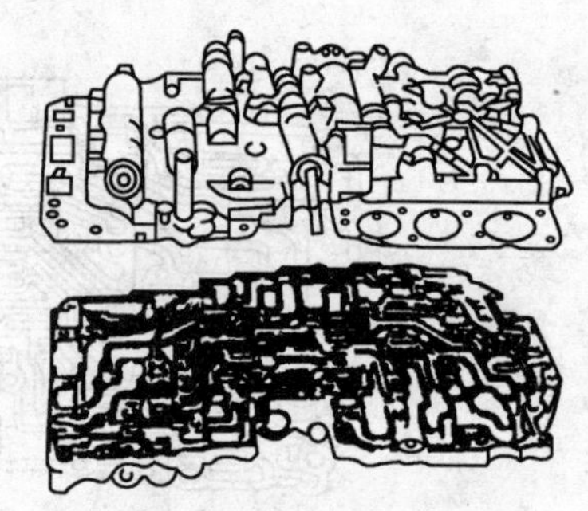

图 7-2-17　将带密封垫的上阀体装到下阀体上

（6）安装 28 个螺栓到上阀体，弹簧长度为 A 螺栓 45mm、B 螺栓 35mm、C 螺栓 20mm，拧紧转矩为 6.1N·m。

（7）安装滤油器、卸压阀和 4 个电磁线圈。

（8）安装手动阀。

（9）安装带爪弹簧，拧紧转矩为 10N·m。

（10）确保手动阀运动平稳。

三、大众 01M/01N 各档油路分析

1. 01M 阀体

01M 液压阀体中共有 17 个滑阀，重要的滑阀有主调压阀、主油压增压阀（出厂时已调好一般不需要拆卸此阀，图中没有显示该阀）、液力变矩器压力调节阀、手动阀、K1 换档阀、K3 换档阀、B2 换档阀、换档平顺阀、液力变矩器锁止离合器控制阀以及各协调阀。3

个换档电磁阀 N88、N89 和 N90 分别控制每个换档执行元件；N88 控制 1/3 档离合器 K1，N89 电磁阀控制 2/4 档离合器 B2，N90 电磁阀控制 3/4 档离合器 K3。剩下的两个执行元件倒档离合器 K2 和低倒档制动器 B1，则由手动阀来控制。N91 为锁止电磁阀，N92、N94 为换档平顺控制电磁阀，N93 为主油压电磁阀。

在 01M 自动变速器常见故障中液压系统里的电磁阀问题较多，因此维修时一定要注意检查电磁阀的性能。另外，N90 电磁阀密封不良也是实际维修中经常出现的问题（如果电气性能正常，是不会出现故障码的），使 K3 处于半结合状态，造成档位运动干涉，导致换 2 档时有倒拖的感觉。阀体分解如图 7-2-18。

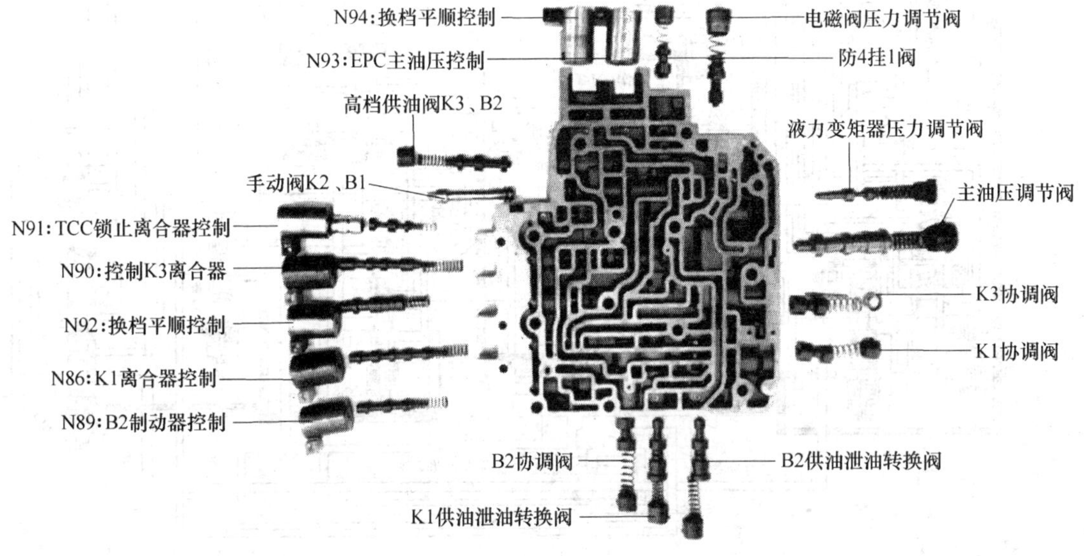

图 7-2-18　上阀体分解

2. P 档油路

在 P 档时，手动阀油路是关闭的，控制单元对 3 个换档电磁阀（N88、N89 和 N90）的指令是：“101”（由于电磁阀是供电的，1 代表控制搭铁、0 代表未控制），也就是对 N88 和 N90 两个电磁阀发出搭铁指令。由于 01M 自动变速器所有 7 个电磁阀都是在断电状态下泄油的，就是电磁阀在控制单元不控制时泄油孔始终是打开状态。因此当控制单元对 N88 和 N90 两个电磁阀发出搭铁指令后，两个电磁阀的泄油孔关闭，此时 N88 电磁阀作用的 K1 换档阀和 N90 电磁阀作用的 K3 换档阀处就有了电磁阀调节压力，该压力能够克服两个滑阀上端的弹簧压力而位移，N89 电磁阀没有受到控制，因此其泄油孔是打开的，所以在其所作用的 B2 换档阀处没有电磁阀调节压力。由于手动阀处于关闭状态，因此，在 K1、K3 及 B2 换档阀处不能形成系统油压，所以变速器所有元件不工作，也就没有动力输出，此时变速器的机械锁将变速器输出轴锁住不能移动。P 档油路如图 7-2-19 所示（书后有彩图）。

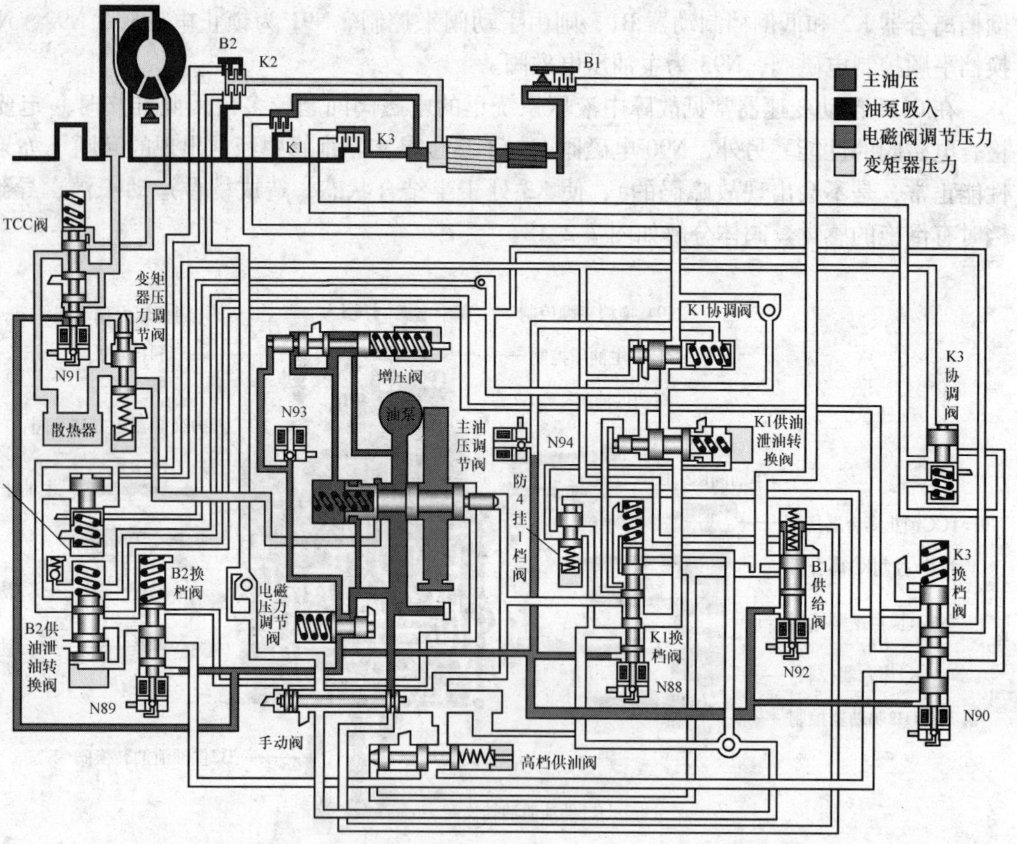

图 7-2-19　P 档油路

3. D1 档油路

当变速杆置于 D 位时，由于手动阀开启 3 条油路：一条通往 B1 供给阀传递到 K1、K3、B2 协调阀没有弹簧的一侧，该油路由 N92 电磁阀来控制以改善换档质量；另一条则通过高档供油阀接通 B2 换档阀和 K3 换档阀。此时，控制单元对 3 个换档电磁阀的指令由 P 位的“101”状态改为“001”状态，变化的电磁阀是 N88。当 N88 电磁阀由通电状态变为断电状态时，N88 电磁阀泄油孔打开，将 K1 换档阀下端电磁阀的调节压力释放掉，K1 换档阀在弹簧力的作用下回到原始位置，此时，来自手动阀处的主油路油压经 K1 换档阀→K1 供油↔泄油转换阀→K1 协调阀及一个节流球接通到 K1 离合器上，这样便形成 D 位的 1 档动力传递。电磁阀 N89 断电，作用在 B2 换档阀下端的电磁阀调节压力被 N89 泄油孔释放掉，B2 换档阀在弹簧力的作用下保持在最下端，这样来自手动阀的主油路油压被截止；N90 电磁阀通电泄油孔关闭，此时在 K3 换档阀下端便形成电磁阀调节压力，该压力克服 K3 换档阀上端弹簧力推动滑阀上移，切断了来自手动阀的主油路油压。D1 档油路如图 7-2-20 所示（书后有彩图）。

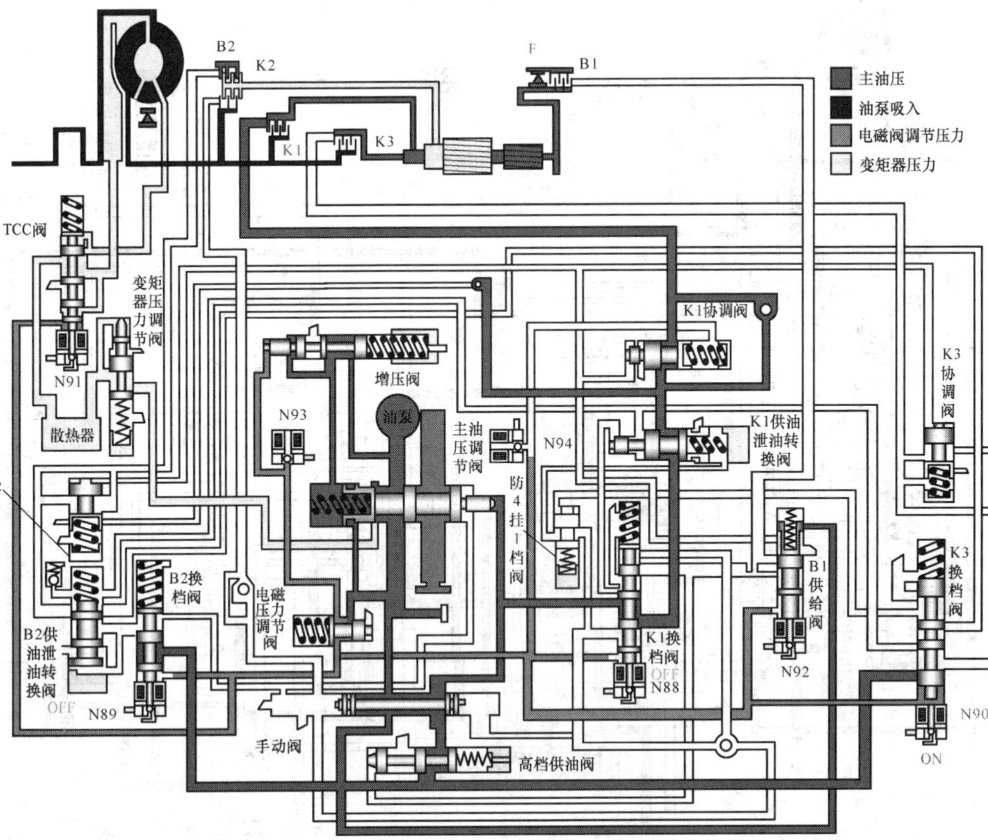

图 7-2-20　D1 档油路

4. D2 档油路

当控制单元指令换档电磁阀实现 2 档时，3 个换档电磁阀的指令由 1 档时的“001”状态变为 2 档时“011”。此时变化的电磁阀为 N89 电磁阀，当电磁阀由断电状态变为通电状态时泄油孔关闭，此时，在 B2 换档阀下端建立起电磁阀调节压力，该压力克服 B2 换档阀上端弹簧压力推动滑阀上移，此时来自手动阀的主油路油压被接通，通过 B2 换档阀→B2 供油↔泄油转换阀→B2 协调阀→B2 制动器。这样，由于 N88 电磁阀仍然处于断电状态而打开 K1 离合器的油路，K1 工作动力从后太阳轮输入，制动器 B2 工作，固定了前太阳轮实现 2 档动力传递。N90 电磁阀通电，K3 换档阀处的主油路油压仍然处于截止状态。

如果 N90 电磁阀密封不良，就会部分接通 K3 油路，使 K3 处于接合和半接合状态，所以在换 2 档时会出现严重的档位干涉故障。D2 档油路如图 7-2-21 所示（书后有彩图）。

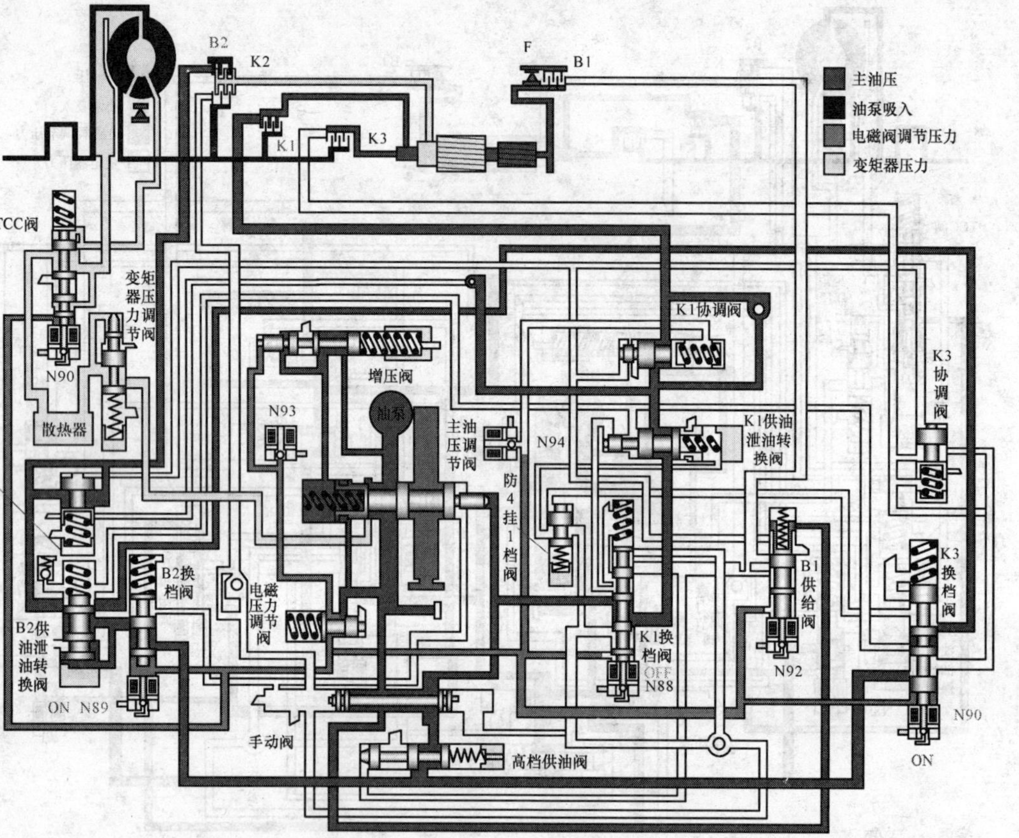

图 7-2-21　D2 档油路

5. D3 档油路

当控制单元指令换档电磁阀实现 3 档时，3 个换档电磁阀的指令由 2 档时的“011”状态变为 3 档时“000”。此时 N89、N90 两个电磁阀均由通电状态变为断电状态，N89 电磁阀断电，作用在 B2 换档阀下端的电磁阀压力被电磁阀泄油孔释放掉，B2 换档阀在上端弹簧力的作用下又回到原始位置，这样就把去往 B2 制动器的油路切断，B2 制动器停止工作；N90 电磁阀断电又将 K3 换档阀下端的电磁阀调节压力通过泄油孔释放掉，因此 K3 换档阀在上端弹簧力的作用下回到最下端，这样，便把来自手动阀的主油路油压经过 K3 换档阀，再经过 K3 协调阀接通到 K3 离合器上。N88 电磁阀仍然处于断电状态而打开 K1 离合器的油路，K1 和 K3 两个离合器接合便形成直接档 3 档油路。

如果在 2 档换 3 档时，K3 和 B2 切换油路，当变速器的工作压力调整稍微有些偏差时，易造成 2/3 档正时问题，产生动力干涉和动力中断故障。D3 档油路如图 7-2-22 所示（书后有彩图）。

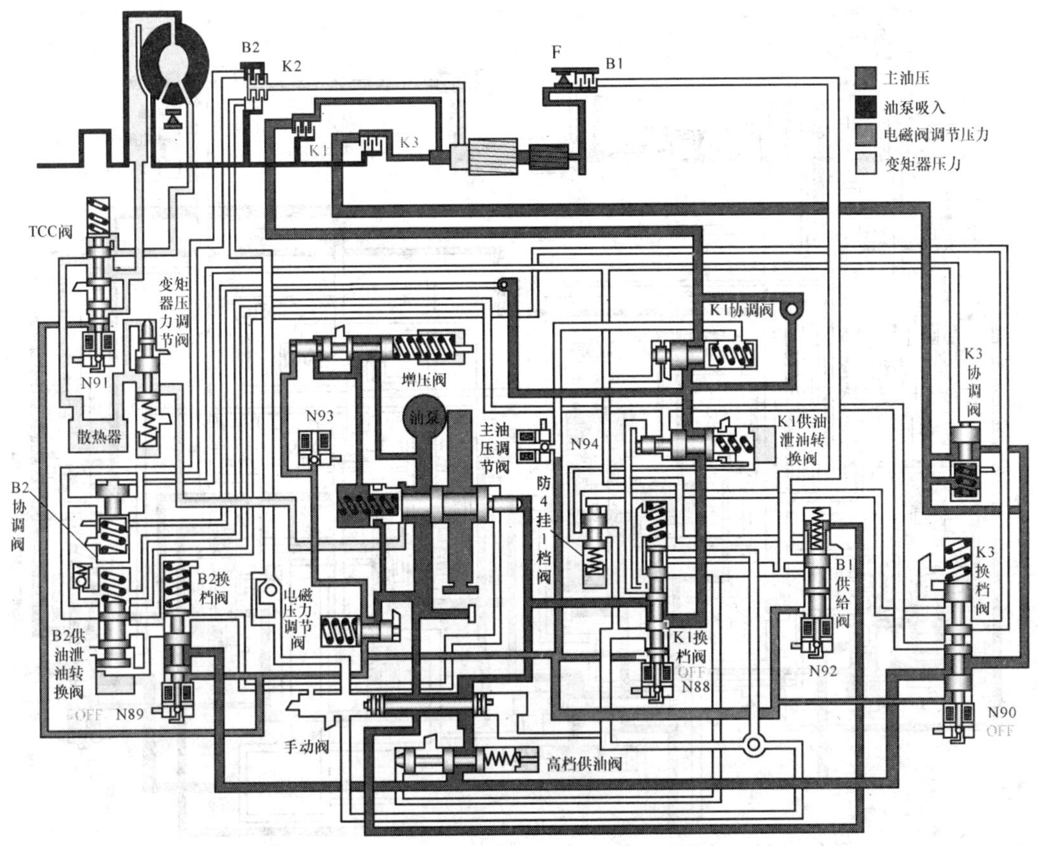

图 7-2-22 D3 档油路

6. D4 档油路

当控制单元指令换档电磁阀实现 4 档时，3 个换档电磁阀的指令由 3 档时的“000”状态变为 4 档时“110”。此时变化的为 N88 和 N89 两个电磁阀，电磁阀 N88 由断电状态变为通电状态，此时电磁阀 N88 的泄油孔由原来的打开状态变为关闭状态，这样在 K1 换档阀的下端便建立起电磁阀调节压力，该压力克服换档阀上端弹簧压力推动滑阀上移，切断了去往 K1 离合器的油路，K1 离合器停止工作；N89 电磁阀由断电状态变为通电状态时，泄油孔由打开状态变为关闭状态，这样在 B2 换档阀的下端又建立起电磁阀调节压力，该压力克服 B2 换档阀上端弹簧压力推动换档阀上移，来自手动阀的主油路油压接通到 B2 制动器上；N90 电磁阀仍然处于断电状态 K3 离合器油路仍然在接通。因此就形成了 K3 离合器由行星架输入，前太阳轮被制动器 B2 固定的超速档。

如果手动阀位置不正确时会直接影响 4 档。在打滑的同时一般会出现 01192 和 00652 的故障码。D4 档油路如图 7-2-23 所示（书后有彩图）。

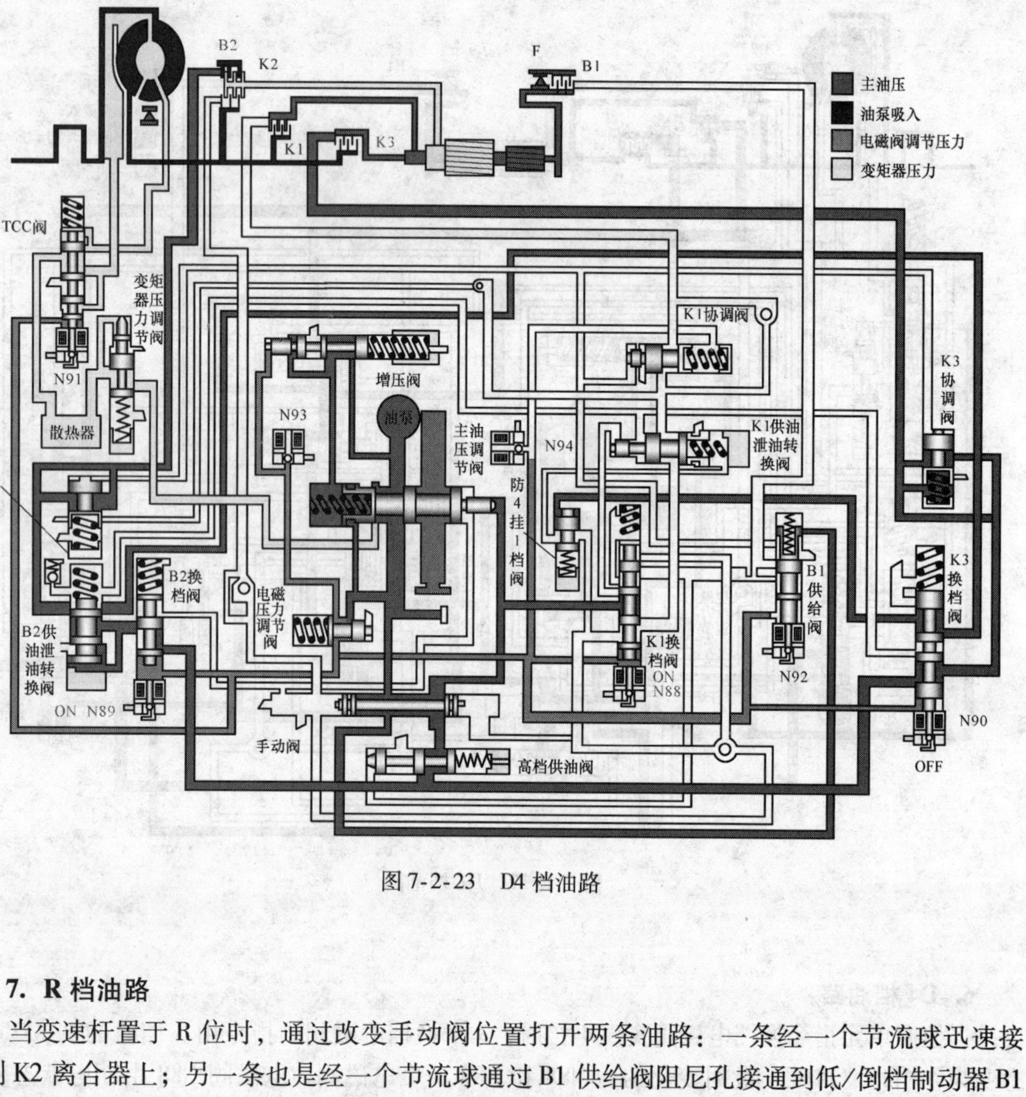

图 7-2-23　D4 档油路

7. R 档油路

当变速杆置于 R 位时，通过改变手动阀位置打开两条油路：一条经一个节流球迅速接通到 K2 离合器上；另一条也是经一个节流球通过 B1 供给阀阻尼孔接通到低/倒档制动器 B1 上。K2 离合器工作驱动起前排太阳轮顺转输入，B1 制动器固定了行星架，这样便在前排实现了齿圈反转输出的倒档。R 档油路如图 7-2-24 所示（书后有彩图）。

B2
K2
F
B1
K1
K3
主油压
油泵吸入
电磁阀调节压力
变矩器压力
TCC阀
变矩器压力调节阀
N91
散热器
K1协调阀
增压阀
N93
油泵
主油压调节阀
N94
K1供油泄油转换阀
K3协调阀
B2协调阀
防4挂1档阀
B2换档阀
电磁压力调节阀
B1供给阀
K3换档阀
B2供油泄油转换阀
K1换档阀
N88
N92
N89
N90
手动阀
高档供油阀

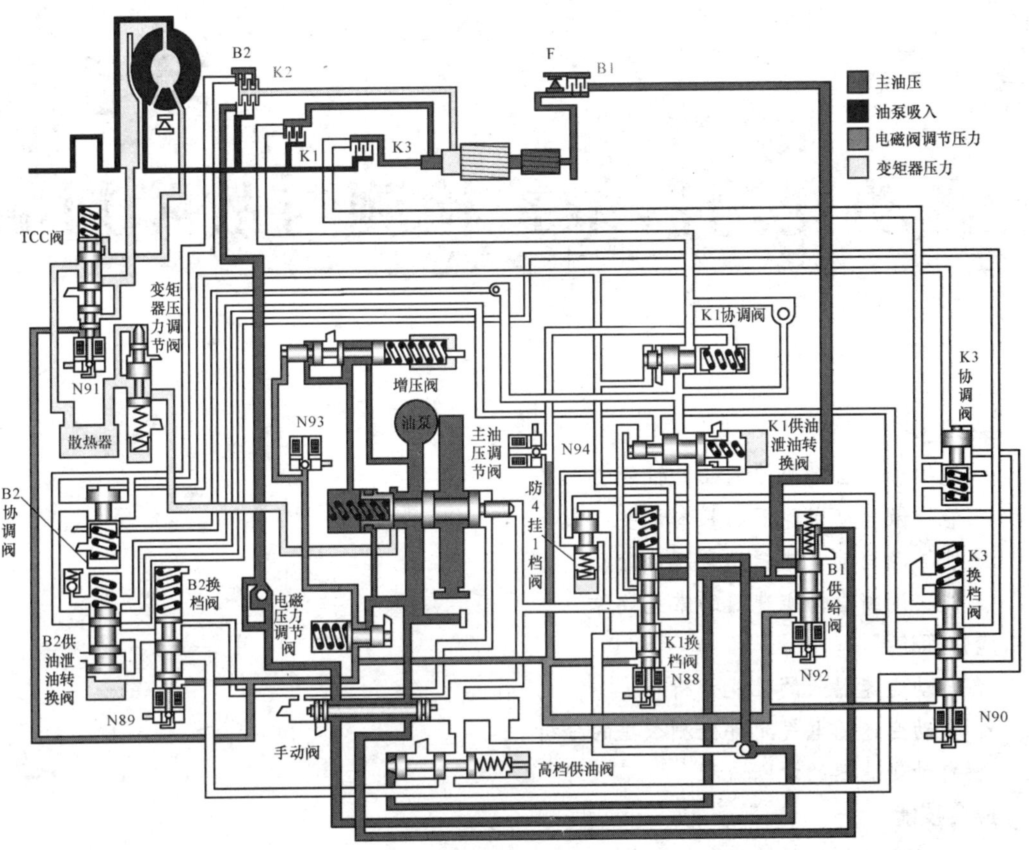

图 7-2-24　R 档油路

8

项目八 自动变速器维护检测与故障判断

学习目标

☆ 能够检查自动变速器油的性能
☆ 能够做自动变速器的基本调整
☆ 能够做自动变速器的常规试验
☆ 能够诊断自动变速器的常见故障

应知理论

☆ 自动变速器油的性能分析
☆ 自动变速器电气元件检测数据的分析
☆ 自动变速器的诊断流程

应会技能

☆ 自动变速器油位检查
☆ 自动变速器油质检查
☆ 自动变速器节气门拉索调整
☆ 自动变速器换档杆的调整
☆ 自动变速器电气元件检测
☆ 自动变速器失速试验
☆ 自动变速器油压试验
☆ 自动变速器时滞试验
☆ 自动变速器道路试验
☆ 自动变速器手动换档试验

任务一　自动变速器基本检查、调整与试验

一、自动变速器的基本检查与调整

当自动变速器发生故障时，只要做一些基本检查和必要的调整，也有可能排除故障。例如，如果发动机怠速高出标准值很多，变速杆从 N 或 P 位换至其他档位时，换档振动就会

很大。如果节气门拉索调整不当（如太长），即使加速踏板被踩到底，节气门也不会全开，变速器就不能适时地换入低档，车辆的动力也就不可能发挥出来。还有，如果自动变速器油位太低，空气就会进入油泵，使主油路油压下降，导致离合器和制动器打滑、振动、异响以及其他的故障，最坏的情况是变速器甚至会被锁止。从以上情况可以看出，基本检查和调整的重要性和必要性。下面以凌志 LS400 的 A341E 自动变速器为例介绍基本检查的内容。

1. 检查油位

在做变速器检查或故障诊断前，首先要进行变速器油面高度检查。另外，车辆每行驶 1 万 km 或 6 个月应检查油液面高度一次。

自动变速器油位检查的具体步骤见表 8-1-1。

表 8-1-1　自动变速器油位检查步骤

序号	具体内容	图示
1	驱动车辆，使发动机和变速器达到正常工作温度（油温：70～80℃）	制动踏板 驻车制动器
2	将车辆停在平坦地面，设定驻车制动器	
3	使发动机怠速运转并踩下制动踏板，将变速杆换入 P～L所有档位，然后回至 P 位，使油液进入阀体和变速器壳体	
4	拉出油尺，擦抹干净	如变速器油处于热态，则正常 如油处于热态，则加注 HOT COOL
5	将油尺插入变速器	
6	拉出油尺，检查油位是否在“HOT”（热态）范围内。如油位在低端，则应加注变速器油。 变速器油：T—Ⅱ型或相当产品 注意：不能加注过量	

对于发动机未运转或更换变速器油时，只能利用油尺上的“COOL”（冷态）范围作为参考。

自动变速器油位的高低对自动变速器的工作有很大的影响，油液液面过低时，空气可能进入油泵内部循环并与油液发生混合导致油液分解，出现气阻，使得油压难以建立或油压过低，导致离合器和制动器打滑。油液液面过高时同样会使油液分解，因为行星齿轮在过高的液面下转动，空气同样会被压入油液；被分解的油液可能会产生泡沫、过热或氧化等现象。所有这些问题都会使得各种阀门、离合器、伺服机构等部件因压力不够而出现故障。

2. 检查变速器油的状况

变速器油在正常工作情况下一般能行驶约 4 万 km，在检查变速器油（ATF）的状况时，如变速器油为黑色或有烧焦气味，应更换。表 8-1-2 是油质与故障原因的具体分析。

表 8-1-2 ATF 变质原因

油液状态	变质原因
油液变为深褐色或深红色	（1）没有及时更换油液 （2）长期重载荷运转，某些部件打滑或损坏引起变速器过热
油液中有金属屑	离合器盘、制动器盘或单向离合器严重磨损
油尺上粘附胶质油膏	变速器油温过高
油液有烧焦气味	（1）油温过高、油面过低 （2）油冷却器或管路堵塞
油液从加油管溢出	油面过高或通气孔堵塞

3. 检查有无漏油

液压控制系统各连接处都有油封和封垫，这些部位是常发生漏油的地方。液压系统漏油会引起油路压力下降，油压下降是换档打滑和延迟的常见原因。如有漏油，则应予以修理或更换 O 形密封圈、油封、排油孔塞或其他部件。图 8-1-1 是丰田 A341E 自动变速器各油封和易发生漏油部位，应逐一进行检查。

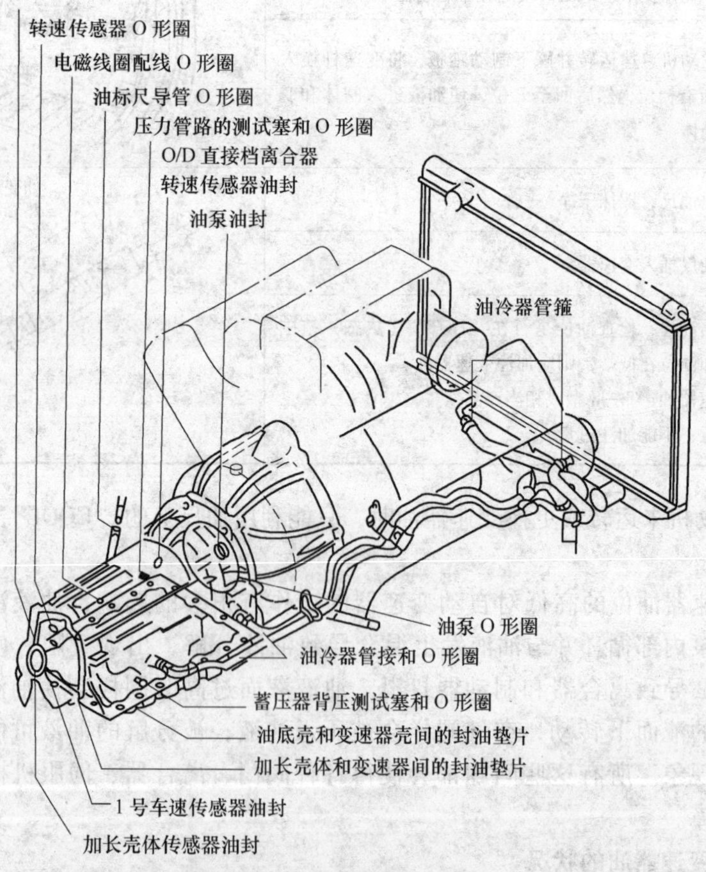

图 8-1-1 丰田 A341E 自动变速器各油封和易漏油位置图

4. 更换变速器油

变速器油经过长期使用后性能会下降，应定期更换，其具体操作步骤见表 8-1-3。

表 8-1-3　变速器油更换步骤

序号	具体内容	图　　示
1	拧出排油孔塞，排出变速器油	
2	装上排油孔塞，重新牢固拧紧	
3	从注油管加入适量符合变速器用油要求的变速器油	
4	起动发动机，将变速杆换入 P ~ L 档位的所有档位，再回至 P 位	如变速器油处于热态，则正常 如油处于热态，则加注 HOT COOL
5	使发动机怠速运转，检查油位。加注变速器油，直至到达油尺上的“COOL”标线	
6	在正常工作温度（70 ~ 80℃）检查油位，如有必要则加注 注意：不要加注过量。若加注过量，工作中油液飞溅会产生泡沫，空气就会进入油泵	

5. 检测和调整节气门拉索

节气门拉索过紧或过松对自动变速器的工作有很大影响，如图 8-1-2 所示。

（1）推动加速踏板连杆，检查节气门是否全开，如节气门不全开，则应调加速踏板连杆。

（2）完全踩下加速踏板，检查拉索芯是否应松弛。

（3）拧松调整螺母。

（4）调整节气门拉索。

（5）拧动调整螺母，使橡胶套与拉索挡块之间的距离为 0 ~ 1mm。

（6）拧紧调整螺母。

（7）重新检查调整情况。

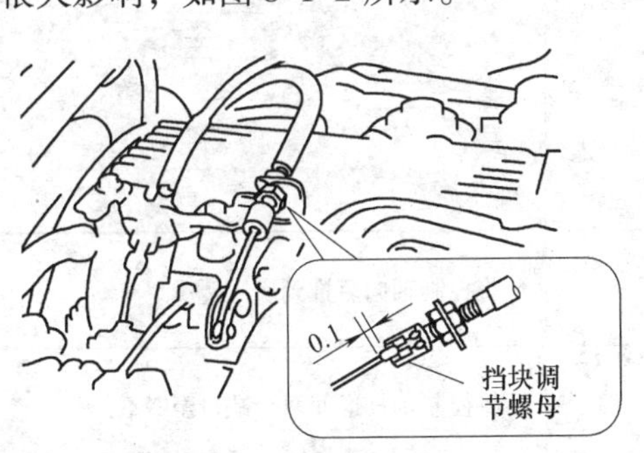

图 8-1-2　节气门拉索的距离

其具体影响如表 8-1-4 所示。对于不符合松紧要求的节气门拉索，应适当调整。

表 8-1-4　节气门拉索松紧对变速器的影响

变速器类型	拉索状况	影　响
液控自动变速器	过紧	（1）节气门阀油压过大 （2）主油压过高 （3）变速器换档点推迟 （4）换档粗暴
	过松	（1）节气门阀油压过小 （2）主油压过低 （3）变速器换档点提前 （4）离合器、制动器打滑
电液控自动变速器	过紧	（1）节气门阀油压过大 （2）主油压过高 （3）换档粗暴
	过松	（1）节气门阀油压过小 （2）主油压过低 （3）离合器、制动器打滑

6. 检测和调整变速杆位置

将变速杆从 N 位换至其他档位，变速杆应平滑、准确地换至每个档位，档位指示器应正确地指示档位。如指示器与正确位置不符，应按表 8-1-5 的步骤予以调整。

表 8-1-5　变速杆调整步骤

序号	具体内容	图　示
1	拧松变速杆上的螺母	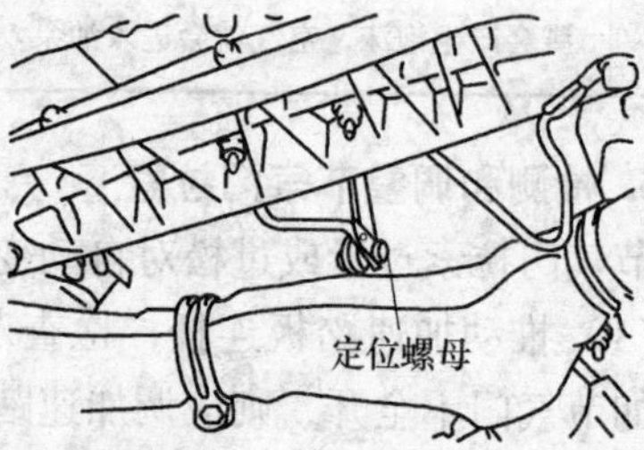 定位螺母
2	将控制轴向后推到底	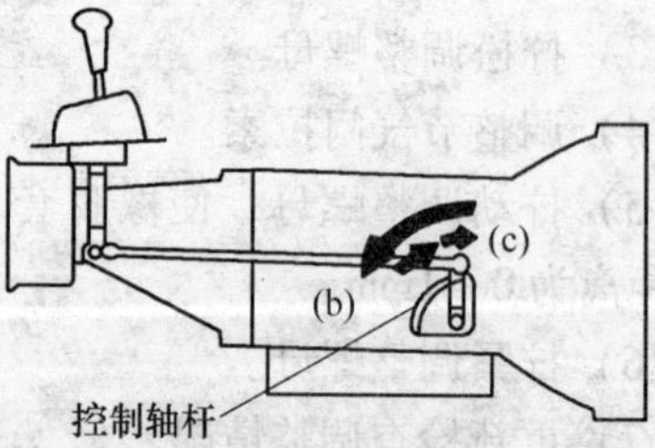 (c) (b) 控制轴杆
3	将控制轴杆退回两个缺口至 N 位	
4	将变速杆定在 N 位	

（续）

序号	具体内容	图　示
5	将变速杆定在N位	
6	将变速杆略向R位一侧握住，拧紧变速杆螺母	
7	起动发动机，确保变速杆从N位换至D位时，车辆向前移动；而当变速杆换至R位时，车辆后退	

7. 检测和调整空档起动开关

检查发动机，应只能在变速杆位于N或P位时起动，在其他档位不能起动；否则，应按以下顺序进行调整。调整步骤如图8-1-3所示。

（1）拧松空档起动开关螺栓，然后将变速杆设定在N位。

（2）将空档基准线与凹槽对准。

（3）保持在该位置，拧紧螺栓（力矩：13N·m）。

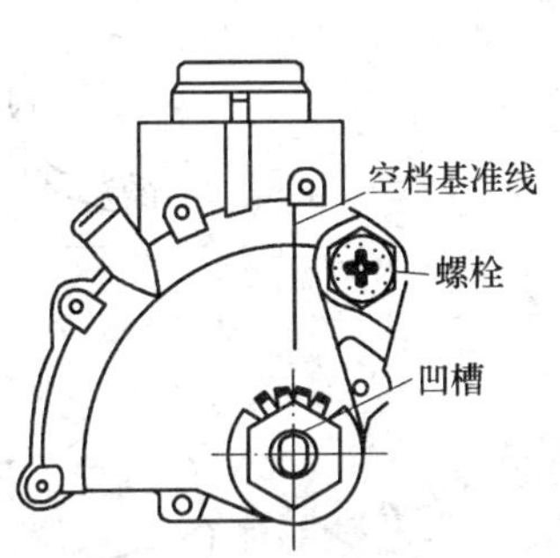

图8-1-3　空档基准线与凹槽对准

8. 检测怠速

在N位关空调情况下，发动机应有正常怠速。如凌志LS400的正常怠速为650r/min，丰田5M发动机怠速为750r/min。如果发动机怠速过高，变速杆挂入前进档或倒档时变速器会产生较大的冲击，会造成传动零件的过早损坏。若怠速过低，容易产生在挂档时或车辆行驶过程中松加速踏板时发动机熄火。一般轿车的怠速正常范围为650～750r/min，若怠速不正常，应调整和检修发动机。

二、自动变速器的机械系统试验

液力自动变速器的机械系统测试包括失速试验、时滞试验、油压测试、手动换档试验及道路行驶试验等项目。这些试验项目是在进行自动变速器基本检查和调整后，检验变速器内各零部件的工作状态、故障分析以及总体使用效果的有效试验。

1. 失速试验

（1）试验目的　失速试验的目的是通过测量D位和R位的失速速度，检查变速器和发动机的全面性能。

（2）失速转速　在前进档或倒档中踩住制动踏板并完全踩下加速踏板时，发动机处于最大转矩工况，而此时自动变速器的输出轴及输入轴均静止不动，变矩器的涡轮也因此静止不动，只有变矩器壳及泵轮随发动机一同转动，这种工况称为失速工况，此时的发动机转速称为失速转速。

（3）失速试验的注意事项　失速试验时，应注意以下事项。

① 由于在失速工况下，发动机的动力全部消耗在变矩器内液压油的内部摩擦损失上，液压油的温度急剧上升，因此在失速试验中，从加速踏板踩下到松开的整个过程的时间不得超过5s，否则会使液压油因温度过高而变质，甚至损坏密封圈零件。

② 在一个档位的试验完成之后，不要立即进行下一个档位的试验，要等油温下降之后再进行。试验结束后不要立即熄火，应将变速杆拨入空档或停止档，让发动机怠速运转几分钟，以便让液压油温度降至正常。

③ 如果在试验中发现驱动轮因制动力不足而转动，应立即松开加速踏板，停止试验。

④ 试验应在正常油温（50～80℃）时进行。

⑤ 为确保安全，试验应在宽阔、清洁、有良好附着力的平坦路面上进行。

⑥ 失速试验一定要由两人操作。一名技术人员进行试验时，另一名技术人员在车外观察车轮和车轮垫木的情况。

（4）失速试验的操作　失速试验的操作流程如图 8-1-4 所示。

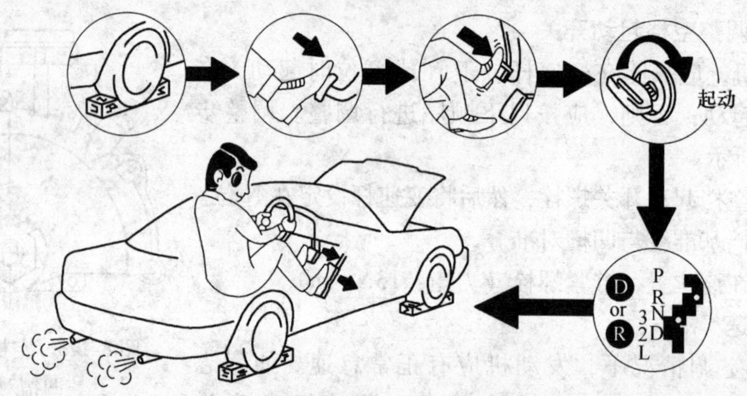

图 8-1-4　失速试验操作过程

① 用垫木挡住 4 个车轮。

② 将转速表连接至发动机。

③ 将驻车制动器踩到度。

④ 用左脚牢牢踩住制动踏板。

⑤ 起动发动机。

⑥ 换入 D 位。用右脚将加速踏板踩到底，迅速读出失速的速度。LS400 轿车失速速度为 2 200r/min ± 150r/min。

⑦ 在 R 位进行同样的试验，快速读出失速的速度。LS400 轿车失速速度为 2 200r/min ± 150r/min。

（5）失速数据的分析　不同车型的自动变速器都有其失速转速标准。大部分自动变速器的失速转速标准为 2 300r/min 左右。若失速转速与标准值相符，说明自动变速器的油泵、主油路油压及各个换档执行元件的工作基本正常；若失速转速高于标准值，说明主油路油压过低或换档执行元件打滑；若失速转速低于标准值，则可能是发动机动力不足或液力变矩器有故障。例如，当液力变矩器中的导轮单向超越离合器打滑时，液力变矩器在液力偶合器的工况下工作，其变矩比下降，从而使发动机的负荷增大，转速下降。

如果失速的速度与规定值不相符，说明有故障存在，其故障原因如表 8-1-6、表 8-1-7 所示。

表 8-1-6　失速试验故障检查表

故障现象	可能原因
D或R位失速速度低	（1）发动机输出功率不足 （2）液力变矩器定轮单向离合器工作不正常 （3）如低于规定值600r/min以上，则可能是变矩器故障
D位失速速度高	（1）油路压力太低 （2）前进档离合器打滑 （3）2号单向离合器工作不正常 （4）超速档单向离合器工作不正常
R位失速速度高	（1）油路压力太低 （2）直接离合器打滑 （3）1档和倒档制动器打滑 （4）超速档离合器打滑
D和R位失速速度都高	（1）油路压力太低 （2）油位不正确 （3）超速档单向离合器工作不正常

表 8-1-7　丰田部分车型失速速度一览表

变速器型号	车　　型	失速速度/(r/min)
A140E	Camry DX　XLE　LE	2 450 ± 150
A340E	GS300	2 450 ± 150
	SC300　SC400	2 200 ± 150
A340H	Previa	2 050 ± 150
A442F	Land cruise	2 150 ± 150
A540E	Camry（V6）　ES300	2 400 ± 150
A541E	Camry（V6）　ES300	2 600 ± 150

2. 时滞试验

（1）试验目的　在发动机怠速运转时用变速杆换档，在感觉到振动之前会有一定的时差或时滞。这可用来检查超速档直接离合器、前进档离合器、直接档离合器、1档和倒档制动器的工作情况。

（2）时滞试验的注意事项　时滞试验时，应注意以下事项：

① 在正常油温（50 ~ 80℃）下进行试验；

② 务必在各项试验之间有1min的间隔；

③ 进行3次测量，取其平均值。

（3）时滞试验的操作时滞试验的操作流程如图8-1-5所示。

① 将驻车制动器踩到底。

② 起动发动机，在N位，关掉空调，检查怠速应为650r/min ± 50r/min。

③ 将变速杆从N位换至D位。用秒表测量从换档开始至感觉到振动的时间。

④ 用同样的方式，测量N→R位时的时滞。

丰田汽车时滞时间：N→D 小于 1.2s；N→R 小于 1.5s。如果测得的时滞大于规定值，在表 8-1-8 中查找故障原因。

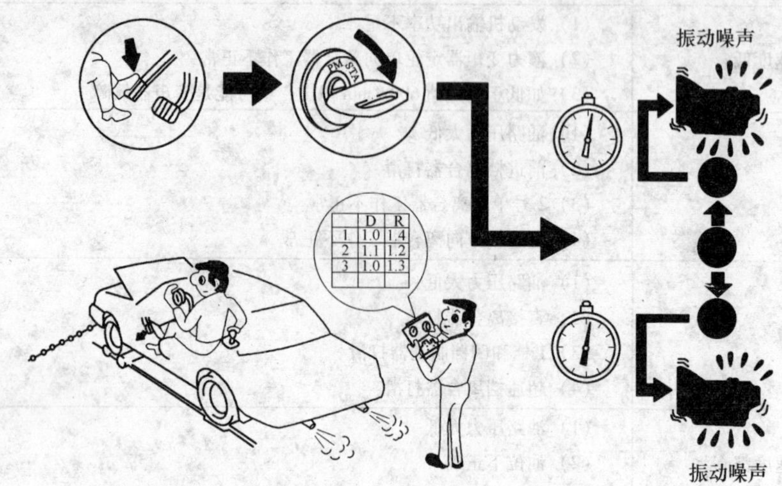

图 8-1-5　时滞试验操作过程

表 8-1-8　时滞试验故障检查表

故　障	可 能 原 因
N→D 的时滞较长	（1）油路压力太低 （2）前进档离合器磨损 （3）超速档单向离合器运作不正常
N→R 的时滞较长	（1）油路压力太低 （2）直接档离合器磨损 （3）1 档和倒档制动器磨损 （4）超速档离合器磨损

3. 主油路油压测试

自动变速器在做完失速试验与时滞试验后，如果发现失速转速和时滞时间与要求偏差较大，或者通过检测故障码的方法判断出故障出现在液压系统或机械系统时，应该进行液压试验，以进一步发现故障的根源。

主油路油压测试一定要由两名技术人员进行。一名进行试验，另一名在车外观察车轮和车轮垫木状态。测量主油路油压的过程如图 8-1-6 所示，其具体步骤如下：

（1）预热变速器油；

（2）拆下变速器壳左侧的测试塞，连接油压表（SST）；

（3）充分使用驻车制动器，并用垫木挡住 4 个车轮；

（4）起动发动机，检查怠速；

（5）用左脚牢牢踩住制动踏板，换入 D 位；

（6）在发动机怠速运转时，检查主油路油压；

（7）将加速踏板踩到底，在发动机转速达到失速速度时，快速读出油路最高压力；

（8）用同样的方法在 R 位进行测试。

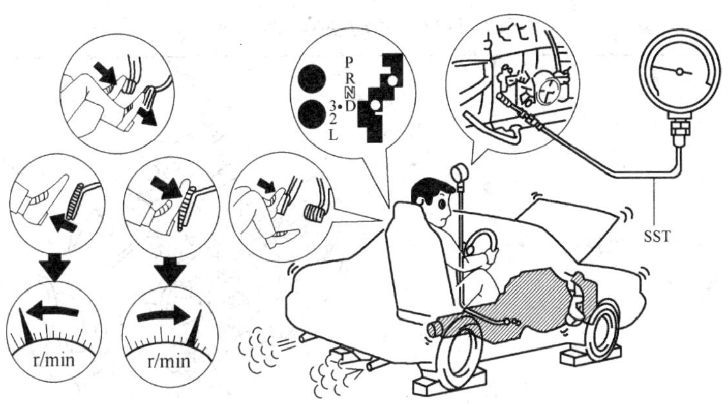

图 8-1-6　主油路油压测量操作过程

主油路油压的规定值如表 8-1-9 所示。若主油路油压测量值与规定值不相符，可以在表 8-1-10 中查找可能的原因。

表 8-1-9　A341E 主油路油压规范值表

速　度	主油路油压/kPa	
	D 位	R 位
怠速	382 ~ 441	579 ~ 657
失速	1 265 ~ 1 402	1 638 ~ 1 863

表 8-1-10　主油路油压测试故障检查表

故　障	可 能 原 因
所有档位上的测量值都较高	(1) 节气门拉索调整不当 (2) 节气门故障 (3) 一次调节阀故障
所有档位上的测量值都较低	(1) 节气门拉索调整不当 (2) 节气门故障 (3) 一次调节阀故障 (4) 油泵故障 (5) 超速档直接离合器故障
只有 D 位的压力低	(1) D 位油路漏泄 (2) 前进档离合器故障
只有 R 位的压力低	(1) R 位油路漏泄 (2) 直接离合器故障 (3) 1 档和倒档制动器故障

4. 手动换档试验

通过手动换档试验可确定是电路故障还是变速器内的机械故障，操作步骤见表 8-1-11。

表 8-1-11　手动换档试验步骤

操作步骤	图　示
（1）取下电磁阀导线，让电控自动变速器变成液控自动变速器	电磁阀导线
（2）起动发动机，驾驶人移动变速杆来变换档位，实现车辆的行驶 （3）检查变速器的档位和变速杆位置是否对应 （4）连接电磁阀导线 （5）清除故障码	

变速杆位置	D	2	L	R
档位	超速档	3 档	1 档	倒档

在上述试验中，如变速器发现异常现象，则故障在于变速器本身。

5. 道路测试

自动变速器的道路试验可以验证失速试验、液压试验和时滞试验的结果，进一步确定故障的原因与部位。

（1）试验准备。在道路试验之前，应先让汽车以中低速行驶 5～10min，让发动机和自动变速器都达到正常工作温度（至少让电子扇起动运行一次）。在道路试验中，如无特殊需要，装有超速档开关的车辆，应将超速档开关（O/D）置于“ON”的位置（位于仪表板的超速档指示灯“O/D OFF”应熄灭）。行驶模式选择开关置于普通模式“NORM”或经济模式“ECONO”位置。

（2）试验项目。自动变速器的道路试验内容主要有检查换档车速、换档质量、换档执行元件有无打滑、锁止离合器是否工作以及检查发动机制动效果。

（3）自动变速器道路试验。自动变速器道路试验应做以下检查和测试。

① 升档检查。将变速杆挂入前进档 D 位，踩下加速踏板，使节气门开度保持在 50% 左右，让汽车起步加速，检查自动变速器的升档情况。

自动变速器在升档时，发动机会有瞬时的转速下降，如果有转速表就会发现发动机转速下降，同时车身有轻微的振动感。正常情况下，汽车 D 位起步后随着车速的升高，试车者应能感觉到自动变速器能顺利地由 1 档升入 2 档，随后再由 2 档升入 3 档，最后升入超速档。

若自动变速器不能升入高档（直接档或超速档），说明换档控制元件（如换档阀）或换

档执行元件（如离合器、制动器）有故障。

② 升档车速检查。将变速杆挂入前进档 D 位，踩下加速踏板，使节气门开度保持在某一固定位置让汽车起步加速。当感觉到自动变速器升档时，记下升档车速。一般 4 档自动变速器在节气门开度保持在 50% 左右时，由 1 档升至 2 档的车速为 25 ~ 35km/h，由 2 档升至 3 档的车速为 35 ~ 50km/h，由 3 档升至 4 档（超速档）的车速为 55. 85km/h。由于升档车速和节气门开度有很大的关系，即节气门开度不相同时，升档车速也不同，而且不同车型的自动变速器各档位的传动比的大小都不尽相同，其升档车速也不完全一样。因此，只要升档车速基本保持在上述范围内，而且汽车行驶中加速良好，无明显的换档冲击，都可认为其升档车速基本正常。

若汽车行驶中加速无力，升档车速明显低于上述范围，说明升档车速过低（即过早升档，类似于手动变速器的低速高档）；若汽车行驶中有明显的换档冲击，升档车速明显高于上述范围，则说明升档车速过高（即太迟升档，相当于手动变速器的高速低档）。由于降档冲击较小，降档时刻在行驶中不易察觉，因此在道路试验中一般无法检查自动变速器的降档车速，只能通过检查升档车速来判断自动变速器有无故障。如有必要，还可检查在其他模式或变速杆位于前进低档位置时的换档车速，并与标准值进行比较，作为判断故障的参考依据。

升档车速太低一般是控制系统的故障所致，如节气门拉索调整不当。升档车速太高则可能是控制系统的故障所致，也可能是换档执行元件的故障所致，如某一档位的执行元件打滑。

③ 升档时发动机转速的检查。在进行自动变速器道路试验时，应注意观察试验中发动机转速的变化情况。发动机转速是判断自动变速器工作是否正常的重要依据之一。在正常情况下，若自动变速器处于经济模式或普通模式，节气门开度保持在低于 50% 范围内，汽车由起步加速直至升入高速档的整个行驶过程中，发动机转速将低于 3 000r/min。通常在加速至即将升档时发动机转速可达到 2 500 ~ 3 000r/min，在刚升档后的短时间内发动机转速将下降至 2 000r/min 左右。如果在整个行驶过程中发动机转速始终过低，加速至升档时仍低于 2 000r/min，说明升档时间过早或发动机动力不足；如果在行驶过程中发动机转速始终偏高，升档前后的转速在 2 500 ~ 3 000r/min 之间，而且换档冲击明显，说明升档时间过迟；如果在行驶过程中发动机转速过高，经常高于 3 000r/min，在加速时达至 4 000 ~ 5 000r/min，甚至更高，则说明自动变速器的换档执行元件（离合器或制动器）严重打滑，应拆检自动变速器。

④ 降档检查。将变速杆挂入前进档 D 位，自动变速器在降档时发动机会有瞬时的转速下降，如果有转速表，会发现发动机转速下降，同时车身有轻微的振动感。

⑤ 换档质量的检查。换档质量的检查内容主要是检查有无换档冲击。正常的自动变速器只能有不太明显的换档冲击，特别是电控自动变速器的换档冲击应十分微弱。若换档冲击太大，说明自动变速器的控制系统或换档执行元件有故障，其原因可能是主油压过高、单向阀失效、蓄压器失效或换档执行元件打滑，应做进一步的检查。

⑥ 锁止离合器工作状况的检查。道路试验中还可以进行液力变矩器的锁止离合器工作质量的检查。试验中，让汽车加速至超速档，以高于 80km/h 的车速行驶，并让节气门开度保持在低于 50% 的位置，使变矩器进入锁止状态。此时，快速将加速踏板踩下至 2/3 开度，

同时检查发动机转速的变化。若发动机转速没有太大变化，说明锁止离合器处于接合状态；反之，若发动机转速升高很多，则表明锁止离合器没有接合。锁止离合器没有锁止的原因通常是锁止控制系统有故障，比如锁止油压太低等。

⑦ 发动机制动作用的检查。发动机的制动作用是自动变速器功能之一，以利于坡道等工况使用。检查自动变速器有无发动机制动作用时，应将变速杆拨至前进低档（S、L或2、1）位置。在汽车以2档或L档行驶时，突然松开加速踏板，检查车速是否可以突然降下来。若松开加速踏板后车速立即随之下降，则说明有发动机制动作用；否则，说明控制系统、2档强制制动器或低档及倒档制动器可能出故障。

⑧ 强制降档功能的检查。检查自动变速器的强制降档功能时，应将变速杆移动至前进档（D）位置，保持节气门开度为1/3左右，在以D3档或OD档行驶时，突然将加速踏板完全踩到底，检查自动变速器是否被强制降低一个档位。在强制降档时，发动机转速会突然上升至4000r/min左右，并随着车辆加速，转速逐渐下降。若踩下加速踏板后没有出现强制降档，则说明强制降档功能失效；若在强制降档时发动机转速升高得反常，达5 000~6 000 r/min，并在升档时出现换档冲击，则说明换档执行元件打滑，应拆检自动变速器。

⑨ 倒档位测试。起动发动机，一面换档至R位，同时踩下油门踏板，检查车辆是否倒车和有无打滑。

⑩ P位测试。车辆停在斜坡上（5s以上），在换档至P位以后，松开驻车制动器。检查驻车锁定爪，应能将车子停住不动。

任务二　自动变速器电气系统检修

一、电控系统的构造及检修

1. 电控系统构造

电控自动变速器的电控系统由传感器、控制单元（ECU）、执行器组成。图8-2-1为丰田公司A140E变速器电控系统的组成。

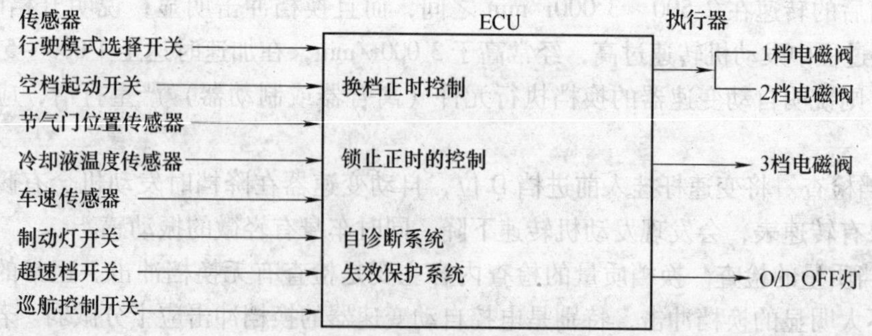

图8-2-1　A140E自动变速器电控系统的组成

电控系统元件在车上的安装位置，如图8-2-2所示。电控系统线路如图8-2-3所示。

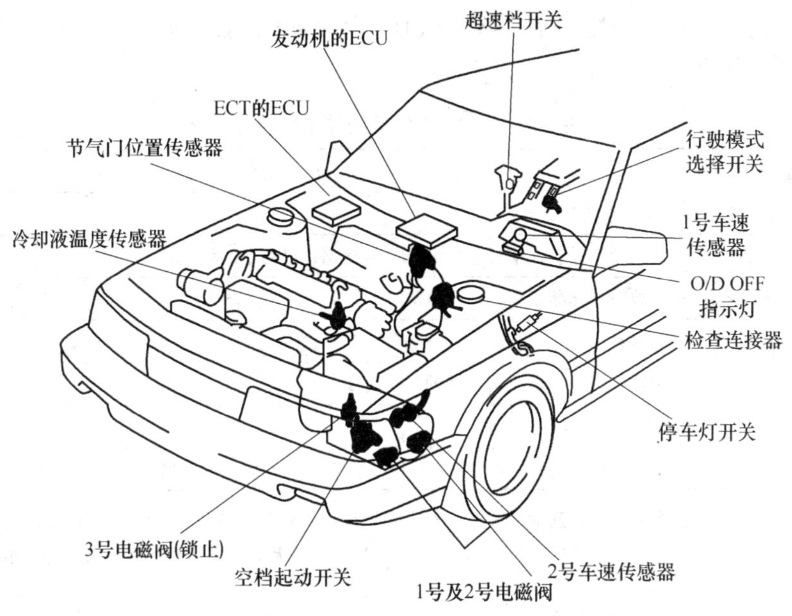

图 8-2-2　电控系统元件在车上的安装位置

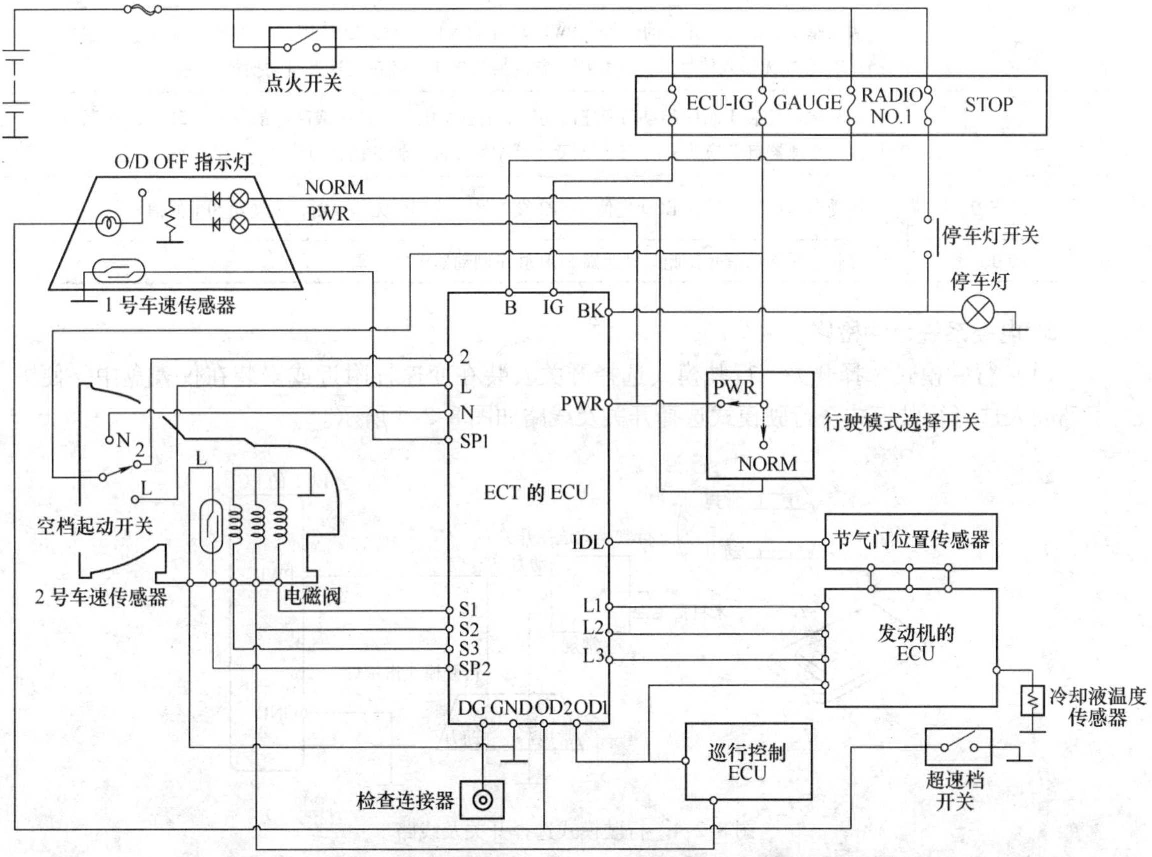

图 8-2-3　电控系统线路图

A140E 自动变速器电子控制器（ECT ECU）与发动机 ECU 合并为一体，ECT ECU 接线端子各符号含义如表 8-2-1 所示。

表 8-2-1　ECT ECU 接线端子各符号含义

端子名称	功　能
+B	为 ECU 诊断存储器供电
STP	接收制动信号，该信号通知 ECU，制动踏板已踩下
DG	输出故障自诊断结果
GND	ECU 搭铁
IDL	接受节气门位置传感器送来的“全关闭信号”
IG	为 ECU 接通电源
L1、L2、L3	接受节气门位置传感器经 TCCS ECU 传来的“开启角度电信号”
L、2、N	接受来自空档起动开关的信号。ECU 接收到来自 L、2 和 N 端的输入信号，表明变速器相应地处于“L”、“2”、“N”位。若 L、2 和 N 端无输入信号给 ECU，则 ECU 判断变速器处于“D”位
OD1	接受由 TCCS ECU 输出的“超速和闭锁解除信号”
OD2	接收由 OD 总开关来的“超速通断信号”
PWR	输入驱动方式选择开关的信号。PWR 端有输入信号时，ECU 用“动力换档规律”控制换档；PWR 端无输入信号时，ECU 用“常规换档规律”控制变速器自动换档
S1、S2、S3	ECU 输出使装于阀体和自动变速器壳体上的三个电磁阀通电或断电的信号。S1、S2 控制行星齿轮变速器自动换档；而 S3 控制变矩器中锁止离合器的接合与分离
SP1、SP2	接受车速信号。通常 ECU 先使用 SP2 端信号。若 SP2 无信号时，才使用 SP1 的信号
PKB	接收停车制动信号，此信号通知 ECU 驻车制动器已经拉紧

2. 电控系统元件检修

（1）行驶模式选择开关。行驶模式选择开关安装在变速杆附近或安装在仪表盘中，便于驾驶人选择行驶模式。行驶模式选择开关及线路如图 8-2-4 所示。

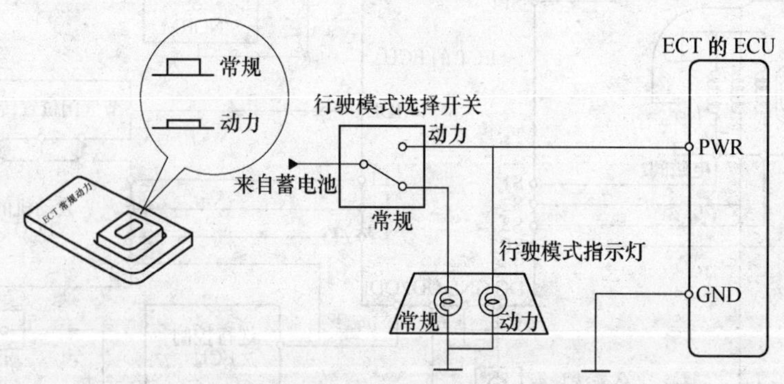

图 8-2-4　行驶模式选择开关及线路

图示的开关有两个驾驶模式供选择：动力模式（PWR）和常规模式（NOR）。开关的两

个输出端与各自的指示灯连接，但只有动力模式的输出端与电脑的 PWR 端子连接。驾驶人通过两档按键开关控制两个模式的选择。

选择动力模式时，控制单元的 PWR 端子有 12V 电压输入；而选择常规模式时，控制单元 PWR 端子的电压为 0V。控制单元根据 PWR 端子是否有 12V 电压输入判定驾驶人对行驶模式的选择：有 12V 电压时为动力模式；电压为 0V 时为常规模式。开关在通知控制单元行驶模式选择的同时，还使仪表盘上的指示灯点亮，提示驾驶人对行驶模式的选择。

（2）空档起动开关。空档起动开关安装在自动变速器外部，用于通知 ECU 变速器所处的档位，以便执行相应的换档动作。空档起动开关的外形与线路的连接如图 8-2-5 所示。其内部有各档位的固定触点，如图 8-2-6 所示，活动触点臂与液压控制系统手控阀的控制轴联动。变速杆、手控阀和空档起动开关三者之间的位置是一致的，否则应调整它们之间的位置。

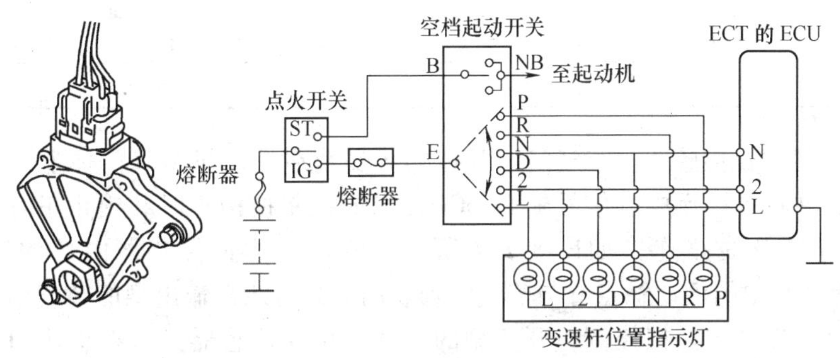

图 8-2-5　空档起动开关的外形与线路的连接

当点火开关处于起动位置，空档起动开关只有在 N 和 P 档时，起动机的控制线路才能接通，发动机才能起动，避免了变速杆在行驶档位起动发动机可能造成的危险。发动机起动后点火开关回到点火档，随着变速杆位置的改变，空档起动开关除了接通变速杆位置的指示灯，还在 N、2、L 档分别向 ECU 的输入端子 N、2、L 输入 12V 的电压信号，ECU 接到上述信号后便知道处于 N、2 或 L 档。如果 ECU 接收不到上述信号，ECU 便认为当前处于 D 档。变速杆在各档位时，空档起动开关内部触点的连接情况如表 8-2-2 所示。

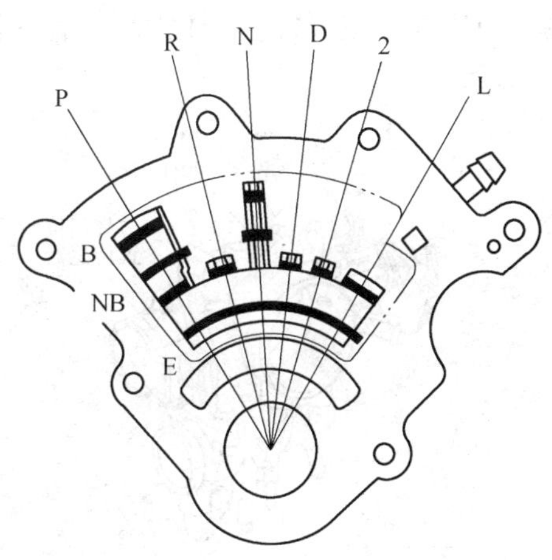

图 8-2-6　空档起动开关的内部触点

当变速杆在 D 档时，ECU 按照 D 档的程序控制电磁阀，可以在所有的传动比中选择合适的档位。变速杆在 2 档时，电控自动变速器的 2 档可以升入直接档，ECU 只是不发出升 OD 档的指令，当 ECU 的 2 信号线发生断路情况时，ECU 认为是处于 D 档位置并按照 D 档的程序发出指令，但由于液压油路的设计，3/4 档换档阀会被固定在直接档的位置，不能升入 OD 档。在电控自动变速器的 L 档可以升一次档，当变速杆在 L 档时，ECU 不会发出升直接档和 OD 档的指令，在 ECU 的 L 信号线发生断路时，ECU 仍认为是 D 档并按照 D 档的程序发出指令，但 2/3 档换档阀和 3/4 档换档阀会被固定在 D2 档的位置，不能升入直接档和 OD 档。变速杆在 R 档位置时，由变速杆来控制 R 档油路进行倒档的操作。ECU 接收 N 档信号是要对车辆起步时的车辆后坐进行控制。

综上所述，ECU 通过各端子是否有信号输入，决定换档的程序。

表 8-2-2　空档起动开关内部触点的连接情况

端子 / 档位	点火开关的起动档		点火开关的点火档						
	B	NB	E	P	R	N	D	2	L
P	○	○	○	○					
R			○	—	○				
N	○	○	○	—	—	○			
D			○	—	—	—	○		
2			○	—	—	—	—	○	
L			○	—	—	—	—	—	○

（3）节气门位置传感器。节气门位置传感器安装在发动机节气门体上，用于检测节气门的开度，并将其转换成电信号输至 ECU，以便控制换档正时和锁止正时。节气门位置传感器的外形及线路连接如图 8-2-7 所示。节气门位置传感器内部的触点位置如图 8-2-8所示，其中的活动触点臂与节气门轴联动。只有线性输出型的节气门位置传感器才能用于自动变速器的换档控制，开关型的节气门位置传感器只有在怠速和大功率时有信号输出，不能反映节气门的其他位置，因此不能用于换档控制。节气门位置传感器的 V_C 是 5V 工作电压的输入端子，V_{TA}是信号输出端子，IDL 是怠速信号输出端子，E1 为地线。当节气门位置发生变化时，V_{TA} 的输出电压就会发生相应的变化，其输出特性如图 8-2-9所示。

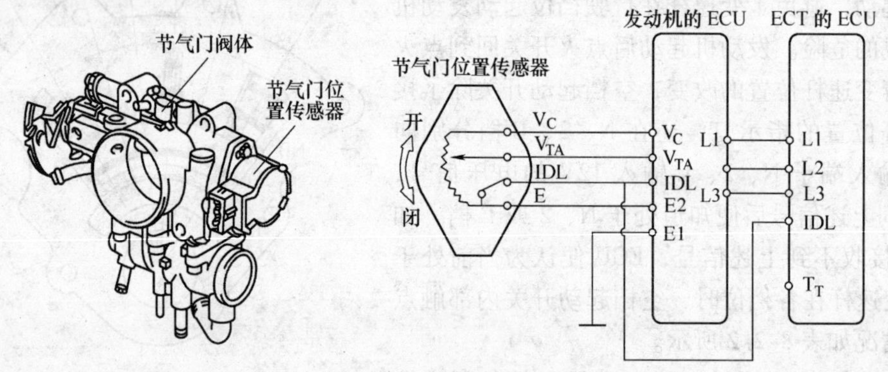

图 8-2-7　节气门位置传感器的外形及线路连接

但是在车辆行驶时，并非节气门开度的每一个微小的变化都会引起换档的需要，因此在发动机与变速器 ECU 之间并不是将节气门开度信号进行简单地传递，而是根据节气门的开度将其转变为 L1、L2、L3 三个电压信号，变速器的 ECU 由 L1、L2、L3 的不同组合，确定节气门的开度控制档位的变换。L1、L2、L3 与节气门开度的关系如图 8-2-10所示。

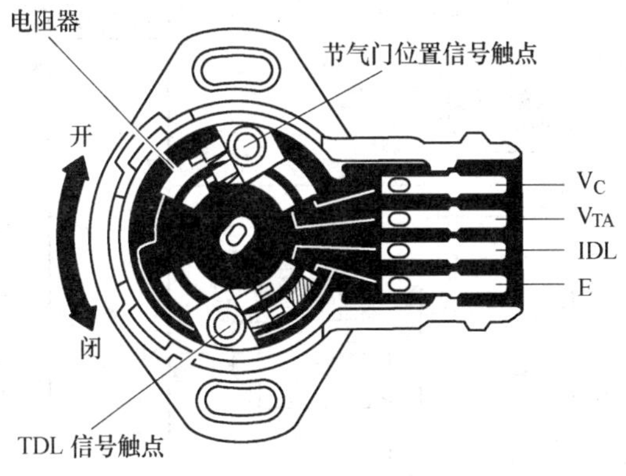

图 8-2-8　节气门位置传感器触点位置

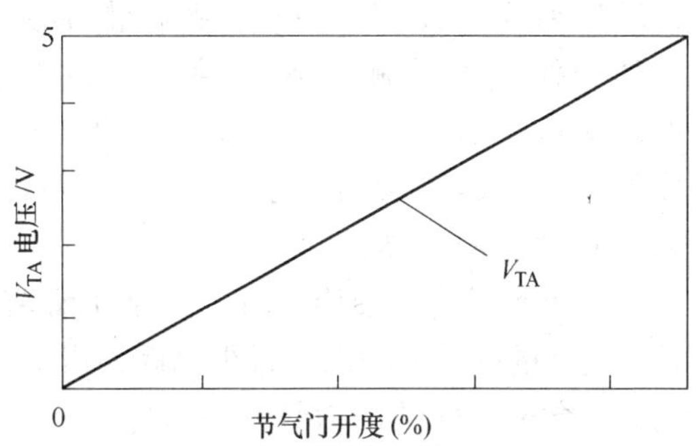

图 8-2-9　节气门位置传感器的输出特性

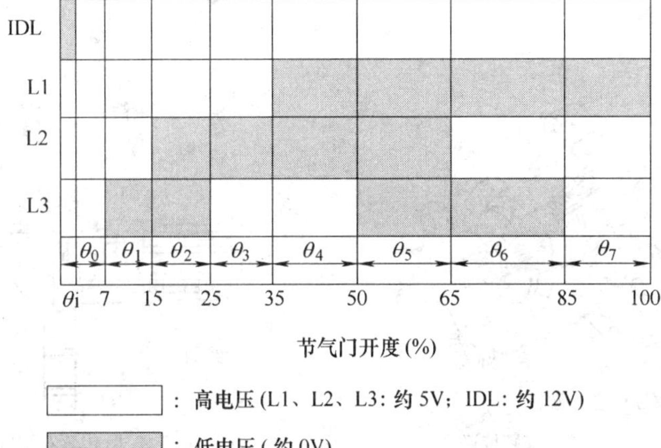

图 8-2-10　节气门开度与 L1、L2、L3 的关系

图中的阴影部分为大约 5V 的高电压，其余为 0V 左右的低电压。如果 L1、L2、L3 均为 5V 的高电压，ECU 可知节气门的开度在怠速至 7% 之间；L1、L2 为低电压 L3 为高电压时，节气门开度在 35% ~50% 之间。

节气门处于怠速位置时，传感器的怠速触点闭合，IDL 端子搭铁电压为 0V，节气门开度超出怠速范围后，IDL 触点断开，IDL 端子的电压为 12V 左右。

即 ECU 通过 L1、L2、L3 和 IDL 端子的电压判断节气门的开度，进而控制换档和锁止。

如果节气门位置传感器输出的 L1、L2、L3 信号不正常，与此相关的换档就会发生换档时机早或晚的问题。如果输出的怠速信号不正常，液力变矩器中锁止离合器的锁止就会出现问题。

（4）车速传感器。车速传感器产生的车速信号相当于全液压控制自动变速器中的调速器油压，ECT 的 ECU 用它来控制换档点和锁止离合器的运作。

ECT 的 ECU 获得的正确车速信息是由两个车速传感器输入的，为了进一步确保信息的精确性，ECT 的 ECU 不断对这两个信号进行比较，看它们是否相同。两个车速传感器与 ECU 的连接如图 8-2-11 所示。

① No. 2 速度传感器（主传感器）。如图8-2-12所示，No. 2 速度传感器装在变速器延伸壳体上并检测变速器输出轴的旋转速度。该传感器是由永久磁铁、线圈和磁轭组成的。具有四个齿的转子装在变速器输出轴上并随轴一同旋转。

当变速器输出轴旋转时，磁轭（前端）和转子之间的间隙的增加或减少是因为齿引起的。因而，穿过磁轭的磁力线数目也随之增加或减少，在线圈中产生感应交流电压。交流电压的频率是正比转子的转速，并被用来检测车辆速度。

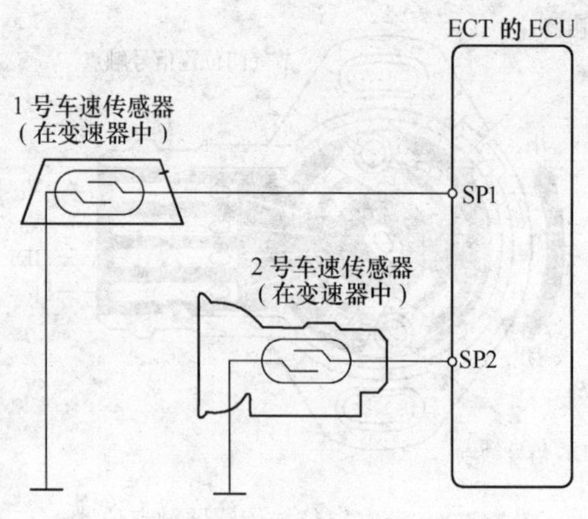

图 8-2-11　车速传感器

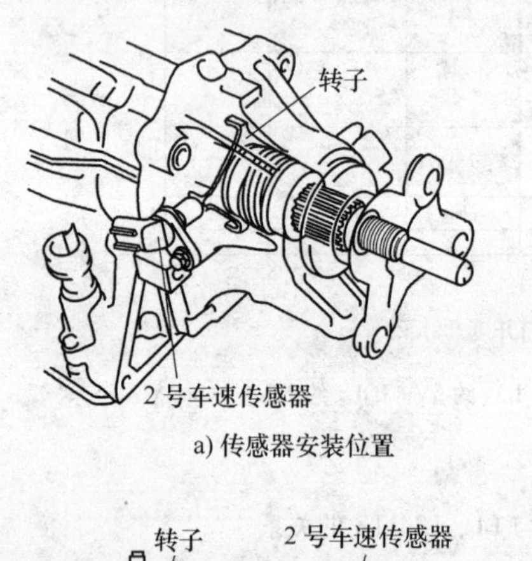

a) 传感器安装位置

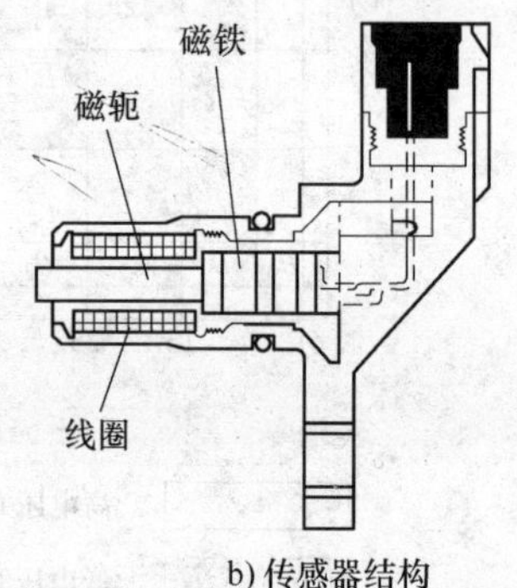

b) 传感器结构

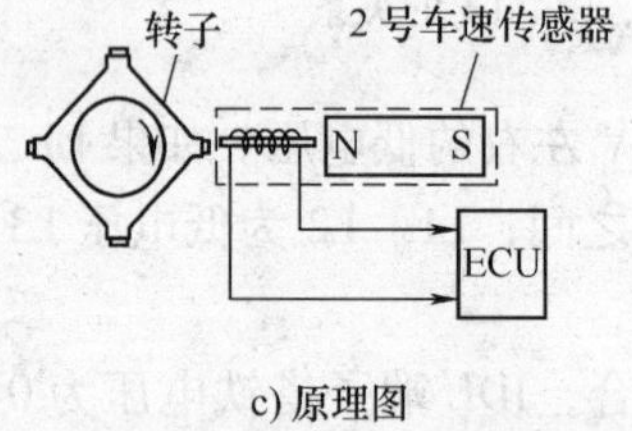

c) 原理图

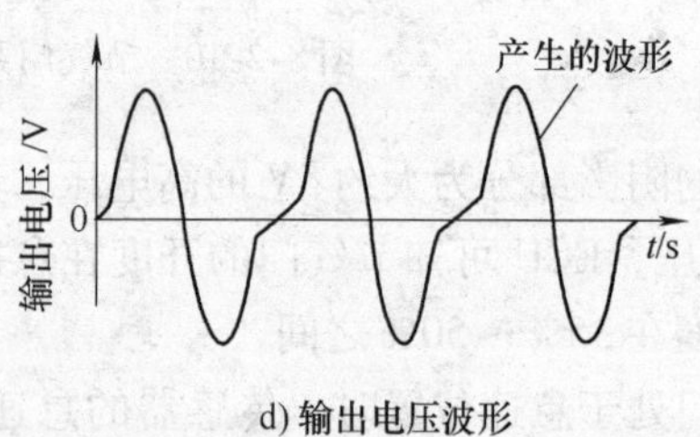

d) 输出电压波形

图 8-2-12　No. 2 速度传感器

② No. 1 速度传感器（备用传感器）。No. 1 速度传感器装在变速器的延伸壳体上并由输出轴的从动齿轮驱动，如图 8-2-13 所示。

该传感器是当 No. 2 速度传感器有故障的情况下才使用的备用传感器。

No. 1 速度传感器的工作原理：图 8-2-14 是沿速度传感器传动轴剖开的截面图。速度传感器内有混合集成电路（HIC），它装在磁阻元件（MRE）内，该磁阻元件是环形，称磁环。

当通过磁阻元件（MRE）的电流方向平行于磁力线的方向时，电阻最大；而电流方向垂直于磁力线方向时，电阻最小。MRE 的电路图如图 8-2-15 所示。

当接点①和③接到电源时，由于磁力线在图的水平方向运动，A 和 C 部分电阻大，而 B

和D部分电阻小。因此，接点②和④分别产生负电位和正电位，如图8-2-15b所示。相反地，当磁力线在垂直方向起作用时，B和D部分电阻大，而A和C电阻小，所以，接点②产生正电位，接点④为负电位。

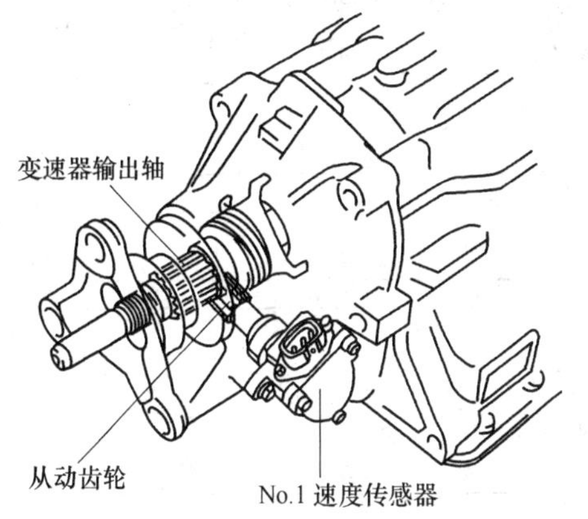

图8-2-13　No.1速度传感器的结构

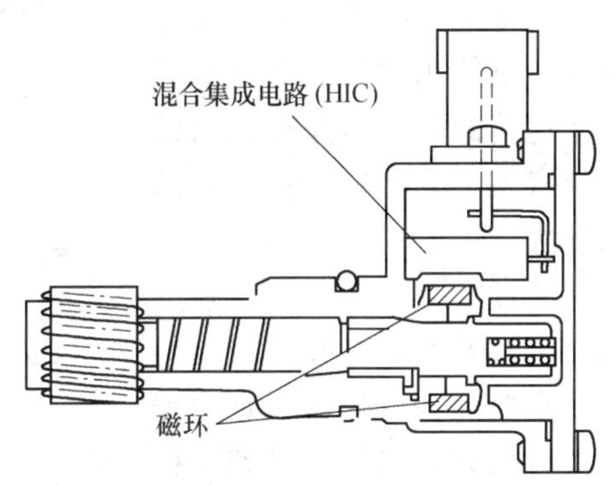

图8-2-14　速度传感器纵剖面图

a) (MRE) 电路图　b) 水平方向磁力线　c) 垂直方向磁力线

图8-2-15　磁阻元件（MRE）电路图

磁力线的方向是由装在磁环内20个磁极的旋转改变的，如图8-2-16a所示。于是，磁环每旋转一周产生20个周波的交流电，从MRE输出到比较器。比较器将交流电变换成数字信号，最后由晶体管Tr将数字信号倒相后输出。各部分的波形如图8-2-16b所示。

应该指出的是：速度信号周期在组合仪表内部变换1/5（或者说，在组合仪表内由F/V变换电路将信号频率变换成4个电压信号），并且该速度信号还分别去控制悬挂ECIJ、发动机和变速器ECU、恒速控制ECU和动力转向ECU。

ECU同时接收来自两个车速传感器的信号并对其进行比较。如果比较的结果两个车速传感器显示的车速一致，ECU使用No.2车速传感器的信号来控制换档和锁止正时；如果来自No.2车速传感器的信号是错误的，ECU立即改用No.1车速传感器的信号控制换档和锁止。如果两个车速传感器的信号都是错误的，ECU立即进入保护模式，自动变速器只能在1档行驶。

在车速传感器出现故障时，自动变速器会出现换档正时方面的问题，ECU会在存储器中存储故障信息，并通过报警灯的闪烁提示驾驶人当前处于不正常的行驶状态。

车速传感器用于换档和锁止的控制，与节气门位置传感器一样是换档和锁止控制的主要信号。

除已介绍过的磁感应式和磁阻式外，还使用簧片式等其他类型的车速传感器。车速传感器的检测与汽车上其他速度传感器的检测方法一样。

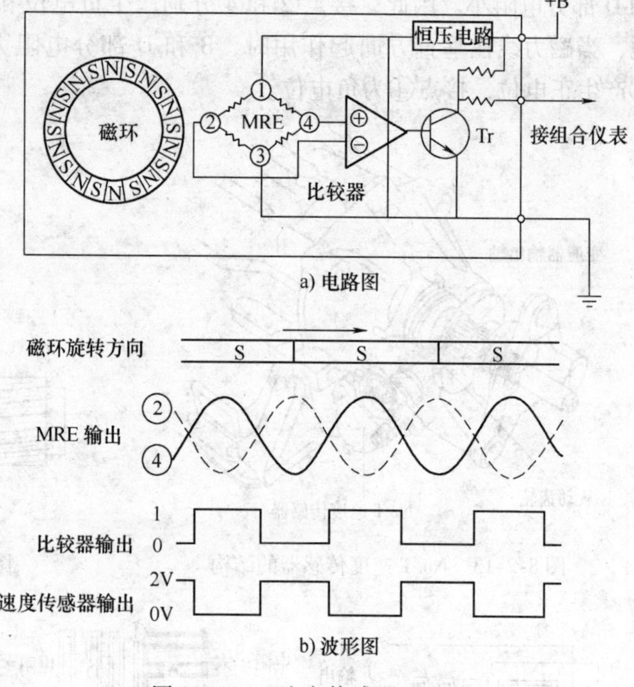

图 8-2-16　速度传感器原理图

（5）超速档直接离合器速度传感器。如图 8-2-17 所示，该传感器装在变速器壳体上。它根据超速档直接离合器鼓的转速，检测出超速档输入轴从 1 档到 3 档齿轮的转速。将超速档直接离合器速度信号和车速传感器信号进行比较，发动机和 ECT　ECU 便可测定各档的换档正时，并根据不同的情况准确地控制发动机转矩和油压，从而使换档平滑。该传感器的结构和工作原理与 No. 2 速度传感器是相同的，其电路如图 8-2-18 所示。图 8-2-19 是传感器实物测量。1 号传感器只能做动态检测，在静态情况下是变化电阻值。

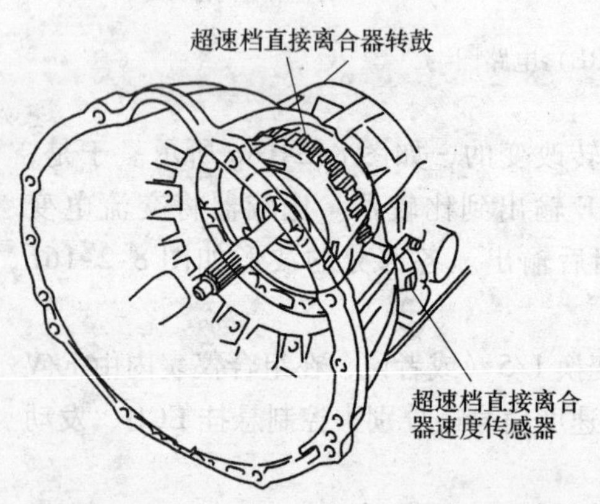

图 8-2-17　超速档直接离合器速度传感器

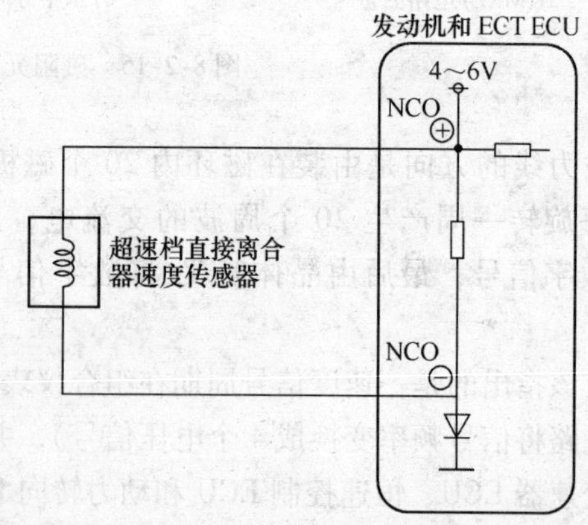

图 8-2-18　超速档直接离合器速度传感器电路图

（6）冷却液温度传感器。冷却液温度传感器监测发动机冷却液的温度用于控制发动机的喷油和点火控制，似乎与自动变速器的控制无关，但如果发动机冷却液温度低，说明发动机的工作尚在不稳定的状态，如果变速器升入 OD 档或锁止离合器进入锁止，都会加剧发动机的不稳定状态。因此自动变速器的控制过程也需要发动机冷却液温度

a) 1 号传感器电阻值

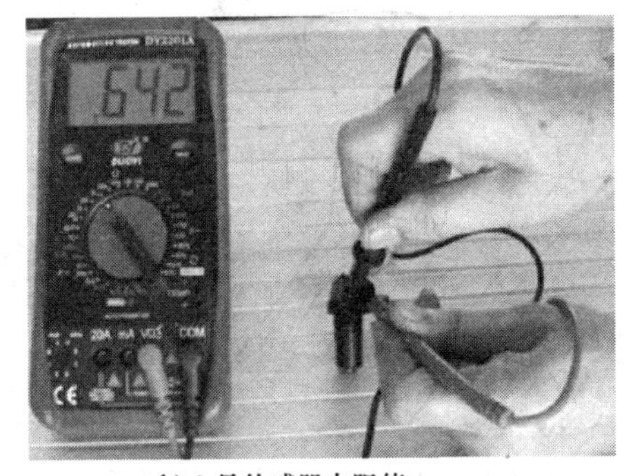

b) 2 号传感器电阻值

图 8-2-19　传感器实物测量

信号。

冷却液温度传感器的外形和与 ECU 的连接关系如图 8-2-20 所示。

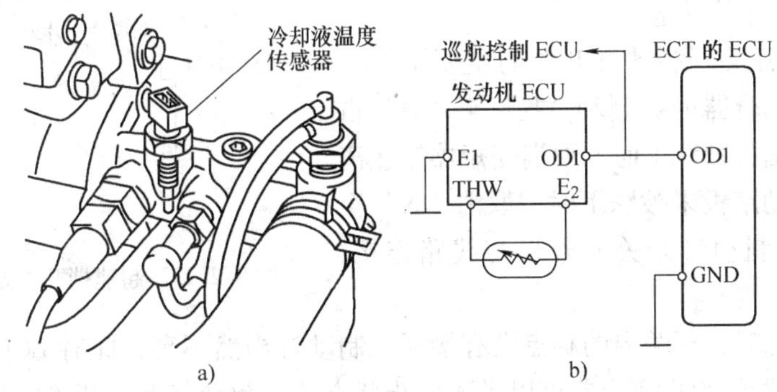

图 8-2-20　冷却液温度传感器的外形和与 ECU 的连接关系

冷却液温度传感器是一个负温度系数的可变电阻，随温度的增加其阻值逐渐下降，发动机 ECU 接收的冷却液温度信号如果高于规定值（50～70℃，因车而异），OD1 端子的输出信号是 12V，变速器的 ECU 就会允许升入 OD 档和进行锁止控制。如果发动机 ECU 接收的冷却液温度信号低于规定值，ECT 的 ECU 输入端子 OD1 的电压是 0V，此时变速器不能升入 OD 档，锁止离合器也不能锁止。

如果冷却液温度传感器出现故障，ECU 将始终按照水温为 80℃时进行操作，而不管实际冷却液温度是多少。

（7）超速档开关。超速档开关由驾驶人自主操作选择在车辆行驶过程中是否可以升入 OD 档。超速档开关的安装位置如图 8-2-21 所示。

当超速档开关处于 ON 位置时（图 8-2-22），开关内的触点是断开的，此时 O/D OFF 指示灯不亮，同时 ECU 的 OD2 端子有 12V 电压输入，ECU 可以控制变速器进行 OD 档操作。如果超速档开关处于 OFF 位置（图 8-2-23），开关内的触点闭合，在仪表盘内的 O/D OFF 指示灯点亮，ECU 的 OD2 端子电压为 0V，不能进行 OD 档操作。

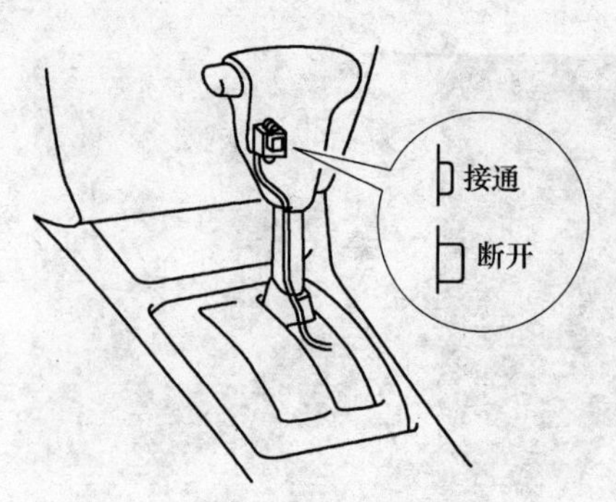

图 8-2-21　超速档开关的安装位置

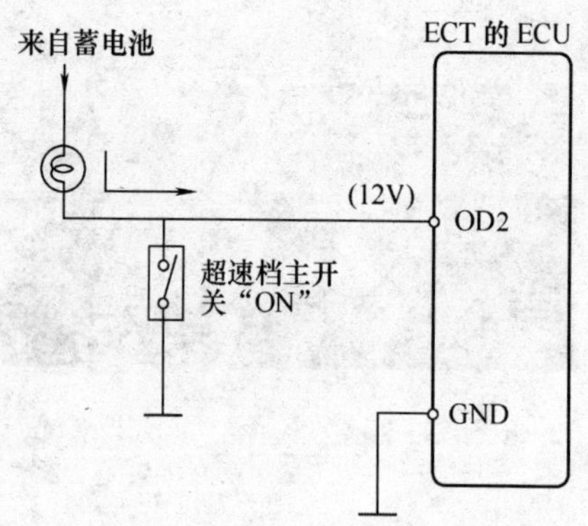

图 8-2-22　超速档开关处于 ON 位置

超速档开关只用于 OD 档的控制，它的线路出现故障后，如果 ECU 的 OD2 端子始终有 12V 电压输入，则不能通过超速档开关进行解除 OD 档的操作；如果 ECU 的 OD2 端子始终是 0V 电压，则变速器的 OD 档始终不能接通。

（8）制动灯开关。制动灯开关的主要工作是参与变矩器锁止离合器的控制和“N”至“D”占驻控制，当制动踏板被踩下时，取消变矩器锁止离合器工作；当制动踏板未被踩下时，取消“N”至“D”占驻控制。制动灯开关的外形与线路连接，如图 8-2-24 所示。

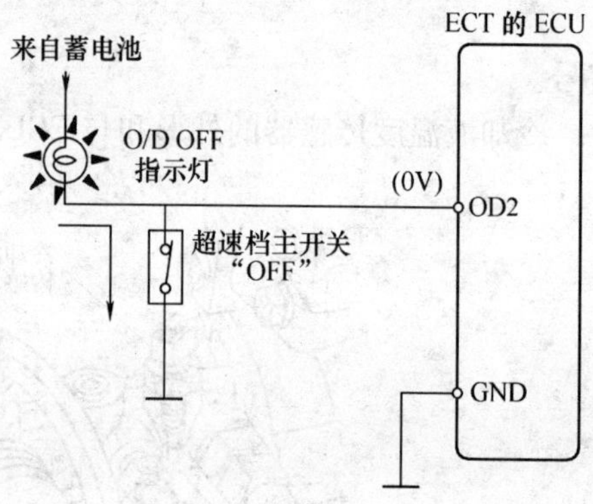

图 8-2-23　超速档开关处于 OFF 位置

在非制动状态时，开关内的触点没有接通，制动灯当然不亮，此时 ECU 的 STP 端子的电压为 0V，变矩器的锁止离合器可以进入锁止状态；在制动状态，开关内部触点闭合，制动灯控制电路接通。同时 ECU 的 STP 端子的输入电压变为 12V，ECU 接到 12V 的输入信号后，将解除锁止离合器的锁止状态，避免制动时发动机熄火。

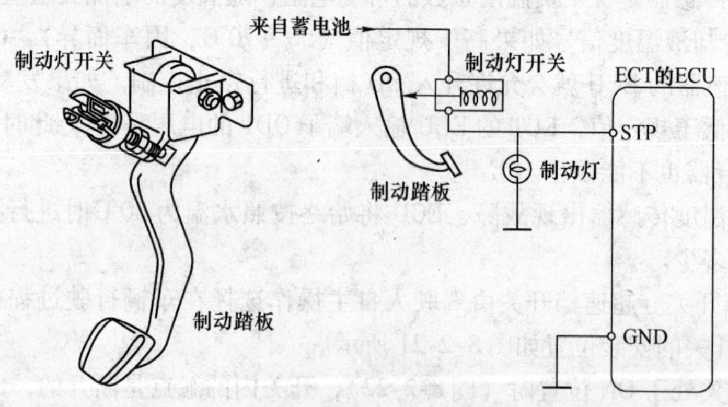

图 8-2-24　制动灯开关的外形与线路连接

如果后轮被抱死，制动又正在进行时，为防止发动机失速，ECU 也相应地取消锁止离合器的工作。该信号也用于“N”至“D”占驻控制。如果 STP 信号电路断路，ECU 便不会

取消锁止离合器的工作和“N”至“D”占驻控制。

在某些车型中，制动灯开关信号也从驻车制动器开关输入，用作对锁止离合器取消锁止的信号，如图 8-2-25 所示。

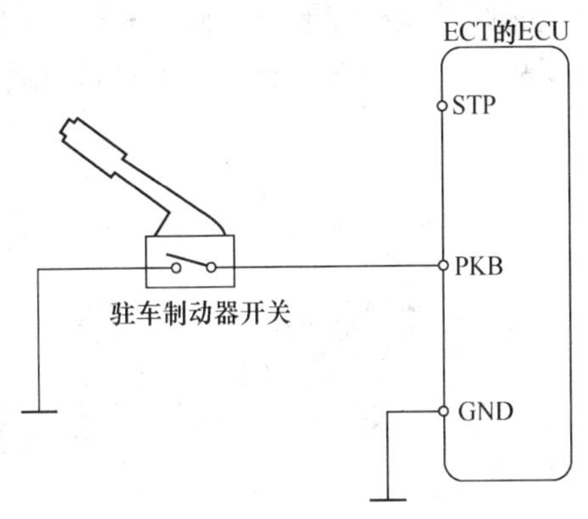

图 8-2-25　驻车制动器开关

(9) 巡航控制 ECU。有些车辆设有巡航控制系统，在交通情况比较好的情况下，启动巡航控制系统可以减轻驾驶人的劳动强度。巡航控制系统与变速器 ECU 的连接情况如图 8-2-26 所示。

如果车辆原在动力（PWR）模式行驶，在巡航控制系统启动后，自动变速器 ECU 自动将行驶模式转变为常规（NORM）模式。在车辆行驶正常时，ECU OD1 端子的电压为 12V。车辆上坡时会引起车速的下降，如果车速下降的幅度超过 10km/h（因车而异，高档车此值较小），ECU OD1 端子的电压会变为 0V。此时变速器 ECU 将进行两个操作：解除 OD 档和解除锁止。解除 OD 档是为了在 D3 档更好地加速，解除锁止是为了防止发动机熄火。

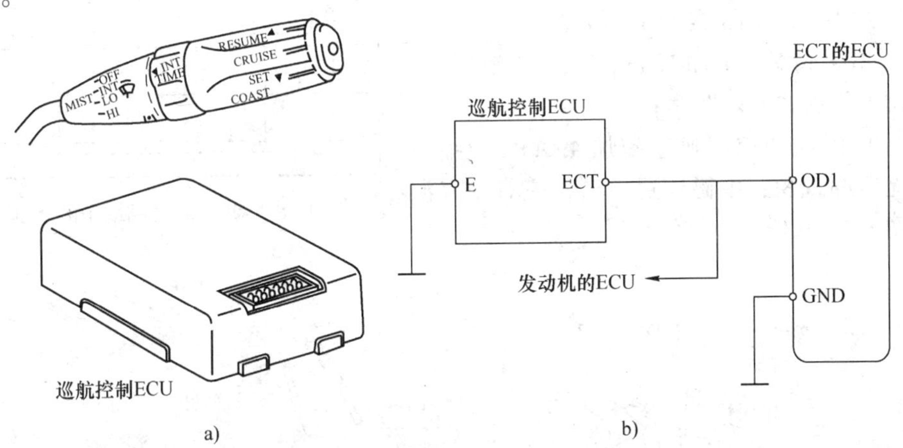

图 8-2-26　巡航控制系统与变速器 ECU 的连接情况

注意，巡航控制 ECU 与冷却液温度传感器共用同一个输入端子 OD1，但其功能不会互相干扰。

(10) 电磁阀。电磁阀是由 ECU 控制的唯一的执行元件。电磁阀安装在阀体上，其结构如图 8-2-27 所示。

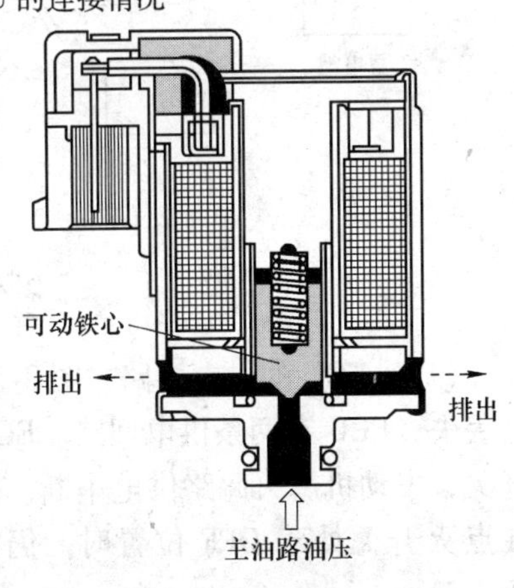

图 8-2-27　电磁阀的结构

在电磁阀的线圈不通电的时候，电磁阀中的针阀将液压控制系统中相应的泄油孔封闭，如果线圈通电，针阀将泄油孔放开，使油道泄压。电磁阀的两种状态使液压控制系统的油路发生改变，变速器的档位也就发生对应的变化。

电磁阀与 ECU 的连接如图 8-2-28 所示。其中 1、2

号电磁阀是换档控制电磁阀，3 号电磁阀是锁止控制电磁阀。如果 1 号或 2 号电磁阀的线路出现故障，ECU 将立即停止对故障元件输出换档指令，同时执行失效保护功能。

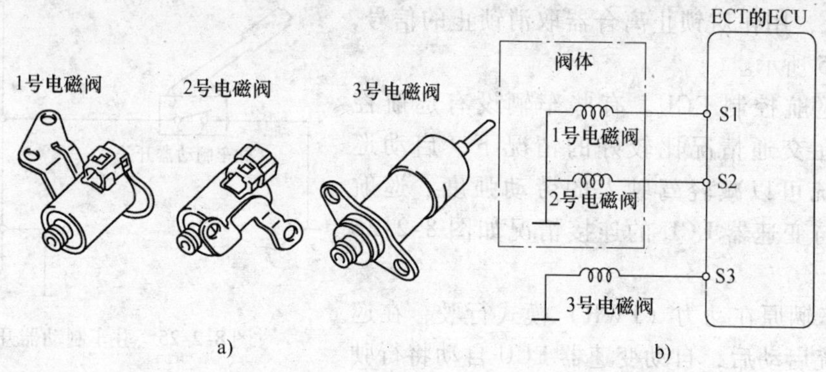

图 8-2-28　电磁阀与 ECU 的连接

电磁阀测试：

① 将 ECU 上的线束连接脱开；

② 测量 S1、S2、S3 端子与搭铁之间的电阻如图 8-2-29 所示，阻值应为 11 ~ 15Ω；

③ 在电磁阀端子上加 12V 电压，应该能够听到电磁阀工作的“咔哒”声；

④ 在电磁阀的控制通道施加 490kPa 压缩空气，应无泄漏现象；电磁阀通电时，应有空气漏出，如图 8-2-30 所示。

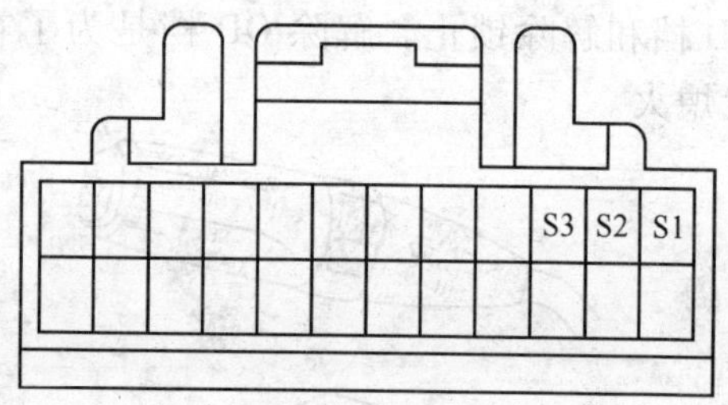

图 8-2-29　电磁阀端子的测试

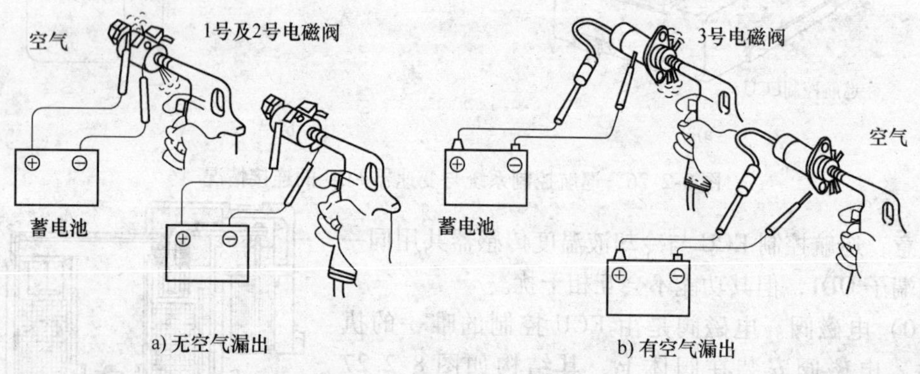

图 8-2-30　电磁阀密封性的测试

（11）ECU 的供电回路。图 8-2-31 为 ECU 的供电回路。为了保证存储器的存储内容不会丢失，ECU 有两条供电回路。ECU 的输入 IG 端子（点火）通过点火开关供电，关断点火开关，发动机熄火此路供电中断。但是 ECU 的输入 + B 端子（蓄电池）不经过点火开关，在点火开关处于 OFF 位置时，仍能够保持 ECU 的供电状态，保证存储器内的内容不会丢失。

3. 电子控制系统信号检查

电子控制系统信号检查的目的是检查变速器的控制信号是否正常。

（1）试验准备。按以下要求做好试验前的准备工作：

① 点火开关处于 ON 位置，但发动机不工作。

② 按图 8-2-32 所示将数字式电压表与检查连接器的 TT 与 E1 端子连接。在以下要进行的信号测试中都保持这种连接状态。

（2）节气门位置传感器的信号检查。节气门位置传感器信号检查的方法步骤如下：

① 慢慢踩下加速踏板，同时检查电压表读数的变化。

② 电压表的读数应该逐渐上升从 0V 变化到 8V，如图 8-2-33 所示。

③ 注意：在测试过程中，不要踩下制动踏板，否则电压表的读数始终为 0V。

④ 如果在测试过程中读数始终为 0V，可能的原因有 IDL 闭合；制动灯开关闭合；ECU 电源电路有故障；ECU 自身有故障。

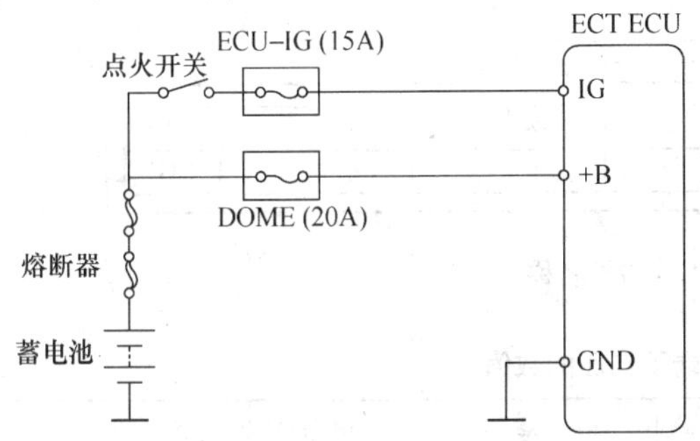

图 8-2-31　ECU 的供电回路

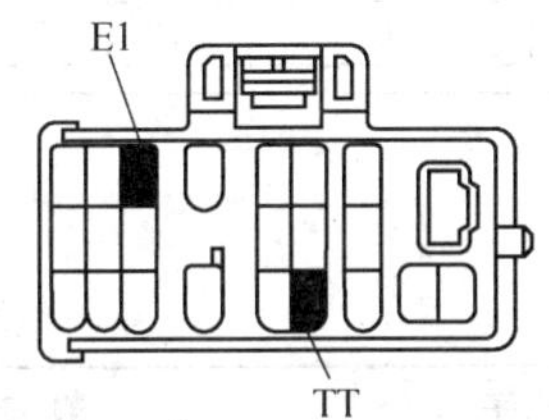

图 8-2-32　电压表与检查连接器的连接

（3）制动灯开关的信号检查　制动灯开关信号检查的方法步骤如下：

① 踩下加速踏板直至电压表读数为 8V，维持加速踏板在此位置不动。

② 踩下制动踏板并检查电压表的读数。

③ 踩下制动踏板时，电压表读数为 0V；放松制动踏板时，电压表读数为 8V。

④ 如果读数不符合要求，制动灯开关或线路有故障。

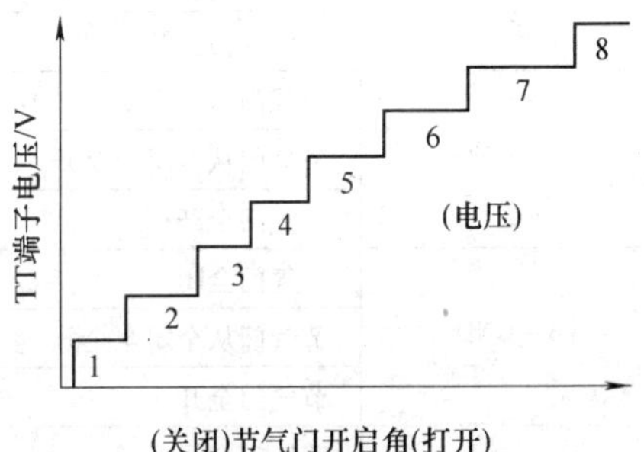

图 8-2-33　节气门位置传感器的信号

（4）换档过程的信号检查　换档过程信号检查的方法步骤如下：

① 起动发动机，预热至规定温度。

② 将行驶模式开关选定常规（NORMAL）模式。超速档开关在 ON 位置，挂 D 档行车。

③ 车速超过 6km/h 时，检查电压表的读数。

④ 电压表的读数应符合表 8-2-3 所示。

⑤ 上表数据只有车速超过 10km/h 时，才能输出。

⑥ 在车速较低时，2 档和 3 档的锁止状态不容易实现，数据可能按 2V-4V-6V-7V 变化；只有在节气门开度超过 50% 时，才有可能 2 档和 3 档锁止，出现 3V 和 5V 的电压显示。

⑦ 如果显示数据不正常，可能是电磁阀出现卡滞或液压控制系统、行星齿轮机构出现故障。

表 8-2-3　换档过程的电压表读数

电压表读数/V	0	2	3	4	5	6	7
变速器动作	1 档	2 档	2 档锁止	3 档	3 档锁止	4 档	4 档锁止

4. 电控系统元件测试

电控系统元件测试的目的是检查电控系统的传感器、电磁阀和 ECU 的技术状况。

ECU 的测试步骤如下：

（1）取下驾驶室副驾驶座的杂物箱，点火开关处于 ON 位置。

（2）保持 ECU 线束的连接状态，测量各端子的电压，端子名称如图 8-2-34 所示。

（3）各端子电压应符合表 8-2-4 的要求。

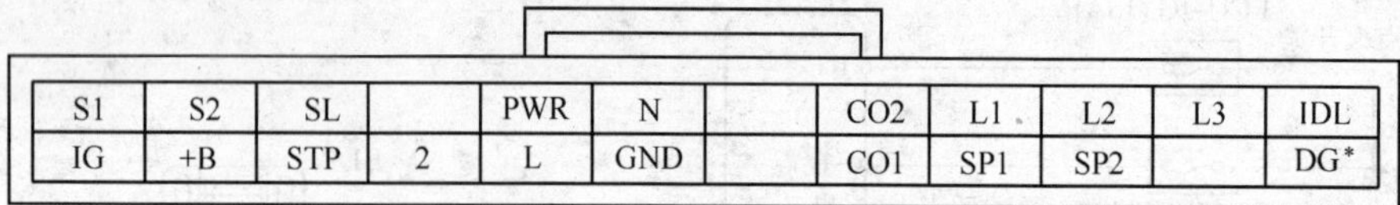

图 8-2-34　ECU 端子名称

表 8-2-4　ECU 端子电压的数值

端　子	测 量 条 件	电压/V
L1—GND	节气门全闭	5
	节气门从全闭至全开	5 ~ 0
	节气门全开	0
L2—GND	节气门全闭	5
	节气门从全闭至全开	5 ~ 0 ~ 5
	节气门全开	5
L3—GND	节气门全闭	5
	节气门从全闭至全开	5 ~ 0 ~ 5 ~ 0 ~ 5
	节气门全开	5
IDL—GND	节气门全闭	0
	节气门打开 1.5°以上	10
SP1—GND	汽车停止（巡航控制关段）	5 或 0
	汽车行驶（巡航控制关段）	2.5
STP—GND	制动踏板踩下	10 ~ 14
	制动踏板松开	0
2—GND	2 档位	10 ~ 16
	除 2 档位外	0 ~ 2

（续）

端　　子	测量条件	电压/V
L—GND	L档位	10～16
	除L档位外	0～2
N—GND	N档位	10～16
	除N档位外	0～2
S1—GND	*	10～14
S2、S3—GND	*	0
OD1—GND	冷却液温度在60℃以下	0
	冷却液温度在60℃以上	5
OD2—GND	超速档主开关接通	10～14
	超速档主开关断开	0
IG—GND	点火开关接通	10～14
SP2—GND	汽车停止	5或0
	汽车行驶	4
PWR—GND	PWR动力模式	10～14
	NORM常规模式	0～2
+B—GND	任何情况	10～14

*表示由于车速为0km/h，没有电流送止2号及3号电磁阀（与以1档行驶时一样）。

5. 自诊断功能

变速器的ECU内部有内置的自诊断系统，在进行故障分析时，能够通过自诊断系统迅速地查找到电路故障的部位。ECU在检测到车速传感器、换档电磁阀（1号、2号电磁阀）以及连接线路出现故障时，进行以下工作：

（1）显示故障信息　故障信息的显示是通过O/D OFF灯的闪烁实现的。但是故障信息的显示有一个前提，超速档开关必须处于ON的位置。如果超速档开关处于OFF位置，O/D OFF灯将处于长亮的状态，指示当前没有OD档。但由于O/D OFF灯不闪烁，因此不能显示故障信息。

（2）存储故障信息　在ECU检测到故障信息后，在显示故障信息的同时，故障信息被存储在存储器中。由于蓄电池通过供电电路始终向ECU的+B端子提供12V电压，因此即使点火开关处于OFF状态，来自蓄电池的后备电路仍然向ECU供电，所以，故障信息仍然保存在存储器中。

即使排除了故障，如果没有采取特殊的消除措施，故障信息也不会消除，仍然保留在存储器中。必须使点火开关处于OFF位置，取下规定的保险才能彻底消除保留在存储器中的故障码。

（3）故障码的显示　要读取ECU中存储的故障信息，必须按下列程序进行（仍以丰田A140E为例）：

① 点火开关ON，发动机不工作；超速档开关ON；

② 按图8-2-35所示的方式连接诊断座的TE1与E1端子；

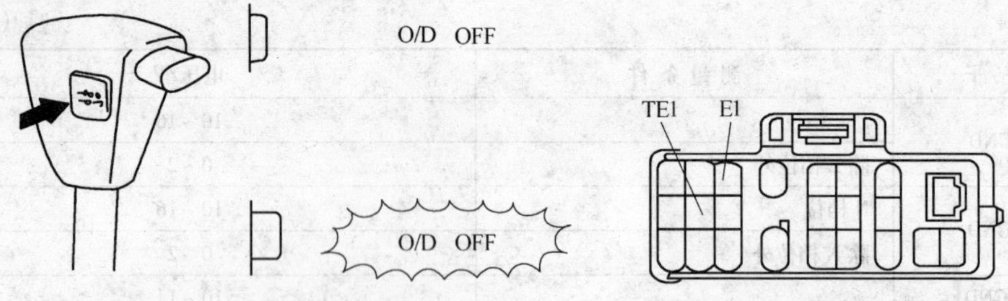

图 8-2-35　诊断座端子的连接

③ 读取故障码。如果系统工作正常，则显示正常代码，如图 8-2-36 所示，O/D OFF 灯的亮灭间隔一致，亮 0.25s 灭 0.25s。

如果存储器内有故障信息，故障码为两位数，灯每 0.5s 亮一次，十位数与个位数之间灯熄灭 1.5s，然后显示个位数。如果有两个以上的故障码，则从最小的数码开始显示，两个故障码之间灯熄灭 2.5s 作为两个故障的间隔。图 8-2-37 为 42 号故障码的显示。

（4）故障含义　丰田电控自动变速器主要的故障码见表 8-2-5。

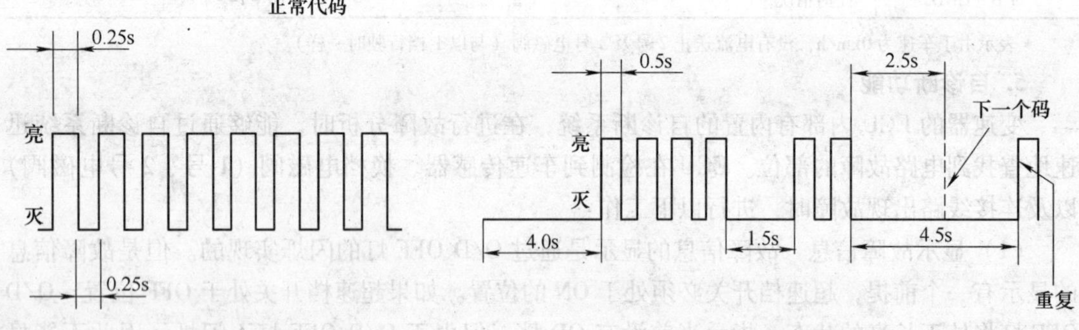

图 8-2-36　正常代码的显示　　图 8-2-37　42 号故障码的显示

表 8-2-5　丰田电控自动变速器主要故障码

故障码	故障码含义
42	1 号车速传感器故障，或线路出现短路或断路
61	2 号车速传感器故障，或线路出现短路或断路
62	1 号电磁阀断路，或线路出现短路或断路
63	2 号电磁阀断路，或线路出现短路或断路
64	3 号电磁阀断路，或线路出现短路或断路

（5）故障码的消除。必须使点火开关在 OFF 位置，取下规定的保险。

二、电控自动变速器的控制功能

电控自动变速器的主要功能是换档正时控制和锁止正时控制，为了改善换档的质量，电控系统还有一些其他的功能，如发动机转矩控制等。

1. 换档与锁止正时控制

（1）换档正时控制功能。自动变速器控制单元（ECU）的存储器中存有在各种行驶模

式、各个档位的最佳换档程序，ECU 根据各个传感器的输入信号来决定是否需要换档，并控制 1 号、2 号电磁阀改变液压控制系统的油路，实现档位的变换。

ECU 对换档控制需要的信号如图 8-2-38 所示。

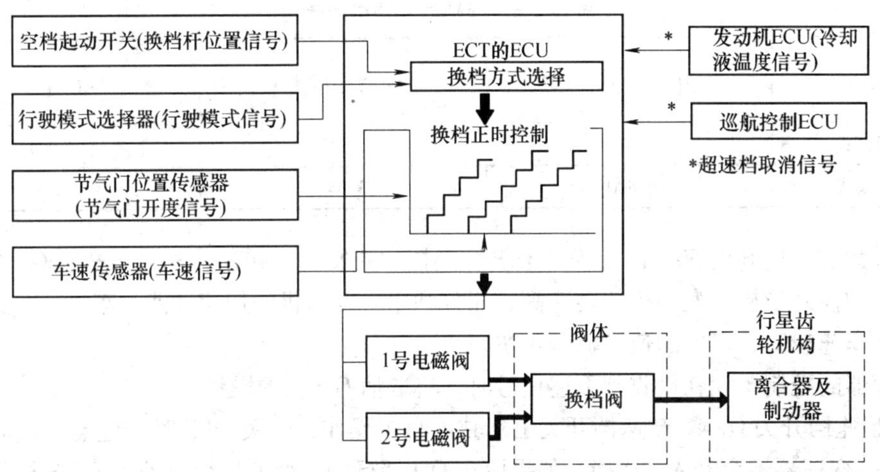

图 8-2-38　ECT 的 ECU 控制程序图器

ECU 接收到传感器的输入信号后，根据内存的程序选择换档方式。下面以丰田公司 A140E 自动变速器为例说明换档控制的过程。

A140E 自动变速器只在 D 位有常规和动力两种驾驶模式可以选择，在 2 位和 L 位只有常规模式的换档控制方式。图 8-2-39 和图 8-2-40 分别为 D 位常规与动力驾驶模式的换档图。

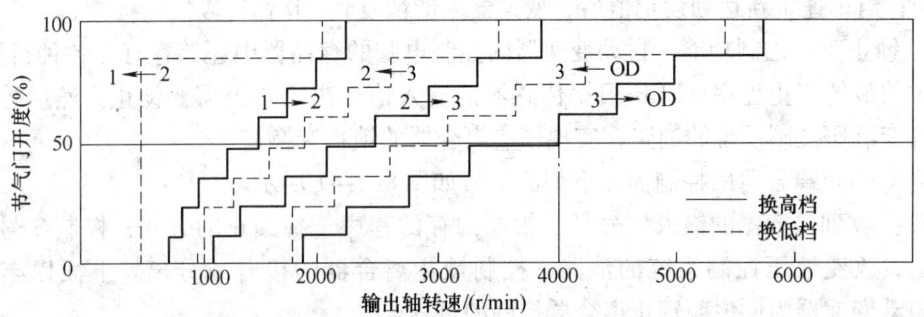

图 8-2-39　D 位常规驾驶模式换档图

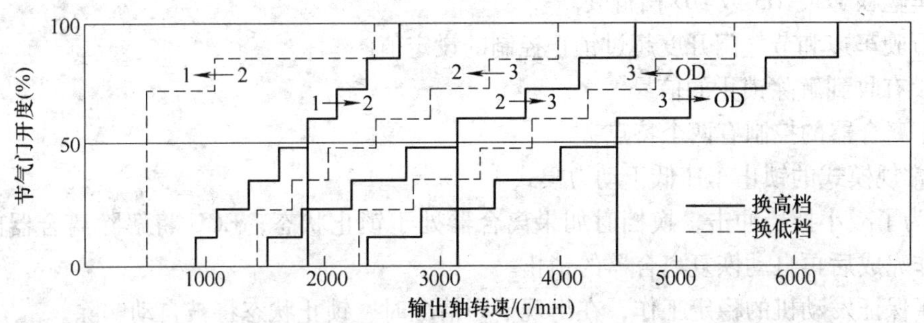

图 8-2-40　D 位动力驾驶模式换档图

注意：由于节气门位置传感器的信号已经变成8个不同节气门开度范围的电压信号，换档图中的换档曲线变成阶梯形的折线，与全液压自动变速器有明显的不同。从图中可以看出，两种驾驶模式的换档点有很大的差异。表8-2-6为两种驾驶模式换档时发动机的转速。

表8-2-6　换档时发动机的转速　　单位：(r/min)

形式＼档位	D1档升D2档	D2档升D3档	D3档升D4档
常规模式	1 500	2 500	4 000
动力模式	1 800	3 100	4 500

此表为节气门开度50%时的换档数据，换档时的发动机转速要相差300～600r/min。由于动力驾驶模式换档时发动机的转速高，充分利用了发动机的加速性能，车辆的加速过程稍长，换档车速较高，车辆的速度提升也快。

变速器的控制单元在接收到下述信号时，将取消OD档的操作：

① 超速档开关OFF。超速档开关由驾驶人自主操作，开关OFF时（注意：此时触点是闭合的），变速器不会升入OD档，如果原在OD档行驶，变速器会自动降至D3档。

② 发动机冷却液温度信号。发动机冷却液温度较低时运转，其工作是不稳定的，并且不能提供足够的动力。如果发动机冷却液温度低于设定温度，发动机ECU的OD1端子搭铁，变速器ECU的OD1，端子输入电压为0V，变速器不会升入OD档。

③ 巡航控制信号。车辆在OD档行驶时，如果启动巡航控制系统，当实际车速与设定车速的差值超过10km/h左右时，巡航控制ECU输出信号至变速器的ECU的OD1端子，解除OD档；当车速重新达到设定值后，变速器才能恢复到OD档行驶。

（2）锁止正时控制功能　自动变速器的控制电脑的存储器中还储存有在各种行驶模式、各个档位的最佳锁止程序，ECU根据传感器的输入信号决定是否需要锁止。然后控制3号电磁阀改变液压控制系统的油路，实现锁止离合器的锁止变换。

ECU对锁止离合器的控制需要下列的信号如图8-2-41所示。

ECU接收到传感器的输入信号后，根据内存的程序选择锁止的方式，控制3号电磁阀的通、断，改变液压控制系统的油路，控制锁止离合器的接合或分离。下面以丰田公司A140E自动变速器为例说明锁止离合器控制的过程。

锁止离合器的锁止必须同时满足三个条件：

- 车辆在D2、D3或OD档行驶。
- 行驶车速和节气门开度超过锁止控制的设定值。
- 没有收到解除锁止的信号。

锁止离合器的控制有两个特点：

① 常规模式的锁止车速低于动力模式。

② 为了减小换档冲击，换档时如果离合器处于锁止状态，ECU将解除离合器的锁止，换档动作完成后再自动恢复离合器的锁止。

为了保证发动机的稳定工作，在出现下列情况时，锁止状态将被自动解除。

① 制动状态。为避免制动时发动机熄火，动力的传动必须脱开，锁止离合器不能处于机械连接状态。

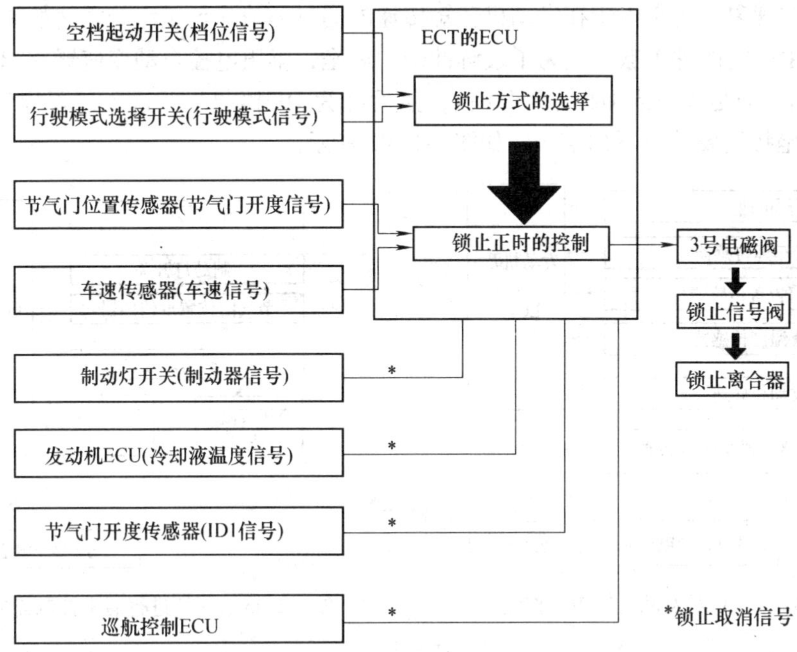

图 8-2-41　锁止离合器控制信号

② 节气门位置传感器的怠速触点闭合。此时发动机与驱动车轮的连接也可能引起发动机熄火。

③ 发动机冷却液温度低于60℃。发动机工作温度低会影响其性能的充分发挥，锁止离合器的接合影响了车辆的行驶性能，锁止离合器不能接合可以加快变速器的预热速度。

④ 巡航控制信号。车辆起动巡航系统自动控制车速，当实际车速与设定车速的差值超过10km/h左右时，巡航控制ECU输出信号至变速器ECU的OD1端子，在解除OD档的同时解除锁止，使变矩器工作增加转矩并在直接档加速。当车速重新达到设定值后，变速器才能回到OD档行驶并使离合器锁止。

2. 其他控制功能

为了改善换档品质，电控自动变速器的电控系统还有一些其他的控制功能。

（1）发动机转矩控制功能　为了减小换档冲击，可以减小换档时离合器传递的发动机转矩。而对发动机输出转矩控制最简单的方法就是控制点火提前角。ECU对发动机转矩控制如图8-2-42所示。

ECU存储器中储存着各种工作条件下的最佳点火提前角，接收到各传感器信号后，ECU进行以下的工作：

① 根据变速杆和行驶模式开关的位置确定的换档和锁止模式控制换档和锁止。

② 根据发动机转速传感器的转速信号（NE）和车速传感器的车速信号（SP2）判断车辆的行驶条件，并根据当前的换档情况（D1升D2、D2升D3、D3升OD、OD降D3、D3降D2、D2降D1）和节气门的开度确定点火提前角延迟的最佳量。

③ 控制点火器输出晶体管的截止时机和换档电磁阀，推迟点火时间同时进行换档。

（2）后坐控制功能　当变速杆从N移至D准备起步时，车辆一般会产生一定的振动和车后部下沉的现象，这是由于在发动机转矩传递的同时要消除行星齿轮之间的间隙，在这个过程中会产生一定的冲击振动。为了缓解冲击的后坐，丰田电控自动变速器在起步时不是直接进入 D1 档，而是先进入 D2 甚至 D3 档，然后降为 D1 档起步。这个过程称为后坐控制。ECU 进行后坐控制要接收下列信号，如图 8-2-43 所示。

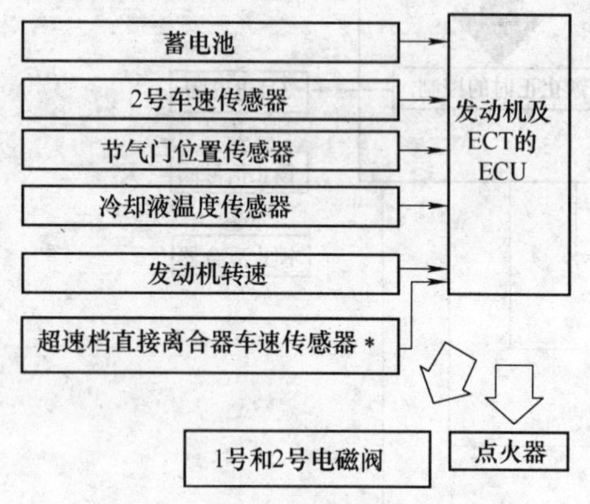

图 8-2-42　ECU 对发动机转矩的控制

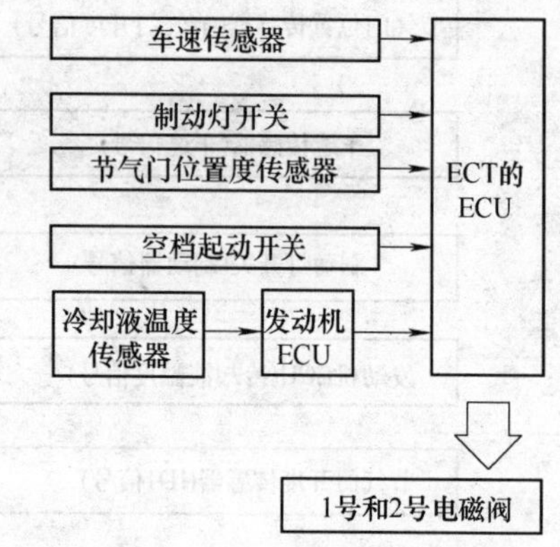

图 8-2-43　ECU 进行后坐控制需要的信号

只有在下列条件全部满足的时候，ECU 才进行后坐控制：

① 车速传感器的输出信号为 0，车辆停止；

② 制动灯开关闭合；

③ 节气门位置传感器 IDL（怠速）触点闭合；

④ 变速杆从 N 位移动到 D 位；

⑤ 发动机冷却液温度正常。

进行后坐控制时，先进入 D2 或 D3 档，由于 D2 和 D3 档的传动比小于 D1 档，通过齿轮变速器转矩增加的比例小于 D1 档，产生的冲击也就小于 D1 档。另外在 D1 档时，辛普森行星齿轮系统中所有的齿轮都要参加动力的传递，齿侧间隙的总和较大，产生的冲击就大，在 D2 档只有一排行星齿轮参与工作，齿侧间隙的总和较小，降入 D1 档后再消除另一部分间隙，使得全部的齿侧间隙由两个阶段消除，一次较大的冲击变成两次较小的冲击。总体的感觉好了，提高了乘坐的舒适性。

（3）减速降档控制功能　车辆在 OD 档行车，如果车速不断降低就会导致降档，但降档时不是直接降入 D3 档而是先降入 D2 档 0.8s，然后再回升到 D3 档以减小降档引起的冲击和振动。这个过程称为减速降档控制，ECU 进行减速降档控制要接收下列信号：

- 发动机冷却液温度超过 70℃；
- 变速杆在 D 档位置；
- 节气门位置传感器 IDL（怠速）触点闭合。

变速器进行减速降档控制前为 OD 档行车，行星齿轮系统的工作情况如图 8-2-44 所示，此时离合器 C1、C2 和制动器 B0 工作。辛普森行星齿轮系统的传动比为 1，超速行星齿轮组的传动比为 0.7，超速行星齿轮组输出元件齿圈的转速 800r/min（此转速为上述条件下降档时的齿圈转速）。此时变速器的输入轴转速为 560r/min（800 × 0.7 = 560），由于此时仍然处于驱动状态，发动机的转速也为 560r/min 左右（低于发动机正常的怠速转速 750r/min）。

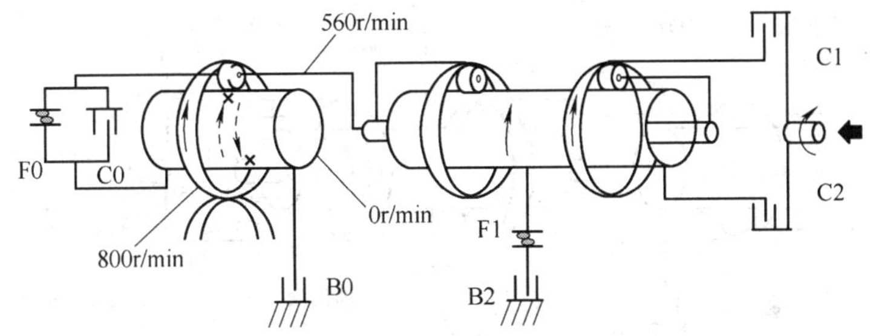

图 8-2-44 减速降档控制前行星齿轮系统的工作情况

如果直接降档进入 D3 档，行星齿轮系统的工作情况如图 8-2-45 所示，此时离合器 C1、C2、C0 和单向离合器 F0 工作，由于三个离合器同时啮合，变速器不起变速作用，传动比为 1。在 D3 档时，输入轴的转速要从 560r/min 提高到正常的怠速转速 750r/min，超速行星齿轮组的输入元件行星架的转速也是 560r/min，而超速行星齿轮组的输出元件齿圈的转速仍然为 800r/min。齿圈转速 800r/min 与发动机转速 560r/min 之间的差异就是 D3 档的发动机制动作用，由于发动机的转速远低于正常的怠速转速。此时的发动机制动效果也就远强于正常时的效果，车辆减速比较强烈，冲击振动大。

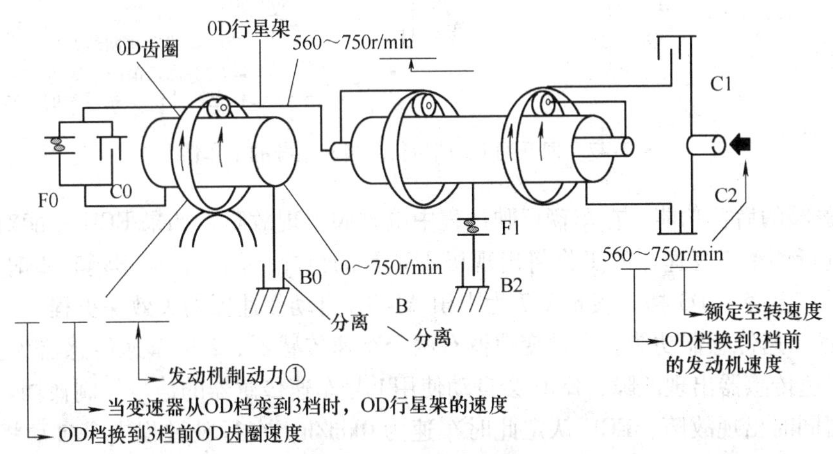

图 8-2-45 直接降入 D3 档行星齿轮系统的工作情况

如果变速器先降入 D2 档，行星齿轮系统的工作情况如图 8-2-46 所示，此时离合器 C0、C1 制动器 B2 和单向离合器 F0 工作。由于在 D2 档变速器没有发动机制动效果，因此在离合器 C2 不工作的 0.8s 时间内，太阳轮顺时针空转，发动机转速迅速从 560r/min 提高到 750r/min，达到正常的怠速转速。由于发动机以怠速转速运转，没有驱动力输出，超速行星齿轮架的转速仍然是 560r/min。

当变速器从 D2 档回升到 D3 档后，行星齿轮系统的工作情况如图 8-2-47 所示，此时离合器 Cl、C2、C0 和单向离合器 F0 工作，辛普森行星齿轮系统的传动比为 1，超速行星架的转速为 750r/min，与超速齿圈的转速差只有 50r/min，发动机制动效果已经很不明显，产生的冲击和振动相应地减小了。

（4）后备功能。自动变速器的 ECU 中存储有几个后备功能为变速器提供失效保护，在电气控制系统出现故障时，仍然能够使车辆继续行驶。

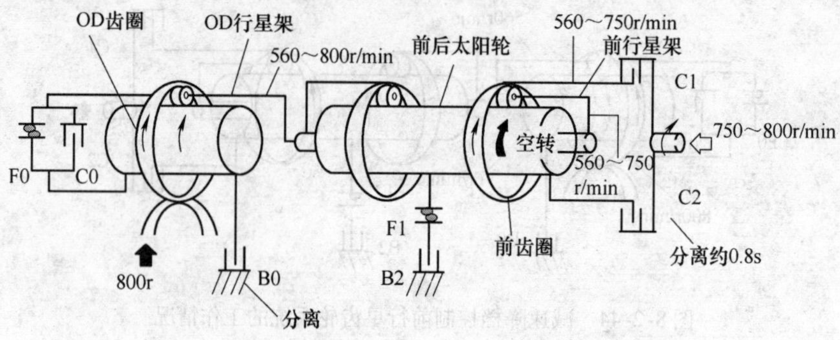

图 8-2-46　先降入 D2 档行星齿轮系统的工作情况

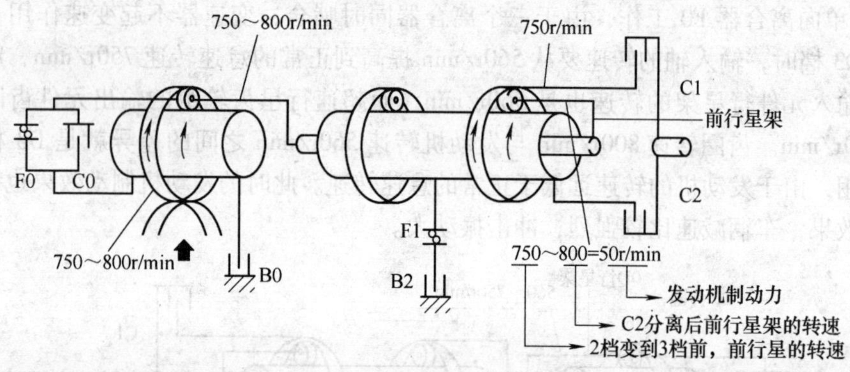

图 8-2-47　回升到 D3 档后行星齿轮系统的工作情况

① 电磁阀的后备功能。在车辆行驶过程中电磁阀出现故障，如果 ECU 不能对电磁阀的工作程序进行调整，变速器的工作将出现极不正常的情况。例如，在车辆起步时为 OD 档，车速提高后，会降为 D3 档。表 8-2-7 为丰田 A140E 自动变速器的失效保护程序。

② 后备车速传感器功能。自动变速器有两个车速传感器，2 号车速传感器为主传感器，如果 2 号车速传感器出现故障，ECU 会自动使用 1 号车速传感器的信号控制换档。如果两个车速传感器同时出现故障，ECU 认定此时车速为 0km/h，在行驶过程中会自动将档位切换至 D1 档，并不再升档。

③ 手动换档功能。如果两个电磁阀均出现故障，驾驶人可以通过移动变速杆来变换档位，实现车辆的行驶。变速杆在 D、2、L 位置时，分别给出超速档、直接档和 1 档的传动比。

表 8-2-7　丰田 A140E 自动变速器的失效保护程序

换档杆位置	正　常			1 号电磁阀故障			2 号电磁阀故障			1 号、2 号电磁阀故障
	电磁阀		档位	电磁阀		档位	电磁阀		档位	手换档时的档位
	1 号	2 号		1 号	2 号		1 号	2 号		
D	ON	OFF	1	×	ON(OFF)	3(4)	ON	×	1	4 档
	ON	ON	2	×	ON	3	OFF (ON)	×	4(1)	
	OFF	ON	3	×	ON	3	OFF	×	4	
	OFF	OFF	4	×	OFF	4	OFF	×	4	

（续）

<table>
<tr><td rowspan="3">换档杆位置</td><td colspan="3">正　常</td><td colspan="3">1 号电磁阀故障</td><td colspan="3">2 号电磁阀故障</td><td>1 号、2 号电磁阀故障</td></tr>
<tr><td colspan="2">电磁阀</td><td rowspan="2">档位</td><td colspan="2">电磁阀</td><td rowspan="2">档位</td><td colspan="2">电磁阀</td><td rowspan="2">档位</td><td rowspan="2">手换档时的档位</td></tr>
<tr><td>1 号</td><td>2 号</td><td>1 号</td><td>2 号</td><td>1 号</td><td>2 号</td></tr>
<tr><td rowspan="3">2</td><td>ON</td><td>OFF</td><td>1</td><td>×</td><td>ON(OFF)</td><td>3(4)</td><td>ON</td><td>×</td><td>1</td><td rowspan="3">3 档</td></tr>
<tr><td>ON</td><td>ON</td><td>2</td><td>×</td><td>ON</td><td>3</td><td>OFF(ON)</td><td>×</td><td>3(1)</td></tr>
<tr><td>OFF</td><td>ON</td><td>3</td><td>×</td><td>ON</td><td>3</td><td>OFF</td><td>×</td><td>3</td></tr>
<tr><td rowspan="2">L</td><td>ON</td><td>OFF</td><td>1</td><td>×</td><td>OFF</td><td>1</td><td>ON</td><td>×</td><td>1</td><td rowspan="2">1 档</td></tr>
<tr><td>ON</td><td>ON</td><td>2</td><td>×</td><td>ON</td><td>2</td><td>ON</td><td>×</td><td>1</td></tr>
</table>

注：( ) 表示没有故障防护功能；×表示有故障。

任务三　自动变速器定期维护、检测与故障诊断

一、自动变速器使用、维修注意事项

1. 使用注意事项

（1）只有变速杆置于 P、N 位置时，方可起动发动机。在点火开关打开状态下，若想移出这两个档位，必须先踏下制动踏板，同时按下手柄按钮，才可将变速杆移入其他档位。

（2）P 位是驻车制动档（坡度停车防止滑溜），但不可替代手制动器。

（3）车辆被牵引时变速杆须置于 N 位置。牵引时车速不可超过 50km/h，牵引距离也不能超过 50km。若需牵引更长的距离，需将驱动车轮升离地面。

（4）若自动变速器的控制单元因电气故障而导致其进入应急状态，此时只有 3、1、R 档可以工作。不要认为尚有档位可用，就不去修理，应及时查明故障并排除，否则会损坏自动变速器内的多片离合器。

（5）自动变速器车无法用牵引或推动起动的方法起动发动机，因为 ATF 油泵不工作，自动变速器无法建立起正常的工作油压（无反传动力连接）。

（6）在寒冷的冬季，行车前先起动发动机预热 1min 后再挂档行驶。

2. 自动变速器维修注意事项

（1）按维修手册中提供的方法维修非常有效。在遵循维修手册中的步骤进行维修操作时，必须使用指定和推荐的工具。若使用非指定或推荐的工具和维修方法，则在开始操作前要确保维修技术人员的安全，并确定不会造成人员伤害或客户车辆损坏。

（2）如果需要更换零件，则必须换上具有相同零件号的零件或相当的零件。切不可采用劣质零件。为了有效避免维修或维护期间可能造成的人身伤害，以及由于操作不当而造成的车辆损坏或导致车辆不安全等隐患，必须认真遵守维修手册中各种“注意”和“小心”事项。还应该注意的是，维修手册中的“注意”和“小心”部分的内容并非夸张，而是违反这些说明将导致危险后果。

（3）自动传动桥由表面经过高精度加工的零件构成。在重新装配前，必须对这些零件

进行仔细检查，即使是轻微划伤也可能导致漏油或影响性能。此处的操作说明是按维修人员每次只操作一个零件组来编排的，这有助于避免因外观相似但属于不同分总成的零件同时出现在维修工作台上而引起混淆。应从变矩器壳一侧对这些零部件组进行检查和维修。尽可能在对下一组零部件进行操作之前完成检查、维修和重新装配。如果在重新装配过程中发现某个零部件组有缺陷，则立即检查和维修此零部件组。如果由于某些零件尚在订购中而无法装配某个零部件组，则在继续拆解、检查、维修和重新装配其他零部件组时，一定要将该零部件组的所有零件存放在单独的容器中并严格保管。

(4) 所有拆解的零件均应使用压缩空气吹通。

(5) 用压缩空气吹干所有零件。不要使用棉丝抹布或其他布来擦干它们。

(6) 使用压缩空气时，一定不要将气枪对准自己和他人，以防 ATF 或煤油意外喷到脸上。另外，高压气体也会伤人。

(7) 工作场所禁止打闹追逐戏嬉。

(8) 清洗时，只能使用推荐的自动传动桥油或煤油。禁止用汽油清洗零件。

自动变速器的型号较多，对应各型号的自动变速器油的规格也较多，就算是同一厂家同一车型，如果自动变速器型号不同，生产年代不同自动变速器油的规格也会不一样。这是一个需要认真对待的问题，哪怕只有一点点疏忽大意都会带来不可想象的严重后果。

(9) 国际通用推荐用油（ATF）采用美国通用和福特公司规定，DEXRON、DEXRON-Ⅱ、DEXRON-Ⅲ、DEXRON-Ⅳ型。

(10) 欧洲代用油（ATF）DEXRON-B（GMC）、ESW-M2C-33E/F（Ford）。

(11) 原厂要求的自动变速器用油则是按照油配件号选择。桑塔纳 2000、卡罗拉、威驰、凯越自动变速器油选择见表 8-3-1。

表 8-3-1 桑塔纳 2000、卡罗拉、威驰、凯越自动变速器用油

车　型	变速器型号	原厂要求用油配件号及（代用品）	自动变速器油加注量/L
卡罗拉	U340	原厂：ATF WS（ATFJWS3324orNWS9638） 代用：ATF-A/ATF-D/ATF-DEXRON VI	3.1
新花冠 1.5L、威驰	U340	原厂：ATF WS（ATFJWS3324orNWS9638） 代用：ATF-A/ATF-D/ATF-DEXRON VI	6.8
桑塔纳 2000	01N	原厂：G 052 162 A2 代用：ATF-A	5.5
凯越 1.6L	AW81-40LE	T-Ⅳ［SHGM93730314（4L）93730313（1L）］ 代用：ATF-A/ATF-D/ATF-DEXRON-Ⅲ(H)	5.6
凯越 1.8L	ZF-4HP-16	ESSO LT 71141 或 TOTAL ATF H50235 代用：ATF-A/ATF-E	6.9

维修人员应当首选原厂用油，只有在原厂油买不到的情况下才考虑代用油。

(12) 环境保护

① 自动变速器油会对水体形成污染，不允许排入地表水域和下水道。作业时只能在防渗的地面上进行。

② 废弃的机油要单独盛装，并妥善保管和回收利用。沾上机油的抹布或物品，不得作为生活垃圾处理。

(13) 安全措施

① 自动变速器油对人皮肤有损害，务必身着清洁的工作服。必须戴好帽子，穿好安全鞋。作业时应戴上防护手套。沾上机油的衣服或鞋子，必须立即更换，如表 8-3-2 所示。

表 8-3-2　环境保护与安全措施

环境保护	安全措施
● 机油会对水形成污染，不允许排入地表水域和下水道，作业时只能在防渗的地面上 ● 机油是易燃品，存放和作业必须远离火源 ● 废弃的机油要单独盛装，并妥善保管和回收利用 ● 沾上机油的抹布或物品，不得作为生活垃圾处理	● 机油对人皮肤有损害，作业时应戴上防护手套和防护服 ● 沾上机油的衣服或鞋子，必须立即更换 ● 皮肤上撒上机油，立即用水和肥皂清洗，勿用汽油或溶剂作为清洗品 ● 眼睛接触到机油，用水认真冲洗，然后尽快去医院治疗

② 不能用锤子、普通工具、金属零件直接敲打自动变速器的任何部位。

③ 开始操作前，准备好工作台、SST、仪表、机油和更换零件。

④ 在充分了解正确的维修程序和报修故障之后，对故障进行诊断。在拆卸零件之前，检查总成的总体状况以确认是否有变形和损坏。对于比较复杂的总成，要做记录。例如，记录拆下的电气连接、螺栓或软管的总数。还要加上装配标记，以确保将各部件重新装配到其原来位置上。需要时，可对软管及其接头作临时标记。如有必要，清洗拆下的零件，彻底检查后，再装配这些零件（自动变速器打开后不能用纤维丝头纱布做清洁，因为丝头会阻碍阀芯运动）。

(14) 自动变速器的检查内容（包括故障车）

① 检查蓄电池电压，标准电压：11～14V。如果电压低于 11V，在继续操作前，对蓄电池充电或更换蓄电池。

② 有节气门拉线的间隙和怠速检查。

③ 油的质量、油面高度、目视检查。

④ 噪声检查、发动机工况检测、底盘传动、驱动及阻滞力检测、轮胎气压检查。

⑤ 检查壳配合面、轴和拉索伸出区、油封、排放塞和加注口、管件和软管连接处是否漏油。

⑥ 将智能检测仪连接到 DLC3，检查并清除 DTC 和定格数据，DTC 检查。

⑦ 设置检测模式诊断故障症状确认（维护车不用）。

⑧ 症状模拟（维护车不用）。

⑨ 机械系统测试。

⑩ 液压测试。

⑪ 手动换档测试。

⑫ 零件检查。

⑬ 电路检查。

⑭ 故障识别。

⑮ 确认测试。

3. 实施作业需要的设备和材料

（1）套筒及棘轮扳手、举升机、机油回收盆、漏斗、换油机、零件架，如图 8-3-1 ~ 图 8-3-4 所示。

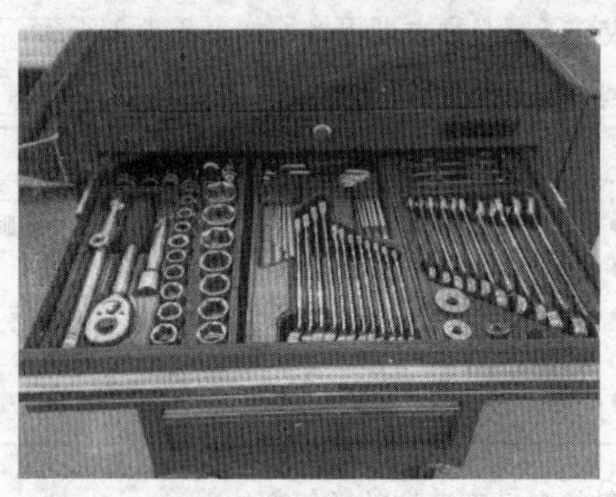

图 8-3-1　套筒及棘轮扳手

图 8-3-2　举升机、机油回收盆等

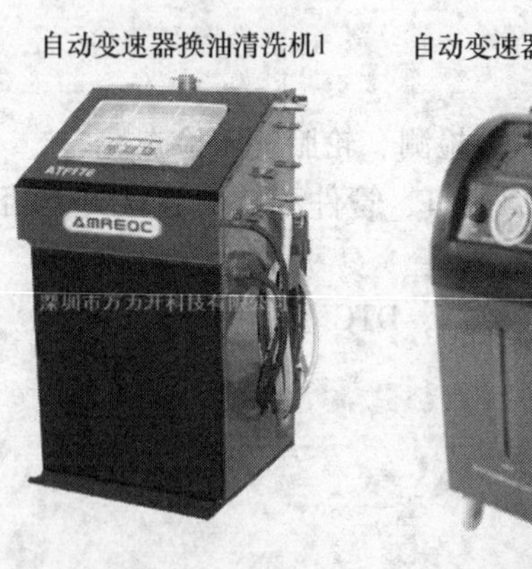

图 8-3-3　换油机

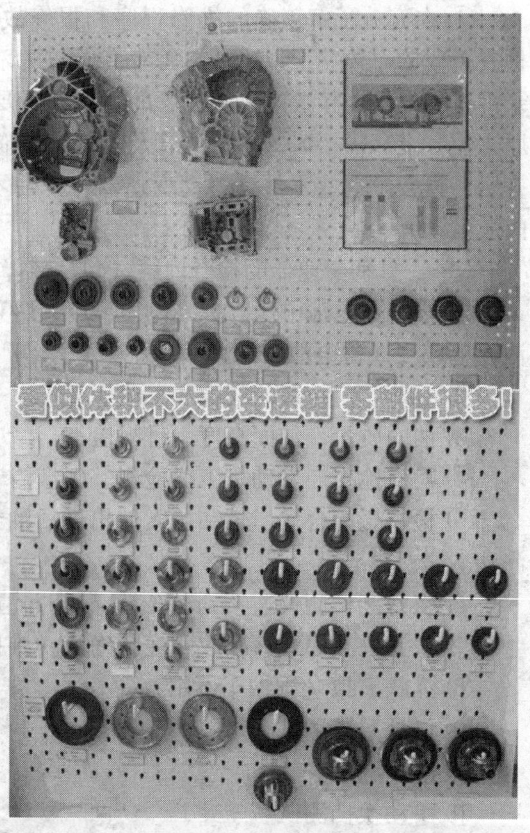

图 8-3-4　零件架

（2）磁力护裙、转向盘护套、变速杆手柄套、脚垫和座位套、干净抹布等如图 8-3-5 所示。

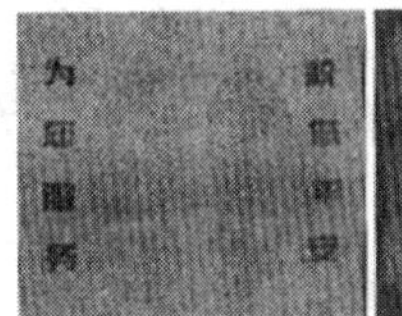

地板垫

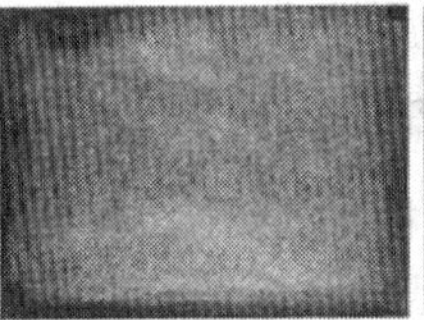

座椅套

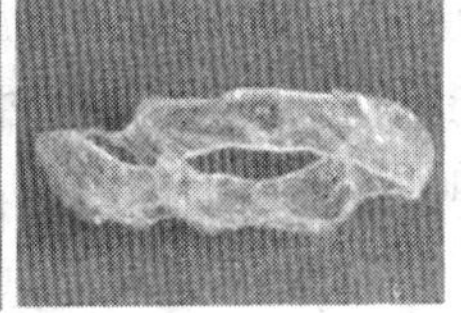

转向盘套

翼子板布、前格栅布

车轮挡块

图 8-3-5　防护材料

（3）卡罗拉自动变速器推荐使用丰田原厂 ATF WS 容量：2.9L

粘合剂：丰田原厂粘合剂 1324、THREE BOND 1324 或同等产品。

（4）卡罗拉轿车维修手册。

4. 作业前的准备

（1）防护措施，举升汽车必须先摇下电动窗一个，防止钥匙忘在点火开关上防盗误锁门。检查进车方向、4 个支撑点是否正确，支撑臂与车身底板是否有足够的空隙。举升车辆时，使用适当的安全设备。地面防护措施见图 8-3-6，举升防护见图 8-3-7。

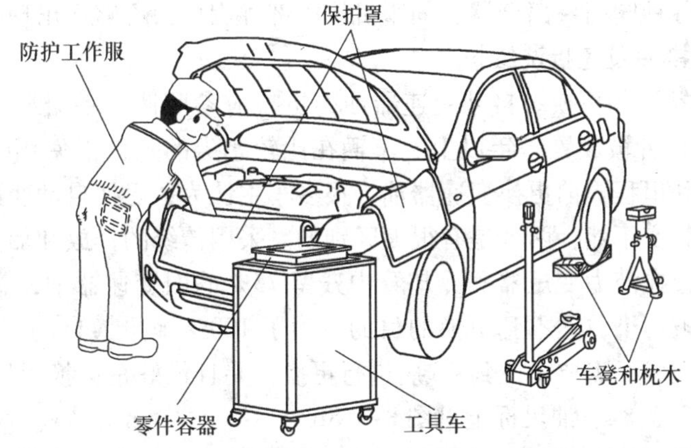

图 8-3-6　地面防护措施

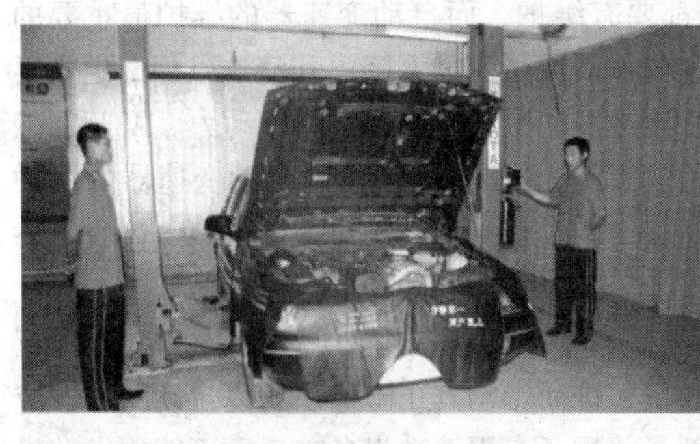

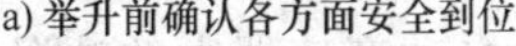

a) 举升前确认各方面安全到位

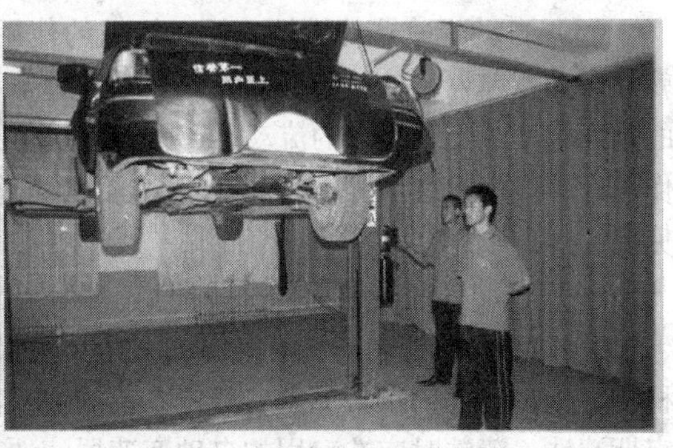

b) 确认被举升的车辆可靠稳定并拉好保险

图 8-3-7　举升防护

（2）如果要在举升机上起动发动机，汽车离地高度不大于300mm。有些汽车装有空气悬挂气囊和防翻车传感器必须断开其熔丝或继电器，否则会发生悬挂气囊爆炸事故和汽车无法起动的故障。起动发动机之前先鸣笛三声。

（3）讲究良好的职业道德。在开始操作之前，准备好散热器格栅罩、翼子板保护罩、座椅护面及地板垫。非工作需要不要在车内坐、卧聊天，更不能在车内吸烟、丢垃圾、开空调。

（4）当与两个或两个以上人员一起工作时，务必要相互检查安全情况。在发动机运转的情况下进行工作时，要确保修理车间中具备通风装置，以排出废气。当维修高温、高压、旋转、移动或振动的零件时，一定要配备适当的安全设备，并且要注意不要碰伤自己或他人。

自动变速器油位的高低对自动变速器的工作有很大的影响，油液液面过低时空气可能进入油泵内部循环并与油液发生混合导致油液分解，出现气阻使得油压难以建立或油压过低，导致离合器和制动器打滑。油液液面过高时同样会使油液分解，因为行星齿轮在过高的液面下转动，空气同样会被压入油液。被分解的油液可能会产生泡沫、过热或氧化等现象。所有这些问题都会使得各种阀门、离合器、伺服机构等部件因压力不够而出现故障。

5. 自动变速器换油及免拆洗维护

（1）自动变速器油的更换。自动变速器油的更换应参照使用手册严格执行，更换里程一般为2～6万km或者被放置一年以上。车辆在比较恶劣的条件下使用时，一定要根据汽车的保养时间和行驶里程提前更换变速器油。很多车主认为，更换自动变速器油与更换机油等没有多大区别，其实不然，两者是有很大区别的。采用传统的排放和加注的方式进行自动变速器油的更换，会在液力变矩器和冷却管中残留75%的旧变速器油，新的自动变速器油加入以后，会很快被污染，达不到更换的目的。为了100%地更换自动变速器中的传动油，需要专业的设备来完成，需要车主到4S店进行更换，并且最好是更换原厂的ATF油。代用自动变速器油见图8-3-8a、油尺标记见图8-3-8b。

（2）自动变速器油质量鉴别。大部分自动变速器油为樱红色的，像红葡萄酒颜色。对油的要求是耐高温，且流动性好。正常使用一般两年或4万km更换。变质后的自动变速器油颜色为凉茶色。

（3）自动变速器的维护。任何机械的使用都要有维护，而自动变速器的维护最重要的就是自动变速器油的检查和更换。自动变速器油的作用除了润滑、降温和清洗以外，更主要的是通过油液（ATF）的流动传递转矩，也就是传递发动机和变速器之间的动力。ATF的工作温度一般在80℃左右，因此对油的质量要求很高，还必须保持清洁。自动变速器的维护见表8-3-3。

（4）自动变速器的免拆洗维护

① 自动变速器的清洗。高温的工作环境极易使自变速器系统内部形成油泥和胶质等沉积物，影响传液的正常流动，降低系统的传动功率，进而影响其用寿命，所以自动变速器应定期清洗。清洗时应选专用的自动变速器清洗剂，并配备专用清洗设备，千万不能用发动机润滑洗涤剂清洗自动变速器。通过专业清洗可有效地去除自动变速器中的油泥和胶质沉积物，使杂质悬浮并随旧自动变速器油排出，从而减轻对新自动变速器油的污染，恢复系统的工作性能。自动变速器一般每行驶5万km清洗一次。

a) 代用自动变速器油

COLD冷值　　HOT热值

油尺　　本田油尺标记

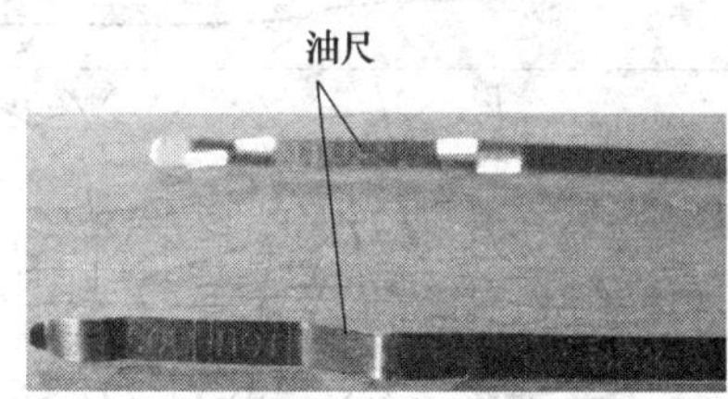

b) 油尺上的标记

图 8-3-8　代用变速器油及油尺

表 8-3-3　自动变速器的维护

维 护 方 法	维 护 图 例
拆卸自动传动桥油底壳分总成： （1）先回收自动变速器油 （2）拆下 19 个螺栓、油底壳和油底壳衬垫	

（续）

维护方法	维护图例
（1）从油底壳上拆下2个机油滤清器磁铁，检查油底壳中的微粒及油质 （2）用拆下的磁铁收集所有钢屑 仔细查看油底壳内及磁铁上的异物和微粒，判断传动桥中可能存在的磨损类型，例如，钢（磁性）：轴承、齿轮和离合器片磨损；铜（非磁性）：轴承磨损	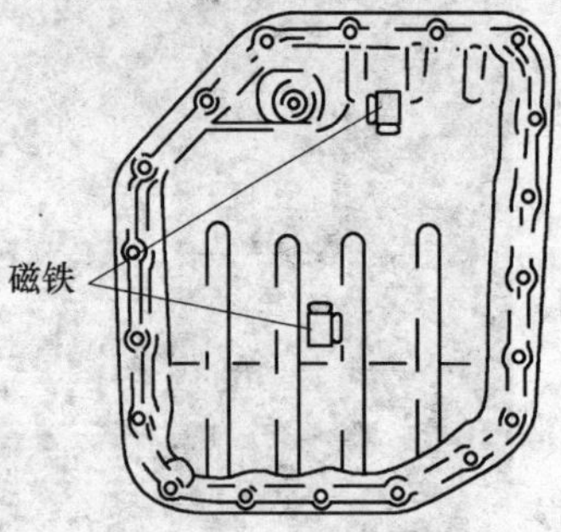 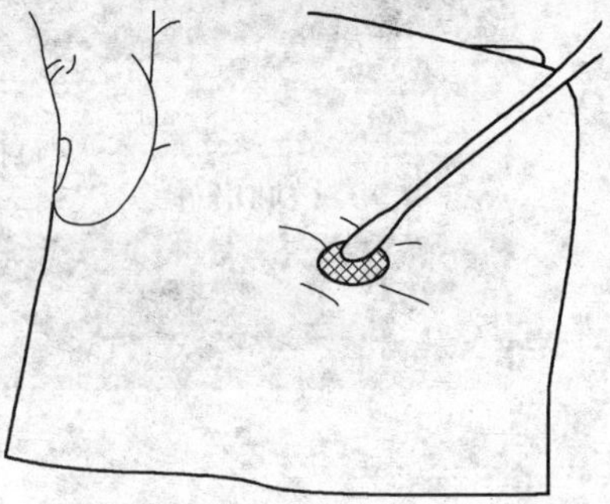
处理好废机油进行集中管理并与回收公司联系	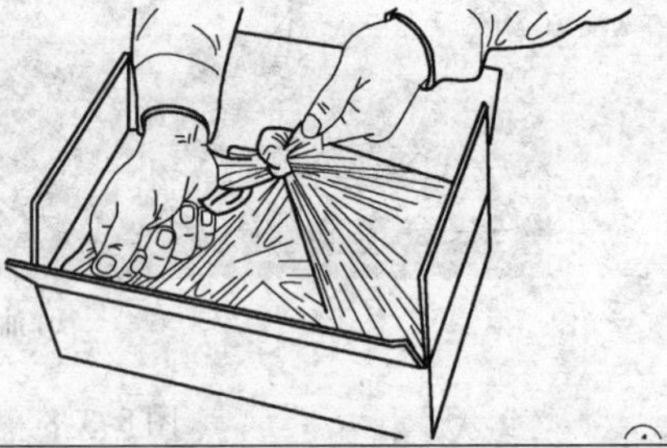 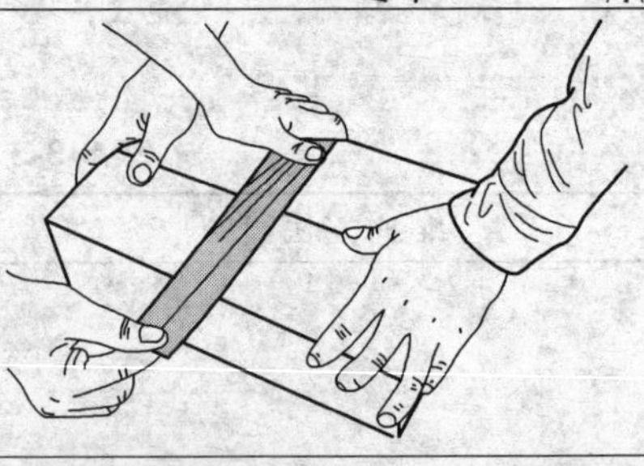
使汽车平稳落地完工验收	

② 自动变速器的专用保护剂（因车而定）。为避免 ATF 在长期使用过程中胶质化并生成沉积物，保证系统正常工作，可在更换 ATF 的同时，添加自动变速器专用保护剂。自动变速器专用保护剂一般具有以下功效：

a. 提高 ATF 的抗氧化性能，延长换油周期。

b. 抗磨增润，减少动力损耗，提高传动平顺性。

c. 恢复老化油封的弹性及密封性，消除并防止因油封硬化而引起渗漏。

d. 提高传动液的切变稳定性，平振降噪。

e. 抑制泡沫产生，避免变速器过热。

f. 分散自动变速器内的油泥和胶质，保持系统清洁。

自动变速器的止漏可以通过在 ATF 中添加专用的止漏剂，对因油封老化而引起的自动变速器渗漏进行治理。此类止漏产品一般兼有提高 ATF 的润滑效果，减少动力损耗，保证系统平衡工作的功效。

（5）油温和通气管的检查。油温是影响 ATF 和自动变速器使用寿命的一个重要因素。油温过高将使油液黏度下降，性能变坏，产生油膏沉淀物和积炭，堵塞细小孔道，阻滞控制滑阀，降低润滑和冷却效果，破坏密封件等，最终导致故障。而影响油温的主要因素有：液力变矩器发生故障，离合器、制动器打滑或分离不彻底，单向离合器打滑及油冷却器堵塞等。因此，驾车时必须按规定正确操纵自动变速器，保证自动变速器技术状况良好。行车途中应注意检查自动变速器壳体的温度是否正常，若发现温度过高，应立即停车检修。

因自动变速器过热而引起 ATF 油变质时，应首先检查油面高度是否合适。若油面高度合适仍过热，则应更换 ATF；若换油不能奏效，就需要检查管路是否堵塞；若仍然难以奏效，那就需要全面检修自动变速器。此外，还应注意检查自动变速器壳体上的通气管是否畅通，以防被污泥堵塞，不利于变速器内气压平衡，这一点往往被驾修人员所忽略。

二、自动变速器典型故障的诊断与排除

汽车自动变速器在使用中会出现一系列故障，常见的故障会通过一定的现象特征表现出来。不同车型由于结构上有所不同，其故障原因会有所差异，但故障产生的常见原因和诊断排除方法是基本相同的。

1. 不能行驶故障的诊断

（1）故障现象

① 无论变速杆位于倒档、前进档或前进低档，汽车都不能行驶。

② 冷车起动后汽车能行驶一小段路程，但热车状态下汽车不能行驶。

（2）故障原因

① 自动变速器油底渗漏，液压油全部漏光。

② 变速杆和手动阀摇臂之间的连杆或拉索松脱，手动阀保持在空档或停车档位置。

③ 油泵进油滤网堵塞。

④ 主油路严重泄漏。

⑤ 油泵损坏。

（3）故障诊断与排除

① 检查自动变速器内有无液压油。其方法是：拔出自动变速器的油尺，观察油尺上有无液压油。若油尺上没有液压油，说明自动变速器内的液压油已漏光。对此，应检查油底壳，液压油散热器、油管等处有无破损而导致漏油。如有严重漏油处，应修复后重新加油。

② 检查自动变速器变速杆与手动阀摇臂之间的连杆或拉索有无松脱。如果有松脱，应予以装复，并重新调整好变速杆的位置。

③ 拆下主油路测压孔上的螺塞，起动发动机，将变速杆拨至前进档或倒档位置，检查测压孔内有无液压油流出。

④ 若主油路侧压孔内没有液压油流出，应打开油底壳，检查手动阀摇臂轴与摇臂间有无松脱，手动阀阀芯有无折断或脱钩。若手动阀工作正常，则说明油泵损坏。对此，应拆卸分解自动变速器，更换油泵。

⑤ 若主油路测压孔内只有少量液压油流出，油压很低或基本上没有油压，应打开油底壳，检查油泵进油滤网有无堵塞。如无堵塞，说明油泵损坏或主油路严重泄漏，对此，应拆卸分解自动变速器，予以修理。

⑥ 若冷车起动时主油路有一定的油压，但热车后油压即明显下降，说明油泵磨损过甚。对此，应更换油泵。

⑦ 若测压孔内有大量液压油喷出，说明主油路油压正常，故障出在自动变速器中的输入轴，行星排或输出轴。对此，应拆检自动变速器。

汽车不能行驶的故障诊断与排除程序如图 8-3-9 所示。

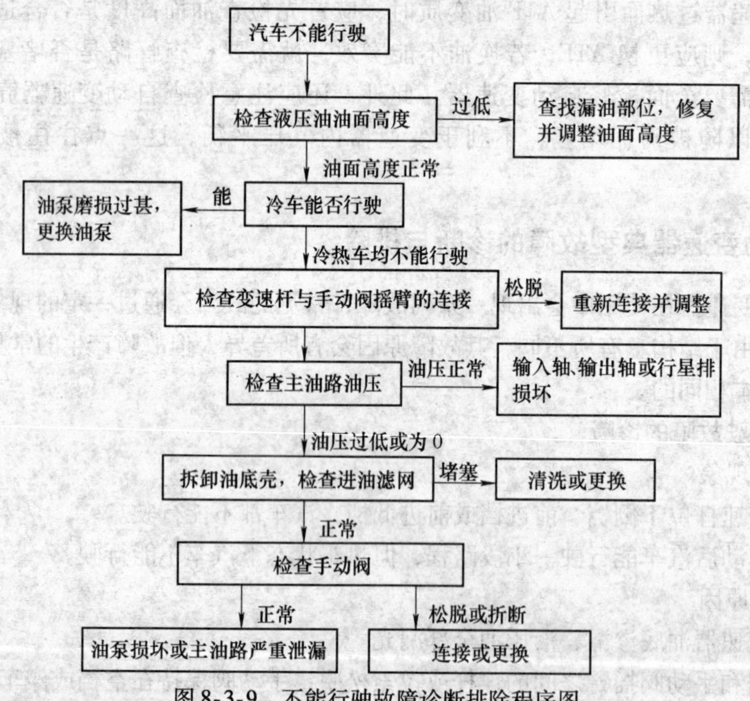

图 8-3-9　不能行驶故障诊断排除程序图

2. 无前进档故障的诊断

（1）故障现象

① 汽车倒档行驶正常，而在前进档时不能行驶。

② 变速杆在 D 位时不能起步，在 S、L 位（或 2 位、1 位）时可以起步。

（2）故障原因

① 前进离合器严重打滑。

② 前进单向超越离合器打滑或装反。

③ 前进离合器油路严重泄漏。

④ 变速杆调整不当。

（3）故障诊断与排除

① 检查变速杆的调整情况。如果异常，应按规定程序重新调整。

② 测量前进档主油路油压。若油压过低，说明主油路严重泄漏，应拆检自动变速器，更换前进档油路上各处的密封圈和密封环。

③ 若前进档的主油路油压正常，应拆检前进离合器。如摩擦片表面粉末冶金有烧焦或磨损过甚，就更换摩擦片。

④ 若主油路油压和前进离合器均正常，则应拆检前进单向超越离合器，检查前进单向超越离合器的安装方向是否正确以及有无打滑。如果装反，应重新安装；如有打滑，应更换新件。

自动变速器无前进档的故障诊断与排除程序如图 8-3-10 所示。

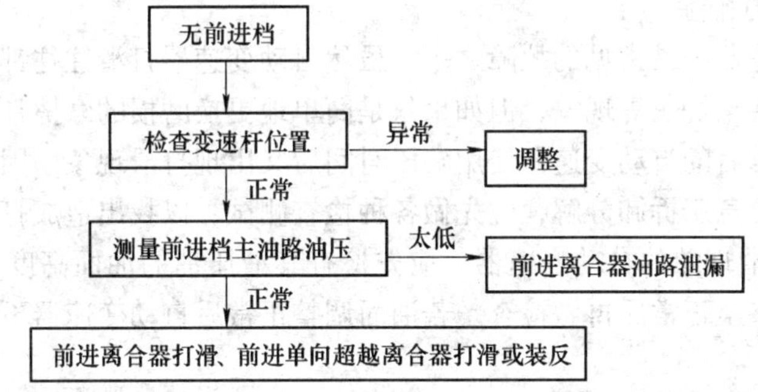

图 8-3-10 无前进档故障诊断与排除程序图

3. 无倒档故障的诊断

（1）故障现象

汽车在前进档能正常行驶，但在倒档时不能行驶。

（2）故障原因

① 变速杆调整不当。

② 倒档油路泄漏。

③ 倒档及高档离合器或低档及倒档制动器打滑。

（3）故障诊断与排除

① 检查变速杆的位置。如有异常，应按规定程序重新调整。

② 检查倒档油路油压。若油压过低，则说明倒档油路泄漏。对此，应拆检自动变速器，予以修复。

③ 若倒档油路油压正常，应拆检自动变速器，更换损坏的离合器片或制动器片（制动带）。自动变速器无倒档的故障诊断与排除程序如图 8-3-11 所示。

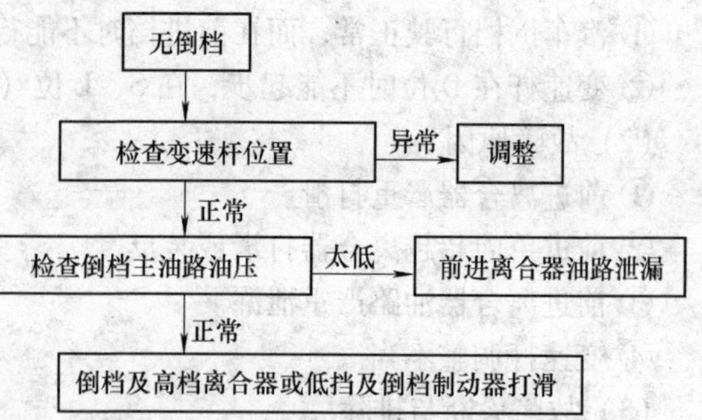

图 8-3-11　无倒档故障诊断与排除程序图

4. 自动变速器打滑故障的诊断

（1）故障现象

① 起步时踩下加速踏板，发动机转速很快升高，但车速升高缓慢。

② 行驶中踩下加速踏板加速时，发动机转速升高，但车速没有很快提高。

③ 平路行驶基本正常，但上坡无力，且发动机转速很高。

（2）故障原因

① 液压油油面太低。

② 液压油油面太高，运转中被行星排剧烈搅动后产生大量气泡。

③ 离合器或制动器摩擦片、制动带磨损过甚或烧焦。

④ 油泵磨损过甚或主油路泄漏，造成油路油压过低。

⑤ 单向超越离合器打滑。

⑥ 离合器或制动器活塞密封圈损坏，导致漏油。

⑦ 减振器活塞密封圈损坏，导致漏油。

（3）故障诊断与排除

打滑是自动变速器中最常见的故障之一。虽然自动变速器打滑往往都伴有离合器或制动器摩擦片严重磨损甚至烧焦等现象，但如果只是简单地更换磨损的摩擦片而没有找出打滑的真正原因，则会使修后的自动变速器使用一段时间后又出现打滑现象。因此，对于出现打滑的自动变速器，不要急于拆卸分解，应先做各种检查测试，以找出造成打滑的真正原因。

① 对于出现打滑现象的自动变速器，应先检查其液压油的油面高度和品质。若油面过低或过高，应先调整至正常后再做检查。若油面调整正常后自动变速器不再打滑，可不必拆修自动变速器。

② 检查液压油的品质。若液压油呈棕黑色或有烧焦味，说明离合器或制动器的摩擦片或制动带有烧焦，应拆修自动变速器。

③ 进行路试，以确定自动变速器是否打滑，并检查出现打滑的档位和打滑的程度。将变速杆拨入不同的位置，让汽车行驶。若自动变速器升至某一档位时发动机转速突然升高，但车速没有相应地提高，即说明该档位有打滑。打滑时发动机的转速愈容易升高，说明打滑愈严重。

根据出现打滑的规律，还可以判断产生打滑的是哪一个换档执行元件：

a. 若自动变速器在所有前进档都有打滑现象，则为前进离合器打滑。

b. 若自动变速器在变速杆位于 D 位时的 1 档有打滑，而在变速杆位于 L 位或 1 位时的 1 档不打滑，则为前进单向超越离合器打滑。若不论变速杆位于 D 位或 L 位或 1 位时，1 档都有打滑现象，则为低档及倒档制动器打滑。

c. 若自动变速器只在变速杆位于 D 位时的 2 档有打滑，而在变速杆位于 S 位或 2 位时的 2 档不打滑，则为 2 档单向超越离合器打滑。若不论变速杆位于 D 位或 S 位或 2 位时，2 档都有打滑现象，则为 2 档制动器打滑。

d. 若自动变速器只在 3 档有打滑现象，则为倒档及高档离合器打滑。

e. 若自动变速器只在超速档时有打滑现象，则为超速制动器打滑。

f. 若自动变速器在倒档和高档时都有打滑现象，则为倒档及高档离合器打滑。

g. 若自动变速器在倒档和 1 档时都有打滑现象，则为低档及倒档制动器打滑。

④ 对于有打滑故障的自动变速器，在拆卸分解之前，应先检查自动变速器的主油路油压，以找出造成自动变速器打滑的原因。自动变速器不论前进档或倒档均打滑，其原因往往是主油路油压过低。若主油路油压正常，则只要更换磨损或烧焦的摩擦元件即可。若主油路油压不正常，则在拆修自动变速器的过程中，应根据主油路油压，相应地对油泵或阀进行检修，并更换自动变速器的所有密封圈和密封环。

自动变速器打滑故障诊断与排除程序如图 8-3-12 所示。

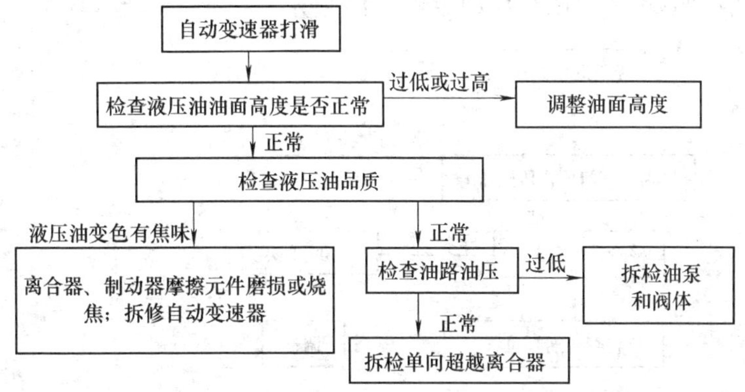

图 8-3-12　自动变速器打滑故障诊断与排除程序图

5. 无发动机制动故障的诊断

（1）故障现象

① 在行驶中，当变速杆位于前进低档（S、L 或 2、1）位置时，松开加速踏板，发动机转速降至怠速，但汽车没有明显减速。

② 下坡时，变速杆位于前进低档，但不能产生发动机制动作用。

（2）故障原因

① 档位开关调整不当。

② 变速杆调整不当。

③ 2 档强制制动器打滑或低档及倒档制动器打滑。

④ 控制发动机制动的电磁阀有故障。

⑤ 阀板有故障。

⑥ 自动变速器打滑。

⑦ ECU 有故障。

（3）故障诊断与排除

① 对于电子控制自动变速器，应先进行故障自诊断，按所显示的故障码查找故障原因。

② 做道路试验，检查加速时自动变速器有无打滑现象。如有打滑，应拆修自动变速器。

③ 如果变速杆位于 S 位时没有发动机制动作用，但变速杆位于 L 位时有发动机制动作用，则说明 2 档强制制动器打滑，应拆修自动变速器。

④ 如果变速杆位于L位时没有发动机制动作用，但变速杆位于S位时有发动机制动作用，则说明低档及倒档制动器打滑，应拆修自动变速器。

⑤ 检查控制发动机制动的电磁阀线路有无短路或断路；电磁阀线圈电阻是否正常；通电后有无工作声音。如有异常，应修复或更换。

⑥ 拆卸阀板总成，清洗所有控制阀。阀芯如有卡滞可抛光后装复。如抛光后仍有卡滞，应更换阀板。

⑦ 检测ECU各接脚电压。要特别注意与节气门位置传感器、档位开关连接的各接脚的电压。如有异常，应做进一步的检查。

⑧ 更换一个新的ECU试一下。如果故障消失，说明原ECU损坏，应更换。自动变速器无发动机制动的故障诊断与排除程序如图8-3-13所示。

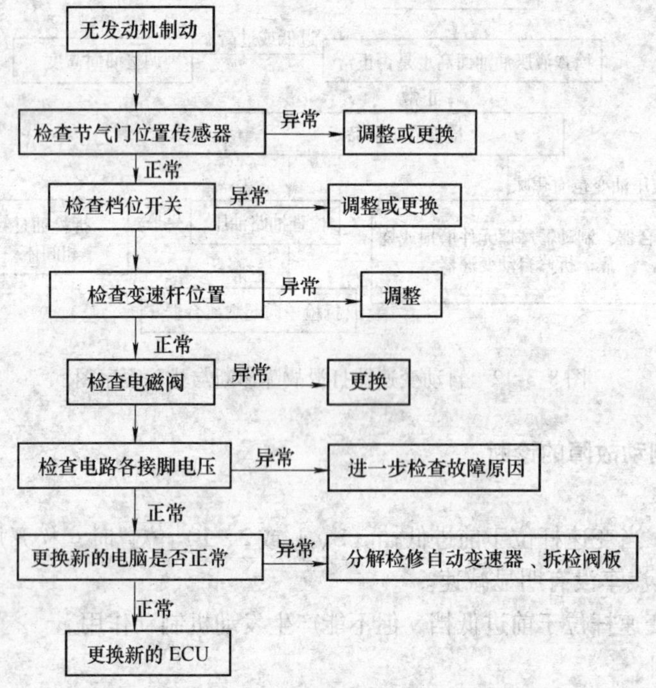

图8-3-13　无发动机制动故障诊断与排除程序图

6. 无锁止故障的诊断

(1) 故障现象

① 汽车行驶中，车速、档位已满足锁止离合器起作用的条件，但锁止离合器仍没有产生锁止作用。

② 汽车油耗较大。

(2) 故障原因

① 液压油温度传感器有故障。

② 节气门位置传感器有故障。

③ 锁止电磁阀有故障或线路短路、断路。

④ 锁止控制阀有故障。

⑤ 变矩器中的锁止离合器损坏。

（3）故障诊断与排除

① 对于电子控制自动变速器，应先进行故障自诊断，检查有无故障码。如有故障码，则可按显示的故障码查找相应的故障原因。与锁止控制有关的部件包括液压油温度传感器、节气门位置传感器、锁止电磁阀等。

② 检查节气门位置传感器。如果在一定节气门开度下的节气门位置传感器输出电压过高或电位计电阻过大，应予以调整。若调整无效，应更换节气门位置传感器。

③ 打开油底壳，拆下液压油温度传感器。检测液压油温度传感器。如不符合标准，应更换液压油温度传感器。

④ 测量锁止电磁阀。如有短路或断路，应检查电路。如电路正常，则应更换电磁阀。

⑤ 拆下锁止电磁阀，进行检查。如有异常，应予以更换。

⑥ 拆下阀板。分解并清洗锁止控制阀。如有卡滞，应抛光装复。如不能修复，应更换阀扳。

⑦ 若控制系统无故障，则应更换变矩器。

自动变速器无锁止的故障诊断与排除程序如图 8-3-14 所示。

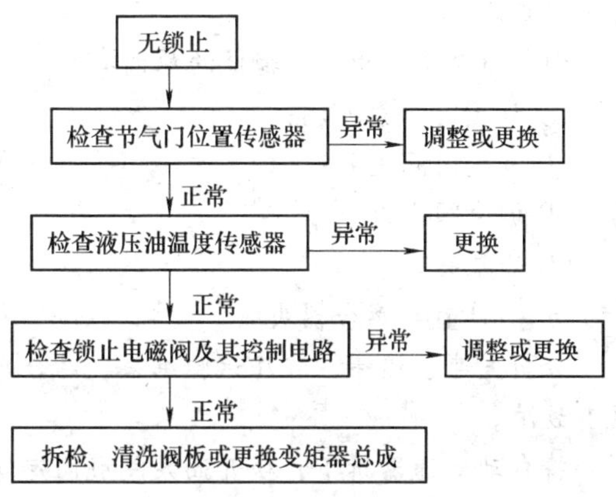

图 8-3-14　无锁止故障诊断与排除程序图

案例链接

案例 1：车辆行驶无力，热车时尤其明显

车型　丰田皇冠 3.0 型轿车，自动变速器型号是 A340E。

故障现象

该车冷车时动力尚可，热车时行驶无力，一个小台阶要给很大的油才能爬上去。在起步时，也要加大加速踏板，才可慢慢起步，行驶时车辆行驶无力，车速也可达到 80km/h 以上。

诊断与排除

从故障现象上分析，故障应由液压油泄漏引起的。为进一步判断故障，通过对自动变速器做失速、时滞、液压试验，确定故障的具体部位。

起动发动机，让车辆上路运行，待发动机达到正常工作温度，自动变速器油温达到70～80℃，检查自动变速器油面正常，调整发动机怠速转速约为800r/min；拉紧驻车制动，并用垫木垫住 4 个车轮。

（1）失速试验。左脚踩住制动踏板，起动发动机，将变速杆挂至 D 位，然后用右脚将加速踏板快速踏到底，读取发动机转速。标准值为 2 350r/min ± 150r/min，而该车却达到 2 800r/min；同样，试验 R 位失速转速也为 2 800r/min。

R 位和 D 位的失速转速均比标准值高的原因有：自动变速器管路压力过低；O/D 单向离合器故障。

(2) 时滞试验。起动发动机，踏住制动踏板，将自动变速器变速杆从 N 位分别挂至 D 和 R 位，用秒表记下从将变速杆移到档位到有振动感觉的时间。D 位迟滞时间的标准值为 1.2s，R 位迟滞时间的标准值为 1.5s。经检查，时滞时间均长于标准值。

R、D 位迟滞时间均过长的原因有：自动变速器管路压力过低，O/D 单向离合器故障。

(3) 液压试验。将液压油压力表接到自动变速器主油道上，起动发动机，分别记录下 D 位和 R 位在怠速和失速时的油压值。标准值：D 位，怠速时为 363 ~ 422kPa，失速时为 902 ~ 1 147kPa；R 位，怠速时为 500 ~ 598kPa，失速时为 1 236 ~ 1 589kPa。实际测试值均比标准值低。

引起 R、D 位油压值较低的原因有：

① 节气门拉索失调；

② 节气门阀失效；

③ 调速阀失效；

④ 油泵失效；

⑤ O/D 直接离合器失效。

分析失速、迟滞、液压试验结果，结合车辆道路试验的实际情况，可判定自动变速器油泵有故障。

将自动变速器拆下，松开油泵总成固定螺栓后，取出油泵总成。解体油泵总成，取出卸压阀和弹簧，检查正常。进行油泵的检测，油泵主、从动齿轮的间隙标准值为 0.07 ~ 0.15mm，极限值为 0.3mm；油泵从动齿齿顶与月牙板之间的间隙，标准值为 0.11 ~ 0.14mm，极限值为 0.3mm；油泵主、从动齿轮与泵体的端隙，标准值为 0.05 ~ 0.2mm，极限值为 0.3mm。

经检测，油泵的从动齿与油泵壳体之间的间隙、从动齿齿顶与月牙板之间的间隙均较大，但未超限；主、从动齿轮与泵体的端隙达到 0.4mm，已超限。这样，就可确定故障是由油泵磨损引起的，而不需要拆检阀体、离合器、制动器等部件了。

更换油泵后，故障排除。

案例 2：凌志 300 轿车自动变速器维修后，在行车过程中突然不能行驶，熄火几分钟后又可正常行驶

车型　丰田凌志 300 轿车，自动变速器为 A341E 型。

故障现象

一辆皇冠轿车的自动变速器在解体修理后，两天内行驶正常。两天后在行驶中突然出现发动机继续工作，而车辆不能行驶的故障。此时，关掉发动机停 5 ~ 6min 后，再重新起动发动机，车辆又能正常行驶。但行驶一段时间后又重复上述故障。

诊断与排除

在检查中发现，正常行驶时油面正常，而不能行驶时油面指示偏高，观察油中有许多泡沫，油温也偏高。

拆下变速器机油盘，发现有许多金属磨粒和杂质，再仔细观察滤网，上面同样附有许多金属磨粒和其他杂质。首先对油质进行检查。该车所用是 DEXRON—IIATF220 型油，发现

其色泽与优质油差不多，但黏度和气味相差很大。于是，清洗滤网后更换了优质自动变速器油，该车一直运行正常。

新修自动变速器正处于走合期，磨粒比较多，加上劣质油的作用，使磨损加剧。当油泵工作时许多磨粒和其他杂质附着在滤网上，将滤网堵死，油泵不能将油泵入液压管路内，使车辆不能运动，而此时油流回机油盘，使油面增加。当关掉发动机后，附着在滤网上的一些杂质下沉；重新起动发动机后，油又能进入滤网，车辆又能正常行驶，直到滤网堵住。

综合练习

一、填空题

1. 自动变速器失速试验时应把变速器油温升到并保持在正常油温，每次连续试验时间不超过________ s。

2. 主油路油压试验时，前进档油压________倒档油压。

3. 自动变速器从低档换高档瞬间，发动机转速将________，从高档换低档瞬间，发动机转速将________。

4. 发动机只能在 P、N 位才能起动，如果在 P、N 位以外的档位能起动发动机，则应调整____________。

二、选择题

1. 讨论检查 ATF 时，同学甲说：如果 ATF 呈深褐色并有烧焦的味道，那么 ATF 已经过热了；同学乙说：若 ATF 呈乳白色，这说明发动机冷却液已泄漏到 ATF 的冷却器中。请问谁正确？（　　）

A. 甲正确　　B. 乙正确　　C. 两人均正确　　D. 两人均不正确

2. 甲同学说：自动变速器油面过低，则油泵在吸油时可能吸入空气，将使换档过程中出现打滑和接合延迟现象，并使变速器发热和加速磨损。乙同学说：若油面过高，也将因齿轮等零件部件搅拌而形成泡沫，同样也会产生过热和打滑，加速油液的氧化。请问谁正确？（　　）

A. 甲正确　　B. 乙正确　　C. 甲和乙都正确　　D. 甲和乙都不正确

3. 甲同学说：在具体进行自动变速器的故障诊断和维修之前，首先要搞清楚要维修的是哪一类型（液力或电控）自动变速器。乙同学说：不管是哪一类自动变速器，都要先拆解自动变速器。请问谁正确？（　　）

A. 甲正确　　B. 乙正确　　C. 甲和乙都正确　　D. 甲和乙都不正确

4. 甲同学说：就电控自动变速器故障诊断来说，首先要按照电子控制系统、液压控制系统和机械系统依次诊断，确定故障部位。乙同学说：首先要进行自动变速器的基本检查和调整，然后按照电子控制系统、液压控制系统和机械系统依次诊断，确定故障部位。请问谁正确？（　　）

A. 甲正确　　B. 乙正确　　C. 甲和乙都正确　　D. 甲和乙都不正确

三、问答题

1. 节气门拉索的调整与主油压有什么关系？
2. 前进档和倒档均主油压偏低的原因是什么？
3. 如何检查自动变速器有无发动机制动作用？

参 考 文 献

[1] 冯永亮．汽车电控底盘检修（上册）[M]．北京：中国劳动社会保障出版社，2006.

[2] 罗新闻，霍志毅．汽车自动变速器机构原理彩色图解 [M]．北京：机械工业出版社，2008.

[3] 孙伟东．新款汽车自动变速器检测与维修专辑 [M]．北京：机械工业出版社，2009.

[4] 徐家顺．彩图汽车自动变速器原理及传动路线 [M]．广州：广东科技出版社，2009.

[5] 徐家顺．彩图改进型辛普森式自动变速器传动路线 [M]．广州：广东科技出版社，2010.

[6] 朱军，汪胜国，王瑞君．汽车维护实训教材 [M]．北京：人民交通出版社，2010.

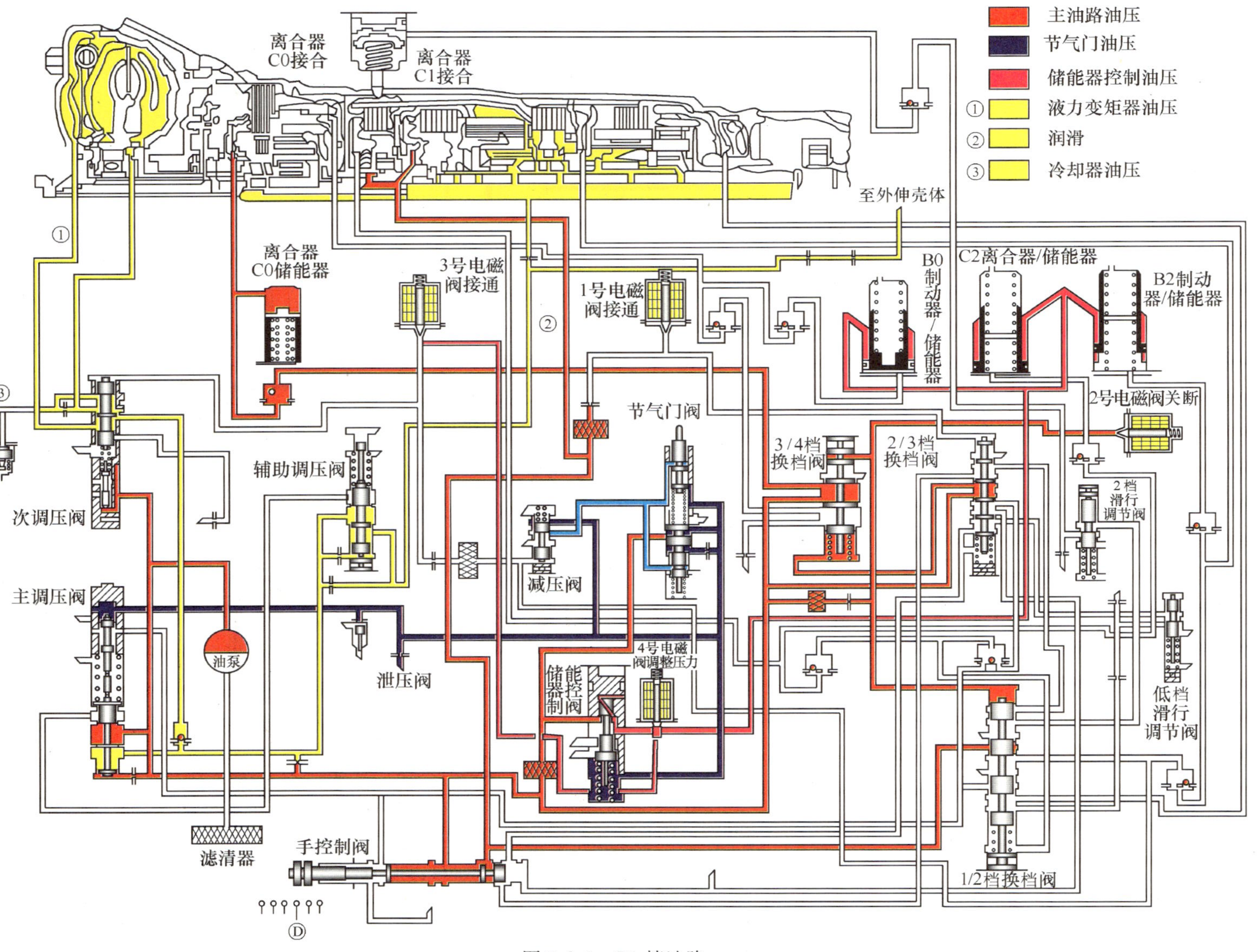

图 7-2-1　D1 档油路

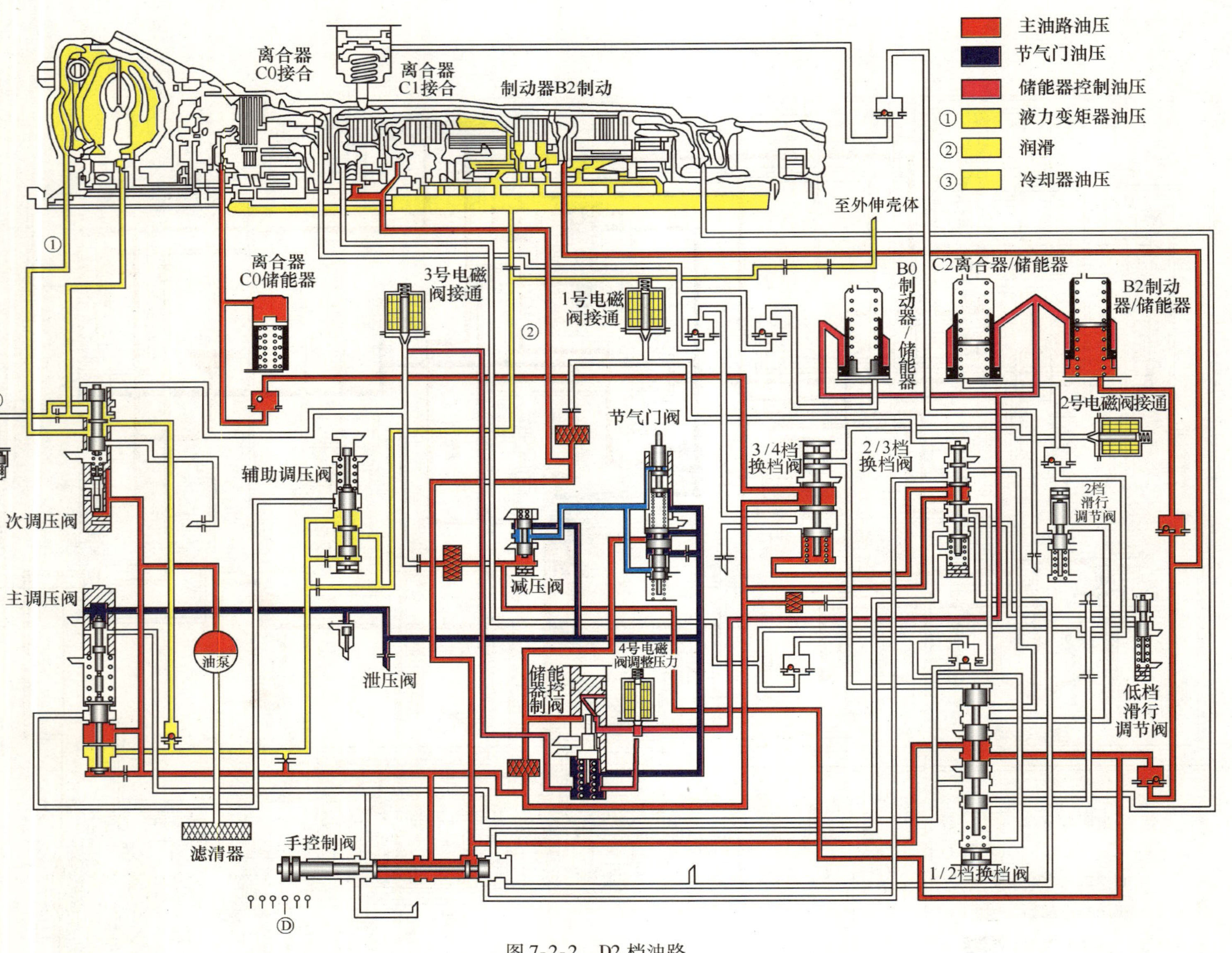

图 7-2-2 D2 档油路

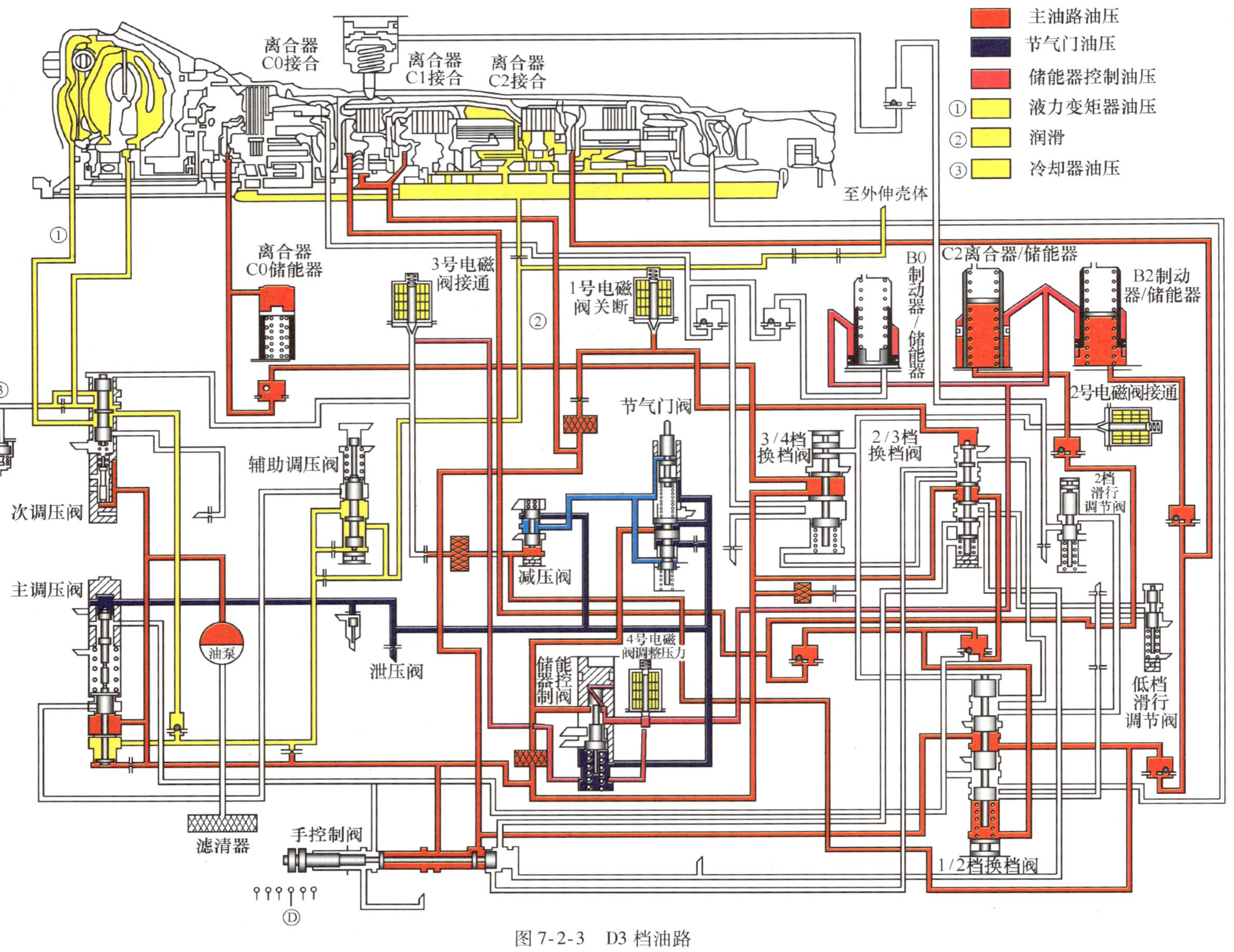

图 7-2-3 D3 档油路

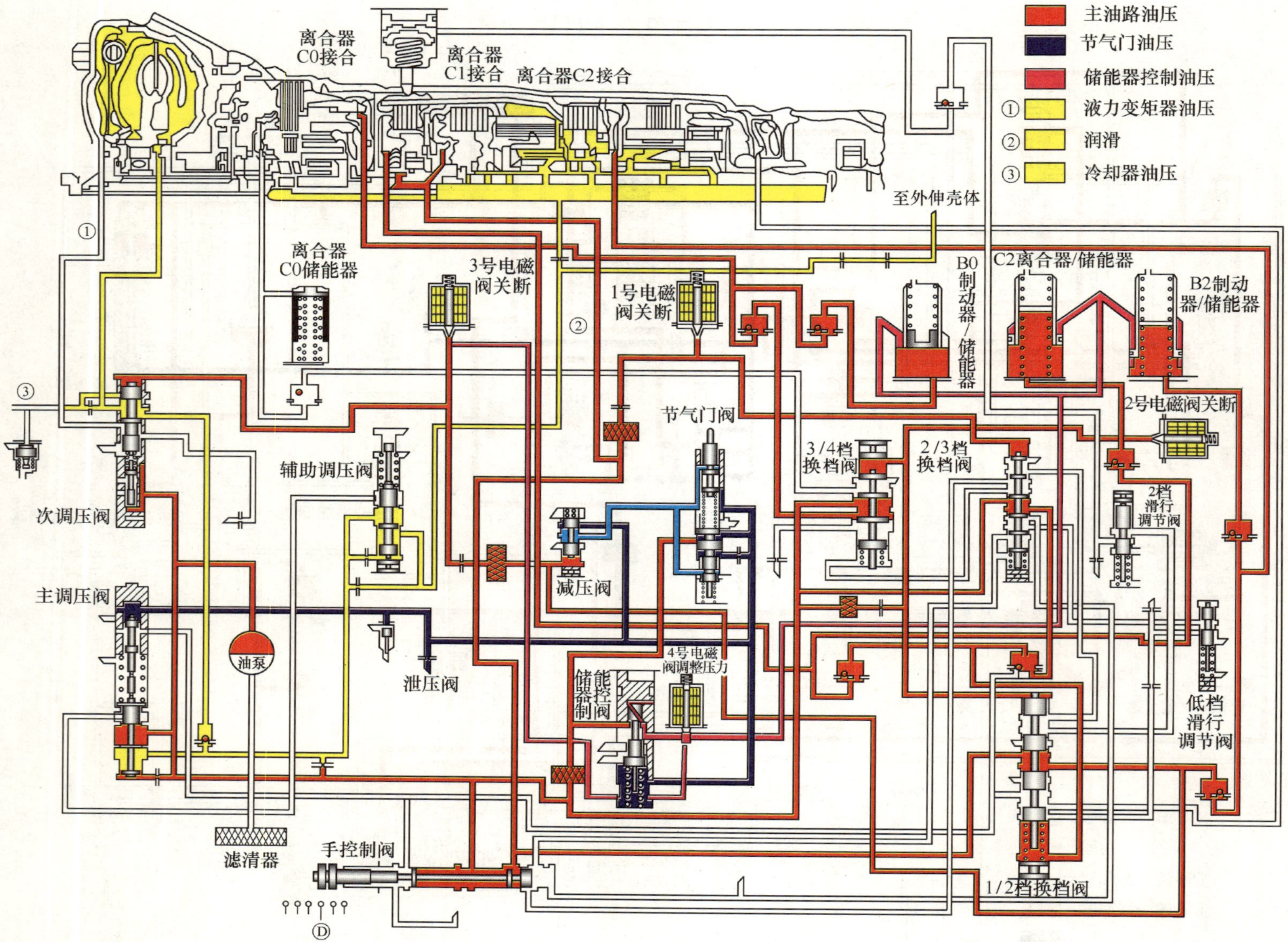

主油路油压
节气门油压
储能器控制油压
① 液力变矩器油压
② 润滑
③ 冷却器油压

离合器C0接合
离合器C1接合
离合器C2接合
至外伸壳体
离合器C0储能器
3号电磁阀关断
1号电磁阀关断
B0制动器/储能器
C2离合器/储能器
B2制动器/储能器
2号电磁阀关断
节气门阀
3/4档换档阀
2/3档换档阀
2档滑行调节阀
辅助调压阀
次调压阀
减压阀
主调压阀
油泵
泄压阀
储能器控制阀
4号电磁阀调整压力
低档滑行调节阀
滤清器
手控制阀
1/2档换档阀
Ⓓ

图 7-2-4 D4 档油路

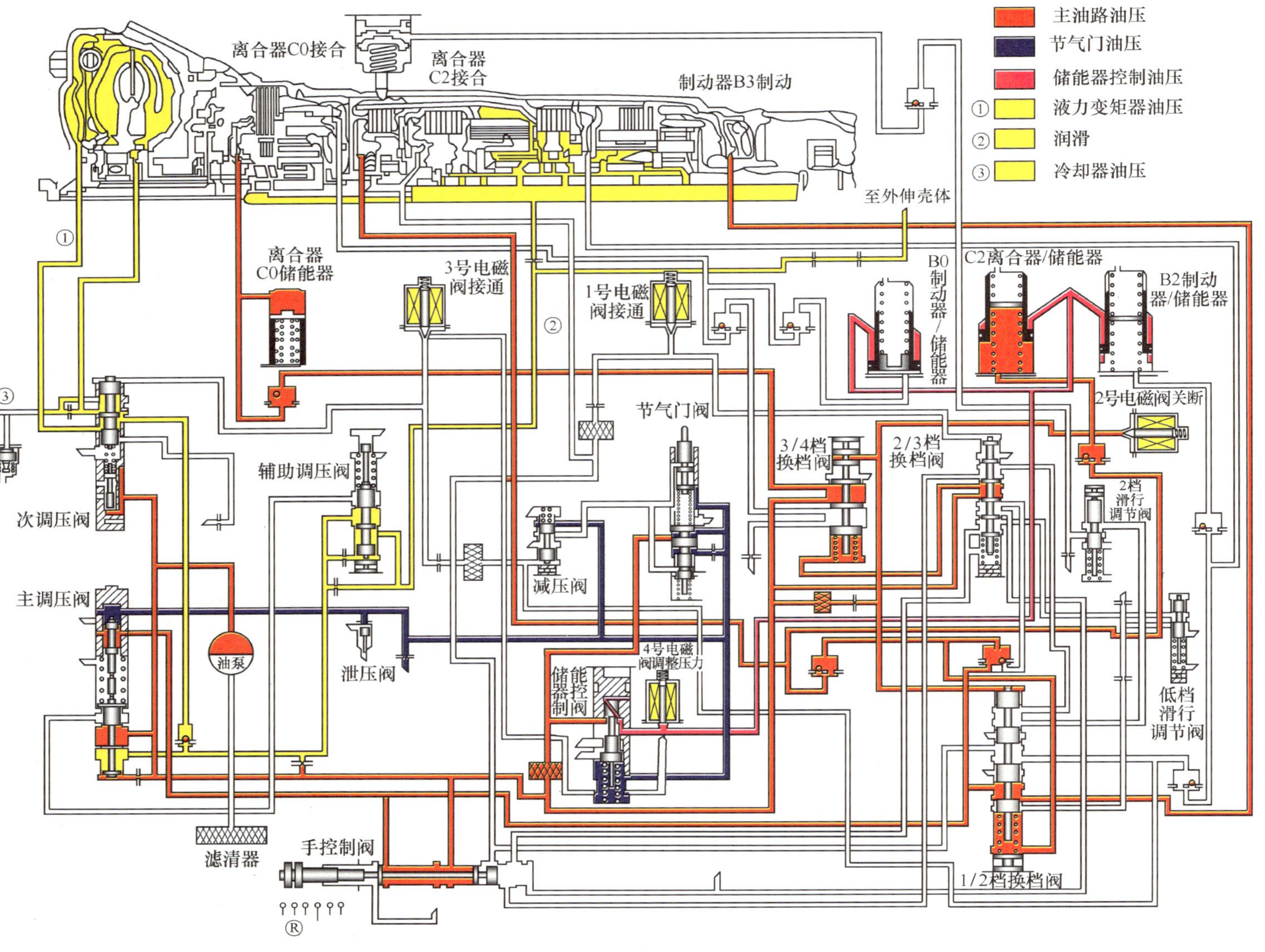

图 7-2-5　R 档油路

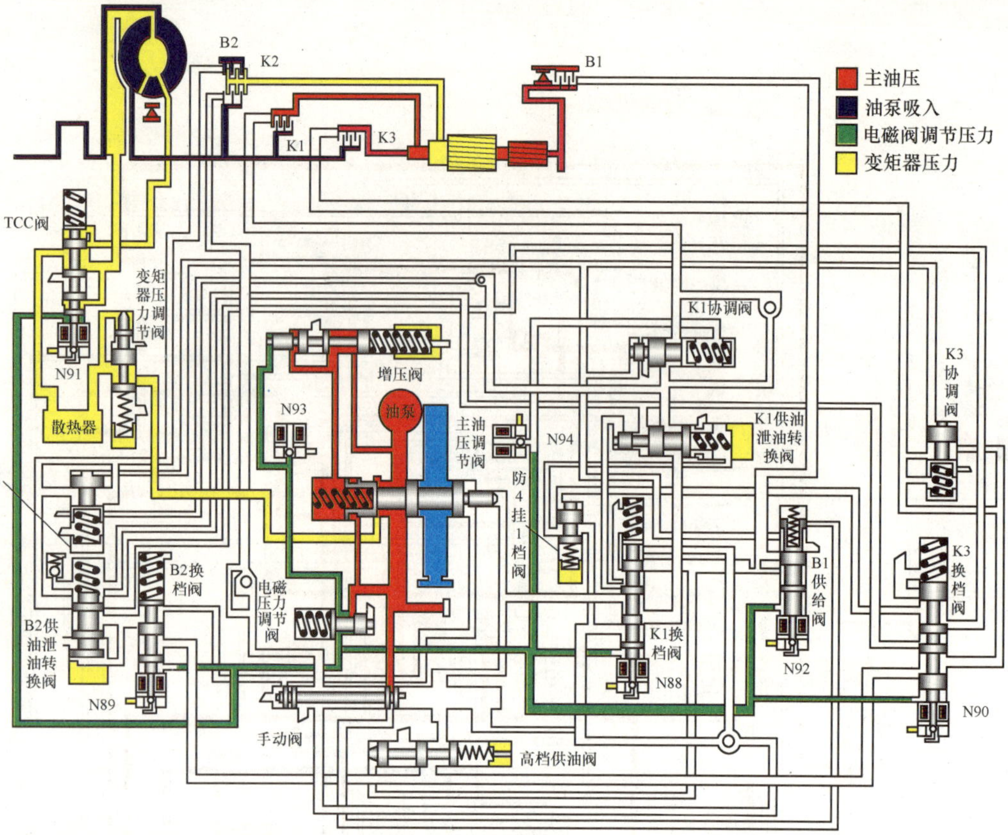

图 7-2-19　P 档油路

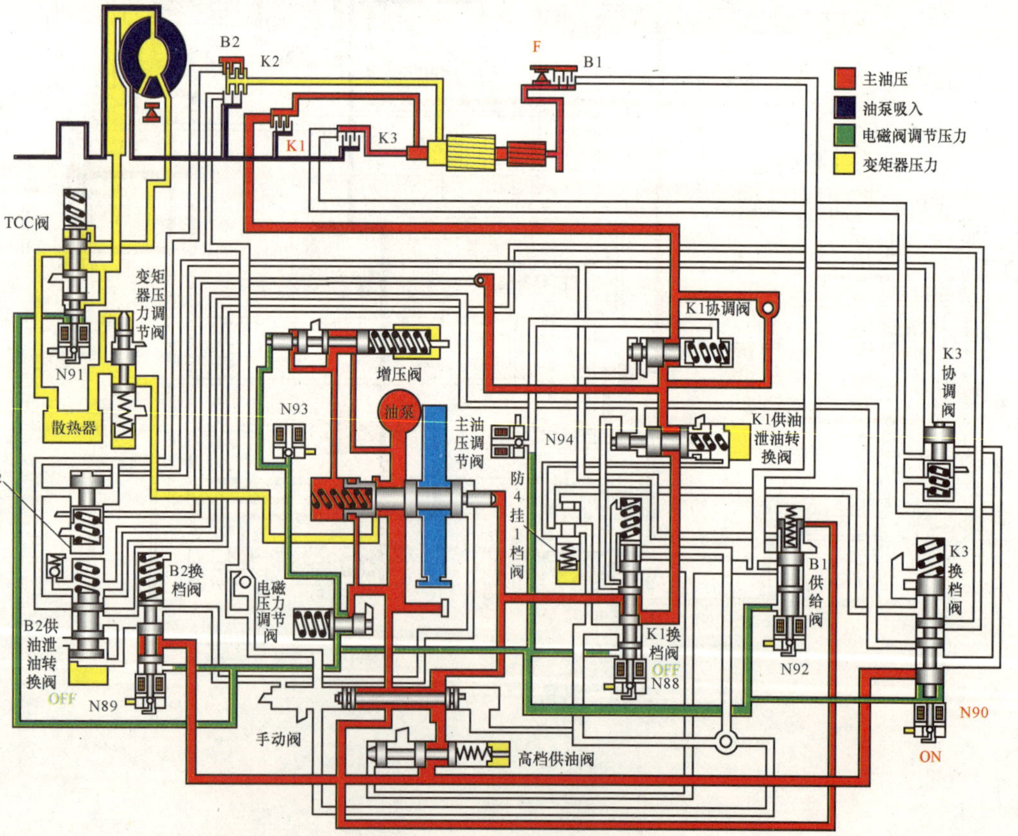

图 7-2-20　D1 档油路

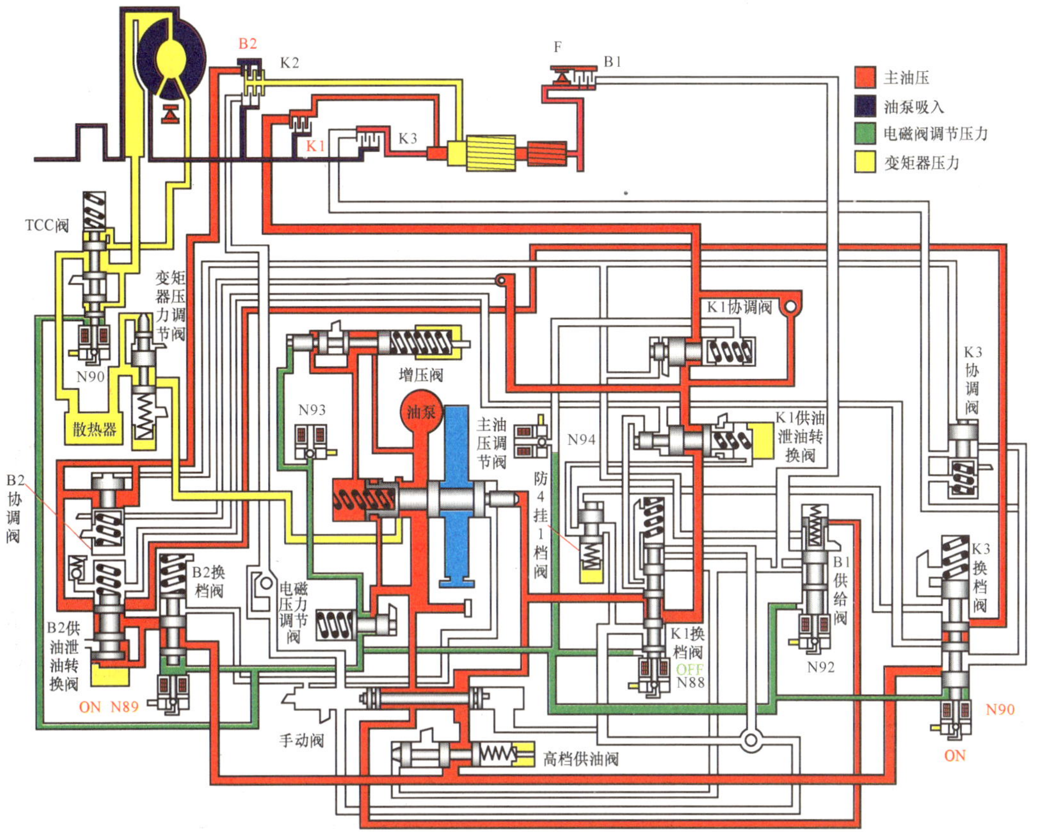

图 7-2-21　D2 档油路

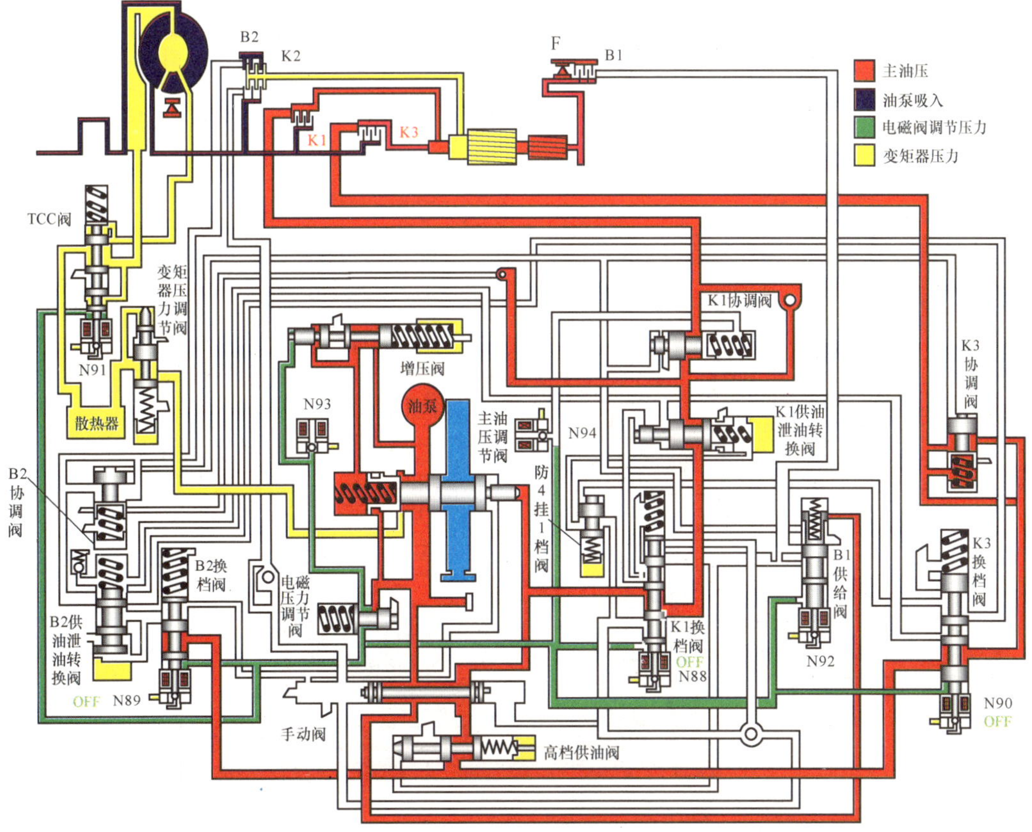

图 7-2-22　D3 档油路

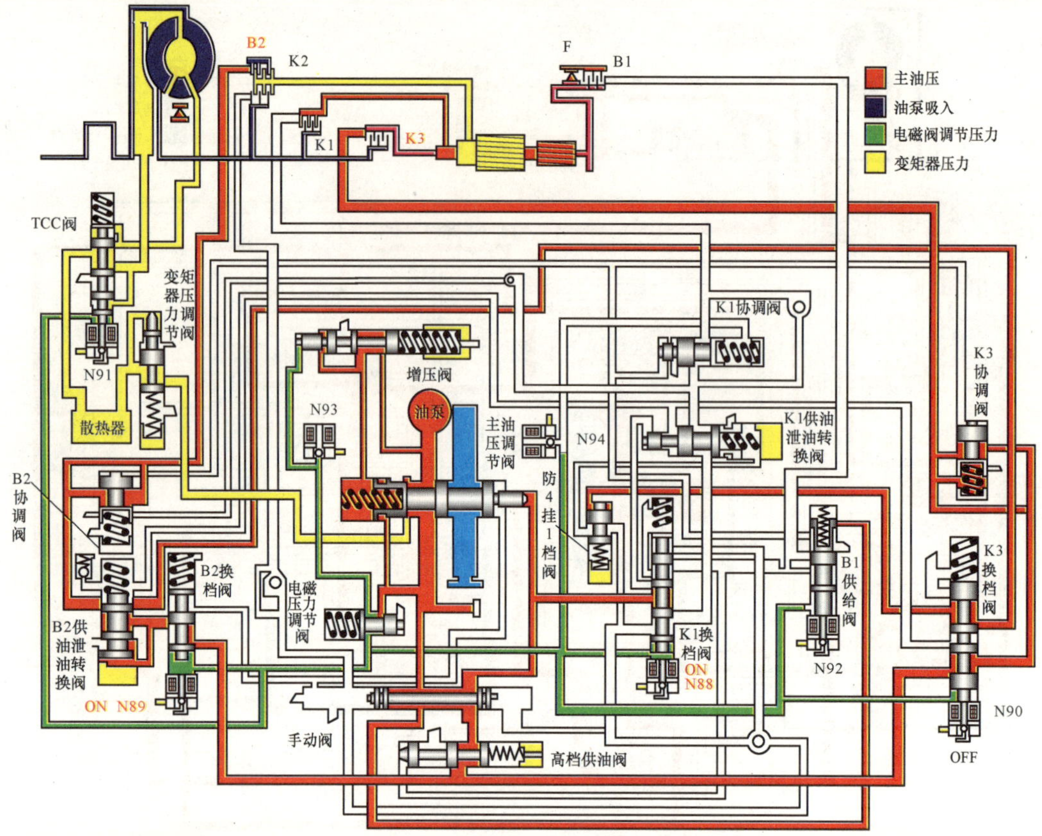

主油压
油泵吸入
电磁阀调节压力
变矩器压力
B2
K2
F
B1
K1
K3
TCC阀
变矩器压力调节阀
N91
散热器
增压阀
N93
油泵
主油压调节阀
N94
K1协调阀
K1供油泄油转换阀
K3协调阀
B2协调阀
防4挂1档阀
B2换档阀
电磁压力调节阀
B2供油泄油转换阀
K1换档阀
ON
N88
B1供给阀
N92
K3换档阀
ON N89
N90
手动阀
高档供油阀
OFF

图 7-2-23　D4 档油路

主油压
油泵吸入
电磁阀调节压力
变矩器压力
B2
K2
F
B1
K1
K3
TCC阀
变矩器压力调节阀
N91
散热器
增压阀
N93
油泵
主油压调节阀
N94
K1协调阀
K1供油泄油转换阀
K3协调阀
B2协调阀
防4挂1档阀
B2换档阀
电磁压力调节阀
B2供油泄油转换阀
K1换档阀
N88
B1供给阀
N92
K3换档阀
N89
N90
手动阀
高档供油阀

图 7-2-24　R 档油路

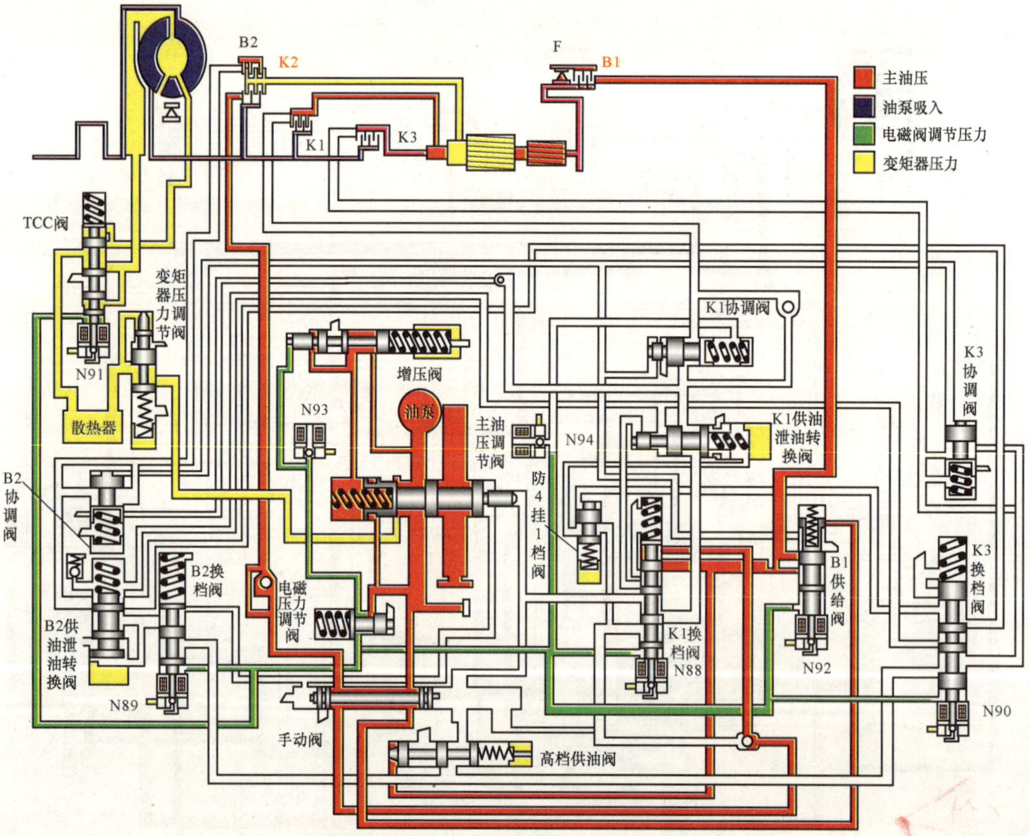